TRAITÉ

DES

TRAVAUX PUBLICS

Paris. — Typ. de P.-A. BOURDIER et Cie, rue Mazarine, 30.

TRAITÉ

THÉORIQUE ET PRATIQUE

DES

TRAVAUX PUBLICS

OU

RÉSUMÉ DE LA LÉGISLATION ET DE LA JURISPRUDENCE

SUR

L'ORGANISATION DES TRAVAUX DE L'ÉTAT,
DES DÉPARTEMENTS, DES COMMUNES ET DES ASSOCIATIONS SYNDICALES ;
LEURS MODES DIVERS
D'EXÉCUTION, ADJUDICATION, CONCESSION, RÉGIE ;
LES TRAVAUX SUPPLÉMENTAIRES, LA DÉCHÉANCE QUINQUENNALE, LE PRIVILÉGE
DES FOURNISSEURS ET OUVRIERS, LA RESPONSABILITÉ DÉCENNALE, LES HONORAIRES DES
INGÉNIEURS ET DES ARCHITECTES ;
LES CONTRIBUTIONS SPÉCIALES ÉTABLIES DANS L'INTÉRÊT DES TRAVAUX PUBLICS ;
LES EXTRACTIONS DE MATÉRIAUX, LES DOMMAGES CAUSÉS
A LA PROPRIÉTÉ PRIVÉE,
LES INDEMNITÉS, LA COMPÉTENCE DES TRIBUNAUX CIVILS
ET ADMINISTRATIFS, ETC., ETC.

PAR

ALBERT CHRISTOPHLE

Docteur en droit, avocat au Conseil d'État et à la Cour de cassation.

TOME SECOND

PARIS

A. MARESCQ AÎNÉ, LIBRAIRE-ÉDITEUR

RUE SOUFFLOT, 17

1862

TRAITÉ

DÈS

TRAVAUX PUBLICS

TROISIÈME PARTIE

DES CONTRIBUTIONS VOLONTAIRES OU FORCÉES EN MATIÈRE DE TRAVAUX PUBLICS.

TITRE PREMIER

DES SOUSCRIPTIONS VOLONTAIRES ET DES OFFRES DE CONCOURS.

1. — Il arrive assez fréquemment que des particuliers, intéressés à l'exécution de certains travaux d'utilité
publique qui doivent leur profiter d'une manière toute
spéciale, offrent spontanément d'y concourir, soit au
moyen de souscriptions, soit par l'abandon de leurs terrains, soit même par l'exécution d'une partie des ouvrages. Ces souscriptions ou offres de concours ont un
caractère essentiellement volontaire, puisqu'en principe les travaux publics sont payés à l'aide des ressources propres aux budgets de l'État, des départements
et des communes. Mais, quand elles sont faites, l'administration a qualité pour les accepter et pour lier,
par son acceptation, ceux qui prennent vis-à-vis d'elle
des engagements de cette nature. — Nous devons donc
faire connaître les règles auxquelles ces sortes de conventions sont soumises et les difficultés qui se sont élevées à leur occasion.

2. — Les offres de subvention ou de concours sont
individuelles ou collectives.

Elles ne sont, quant à leur forme, subordonnées à
aucune condition déterminée. — En général, les offres
individuelles sont faites par lettres missives : les offres
collectives se présentent sous la forme de listes de souscription, signées par les intéressés, avec mention de la
somme à fournir par chacun d'eux.

3. — Les souscripteurs soumettent le plus souvent
leurs offres à des conditions particulières. — S'agit-il
d'un chemin, ils en déterminent le tracé, et ne s'obli-

gent que sous la condition que ce chemin passera par tels ou tels endroits désignés. — Ces stipulations sont obligatoires pour l'administration, non pas sans doute en ce sens que, la subvention étant acceptée, elle ne serait plus libre de choisir un nouveau tracé plus conforme aux intérêts généraux du pays. L'administration ne peut pas se lier ainsi envers les particuliers, et ceux-ci ne seraient pas, le cas échéant, recevables à demander une indemnité pour le préjudice éprouvé par suite du changement adopté dans les projets. Mais les souscriptions cessent d'être exigibles, quand les stipulations du contrat ne sont pas observées, et c'est à bon droit que les particuliers intéressés se refusent alors à les payer. (16 nov. 1850, *Berlin*, 817 ; 15 fév. 1851, *Cretté*, 112 ; 8 déc. 1853, *dame de Verdilhac*, 1031.) Par contre, la souscription est due après que les conditions ont été accomplies. (27 août 1854, *Guéroult*, 800 ; 10 mai 1855, *Figuet et consorts*, 337.)

L'accomplissement d'une partie des conditions rend la subvention exigible en partie, dans une proportion qu'il appartient à la juridiction contentieuse de déterminer, en tenant compte des circonstances et de l'intérêt du souscripteur. (23 juin 1853, *Germain*, 615.)

4. — Ici, pas plus qu'en matière civile, l'offre ne constitue pas à elle seule un contrat valable. Elle doit être acceptée. Mais par qui?

La réponse à cette question varie suivant la nature des travaux.

5. — S'agit-il de travaux communaux, le maire a qualité pour recevoir les offres. Il faut toutefois l'assentiment préalable du conseil municipal qui, aux termes de l'article 19 de la loi du 18 juillet 1837, délibère « sur l'acceptation des dons et legs faits aux communes, « et des établissements communaux. » — La délibé-

ration du conseil municipal est elle-même soumise, suivant les principes généraux de la matière, et en vertu d'une disposition spéciale, à l'approbation de l'autorité préfectorale. L'article 48 de la loi précitée porte expressément que « les délibérations ayant pour objet l'accep-« tation des dons et legs d'objets mobiliers ou de sommes « d'argent faits à la commune et aux établissements com-« munaux, sont exécutoires en vertu d'*un arrêté du préfet...* » (Voy. aussi Décr. des 13-29 avril 1861, tabl. A, n° 49.) Or l'obligation imposée aux communes d'obtenir un arrêté préfectoral pour le recouvrement des subventions offertes pas les particuliers, implique nécessairement le droit, pour le préfet, d'approuver les délibérations du conseil municipal à ce relatives.

6. — La délibération du conseil municipal n'est pas exigée, pour la régularité de l'acceptation, lorsqu'il s'agit de travaux concernant les chemins vicinaux de grande communication. Ces chemins sont placés spécialement sous l'autorité du préfet, par l'article 9 de la loi du 21 mai 1836, et l'article 7 de la même loi autorise formellement ce fonctionnaire à statuer sur les offres des particuliers, associations de particuliers ou de communes relatives à ces chemins. On doit conclure de là qu'il n'est pas nécessaire de consulter les conseils municipaux des communes intéressées.

7. — Mais en est-il de même lorsqu'il s'agit de travaux concernant des chemins vicinaux d'intérêt commun ou de moyenne communication?

L'article 6 de la loi du 21 mai 1836 autorise le préfet à mettre à la charge des communes directement intéressées l'entretien des chemins vicinaux autres que ceux de grande communication. Ces chemins ont reçu le nom de chemins de moyenne communication ou d'intérêt commun. Ils ne sont pas, comme les chemins de grande communication, placés sous l'autorité exclusive du préfet, et ils présentent un caractère spécial qui ne permet pas de les soumettre à toutes les règles établies pour ceux-ci. Il semble donc que les communes doivent être consultées sur l'acceptation des dons et subventions relatifs à leur amélioration ou à leur construction, et que, dès lors, la régularité du contrat est subordonnée à l'accomplissement des formalités prescrites par les articles 19 et 48 de la loi du 18 juillet 1837, qui exigent la délibération du conseil municipal.

Cependant la jurisprudence s'est prononcée en sens contraire, et plusieurs arrêts ont déclaré obligatoires pour les souscripteurs des offres qui avaient été simplement acceptées par le préfet. — On lit dans un décret du 12 juillet 1855 (*Duclos*, 527) :

« Sur le moyen tiré de ce que la souscription du sieur Duclos n'aurait pas été acceptée par une délibération du conseil municipal de la commune d'Andigné-Neuville, conformément à l'article 48 de la loi du 18 juillet 1837 : — Considérant que le chemin vicinal dont il s'agit intéressait plusieurs communes, et que le préfet, qui avait ordonné les études et réglé l'exécution des travaux et la répartition des dépenses, a pu accepter l'offre du sieur Duclos... »

8. — Le Conseil général, appelé à délibérer sur les dons et legs faits au département (art. 4, 7°, l. du 10 mai 1838), trouve dans cette attribution le droit d'accepter les subventions particulières mises à la disposition du département. — Jusque dans ces derniers temps, son acceptation ou son refus ne liaient définitivement le département que lorsque la délibération avait été approuvée par un décret impérial, le Conseil d'État entendu. Le préfet pouvait seulement accepter à titre conservatoire. (Art. 31.)

Mais le décret des 13-29 avril 1861 sur la décentralisation administrative a élargi sur ce point les attributions des préfets. Il les autorise à accepter les « offres faites par des communes, des associations ou « des particuliers pour concourir à la dépense de tra- « vaux à la charge des départements. » (Voy. tabl. A, n° 12.)

9. — Les souscriptions destinées à l'exécution de travaux exécutés avec les fonds de l'État doivent être acceptées par celui des ministres que le travail concerne.

10. — Jusqu'ici nous n'avons parlé que de l'acceptation expresse des souscriptions. Cette acceptation peut aussi être tacite : mais alors elle doit résulter de faits assez caractérisés pour qu'il ne soit pas permis de se méprendre sur l'intention de l'administration.

Je ne crois pas, par exemple, qu'il fût possible de l'induire du seul fait de l'exécution des travaux, alors même que cette exécution serait conforme aux conditions stipulées dans les offres. On ne pourrait conclure de cette circonstance qu'une seule chose, c'est qu'il a paru à l'administration que l'intérêt général se conciliait avec l'intérêt particulier des souscripteurs, et on ne pourrait en tirer la conséquence que c'est pour se conformer à leurs vœux et rendre les souscriptions définitivement exigibles que les conditions indiquées ont été observées.

Toutefois il est bien évident que les circonstances sont appelées à jouer ici un rôle très-considérable. On a vu, par exemple, le Conseil d'Etat déclarer obligatoires pour des communes des souscriptions offertes par leurs conseils municipaux qui n'avaient pas été régulièrement acceptées par l'autorité supérieure, mais qui avaient été implicitement approuvées par les lois déclaratives de l'utilité publique des travaux. La promulgation de ces lois, en les portant à la connaissance des communes intéressées à l'exécution des travaux dans les conditions stipulées, a été considérée alors à bon droit comme complétant le contrat devenu définitif et irrévocable. (Voy. 13 avril 1850, *com. de Chailly*, 358 ; 15 nov. 1851, *com. de Mont-Saint-Jean*, 674 ; 2 fév. 1854, *ville de Bayeux*, 72.)

11. — L'acceptation expresse ou tacite étant indispensable pour lier les souscripteurs, il faut reconnaître à ceux-ci le droit soit de retirer, soit de modifier leurs offres et les conditions qu'ils y ont mises tant qu'elle n'est pas intervenue. C'est ce qui a été jugé à plusieurs reprises à l'occasion de subventions promises pour l'exécution de chemins vicinaux et ce qu'il faudrait décider, par identité de motifs, dans toute autre circonstance. (Voy. 6 janv. 1849, *Maydieu-Fitou*, 3 ; 15 fév. 1851, *Cretté*, 112 ; 26 avril 1860, *de Rastignac*, 361.) L'acceptation seule rend le contrat irrévocable. (7 janv. 1858, *Sicard*, 30.)

12. — Les souscriptions ne sont productives d'intérêts, à dater du jour où elles ont été promises ou acceptées, que dans le cas de stipulation expresse. (Cons. 18 juillet 1856, *Ardouin*, 459.)

13. — A partir de l'acceptation, les subventions sont exigibles pendant trente ans. On a voulu, à tort, appliquer à leur recouvrement les dispositions de la loi du 3 frimaire an VII relative au mode de perception des contributions directes. Il s'agit ici de contributions purement volontaires. C'est dans le contrat intervenu entre les souscripteurs et l'administration, non dans la loi, qu'il faut en chercher le principe et la cause. C'est ce contrat aussi qu'il faut prendre en considération pour apprécier les conditions d'exigibilité et de prescriptibilité de la créance ; et comme aucune loi n'a soustrait les conventions de cette nature à l'application des règles du

droit commun, il faut en conclure que l'administration n'est pas déchue, faute d'avoir exercé des poursuites dans le délai de trois années, comme en matière de contributions directes, et que son action pour obtenir le payement des subventions régulièrement acceptées dure trente ans. (23 juin 1853, *Germain*, 615.)

14. — Toutes les questions qui se rattachent à la fixation du chiffre de la subvention, à l'accomplissement des conditions imposées, au recouvrement des sommes promises, etc., sont de la compétence du Conseil de préfecture. La soumission acceptée constitue, en effet, un contrat administratif dont l'interprétation ne saurait, à aucun titre, appartenir aux tribunaux civils. Il s'agit d'ailleurs de contestations relatives à l'exécution de travaux publics, et qui rentrent, par ce motif seul, dans les termes de la loi du 28 pluviôse an VIII. La jurisprudence est depuis longtemps fixée en ce sens, et elle n'a pu montrer d'hésitation, à l'égard de souscriptions faites dans un intérêt communal, qu'à l'époque où l'on n'était pas encore fixé sur le caractère des travaux des communes. (Voy. 20 avril 1839, *Préfet du Cher*, 233 ; 7 déc. 1844, *Pont de Domme*, 630 ; 1er mai 1846, *Bertin et consorts*, 275 ; 23 mars 1850, *Mont-Charmont*, 278 ; 2 août 1851, *Chambord*, 556 ; 23 déc. 1852, *Soubeyrand*, 651 ; 28 juin 1855, *Com. de Saint-Just-en-Chevalet*, 478.)

15. — Les conventions contenant abandon volontaire et gratuit, pur et simple ou conditionnel, des terrains nécessaires à l'exécution de travaux publics, ont un tout autre caractère. On ne peut y voir des marchés de travaux publics dans le sens de la loi du 28 pluviôse an VIII, et les contestations qui s'élèvent à leur occasion sont, par suite, de la compétence exclusive des tribunaux civils. (Voy. 17 juil. 1861, *Com. de Craon*, 627.)

TITRE II

DE LA PLUS-VALUE PAR ACTION DIRECTE.

16. — Division de ce titre.

16. — La loi du 16 septembre 1807 autorise la perception d'une contribution imposée aux propriétaires qui profitent d'une manière toute spéciale des travaux exécutés dans un intérêt général. On désigne cette contribution sous le nom de plus-value par action directe pour la distinguer de la plus-value dont il est tenu compte, soit au moment de l'expropriation, soit en cas de dommages causés à la propriété et quand il s'agit d'évaluer l'indemnité due au propriétaire. — Nous parlerons dans deux chapitres distincts : 1° de la plus-value exigée en matière de desséchement de marais ; 2° de la plus-value exigée à la suite de l'exécution des autres travaux publics.

CHAPITRE PREMIER

DE LA PLUS-VALUE EN MATIÈRE DE DESSÉCHEMENT DE
MARAIS.

17. — Règles auxquelles le payement de la plus-value est subordonné.
18. — Première estimation des terrains à dessécher. — Ses formes.
19. — Autre expertise après le desséchement.
20. — Rôle de plus-value.
21. — Il est arrêté par la commission, ou, sur son refus, par le préfet.
22. — Recouvrement de la plus-value. — Intérêts.

17. — Les propriétaires des terrains desséchés par application des dispositions de la loi du 16 sept. 1807, sont soumis au payement d'une contribution spéciale, à raison de la plus-value acquise par leurs terrains. Cette contribution est exigée seulement après l'exécution des travaux, c'est-à-dire à un moment où il est possible de se rendre compte des effets de l'entreprise, et son paye-ment est subordonné à l'accomplissement de certaines formalités que nous nous proposons de faire connaître.

18. — Lorsque le périmètre du desséchement a été établi d'après les bases fixées par les art. 10 et suiv. de de la loi du 16 sept. 1807, il y a lieu de procéder à une première estimation des terrains qui y sont compris. Cette estimation est faite par les experts qui ont pris part à la fixation du périmètre et qui ont été nommés, l'un par le syndicat des propriétaires, l'autre par le concessionnaire : en cas de désaccord, le préfet choisit un tiers expert ; si les travaux sont exécutés par l'État, le préfet nomme son expert, et le tiers expert est nommé par le ministre de l'intérieur.

Ces experts se rendent sur les lieux, recueillent les renseignements nécessaires et divisent les terrains en plusieurs classes, dont le nombre n'excède pas dix et ne peut être inférieur à cinq. Ils procèdent ensuite, en présence du tiers expert, qui les départage s'ils ne peuvent s'accorder, à l'appréciation de chacune des classes composant le marais, eu égard à sa valeur actuelle, et sans pouvoir s'occuper d'une estimation détaillée par propriété. (Art. 13.)

Le procès-verbal d'estimation par classe, est déposé pendant un mois à la préfecture. Les intéressés en sont prévenus par affiches, et s'il survient des réclamations, elles sont jugées par la commission spéciale. (Art. 14.)

19. — Cette première expertise fixe définitivement la valeur des terrains au moment où le desséchement est commencé : elle fournit, par conséquent, le premier terme du calcul de la plus-value.

Une seconde expertise est nécessaire pour déterminer la valeur acquise. — Elle a lieu immédiatement après la vérification et la réception des travaux. (Art. 17.) Elle est faite par les experts respectivement nommés par les propriétaires et les entrepreneurs du desséchement, qui, accompagnés du tiers expert, procèdent de concert avec les ingénieurs, à une classification des fonds desséchés, suivant leur valeur nouvelle, l'espèce de culture dont ils sont devenus susceptibles, et toujours sans s'occuper d'une estimation détaillée par propriété. (20 mai 1831, *Marais de l'Authie*, 197.) Cette classification est vérifiée, arrêtée et suivie d'une estimation dans les

formes prescrites pour l'estimation du marais avant le
desséchement. (Art. 18.)

Les contestations, s'il en élève, sont également jugées par la commission, sauf recours au Conseil d'État.

20. — Dès que l'estimation des fonds desséchés a été
ainsi arrêtée, les entrepreneurs du desséchement présentent à la commission un rôle contenant :

« 1° Le nom des propriétaires ;

«.2° L'étendue de leurs propriétés ;

« 3° Les classes dans lesquelles elles se trouvent placées, le tout relevé sur le plan cadastral ;

« 4° L'énonciation de la première estimation calcu-
« lée à raison de l'étendue et des classes ;

« 5° Le montant de la valeur nouvelle de la propriété
« depuis le desséchement, réglé par la seconde estima-
« tion et par le second classement ;

« 6° Enfin la différence entre les deux estimations. »
(Art. 19.)

Le rôle contenant ces diverses estimations est arrêté
par la commission et rendu exécutoire par le préfet.

21. — La commission ne doit, sous aucun prétexte,
se refuser à arrêter le rôle qui lui est présenté par les
dessécheurs. Autrement elle commet un déni de justice
et méconnaît ses pouvoirs tels qu'ils résultent des articles 19, 20 et 46 de la loi du 16 sept. 1807. Mais
comme la vérification et l'approbation des rôles par la
commission constituent des opérations purement administratives, il appartient au préfet d'y procéder sur
son refus. (Voy. 18 août 1833, *Marais de l'Authie*,
498.)

22. — Quand le rôle a été rendu exécutoire par le
préfet, il y a lieu de procéder au recouvrement du montant de la plus-value obtenue par le desséchement dans
la proportion mise par l'acte de concession à la charge

des propriétaires, soit le quart, le tiers ou la moitié, suivant le cas, avec les intérêts à partir du jour où l'indemnité elle-même est due, c'est-à-dire à partir du jour de la réception définitive des travaux. (27 juill. 1850, *Com. de Bazoches*, 716 ; 22 nov. 1851, *Cie Thurninger*, 701.)

23. — C'est en général le moment qu'attendent les intéressés pour présenter leurs réclamations contre le classement attribué à leurs propriétés.

Des compagnies concessionnaires ont prétendu faire repousser ces réclamations par une fin de non-recevoir, sous le prétexte qu'elles auraient dû être présentées au moment des expertises faites avant et après le desséchement. Mais le Conseil d'État n'a pas admis cette fin de non-recevoir, et il en a donné pour motif que, les opérations ne comprenant pas une estimation détaillée par propriété, les propriétaires ne peuvent être avertis de la plus-value assignée à leurs terrains que par la mise en recouvrement du rôle dressé à cet effet, et que ce n'est qu'à cette époque qu'ils peuvent réclamer contre leur inscription audit rôle. (12 août 1845, *Rouaud*, 415 ; 29 nov. 1855, *Marais de Donges*, 688.) — Mais l'acquiescement des intéressés à l'estimation des experts résulte, on le comprend, d'un nombre infini d'autres circonstances dont l'appréciation appartient au Conseil d'État. C'est ainsi qu'il a repoussé la requête d'un propriétaire qui, après la décision de la commission, s'était formellement reconnu débiteur des indemnités de plus-value mises à sa charge. — Dans l'acte qui contenait cette obligation, il avait pris soin, en outre, de déclarer qu'il entendait user de la faculté réservée aux propriétaires des fonds desséchés par l'art. 22 de la loi de 1807, et il avait constitué en conséquence au profit de la compagnie une rente, à l'effet de se libérer. Enfin, il avait payé volontairement et sans

réserves les arrérages de cette rente pendant deux années. Le Conseil d'État a vu dans ces circonstances un
acquiescement, tacite mais complet, à la décision de la
commission, et il a dû déclarer non recevable la demande en décharge des indemnités de plus-value pour
lesquelles ce propriétaire avait été inscrit aux rôles du
desséchement. (16 août 1859, *Marais de Donges*, 606.)

24. — La participation des propriétaires aux travaux, soit par l'abandon volontaire de terrains, soit à
l'aide de souscriptions, ne crée pas à leur profit une fin
de non-recevoir contre la réclamation de la plus-value.
Il y a lieu seulement de faire la déduction des dépenses
dont ils ont pris la charge ou des souscriptions qu'ils
ont versées.

« En ce qui touche le moyen tiré de ce que les habitants de Saint-Quentin auraient été déchargés à tort du
payement des indemnités pour plus-values : — Considérant que le marais de Saint-Quentin est compris dans
le périmètre des terrains dont le desséchement a été concédé à la compagnie Thurninger par l'ordon. roy. du
14 janv. 1831 ; que, si les habitants de Saint-Quentin
ont, du consentement de la compagnie concessionnaire,
exécuté à leurs frais des travaux utiles au desséchement,
et s'ils sont en droit de réclamer une indemnité jusqu'à
concurrence de la dépense dont la compagnie Thurninger se serait trouvée déchargée par l'exécution desdits
travaux, ils n'en sont pas moins tenus de payer les indemnités de plus-value auxquelles la compagnie Thurninger a droit en vertu de son acte de concession ; que,
dès lors c'est à tort que, par la décision attaquée, la
commission spéciale a déchargé les habitants de Saint-
Quentin du payement de toute espèce d'indemnités pour
plus-values... » (Voy. 22 nov. 1851 *C*ⁱᵉ *Thurninger*,
701.)

25. — L'indemnité à payer à l'Etat ou aux concessionnaires pour la plus-value est une charge inhérente à
la propriété améliorée par les travaux auxquels elle est
due, et cette charge reste toujours la même, quel que
soit le propriétaire de l'immeuble, au moment où il est
procédé à son recouvrement, sans qu'il y ait lieu de se
préoccuper, à ce point de vue, des mutations successives
auxquelles la propriété a été soumise. L'acquéreur en
est tenu comme le vendeur, aux obligations duquel il a
succédé.

Réciproquement, l'exemption de l'indemnité de plus-
value stipulée dans des actes où figurait le vendeur, dès
qu'elle a été consentie par les dessécheurs, constitue en
faveur de l'immeuble, objet de la convention, une extinction de la charge qui le grevait, et le bénéfice de cette
exemption doit continuer à subsister, quelles que soient
les mutations ultérieures que la propriété dégrevée vient
à subir : elles ne peuvent avoir pour effet de faire re-
vivre, au préjudice de l'acquéreur, une charge définitivement disparue. (12 janv. 1853, *Allonneau*, 101.)

26. — En principe, lorsque les réclamations des propriétaires portent sur la classification de leurs propriétés, la commission spéciale est seule compétente pour
statuer sur les débats qui y sont relatifs.

Comme, au moment où nous sommes arrivés, c'est-à-
dire après la vérification des rôles de plus-value et leur
mise en recouvrement, la commission spéciale a terminé ses travaux, on pourrait être tenté de croire que
c'est au juge ordinaire des contestations en matière de
travaux publics, qu'il y a lieu de soumettre les difficultés
qui s'élèvent alors entre les propriétaires et les entrepreneurs du dessèchement, quels que soient la nature et l'objet de ces contestations et sans distinguer entre les difficultés relatives au mode de recouvrement des taxes et

celles qui tendent à remettre en question leur quotité,
d'après la classification des terrains. Mais il n'en est pas
ainsi ; dans toute hypothèse, les commissions spéciales
conservent le jugement de ces dernières contestations.

Une décision de la commission spéciale, organisée
pour le desséchement des marais de Pleurs, avait homologué le classement et l'estimation des terrains desséchés. Plus tard, lors de la mise en recouvrement des
rôles de plus-value, plusieurs propriétaires, se plai-
gnant d'erreurs commises, se pourvurent devant la
commission qui, sur la demande de la Compagnie, or-
donna la révision du travail des experts, homologué
par elle.

Les propriétaires déférèrent alors au Conseil d'État
cette décision qui fut annulée par les motifs suivants :

« Sur la disposition de la décision attaquée relative
à la demande des sieurs Chitier et consorts en réduction
de leur part contributive au rôle de plus-value : — Considérant que, d'après l'article 46 de la loi du 16 septembre 1807, il appartient aux commissions spéciales
de desséchement de régler le classement des propriétés
à raison de la plus-value qu'elles ont acquise par suite
des travaux de desséchement, et de prononcer sur les
réclamations relatives à ce classement ; que, suivant ce
même article, les commissions connaissent de ce qui est
relatif à la formation et à la vérification des rôles de
plus-value, et que, d'après l'article 20, elles arrêtent ces
rôles qui sont rendus exécutoires par le préfet ; que si,
postérieurement à la mise en recouvrement des rôles, il
s'élève des réclamations, aucune disposition ne conférant
aux commissions spéciales le droit d'en connaître, ces
contestations doivent être portées devant les Conseils de
préfecture auxquels il appartient, aux termes de la loi

du 16 septembre 1807, de prononcer en cette matière sur les difficultés dont la connaissance n'est pas attribuée aux commissions spéciales ;

« Considérant que la demande en réduction des sieurs Chitier et consorts n'avait pas pour objet de contester le classement assigné à leurs propriétés après le desséchement, par décision de la commission spéciale ; que cette demande était fondée sur ce que les cotisations pour lesquelles ils avaient été portés au rôle de plus-value n'avaient pas été établies à raison de la classe dans laquelle leurs propriétés avaient été rangées et de la plus-value afférente à cette classe ; que, de ce qui précède, il résulte que la commission spéciale n'était pas compétente pour connaître de cette réclamation. » (Voy. 22 juin 1854, *Chitier et cons.* 595.)

27. — Mais dans quel délai ces sortes de réclamations doivent-elles être présentées au Conseil de préfecture ? Doit-on appliquer les articles 16 et 17 de la loi du 22 messidor an VII et l'article 28 de la loi du 21 avril 1832, d'après lesquels la demande en décharge ou réduction des contributions publiques doit être formée dans les trois mois de la publication des rôles ?

Le Conseil d'État a décidé que ces réclamations sont encore recevables à cette époque, « aucune loi n'ayant déterminé le délai passé lequel les propriétaires de terrains desséchés ne pouvaient plus réclamer contre les rôles de plus-value, ni assimilé le recouvrement desdits rôles au recouvrement des rôles de contributions publiques. » (24 fév. 1843, *Dumaisniel*, 96 ; 7 fév. 1845, *marais de l'Authie*, 56.)

Un arrêt postérieur peut paraître, au premier aspect, s'être prononcé en sens contraire (24 juillet 1847, *Watteringues du Pas-de-Calais*, 486) ; mais on remarquera

qu'il s'agissait dans cette affaire d'une réclamation relative à des taxes d'entretien imposées par un règlement
d'administration publique en exécution de l'art. 34 de
la loi du 16 sept. 1807, et que l'ordonnance royale,
constitutive de l'association, assimilait les cotisations et
leur recouvrement aux contributions publiques. Les
taxes d'entretien après le desséchement sont, en effet,
soumises aux art. 3 et 4 de la loi du 14 floréal an XI,
qui n'est pas applicable aux taxes de plus-value. Cette
seule observation suffit donc pour écarter la contradiction apparente qu'on prétendrait exister entre les
décisions précitées.

C'est seulement aussi pour ces taxes d'entretien qu'il
est nécessaire de produire à l'appui des réclamations la
quittance des termes échus. Il ne peut être question ici
de l'accomplissement de cette formalité. (Voy. 6 juillet 1854, *Naudin et autres*, 624 ; *infrà*, n° 70.)

28. — Il faut décider par identité de motifs que les
lois des 3 frimaire an VII (art. 150) et 16 thermidor
an VIII (art. 17), qui déclarent les contributions publiques atteintes de prescription après le délai de trois ans,
ne sont pas applicables aux taxes de plus-values, et
qu'elles sont soumises par conséquent au droit commun,
c'est-à-dire à la prescription trentenaire.

29. — Jusqu'ici nous avons supposé que la taxe de plus-
value devait être payée en argent. Il faut dire quelques
mots maintenant de la faculté accordée par l'art. 21 de
la loi du 16 sept. 1807 aux propriétaires des terrains
desséchés, faculté qui leur permet « de se libérer de
« l'indemnité par eux due, en délaissant une portion
« relative de fonds, calculée sur le pied de la dernière
« estimation. » (Art. 21.) Si les propriétaires optent
pour ce mode de libération, il y a lieu de procéder à un
partage qui se fait à frais communs (12 janv. 1851, *Al-*

lonneau, 108) et qui donne lieu à l'acquittement d'un droit fixe de 1 franc pour l'enregistrement de l'acte de mutation. (Art. 21.)

30. — Nous verrons en parlant de la plus-value en matière de travaux publics autres que les desséchements de marais, que les propriétaires ont la faculté de délaisser en entier les fonds, terrains ou bâtiments dont la plus-value donne lieu à indemnité, sur l'estimation réglée d'après la valeur qu'avait l'objet avant l'exécution des travaux desquels résulte la plus-value (art. 31). Cette faculté n'existe pas ici ; le propriétaire peut réclamer le délaissement d'une partie du fonds équivalente à la plus-value ; mais, dans aucun cas, il ne peut exiger le prix de sa propriété tout entière, déduction faite de la plus-value à acquitter par lui.

31. — D'après l'art. 22, « si les propriétaires ne veu- « lent pas délaisser des fonds en nature, ils constitue- « ront une rente sur le pied de quatre pour cent sans « retenue : le capital de cette rente sera toujours rem- « boursable, même par portions, qui cependant ne pour- « ront être moindres d'un dixième et moyennant vingt- « cinq capitaux. » C'est le troisième et dernier mode de libération indiqué par la loi ; mais il est bien évi-dent qu'il peut être apporté des dérogations aux rè-gles qu'elle prescrit par des conventions intervenues entre les dessécheurs et les propriétaires.

32. — On s'est demandé pendant longtemps si les modes de libération accordés par la loi aux propriétaires ne peuvent pas être restreints par les décisions des commissions spéciales, et s'il ne leur appartient pas de fixer celui qui lui paraît le mieux approprié aux cir-constances, en tenant compte des ressources des débi-teurs et de l'intérêt des entrepreneurs du desséchement. Mais cette interprétation des art. 20, 21 et 22 est con-

traire à la lettre de la loi qui crée au profit des propriétaires une faculté d'option. Cette faculté ne peut, sans préjudice pour eux, être exercée par un tiers, fût-ce une juridiction présentant les plus sérieuses garanties. Le Conseil d'État, consulté par le ministre de l'intérieur, a émis, le 20 avril 1843, l'avis suivant qui a fait cesser toute dissidence.

« Vu l'art. 31 de la loi du 16 septembre 1807 ; considérant que cet article a réglé les divers modes de libération que le débiteur de la plus-value pourrait employer pour acquitter l'indemnité qui serait exigée de lui ;

« Que le mode de libération a été laissé à son choix ;

« Que, dès lors, remettre à la commission spéciale la fixation du mode de payement de l'indemnité, ce serait, d'une part, lui donner des attributions qu'elle ne peut avoir, puisque ses fonctions doivent se borner à fixer la quotité de l'indemnité, et que, de l'autre, ce serait déroger aux principes posés dans l'art. 31 susvisé, en enlevant aux propriétaires la faculté d'opter qui peut leur être avantageuse ;

« Qu'en cas de refus du propriétaire mis en demeure de se prononcer, l'administration ..... ne peut exiger d'autre mode de payement que celui qu'elle pourrait exiger d'un débiteur ordinaire, puisque la loi l'a laissé, sur ce point, dans le droit commun ;

« Est d'avis que le débiteur de la plus-value a la faculté de choisir, entre les modes de libération déterminés par l'art. 31 de la loi du 16 sept. 1807, celui qu'il préfère, et que, faute par lui de se prononcer à cet égard, l'administration ..... doit poursuivre le payement de l'indemnité comme elle poursuivrait celui d'une créance ordinaire. »

33. — Dans le cas où le propriétaire veut se libérer en délaissant une partie de sa propriété, les hypothèques

inscrites avant les travaux ne font pas obstacle à cet abandon ; elles sont restreintes sur une portion de propriété égale en valeur à celle de la propriété avant les travaux. Cette restriction a lieu de plein droit et sans qu'il soit nécessaire de la faire prononcer par justice ; mais elle est subordonnée à la transcription, au bureau des hypothèques de l'arrondissement, de l'acte de concession ou du décret qui ordonne l'exécution des travaux et l'application de la plus-value. (Art. 23.)

Si le propriétaire tient à se libérer en argent ou en rentes, l'administration ou le concessionnaire est investi, pour la garantie du payement de l'indemnité ou des arrérages de la rente, d'un privilége sur la plus-value résultant des travaux. Ce privilége est subordonné également à la transcription dont il a été parlé ci-dessus.

Dans ce cas, les hypothèques antérieures aux travaux sont restreintes sur une portion de propriété égale à la valeur de l'immeuble avant les travaux. (Art. 23.)

34. — En thèse générale, la plus-value n'est exigible qu'après l'achèvement complet des travaux. C'est alors seulement, en effet, qu'il est possible d'apprécier d'une manière moins problématique les avantages qu'en retirent les propriétés voisines.

Cependant il a paru nécessaire de faire une exception à cette règle. L'art. 16 porte : « Lorsque d'après l'étendue des marais ou la difficulté des travaux, le desséchement ne pourra être opéré dans trois ans, l'acte « de concession pourra attribuer aux entrepreneurs du « desséchement une portion du produit des fonds qui « auront les premiers profité des travaux de desséche- « ment. » C'est ce qu'on a appelé la plus-value provisoire.

La portion de produit à attribuer au concessionnaire doit être fixée d'après le revenu réel des immeubles améliorés et non d'après le revenu moyen. (2 sept. 1829, *Jourdain*, 361.)

CHAPITRE II

DE LA PLUS-VALUE EN MATIÈRE DE TRAVAUX AUTRES QUE LES DESSÉCHEMENTS DE MARAIS.

35. — Les articles 30 et suivants de la loi du 16 septembre 1807 déclarent le principe de la plus-value applicable à tous les travaux publics autres que le desséchement des marais. Ils soumettent les propriétaires voisins des travaux à une contribution qui représente une partie de l'augmentation de valeur dont ils profitent. Voici le texte de ces dispositions :

Art. 30. « Lorsque, par suite des travaux déjà énoncés
« dans la présente loi, lorsque, par l'ouverture de nou-
« velles rues, par la formation de places nouvelles, par
« la constructions de quais, ou par tous autres travaux
« publics généraux, départementaux ou communaux,
« ordonnés ou approuvés par le gouvernement, des
« propriétés privées auront acquis une notable aug-
« mentation de valeur, ces propriétés pourront être
« chargées de payer une indemnité qui pourra s'éle-
« ver jusqu'à la valeur de la moitié des avantages
« qu'elles auront acquis : le tout sera réglé par estima-
« tion dans les formes déjà établies par la présente loi,
« jugé et homologué par la commission qui aura été
« nommée à cet effet.

Art. 31. « Les indemnités pour payement de plus-
« value seront acquittées au choix des débiteurs, en
« argent ou en rentes contituées à 4 pour 100 net, ou
« en délaissement d'une partie de la propriété, si elle
« est divisible ; ils pourront aussi délaisser en en-
« tier les fonds, terrains ou bâtiments dont la plus-
« value donne lieu à l'indemnité, et ce, sur l'esti-
« mation réglée d'après la valeur qu'avait l'objet avant
« l'exécution des travaux desquels la plus-value aura
« résulté.

« Les articles 21 et 23, relatifs aux droits d'enregistre-
« ment et aux hypothèques, sont applicables aux cas
« spécifiés dans le présent article.

Art. 32. « Les indemnités ne seront dues par les

« propriétaires des fonds voisins des travaux effectués
« que lorsqu'il aura été décidé, par un règlement d'ad-
« ministration publique rendu sur le rapport du mi-
« nistre de l'intérieur, et après avoir entendu les par-
« ties intéressées, qu'il y a lieu à l'application des deux
« articles précédents. »

36. — Ces dispositions, quoique rarement appliquées,
n'ont pas cessé d'être en vigueur.

Consulté sur cette question, le Conseil d'État a émis
le 26 novembre 1843 l'avis suivant :

« Vu la loi du 16 septembre 1807, les lois du 8 mars
« 1810, 7 juillet 1833 et 3 mai 1841 ;

« Les ordonnances royales des 3 novembre 1827,
« 3 juin 1829, 23 janvier 1833 relatives à la ville de
« Lyon; celles des 2 décembre 1836, relatives à la ville
« de Grenoble, 1er septembre 1838 et 25 juin 1839,
« relatives à la ville d'Orange ;

« Considérant qu'aucun acte législatif postérieur à la
« loi du 16 septembre 1807 n'a abrogé ni même mo-
« difié les dispositions portées dans l'article 30 de la-
« dite loi ;

« Qu'il a été, au contraire, formellement reconnu
« dans les discussions qui ont eu lieu dans la Chambre,
« à l'occasion des lois des 7 juillet 1833 et 3 mai 1841,
« que les dispositions de la loi du 16 septembre 1807,
« relatives à l'indemnité de plus-value, avaient toujours
« force et vigueur ;

« Qu'application en a été faite encore dernièrement
« dans les villes de Lyon, de Grenoble et d'Orange,
« ainsi qu'il résulte des ordonnances susvisées, et que
« l'exécution en a été régulièrement et complétement
« suivie ;

« Qu'ainsi on ne peut admettre que l'article 30 de la
« loi du 16 septembre 1807 ait été abrogé ou modifié,

« ou qu'il soit d'une exécution impossible ; est d'avis
« que l'article 30 de la loi du 16 septembre 1807 doit
« continuer à être appliqué. »

Depuis cette époque, la question a été portée devant
la section du contentieux qui l'a résolue de la même
manière. (Voy. 23 nov. 1847, *ville de Paris*, 657 ;
14 juin 1851, *Perrot et cons.*, 430 ; 17 fév. 1853, *Mo-
reau*, 212.

37. — Tous les travaux publics, quelle qu'en soit la
nature, peuvent donner lieu à l'application des dispositions précitées. L'article 30 ne permet à cet égard
aucun doute. Ainsi, quoiqu'il parle de l'ouverture
de *nouvelles* rues, de la formation de places *nouvelles*,
il est certain que le simple élargissement de rues ou
de places existantes autorise l'administration à exiger
des propriétaires la plus-value acquise à leurs héritages. — En effet, aux travaux en question, l'article 30
ajoute : « Tous autres travaux généraux, départe-
« mentaux ou communaux ordonnés ou approuvés
« par le gouvernement, » ce qui évidemment ne
laisse place à aucune exception. (Voy. les arrêts cités,
n° 36.)

38. — Le règlement de l'indemnité de plus-value a été
assujetti à des formalités nombreuses destinées à donner
à la propriété des garanties sérieuses. — Ces formalités sont organisées par les articles 7 et suivants de la
loi du 16 septembre 1807, spécialement applicable aux
desséchements des marais, mais auxquels renvoie l'article 30 de la même loi, en ce qui concerne les autres
travaux publics. — « Le tout, dit cet article en parlant
« de la plus-value résultant de l'exécution des travaux
« publics en général, sera réglé par estimation *dans les*
« *formes déjà établies par la présente loi*, jugé et ho-
« mologué par la commission qui aura été nommée à

« cet effet. » — Nous avons fait connaître ces formalités dans le chapitre précédent, et il semblerait dès lors
que nous n'avons pas à revenir sur ce sujet : mais d'une
part la jurisprudence, à raison de la nature différente
des travaux, s'est écartée ici sur plusieurs points essentiels des dispositions que nous avons fait connaître; et
d'autre part, la loi elle-même a soumis la matière à
quelques règles spéciales sur lesquelles il devient nécessaire d'appeler l'attention.

39. La première et la plus importante consiste dans
l'obligation, pour l'État, les départements ou les communes qui veulent exiger la plus-value, de faire décider par un règlement d'administration publique, rendu
sur le rapport du ministre de l'intérieur, et après avoir
entendu les parties intéressées, qu'il y a lieu à l'application des dispositions de la loi de 1807. (Art. 32.)

Ce règlement, qui doit être délibéré en Conseil d'État,
conformément à l'acte constitutionnel du 22 frimaire
an VIII, ne peut être remplacé par un arrêté préfectoral
ou ministériel.

Il peut être déféré au Conseil d'État pour incompétence, excès de pouvoir ou violation des formes
prescrites.

L'article 32 exige, par exemple, que le règlement soit
précédé d'une enquête. Cette enquête est indispensable,
et le règlement qui n'en aurait pas été précédé serait
certainement annulé. Au contraire, si l'enquête a été
ouverte, si les parties intéressées ont été dûment appelées, et si plusieurs d'entre elles ont été entendues, le
décret échappe à toute critique. (23 nov, 1847, *Binet
et cons.*, 658.)

40. — Mais à quel moment doit-il être obtenu? La
plus-value peut-elle encore être exigée s'il n'intervient
qu'après l'achèvement des travaux?

L'article 32 ne fournit pas de lumières pour la solution de cette question. Mais aucun doute sérieux ne peut rester dans l'esprit quand on réfléchit aux motifs pour lesquels la loi a exigé la garantie qui résulte pour les intéressés de l'accomplissement de cette formalité. Le règlement a pour objet de décider qu'il y a lieu d'exiger la plus-value. C'est en exécution de cette disposition qui en forme la partie essentielle et vraiment constitutive que s'accomplissent toutes les formalités destinées à fixer la quotité de l'indemnité et la dette du propriétaire. C'est en exécution du règlement, par exemple, que doivent avoir lieu les deux expertises dont parlent les articles 7 et suivants, et dont la première a lieu nécessairement [1] avant le commencement des travaux : le règlement lui-même doit donc être antérieur à cette époque.

M. Lebon a justifié cette solution par les considérations les plus solides. — « Quel serait, a-t-il dit, le ca-
« ractère d'une loi qui admettrait l'action de plus-value
« pendant un temps indéterminé et sans qu'aucune
« formalité ait été accomplie avant l'achèvement des
« travaux ? Dans cette hypothèse, l'action ne peut
« plus s'appuyer sur la nécessité de réunir des ressources
« pour rendre possible l'exécution du travail : ce n'est
« donc plus d'un intérêt de travaux publics qu'il s'agit,
« mais d'un intérêt fiscal. Combien de propriétés
« seraient aujourd'hui légalement exposées à de sem-
« blables répétitions ! Combien est grand le nombre
« de celles qui doivent à des travaux exécutés depuis

---

[1] Au moins c'est la disposition formelle de la loi : la jurisprudence s'en est écartée, il est vrai, dans la matière qui nous occupe : mais elle a cédé à cet entraînement irrésistible qui suit toujours une première violation de la loi, et qui conduit à des conséquences qu'on ne prévoit pas toujours dans le premier moment.

« trente ans par l'État, les départements ou les com-
« munes, la plus grande partie de leur valeur ! Quel se-
« rait le chiffre des répétitions légalement possibles !
« Si, dans la transmission des immeubles, on tenait
« compte des éventualités de répétitions, l'État perdrait,
« par une diminution dans le produit des droits de mu-
« tation, beaucoup plus que ne lui ont jamais rapporté
« les réclamations de plus-value. Et ne s'exposerait-on
« pas à mille inconvénients, à mille embarras prati-
« ques, à mille difficultés de droit, en admettant une
« action contre des immeubles dont les propriétaires
« et les créanciers ont, depuis l'achèvement des tra-
« vaux, considéré les plus-values comme irrévocable-
« ment acquises, qui ont été l'objet d'aliénations, de
« partages, de constitutions dotales. » (Note sur l'arrêt
du 15 mai 1856, *De l'Épine*, 367.)

Ces observations ont certainement une grande valeur. Mais, quoique la question n'ait pas encore été expressément soumise au Conseil d'État, plusieurs de ses
décisions peuvent, M. Lebon en fait la remarque, être
invoquées contre sa manière d'envisager la difficulté.
(Voy. 1er juin 1836, *Valence-Minardière*, 265 ; 20 avril
1854, *Sœurs de la Provid.*, 325.)

41. — Le décret en vertu duquel il y a lieu d'exiger
la plus-value est suivie d'une première estimation contradictoire des immeubles assujettis à la contribution, dans
les formes que nous avons fait connaître. (Voy. *suprà*,
nos 18 et 19.)

Les experts sont tenus de prêter serment ; l'omission
de cette formalité substantielle est de nature à entraîner
la nullité des opérations. (20 avril 1854, *Sœurs de la
Providence*, 325 ; 16 août 1860, *Monnier*, 676.)

42. — Cette première expertise a pour but l'estimation des immeubles antérieurement aux travaux.

Doit-on en conclure que l'expertise elle-même doit être antérieure aux travaux ? Les articles 7 et 15 de la loi du 16 septembre 1807 ne permettent pas l'hésitation sur ce point, en ce qui concerne les travaux de desséchement. La loi ne veut pas qu'on attende l'achèvement des travaux, c'est-à-dire le moment où l'aspect des lieux est essentiellement modifié, et elle exige, en termes extrêmement précis, qu'il soit procédé, avant le commencement des opérations de desséchement, à l'estimation des terrains. Quand il s'agit de la plus-value à réclamer à raison de l'exécution de travaux d'un autre genre, la solution sera-t-elle la même ? Oui, si l'on s'en tient aux textes ; car l'article 30 de la loi du 16 septembre 1807 spécial à ces plus-values déclare, en termes exprès, que les formalités à accomplir seront les mêmes dans les deux cas. On se trouve donc en face d'un argument qui semble presque invincible.

Cependant la thèse contraire a été depuis longtemps déjà adoptée par l'Administration, et le Conseil d'État l'a plusieurs fois consacrée.

« Il faut observer, disait à cet égard le ministre des « travaux publics, en 1852, que les dispositions des « articles 30 et 46 de la loi du 16 septembre 1807, « qui rendent applicables aux travaux des villes les « formes d'estimation de plus-value prescrites en ma- « tière de desséchement de marais, n'ont pu éta- « blir un principe absolu, inflexible, mais seule- « ment une règle d'analogie dont l'application doit « être plus ou moins rigoureuse, plus ou moins com- « plète, selon la nature des opérations....... — En « matière de desséchement de marais, on comprend « qu'on ne peut s'écarter des prescriptions de la loi « sans se priver des moyens d'arriver, plus tard, à « une appréciation certaine de la plus-value. Il est in-

« dispensable d'estimer la valeur des terrains avant
« l'exécution des travaux, parce qu'il serait difficile
« de se rendre compte de cette valeur primitive lors-
« que l'état des terrains a complétement changé par
« l'effet du desséchement. Mais cette difficulté n'existe
« pas en ce qui touche les maisons bordant une place.
« Il y a toujours, à l'égard de ces immeubles, qui
« ne sont pas dénaturés par les travaux, des moyens
« exacts d'appréciation, lors même que les projets
« d'élargissement ou de création de voie publique
« seraient complétement réalisés ; une expertise préa-
« lable est donc superflue. » Conformément à cette
doctrine, le Conseil d'État a plusieurs fois, à l'occasion de plus-values réclamées à raison de travaux exécutés dans les villes, jugé que si, pour arriver à constater et à déterminer l'augmentation notable de valeur
que les propriétés voisines des travaux ont pu acquérir, il y a lieu, conformément à la loi du 16 septembre 1807, de faire deux estimations distinctes, l'une
fixant la valeur que ces immeubles avaient avant l'exécution des travaux, l'autre fixant cette valeur après leur
exécution, aucune disposition de ladite loi n'exige, à
peine de nullité, qu'il soit procédé à la première estimation par une expertise préalable au commencement
des travaux. (13 août 1852, *Cany*, 377 ; 17 fév. 1853,
Perrot, 218 ; 15 mai 1856, *De l'Épine*, 367.) Toutefois,
il est juste d'ajouter que la jurisprudence subordonne
alors l'exercice de l'action en plus-value à une condition.
Lorsque l'expertise n'a pas été faite avant le commencement des travaux, l'État, les départements ou les communes ne peuvent être admis à réclamer l'indemnité
que s'ils ont fait constater l'augmentation notable de
valeur acquise par les propriétés soumises à l'application
de l'art. 30, à une époque où l'état matériel des lieux

permettait de déterminer la valeur primitive de ces immeubles. (20 avril 1854, *Sœurs de la Provid.* 225 ; 15 mai 1856, *De l'Épine*, 367.)

43. — La sagesse de cette restriction est plus apparente que réelle. Le système auquel elle se rattache n'en reste pas moins essentiellement contraire au texte de la loi, et sujet, en pratique, à des inconvénients considérables.

Le texte de la loi est formel : nous avons déjà rappelé l'article 30 ; l'article 46 n'est pas moins décisif. Suivant cet article, les commissions spéciales qui connaissent de tout ce qui est relatif au classement des diverses propriétés avant et après le desséchement des marais, etc., sont appelées à statuer sur les mêmes objets « lorsqu'il « s'agira de fixer la valeur des propriétés *avant* l'exé- « cution des travaux d'un autre genre, comme routes, « canaux, quais, digues, ponts, rues, et *après* l'exécu- « tion desdits travaux, et lorsqu'il s'agira de fixer la « plus-value. » Il résulte évidemment de cette disposition qu'il doit être procédé à deux évaluations distinctes, l'une antérieure, l'autre postérieure à l'exécution des travaux. Dire que l'obligation des commissions spéciales se borne à l'estimation, à une époque quelconque, même postérieure aux travaux, de la valeur des propriétés avant leur exécution, c'est ne tenir aucun compte de la lettre si claire de la loi, ou lui faire dire une chose absolument inutile. Car l'estimation de la valeur antérieure aux travaux étant indispensable pour déterminer la plus-value, il n'était pas nécessaire d'obliger expressément la commission à faire cette estimation. Il fallait, au contraire, indiquer l'époque à laquelle cette estimation aurait lieu : c'est le but évident de l'article 46 qui, d'ailleurs, donnant aux commissions spéciales (on ne le conteste pas) les mêmes attributions dans le cas de desséchement de marais et dans le cas prévu dans l'art. 30, a certainement voulu que les moyens d'instruction fussent les mêmes.

La nature même des choses, l'analogie qui existe entre les deux situations l'exigeaient impérieusement. Dans l'un et l'autre cas, quoi qu'on dise, les expertises, l'une antérieure, l'autre postérieure aux travaux, sont indispensables. Permettre à l'administration d'attendre que les travaux soient commencés pour procéder à la première expertise, c'est livrer la propriété privée à l'arbitraire inévitable des appréciations. Dès que les travaux sont commencés, la face des lieux est modifiée ; les experts doivent par la pensée se reporter à l'état de choses ancien : c'est en toute hypothèse une difficulté considérable, pour ne pas dire insurmontable. Le Conseil d'État exige, il est vrai, que l'état matériel des lieux soit tel, au moment où l'expertise a lieu, qu'on puisse encore constater l'ancienne valeur des propriétés soumises à l'application de la plus-value. Mais en fait, il y a là une limite difficile à saisir. Les intéressés ne manquent jamais de soutenir que l'état matériel des lieux ne permet plus cette constatation. Quand la commission spéciale est appelée à statuer sur cette prétention, les travaux ayant suivi leur cours, il ne lui est plus possible de s'assurer par elle-même de la vérité des assertions produites devant elle. A plus forte raison, le Conseil d'État est-il contraint de s'en rapporter sur ce point aux lumières de l'expertise et au jugement de la commission spéciale. — Nous voyons là une source inévitable d'erreurs et d'arbitraire. — La loi est claire : elle prévient toutes ces difficultés, et il est vraiment fâcheux de voir la jurisprudence en déranger l'économie. (Voy. en ce sens : conclus. de M. le comm. du gouvernement du Martroy, aff. Perrot, Leb., 1853, p. 220.)

44. — Quelle que soit l'époque qu'on lui assigne, une première expertise ayant pour objet spécial et déterminé l'estimation de la valeur des terrains avant l'exécution des travaux est nécessaire. Cette expertise doit être complétement distincte de celle qui a lieu après l'achèvement des travaux. C'est ce qui résulte des arrêts cités au numéro précédent. Ajoutons qu'il n'y peut être suppléé au moyen de simples renseignements recueillis par la commission. (13 août 1852, *Cany*, 377.)

45. — La seconde expertise, soumise aux mêmes formalités que la première (voy. *suprà*, nº 41), a lieu, ainsi que nous l'avons dit plusieurs fois, après l'achèvement des travaux. Il ne nous paraît pas possible de soutenir que cette expertise pourrait être faite avant cette époque. Mais nous ne savons pas ce que le Conseil d'État déciderait si la question se présentait; car l'estimation, avant l'achèvement des travaux, de la valeur qui sera donnée aux propriétés voisines, ne serait ni plus ni moins conjecturale que l'estimation, après le commencement des travaux, de la valeur que ces propriétés pouvaient avoir antérieurement. Notre opinion sur ce dernier point nous évite l'embarras que le Conseil éprouverait peut-être, s'il avait à résoudre la difficulté.

46. — Après que la seconde estimation est terminée, l'administration présente à la commission spéciale le rôle de plus-value dressé d'après les indications que nous avons précédemment données. (Voy. *suprà*, nº 20.)

La commission l'arrête définitivement et prononce sur les difficultés dont elle est saisie, sauf le recours des intéressés au Conseil d'État.

Indiquons rapidement les principes qui doivent inspirer ses décisions.

47. — La plus-value ne peut pas être réclamée indis-

tinctement de tous les propriétaires qui profitent des travaux. — La loi ne soumet au payement de la contribution que « les propriétaires des fonds *voisins* des tra- « vaux effectués. » (Art. 32.) Or, l'expression « fonds voisins » est généralement employée par la loi comme synonyme de fonds contigus. (Art. 646, 660, 662, 663, C. Nap.) Mais est-ce bien dans ce sens que l'art. 31 de la loi du 16 sept. 1807 s'est servi de ces mots? Nous ne le pensons pas. Ce n'est pas dans le Code Napoléon qu'il faut chercher une règle d'interprétation et des motifs de décider. Il faut s'attacher à la loi spéciale. Or, d'après l'art. 30, la plus-value peut être demandée aux « *propriétés privées* qui auront acquis une *notable augmentation* de valeur. » C'est à cette circonstance, bien plus qu'à la proximité immédiate du fonds, qu'elle subordonne le payement de l'indemnité à laquelle elle assujettit les propriétés privées sans distinction, pourvu qu'elles profitent notablement de l'exécution des travaux. L'art. 32, en parlant des fonds voisins, crée sans doute une limitation à la règle générale, absolue, posée par l'art. 30. Mais pour interpréter sainement l'art. 32 il ne faut pas perdre de vue l'art. 30 et la condition essentielle qui est la base même de cette disposition. Ce n'est donc pas seulement aux fonds contigus aux travaux, mais aux fonds qui se trouvent dans le voisinage que la loi pourra être appliquée ; mais il n'est pas besoin de dire qu'elle devra l'être dans toute hypothèse avec beaucoup de ménagements et de bienveillance.

M. Paignon est d'un avis opposé, et il en donne ce motif que l'augmentation de valeur n'est pas assez notable quand il s'agit de fonds qui ne touchent pas les travaux. (*Tr. de la plus-value*, p. 20.) Cet argument n'est pas décisif : nous comprenons que les commissions spéciales, quand il s'agit de ces propriétés, s'imposent une étude plus approfondie et plus minutieuse des circonstances ; mais lorsqu'il est démontré qu'un fonds voisin, quoique non contigu, a acquis à la suite des travaux une augmentation de valeur réellement considérable, la loi ne permet pas de l'exempter du payement de cette plus-value. (Voy. *infrà*, n° 48, *in fini.*)

48. — Tous les fonds voisins ne contribuent pas au payement de la plus-value, au moins par application de la loi de 1807. — Si, pour l'exécution des travaux, il a été préalablement nécessaire de recourir à l'expropriation pour cause d'utilité publique, les propriétaires expropriés ont définitivement et intégralement acquitté leur dette envers l'administration. Lorsque le jury a été appelé à fixer l'indemnité d'expropriation, il a dû nécessairement tenir compte, conformément à l'art. 51 de la loi du 3 mai 1841, de la plus-value immédiate et spéciale résultant pour le reste de la propriété de l'établissement des ouvrages projetés, et l'on ne pourrait, sans injustice évidente, leur redemander ce qu'ils ont déjà donné en recevant une indemnité plus faible. Il est vrai que les choses ne se passaient pas ainsi à l'époque où la loi du 16 sept. 1807 était le code unique des travaux publics. D'après l'art. 54 de cette loi, lorsqu'il y avait lieu en même temps de payer une indemnité à un propriétaire pour terrains occupés et à recevoir de lui une plus-value pour avantages acquis à ses propriétés restantes, il y avait compensation jusqu'à concurrence ; et le surplus seulement, selon les résultats, était payé au propriétaire ou acquitté par lui. Mais la loi de 1841 n'a pas admis ce système, et jamais aujourd'hui le propriétaire exproprié ne se trouve dans l'obligation de payer une somme quelconque au trésor, sous le prétexte de la plus-value acquise par les terrains restants. Il faut qu'il reçoive une indemnité, si minime qu'elle soit. — Dans ce sys-

tème, la plus-value, par une sorte de présomption légale, ne dépasse jamais la valeur des terrains occupés. Mais cette plus-value, la loi en reconnaît l'existence ; elle la compense au moment de l'expropriation, et il ne peut plus être question de la faire payer une seconde fois au propriétaire qui l'a acquittée sous la forme d'un abandon correspondant de sa propriété.

Le Conseil d'État s'est prononcé en ce sens le 10 décembre 18 0, dans un avis dont il est utile de reproduire les termes : « L'article 32 de la loi du 16 sep-« tembre 1807 relative à la plus-value que peuvent « acquérir des immeubles par suite de l'élargissement « ou d'autres améliorations de la rue dont ils sont rive-« rains, n'est applicable qu'aux fonds voisins des tra-« vaux dont il est question dans l'article 30, et par « suite desquels il peut y avoir lieu, aux termes de cet « article, au payement d'une plus-value ; mais lorsqu'il « s'agit d'immeubles entamés par ces mêmes travaux et « pour lesquels il peut y avoir tout à la fois une indem-« nité à payer par la ville pour la partie occupée et une « plus-value à percevoir à son profit, à raison des avan-« tages acquis au restant desdits immeubles, ce n'est « plus aux articles 30, 31 et 32 de la loi du 16 sep-« tembre 1807 qu'il faut recourir, mais à l'article 54 « de la même loi.

« Ce dernier pose en termes précis le principe de la « compensation à établir entre l'indemnité et la plus-« value.

« La juste indemnité due au propriétaire dépossédé « pour cause d'utilité publique devant avoir pour ré-« sultat (la Cour de cassation l'a jugé ainsi plusieurs « fois, notamment le 22 janvier 1829), non de rendre « ce propriétaire plus riche, mais de lui procurer l'équi-« valent du dommage, l'autorité appelée à évaluer le

« dommage doit apprécier et balancer toutes les cir-
« constances qui sont de nature à l'accroître ou à l'atté-
« nuer. Les deux opérations prescrites par l'article 54
« de la loi du 16 septembre 1807 doivent donc être
« regardées comme indivisibles, et la loi du 18 mars
« 1810 ayant exclusivement déféré aux tribunaux le
« règlement des indemnités dues aux propriétaires ex-
« propriés pour cause d'utilité publique, c'est aux tri-
« bunaux qu'il appartient d'appliquer la double dispo-
« sition de l'art. 54. » La conséquence à tirer de ces
prémisses est évidente. Puisque c'est au moment de
l'expropriation que le règlement de la plus-value doit
être fait par l'autorité chargée d'apprécier l'indemnité
due au propriétaire, et puisque, d'après les principes
nouveaux écrits dans les lois sur l'expropriation, le propriétaire exproprié doit toujours recevoir une indemnité, si minime qu'elle soit; il ne peut pas être question,
en ce qui concerne les fonds entamés par les travaux, de
l'application des dispositions dont nous nous occupons.

La solution de la question que cet avis a eu pour but
d'éclairer nous fournit un nouvel argument en faveur
de l'opinion que nous avons soutenue plus haut. (Voy.
nº 47.) S'il était vrai, comme le prétend M. Paignon,
que les propriétaires riverains des travaux peuvent seuls
être assujettis au payement de l'indemnité de plus-
value, l'application de la loi de 1807 serait impossible
dans tous les cas où l'exécution des travaux est précédé
d'expropriation. Or, comme l'expropriation est le préliminaire presque inévitable de l'exécution de toute
espèce de travaux, on se demande en vue de quelle
hypothèse, en dehors du desséchement des marais, la
loi de 1807 aurait pris la peine d'établir l'ensemble de
ses dispositions relatives à la plus-value.

49. — L'augmentation de valeur qui donne à l'admi-

nistration le droit d'exiger la plus-value doit être *notable*. On ne doit pas tenir compte, à raison de l'incertitude des évaluations, de l'augmentation qui ne présente pas ce caractère. « La loi de 1807 (a dit M. Chauveau Adolphe, dont nous adoptons complétement l'interprétation), après avoir parlé de l'augmentation notable de valeur, ajoute que l'indemnité ne pourra s'élever qu'à la valeur de la moitié des avantages acquis. Le législateur a clairement expliqué lui-même par ces dernières expressions ce qu'il avait voulu dire en employant celle-ci : *Notable augmentation de valeur*. Les avantages acquis ne doivent donc pas se borner à une légère augmentation de quelques centaines de francs, dans une revente immédiate . ils doivent être au contraire représentés par une élévation considérable, la moitié, au moins, du loyer à percevoir. » (Voy. *Journ. de droit administ.*, 1861, p. 217 et 218.)

49 *bis*. — A la différence de ce qui a lieu en matière de desséchements de marais, où l'indemnité de plus-value est fixée par l'acte de concession suivant les circonstances, l'indemnité ne doit jamais dépasser la moitié des avantages acquis à la propriété ; c'est la volonté expresse du législateur consignée dans l'article 30 de la loi de 1807. On comprend le motif de cette disposition. L'estimation de la valeur acquise par une propriété est toujours arbitraire : elle ne repose, surtout lorsqu'elle a lieu immédiatement après l'exécution des ouvrages, sur aucune donnée certaine et indiscutable. Il faut un certain temps, par exemple, pour que les habitudes commerciales d'un quartier troublées momentanément par l'exécution d'une grande voie publique se reforment ou se modifient. Pendant quelques années, la valeur locative éprouve des oscillations sensibles et qui ne s'arrêtent que progressivement. La

loi a tenu compte des difficultés que les experts devaient rencontrer dans l'accomplissement de leur tâche,
et comme le principe de la plus-value appliqué sans
réserve et d'une manière absolue serait tyrannique et
au dernier point vexatoire, elle a voulu soumettre les
propriétaires voisins des travaux, ceux qui en profitent
le plus, à une contribution modique, et par cela même
équitable. C'est dans ce but qu'elle exige que la contribution, élevée au maximum, ne dépasse pas la moitié
des avantages acquis. C'est une limite sage qu'il est interdit aux commissions spéciales de franchir, mais au-
dessous de laquelle il leur est permis de rester.

50. — C'est par les mêmes raisons que l'article 31
autorise les propriétaires à s'acquitter de la plus-value
par un payement en argent ou en rentes constituées à
quatre pour cent net, ou par le délaissement d'une
partie de la propriété si elle est divisible. La loi les
autorise même à abandonner en entier les fonds, terrains ou bâtiments dont la plus-value donne lieu à l'indemnité, et ce, sur l'estimation réglée d'après la valeur
qu'avait l'objet avant l'exécution des travaux desquels
la plus-value est résultée. (Conf. *suprà*, nos 29 et suiv.)

51. — Toutes les règles que nous avons indiquées ci-
dessus soit quant au partage, soit quant à la transcription, soit quant à la restriction des hypothèques, sont
également applicables ici. (Art. 31, 1. du 16 sept. 1807;
voy. *suprà*, no 33.)

Il est bon de faire remarquer seulement que, si au
lieu de céder une partie de son immeuble, le propriétaire use de la faculté qui n'existe pas, en matière de
desséchement de marais, de délaisser la totalité, il ne
peut plus y avoir lieu à une réduction des hypothèques
grevant le fonds délaissé : il faut procéder au payement
des créanciers hypothécaires et ouvrir un ordre sur le

prix dû par l'administration qui se libère envers eux
en mettant à leur disposition le montant de l'estimation
réglée d'après la valeur de l'objet avant l'exécution des
travaux. (Art. 31.)

52. — Le payement de la plus-value ne peut être
suspendu que par les procédures pendantes devant la
commission spéciale ou le Conseil d'État. Après la décision définitive, il est procédé au recouvrement comme
en matière de contributions publiques, si le propriétaire
a déclaré vouloir se libérer en argent.

Si, au contraire, il a opté pour l'abandon d'une
partie ou de la totalité de sa propriété, il ne peut être
contraint à l'exécution de cet engagement que par les
tribunaux civils devant lesquels, en cas de résistance,
l'administration ou le concessionnaire sont tenus de se
pourvoir.

Nous n'avons rien à ajouter en ce qui concerne le
recouvrement de la plus-value et les réclamations auxquelles elle donne lieu, aux observations que nous avons
présentées ci-dessus. (Voy. nᵒˢ 27 et suiv.)

TITRE III

DES TAXES IMPOSÉES AUX PROPRIÉTAIRES INTÉRESSÉS A L'EXÉCUTION DES TRAVAUX DÉFENSIFS CONTRE LES INONDATIONS.

---

53. — Les travaux défensifs contre les inondations sont ordinairement subventionnés par l'État, qui y contribue pour une part importante, le tiers, le quart, souvent la moitié des dépenses. Mais il ne prend jamais à sa charge la dépense totale, et il devient nécessaire par suite de régler entre les propriétaires intéressés la répartition des frais excédant la subvention. C'est dans ce but que l'administration organise les associations syndicales dont nous avons, dans un précédent chapitre, fait connaître le mode de constitution. Lorsque le périmètre des terrains jugés intéressés à la confection des travaux a été fixé, tous les propriétaires qui s'y trouvent compris font partie de l'association, et contribuent à ses charges dans les limites fixées par les dispositions que nous allons étudier.

54. — Le principe de la proportionnalité des taxes à imposer aux divers intéressés a été posé pour la première fois dans la loi du 14 floréal an XI, et se trouve rappelé expressément dans celle du 16 septembre 1807, dont l'article 33 est ainsi conçu : « Lorsqu'il s'agira de « construire des digues à la mer ou contre les fleuves, « rivières ou torrents navigables ou non navigables, la « nécessité en sera constatée par le gouvernement et la « dépense supportée par les propriétés protégées *dans* « *la proportion de leur intérêt aux travaux*, sauf le cas « où le gouvernement croirait juste et utile d'accorder « des secours sur les fonds publics. »

La loi du 28 mai 1858, relative à l'exécution des travaux destinés à mettre les villes à l'abri des inondations, a modifié l'article 33 de la loi de 1807 en ce qui touche la participation de l'État aux travaux, mais elle n'a point touché à la base de la répartition, entre les propriétaires intéressés, de la contribution qui est mise à leur charge.

En effet, dans le système de la loi du 16 septembre 1807, le Trésor public ne contribuait aux travaux que dans le cas où le gouvernement croyait juste et utile d'accorder une subvention. (Voy. art. 33.) En principe, la dépense totale était à la charge des propriétaires. Or, ce qui n'était qu'une faculté pour l'État est devenu, depuis la loi du 28 mai 1858, une obligation stricte. Le décret qui autorise les travaux fixe en même temps la part qui doit être supportée par l'État. De plus, les communes et les départements qui, antérieurement, à moins de convention contraire, ne prenaient part aux dépenses qu'à titre d'avances (14 juillet 1858, *Syndicat d'Oisans*, 518) sont également soumis à une contribution déterminée par le même décret. La propriété privée trouve dans ces subventions un allégement considérable à ses charges ; mais (et c'est ce qu'il importe en ce moment de remarquer), si ces charges sont atténuées dans une certaine mesure, elles subsistent néanmoins, et la loi a dû nécessairement s'occuper de la répartition à faire entre les propriétaires intéressés. Or, sous ce rapport, elle n'a rien innové. L'article 5 porte en effet : « La répartition entre les propriétaires intéressés de la « part de dépense mise à leur charge sera faite conformément aux dispositions de la loi du 16 sept. 1807... »

Il n'y a donc pas de distinction à faire entre les travaux défensifs exécutés dans l'intérêt des villes et ceux qui ont pour but de protéger les vallées. Le principe qui domine la matière est toujours celui de la proportionnalité de la contribution entre les divers intéressés.

55. — Ce principe inscrit dans la loi est au-dessus des atteintes qui pourraient lui être portées par l'acte

constitutif du syndicat. Il n'appartient pas au chef de l'État, et *à fortiori* aux préfets, de modifier la base essentielle sur laquelle repose l'organisation tout entière des associations syndicales. Il s'agit d'ailleurs ici d'une taxe, c'est-à-dire d'un véritable impôt que la loi seule peut établir et dont elle peut seule fixer le montant. Aussi, le Conseil d'État, tout en déclarant que les actes constitutifs des syndicats sont des actes d'administration pure, inattaquables par la voie contentieuse, même dans les dispositions qui changent le principe de la répartition des dépenses, n'hésite-t-il pas à réserver le recours des intéressés contre les rôles assis sur une base contraire à la loi.

L'article 40 d'une ordonnance royale délibérée en Conseil d'État portant organisation du syndicat du Plan-du–Bourg stipulait que jusqu'à ce qu'il eût été contracté un emprunt, le syndicat serait autorisé à faire face aux dépenses par un rôle provisoire *basé sur le cadastre*. Quelques propriétaires intéressés se pourvurent au Conseil d'État contre cette ordonnance dont ils demandèrent l'annulation pour excès de pouvoirs, en ce qu'elle avait fixé une base de répartition contraire aux dispositions des lois des 14 floréal an XI et 16 septembre 1807. Le Conseil d'État repoussa le pourvoi, parce qu'il ne vit pas un excès de pouvoirs dans l'autorisation donnée au syndicat par l'art. 40 de faire face aux dépenses par un rôle provisoire ; mais il prit soin de déclarer « que la « disposition de l'art. 40 du décret attaqué ne faisait « pas obstacle à ce que, au cas où des rôles provisoires « seraient mis en recouvrement, les parties qui se croi- « raient fondées à élever des contestations, *soit sur les* « *bases*, soit sur le chiffre des cotisations auxquelles elles « auraient été imposées, fissent valoir devant l'autorité « compétente les droits et moyens qui pourraient leur

« appartenir... » (10 mai 1851, *d'Inguimbert et consorts*, 348.)

56. — Les intéressés *à fortiori* ont le droit de se pourvoir contre les décisions de la commission spéciale ou du syndicat, contraires au principe essentiel de la proportionnalité de la contribution. J'excepte cependant le cas où les membres de l'association réunis en assemblée auraient accepté une autre base de répartition. Je verrais là un véritable contrat obligatoire pour tous ceux qui y auraient pris part. Encore ne lierait-il pas ceux qui y seraient restés étrangers. La majorité n'a point le droit, en pareille matière, d'imposer ses volontés à la minorité, et de modifier sans son consentement les conditions de l'association, conditions établies par la loi et au bénéfice desquelles les parties intéressées peuvent seules renoncer. (30 mars 1853, *H^{iers} de Raousset-Boulbon*, 417.)

57. — Les décisions de la commission spéciale qui modifient la base légale de la répartition doivent être attaquées devant le Conseil d'État dans les délais du règlement. La chose jugée est plus puissante que le droit méconnu, et s'opposerait invinciblement à toute réclamation ultérieure, si fondée qu'elle pût être au fond.

« Considérant, porte un décret du 26 juillet 1855 (*Fabrique de l'église métrop. de Tours*, 557), que, par décision du 1er octobre 1851, passée en force de chose jugée, la commission spéciale de la levée du Bois-Chétif a rejeté les réclamations formées par les requérants contre le classement de leurs propriétés, et arrêté d'une manière définitive les bases de la répartition des dépenses ; que, conformément à cette décision, le syndicat a fait préparer, à la date du 28 décembre 1852, le rôle général et définitif de la répartition de ces dépenses entre les propriétaires de terrains situés dans le périmètre de

l'association syndicale ; que les requérants n'allèguent
ni qu'il ait été commis des erreurs dans la confection
dudit rôle, ni que ce rôle ne soit pas conforme aux bases
approuvées par la commission spéciale ; qu'ils se bornent
à soutenir que le classement aurait été fait contrairement
aux dispositions de la loi du 16 septembre 1807 ;

« Considérant que, dans ces circonstances, les requérants ne sont plus recevables à réclamer devant nous
contre le classement de leurs propriétés, et que c'est
avec raison que, par l'arrêté attaqué, le Conseil de préfecture du département d'Indre-et-Loire a maintenu leur
cotisation audit rôle :

« Art. 1ᵉʳ. La requête présentée pour le sieur Abra-
ham ès noms et pour les sieurs Boucher et consorts est
rejetée. »

58. — A quel moment la répartition proportionnelle
des dépenses syndicales doit-elle être faite ? Est-ce
avant, est-ce après l'exécution des travaux ?

En matière de desséchement, il doit être procédé,
ainsi que nous l'avons vu dans le titre précédent, à deux
expertises, l'une antérieure, l'autre postérieure aux travaux. La différence entre les résultats de cette double
opération forme la plus-value. — Procédera-t-on ici de
la même manière, et pour fixer la part proportionnelle
de chaque propriété commencera-t-on d'abord par
fixer la valeur actuelle, pour obtenir ensuite, par une
estimation postérieure aux travaux, l'augmentation
qu'elle a pu acquérir ?

Tel paraît être le vœu de la loi. L'article 34 veut que
les formes *précédemment établies* (ce qui se rapporte aux
travaux de desséchement) soient appliquées à l'exécution
de l'art. 33 spécialement relatif aux travaux défensifs.
La jurisprudence, toutefois, n'a pas cru qu'il fût nécessaire, à peine de nullité, de se conformer à ces forma-

lités. Elle supprime l'obligation de procéder à deux expertises, et reconnaît à la commission syndicale le droit de fixer la plus-value et, par suite, la contribution, avant le commencement des travaux. — Aucune disposition de loi, a dit le Conseil d'État, ne défend aux commissions spéciales de prendre en considération dans la fixation de la part contributive, non-seulement la valeur des propriétés avant la confection des travaux d'endiguement, mais encore les avantages qu'elles peuvent en retirer dans l'avenir. (22 janv. 1857, *Ravanas*, 78 ; 18 août 1857, *de Florans*, 652).

On comprend combien ce mode de procéder présente d'inconvénients. La commission se trouve en face de difficultés presque insurmontables. Comment lui sera-t-il possible de fixer exactement avant les travaux l'augmentation de valeur qui en résultera pour chaque propriété protégée, et par conséquent le degré d'intérêt à raison duquel les propriétés doivent être imposées ? Ici s'appliquent les observations que nous faisions dans le chapitre précédent à l'occasion de la plus-value en matière de travaux urbains. (Voy. *suprà*, n° 43.)

La jurisprudence a été entraînée dans cette voie par des considérations pratiques. C'est la taxe exigée des propriétaires qui, en effet, doit procurer le payement des travaux. On ne trouverait pas d'entrepreneur qui voûlut s'en charger sans être certain de toucher des à-compte avant l'entier achèvement des ouvrages. Renoncer à exiger la contribution avant leur mise à exécution, ce serait donc renoncer à l'exécution même. On comprend que le Conseil d'État se soit arrêté devant une pareille éventualité et qu'il ait préféré conserver à l'administration un moyen d'action énergique contre des calamités fréquentes. Il eût mieux valu, toutefois, que le Conseil se montrât, ici, plus strict observateur de la loi. Ses décisions auraient

forcé le législateur à intervenir et à modifier la loi de
1807 dont l'expérience a depuis si longtemps démontré
les imperfections et les lacunes.

59. — Les propriétaires de terrains préservés ont-ils
au moins la faculté de se libérer de la contribution mise
à leur charge, en délaissant une partie du fonds, conformément à l'art. 24 de la loi du 16 septembre 1807 ?
Ou bien, s'ils ne veulent pas délaisser des fonds en nature, ont-ils la faculté de constituer une rente sur le pied
de quatre pour cent sans retenue dans les conditions
fixées par l'art. 22 ?

Les nécessités pratiques n'ont pas permis d'admettre
le payement en nature ou en rentes constituées. Il faut
pourvoir aux dépenses, y pourvoir immédiatement, et il
n'y a pas d'autre moyen, pour arriver à ce résultat, que
le payement de la taxe en argent. Aussi l'article 33 se
borne-t-il à dire que « la dépense » occasionnée par les
travaux « sera supportée par les propriétés protégées
dans le proportion de leur intérêt aux travaux. » On
ne trouve plus ici le triple mode de libération accordé
aux propriétaires en matière de desséchement de marais. (Voy. suprà, tit. 2, chap. Ier.)

La loi du 28 mai 1858 sur les travaux destinés à
mettre les villes à l'abri des inondations s'est expliquée
également sur ce point d'une manière précise. L'art. 5
renvoie, en ce qui touche le principe de la répartition,
à la loi du 16 septembre 1807 ; mais il prend soin d'a-
jouter que les taxes établies en vertu du § précédent
seront recouvrées au moyen de rôles rendus exécutoires
par le préfet et perçues comme en matière de contributions directes. En parlant de taxes et en fixant ce mode
de recouvrement spécial, la loi nouvelle ne laisse pas
aux propriétaires la faculté de se libérer par le délaissement du fonds ou la constitution d'une rente.

60. — La répartition se fait, d'après la loi, entre les propriétaires intéressés.

A prendre cette expression à la lettre, il semble que tous ceux qui ont un intérêt direct ou médiat aux travaux de l'association doivent contribuer aux dépenses. Mais le mot « intéressés » n'a pas ici ce sens général et absolu. La loi n'entend parler que des propriétaires qui font partie du syndicat et dont les terrains ont été compris dans le périmètre définitivement arrêté en exécution des décisions de la commission spéciale. — Vainement arriverait-on à établir, une fois l'association définitivement constituée, que des propriétaires étrangers profitent, dans une large mesure, des avantages qu'elle procure à ses membres ; on ne pourrait pas voir en eux des intéressés dans le sens que les lois de la matière donnent à ce mot. Les propriétés non comprises dans le périmètre sont de droit exemptes de toute cotisation, et elles ne peuvent y être soumises qu'en vertu d'une réorganisation nouvelle de l'association. (Grenoble, 12 août 1836, *Primard*, Dal. vº Obligat., nº 5403 ; C. d'Ét., 10 août 1850, *syndicat de la Durance*, 749 ; 26 juillet 1851, *Peut*, 540 ; — voy. toutefois Cass., rej. 25 août 1835, *Rochas et cons.* Dal. vº Trav. publics, nº 1027-1º.)

61. — Ainsi, en dehors du périmètre, il n'y a pas d'intéressés. En revanche, en dedans du périmètre, tout propriétaire a cette qualité, et le domaine public lui-même n'échappe pas à la contribution proportionnelle.

Ainsi, bien que les routes soient exemptées de toute contribution foncière par la loi du 7 frimaire an VIII (art. 103) comme non productives de revenus, et que les taxes de construction et d'entretien des digues aient été assimilées aux contributions directes par la loi du 14 floréal an XI, le Conseil d'État n'a point hésité à dé-

clarer que cette exemption d'impôt est spéciale à la contribution foncière et ne peut être étendue aux taxes
établies pour l'acquittement de la dépense des travaux
d'endiguement sur les propriétés protégées par ces travaux. (11 mai 1854, *Départem. du Gard*, 422.)

Toutefois, les routes doivent être imposées d'après les
bases adoptées pour les autres classes de terrains et sans
qu'il puisse être spécialement tenu compte, en ce qui
les concerne, du dommage général qui résulterait pour
le public de l'interruption des communications. (Même
décret.)

62. — Il importe donc essentiellement aux propriétaires compris dans le périmètre, d'en faire étendre les
limites à tous les terrains qui profitent directement ou
indirectement des travaux de l'association. Le principe
de la répartition proportionnelle serait violé si la commission spéciale refusait de les assujettir au payement
des travaux à l'exécution desquels ils ont intérêt. En
conséquence, le Conseil d'État a déclaré recevable le recours individuellement formé par des propriétaires de-
mandant, dans un intérêt commun, l'extension du périmètre au delà des limites fixées par la commission.

« Considérant, a-t-il dit, qu'aux termes de l'art. 33
« de la loi du 16 sept. 1807, les dépenses de construc-
« tion des digues contre les fleuves, rivières et torrents,
« doivent être supportées par les propriétés protégées
« dans la proportion de leur intérêt aux travaux ; que
« si quelques-unes des propriétés protégées par une
« digue étaient laissées en dehors de l'association char-
« gée de pourvoir à la construction ou à l'entretien de
« cette digue, la part contributive des autres propriétés
« se trouverait indûment augmentée et portée au delà
« de la mesure fixée par l'art. 33 de la loi du 16 sep-
« tembre 1807 ; qu'il suit de là que tout propriétaire

« dont les terrains sont compris dans un projet de tracé
« du périmètre d'une association chargée de subvenir
« aux frais de construction ou d'entretien d'une digue,
« a intérêt et droit pour soutenir, soit devant la com-
« mission spéciale, soit par voie de recours, devant
« nous, en notre Conseil d'État, que le périmètre de
« l'association doit être étendu au delà des limites pro-
« jetées ; que, d'ailleurs, dans l'espèce, ce droit a été
« reconnu par l'art. 10 de l'arrêté du chef du pouvoir
« exécutif du 9 août 1848, constitutif de l'association
« syndicale de la digue des Valoires ; qu'ainsi, c'est à
« tort que le syndicat de l'association prétend que les
« sieurs Pison et autres seraient non recevables à de-
« mander une extension du périmètre... » (13 mars
1856, *Imbert et cons.* 199.)

63. — Si, parmi les propriétés comprises dans le
périmètre, il s'en trouve qui soient soumises à un usufruit, le propriétaire et l'usufruitier doivent concourir
au payement de la taxe dans la proportion fixée par
l'art. 609 du C. Nap.

L'art. 608 dit, il est vrai, que l'usufruitier seul est
tenu de toutes les charges annuelles de l'héritage telles
que *les contributions* et autres qui, dans l'usage, sont
censées chargées de la jouissance. Mais la taxe imposée aux propriétés protégées pour les travaux défensifs
n'est pas réellement une charge de la jouissance. Les
travaux intéressent « la propriété tout entière, son
« existence et son avenir, sa conservation ou son amé-
« lioration perpétuelle et constituent dès lors un sacri-
« fice demandé non pas seulement aux fruits, mais au
« fonds et au capital. » (M. Demolombe, *Distinct. des
biens*, t. II, p. 563, n° 610.) C'est donc par l'art. 609
que la question est régie. Le propriétaire supporte le
payement de la taxe, et l'usufruitier lui tient compte

des intérêts. Si la taxe est avancée par l'usufruitier, celui-ci a la répétition du capital à la fin de l'usufruit. (M. Demol. *loc. cit.*, n° 612; Proudhon, *Dom. public*, t. IV, n° 1623.)

64. — Les compagnies concessionnaires de travaux publics ne sont pas propriétaires des ouvrages construits par elles et dont l'exploitation leur est confiée. (Voy. t. Ier, n°s 706 et suiv.). Mais elles possèdent sur ces ouvrages de véritables droits d'usufruit, et elles doivent, à ce titre, la taxe imposée par les lois relatives aux travaux défensifs. Elles ne la doivent, au surplus, que dans la mesure que nous venons de fixer, et, à moins de stipulations contraires, l'État est tenu au remboursement, à l'expiration du délai fixé pour la concession.

Les associations syndicales d'irrigation sont dans une situation différente. Les ouvrages construits par elles sont leur propriété, et s'ils profitent des travaux défensifs, le syndicat doit la taxe selon la mesure de son intérêt. (18 août 1857, *Canal de Crappone*, 655.)

65. — Tous les terrains situés au-dessous des plus hautes eaux du fleuve, c'est-à-dire tous les terrains submersibles dans les plus grandes crues doivent être compris dans le périmètre. La commission spéciale ne peut pas adopter, comme limite extrême des propriétés intéressées aux travaux, un obstacle naturel ou artificiel qui serait, soit à raison de son peu d'élévation, soit à raison de la nature du terrain, insuffisant pour mettre à l'abri de l'inondation les propriétés situées au delà. (13 mars 1856, *Imbert et consorts*, 199.)

Les propriétés situées au delà de la ligne de submersibilité sont même à bon droit comprises dans le périmètre, lorsqu'il est constant qu'elles sont néanmoins exposées à l'action des eaux par l'infiltration ou le refoulement. Mais comme ce ne sont pas les propriétaires, mais les propriétés à la protection desquelles les travaux défensifs ont pour objet de pourvoir, les terrains dont la culture, à raison de leur élévation, est indépendante des crues du fleuve, échappent au payement de la taxe ; et on ne saurait les comprendre dans le périmètre sous le prétexte que, par suite de l'assainissement des propriétés inférieures, les habitants cesseraient d'être exposés à des fièvres périodiques. (4 juin 1852, *Gilles et consorts*, 215.)

66. — D'après les dispositions de la loi de 1807 combinée avec les art. 3 et 4 de la loi du 14 floréal an XI, et de l'art. 5 de la loi du 28 mai 1858, les taxes sont recouvrées au moyen de rôles rendus exécutoires par le préfet et perçues comme en matière de contributions directes.

Le syndicat dresse le tableau de la répartition des dépenses entre les divers intéressés d'après les bases arrêtées par la commission spéciale, et le recouvrement des taxes est opéré par le percepteur des contributions directes de la commune où le syndicat a son siége, ou par un caissier spécial désigné par le préfet sur la présentation du syndicat.

Ce receveur fournit un cautionnement proportionné au montant des rôles : il lui est alloué une remise dont la quotité est déterminée par le ministre des finances s'il s'agit d'un percepteur, et par le préfet dans le cas contraire.

Au moyen de cette remise, le percepteur dresse les rôles sur les documents fournis par le syndicat. Ces rôles sont affichés à la porte de la mairie pendant un délai de huit jours, puis visés par le directeur du syndicat et rendus exécutoires par le préfet.

67. — Les réclamations dirigées contre les rôles de répartition des taxes ne doivent pas être formées avant que ces rôles aient été déclarés exécutoires par le préfet.

(13 sept. 1855, *min. des trav. pub.*, 652 ; 27 mai 1857, *Roset*, 418.) « L'homologation du préfet donne seule aux
« rôles un caractère obligatoire : avant l'exécutoire, le
« rôle ne constitue qu'un travail préparatoire auquel le
« préfet donnera ou refusera la vie légale, mais qui jus-
« que-là reste sans appel possible devant la juridiction
« contentieuse ; or, dans l'espèce, les rôles n'ayant pas
« été revêtus de l'exécutoire, le Conseil de préfecture
« avait été saisi et avait statué avant que sa compétence
« eût commencé ; ce qui prouvait bien que sa décision
« avait été prématurée, c'est qu'après et malgré cette
« décision, le préfet conservait intégralement le droit
« de refuser l'exécutoire, et que, s'il usait de ce droit,
« l'arrêté du Conseil de préfecture restait sans exécu-
« tion possible et sans objet. » (Note de M. Lebon sur
le décret du 13 sept. 1855.)

Les décisions que nous venons de citer ont été rendues en matière de curage ; mais les art. 3 et 4 de la loi
du 14 floréal an XI, sur lesquels elles s'appuient, étant
également applicables au recouvrement des taxes en matière de travaux défensifs, elles ont dans l'un et l'autre
cas la même autorité.

68. — Prématurées, lorsqu'elles sont formées avant
l'exécutoire du préfet, les réclamations sont au contraire
considérées comme tardives, et à ce titre frappées de
déchéance, lorsque le recours est porté plus de trois mois
après la publication du rôle, par application des art. 16
et 17 de la loi du 2 messidor an VII, de l'art. 28 de
la loi du 21 avril 1832 et de la loi de finances du 4 août
1844. (Voy. 18 déc. 1848, *Baudry*, 683 ; 16 avril 1851,
Thomassin de Saint-Paul, 277 ; 24 nov. 1859, *Fournet-
Brunot*, 669.) Mais il est essentiel de remarquer que la
disposition de l'article 28 de la loi du 21 avril 1832,
qui n'accorde aux contribuables qu'un délai de trois

mois pour présenter les réclamations qu'ils sont autorisés à former contre les rôles des contributions directes,
ne régit que les demandes en décharge ou réduction.
Lorsqu'il s'agit d'opposition au recouvrement des taxes,
fondées sur ce que le syndicat serait déchu de tout
droit et de toute action, faute, par exemple, de poursuites dirigées contre les réclamants pendant trois années consécutives, à compter du jour où les rôles ont
été rendus exécutoires, il n'y a plus lieu de prononcer la
déchéance établie par la loi de 1832. (23 juin 1858,
Hairault, 624.)

69. — Les réclamations sont introduites sans frais devant le Conseil de préfecture. Par suite, il n'y a lieu de
prononcer aucune condamnation aux dépens contre le
réclamant qui succombe. (Voy. 23 juin 1849, *Marais de
Donges*, 268; 16 avril 1851, *Thomassin de Saint-Paul*,
277; 5 janv. 1854, *Passelais*, 10.)

Les pourvois contre les arrêtés des Conseils de préfecture peuvent de même être formés directement devant
le Conseil d'État par l'intermédiaire des préfets et sans
frais. Le ministère d'un avocat au Conseil n'est pas nécessaire. (Voy. 10 août 1850, *Syndicat de la rive droite
de la Durance*, 749 ; 24 nov. 1859, *Fournet-Brunot*, 669.)

70. — La disposition de l'article 18 de la loi du
21 avril 1832, aux termes de laquelle tout contribuable
qui se croit surtaxé doit joindre à sa demande en décharge ou réduction la quittance des termes échus de sa
cotisation, est corrélative à la division de la perception
par douzième et à la disposition du même article, qui
permet à ce contribuable, s'il n'a pas été statué sur sa
réclamation dans le délai de trois mois, de différer le
payement des termes qui viennent à échoir après ce
délai. Or, comme la perception des taxes imposées en
matière de travaux défensifs n'est pas nécessairement

divisible en douzièmes payables de mois en mois, il n'y a pas lieu de rejeter les demandes en décharge ou réduction qui ne seraient pas accompagnées de la quittance des termes échus, si ce mode de recouvrement n'a pas été spécialement prescrit par l'ordonnance constitutive du syndicat, si, par exemple, la totalité de la taxe a été demandée en un seul payement pour une année. (23 juin 1852, *Hairault*, 624.)

71. — Les lois des 23 novembre-1er décembre 1790 (tit. V, art. 8), et du 3 frimaire, an VII (art. 149) relatives au recouvrement des contributions directes disposent que les percepteurs qui n'auraient fait aucune poursuite contre les contribuables en retard pendant trois années consécutives à compter du jour où le rôle leur aura été remis, perdront leur recours et seront déchus de tout droit et de toute action contre eux. Cette disposition est applicable aux travaux défensifs, et il y a lieu, par suite, de déclarer non recevables les poursuites dirigées après ce délai contre les débiteurs des taxes. (23 juin 1853, *Hairault*, 624.)

Les actions qui appartiennent aux tiers contre le syndicat sont régies par les principes qui leur sont propres, et le syndicat ne peut pas se prévaloir pour les repousser de la législation spéciale qui régit ses rapports avec les membres de l'association. Il a été jugé, par exemple, que l'action de l'entrepreneur des travaux n'est point prescrite par le délai de trois ans, et qu'elle dure trente ans, conformément aux règles du droit commun. (21 avril 1848, *Massonnet et autres*, 212.)

72. — Des principes posés ci-dessus, il résulte que le Conseil de préfecture est seul compétent, à l'exclusion soit de la commission spéciale, soit des tribunaux ordinaires pour connaître des demandes en décharge ou en réduction des cotisations, même dans le cas où ces de-

mandes sont fondées sur ce que les propriétés imposées ne sont pas comprises dans le périmètre de l'association (21 déc. 1850, H*iers* Doria, 962), ou lorsque le réclamant soutient que, dans la confection du rôle, le syndicat a adopté des bases qui violent les prescriptions d'un arrêt antérieur du Conseil d'État. (3 juin 1858, Gazeau, 410.)

Le Conseil de préfecture est aussi seul compétent, à l'exclusion de l'autorité judiciaire, pour décider si les réclamations tendant à la décharge ou à la réduction des cotisations doivent ou peuvent avoir pour effet de suspendre à l'égard des réclamants l'exécution des rôles. (21 déc. 1858, Pebernard et cons., 732.)

73. — Lorsqu'un propriétaire prend des conclusions tendant à faire déclarer par interprétation d'un acte du chef du gouvernement que son terrain est situé en dehors des limites territoriales assignées par cet acte au syndicat, l'interprétation demandée par ce propriétaire ne peut être donnée que par le Conseil d'État, statuant au contentieux. (Voy. 6 déc. 1860, Ligier, 735 ; 6 déc. 1860, Dervieux, 739.)

74. — Quant aux demandes en descente de classe, elles doivent être jugées par la commission spéciale, au moins pendant tout le temps où cette commission est en exercice. (26 mars 1853, vidanges d'Arles, 559.)

TITRE IV

DES TAXES DE CURAGE.

75. — Nous venons de voir qu'un principe unique préside à la répartition entre les propriétaires intéressés des frais rendus nécessaires par l'exécution des travaux défensifs contre les inondations. C'est toujours d'après le degré de leur intérêt aux travaux que se mesure la charge qui leur incombe.

Il en est autrement en matière de curage. La loi du 14 floréal an XI, tout en posant le même principe en ce qui concerne les règlements postérieurs à sa promulgation, déclare dans son article 1er qu'il sera pourvu au curage des canaux et rivières non navigables et à l'entretien des digues et ouvrages d'art qui y correspondent de la manière prescrite par les *anciens règlements* ou *d'après les usages locaux*. Elle laisse donc subsister, avec force de loi, ces usages et ces règlements alors même qu'ils sont contraires au principe de la proportionnalité de la répartition. Et ce n'est que dans le cas où, l'application des anciens règlements ou l'exécution du mode consacré par l'usage ayant rencontré des difficultés, l'administration est appelée à prendre des dispositions nouvelles, que la contribution doit être fixée d'après le degré d'intérêt de chaque intéressé. (Voy. art. 2.)

76. — C'est ainsi que la loi du 14 floréal an XI a été de tout temps comprise et appliquée.

Ainsi le Conseil d'État a jugé que l'on doit encore aujourd'hui suivre, dans la répartition des frais de curage, des règlements ou usages qui mettent les frais à la charge des meuniers dans l'étendue de cent mètres en amont et en aval de leurs usines, et à la charge des riverains dans toutes les autres parties (23 avril 1849, *Delongueval*, 252);

Ceux mêmes qui les laissent tout entiers à la charge des propriétaires de moulins (28 décembre 1849, *Besnard*, 707);

. Ceux qui répartissent dans des proportions diverses la dépense du curage entre tous les meuniers bordant la rivière (14 mai 1852, *Martel*, 160), ou entre les propriétaires et les usiniers (4 juillet 1827, *Blancamp*, 334);

Ceux qui mettent à la charge des riverains toutes les réparations prescrites pour assurer le libre écoulement des eaux, et qui autorisent l'administration à faire procéder d'office à ces réparations, aux frais desdits riverains, à défaut par eux de les exécuter (1er déc. 1853, *Haine et cons.*, 973);

Ceux qui mettent les frais de curage à la charge des propriétaires riverains, chacun en raison de l'étendue de sa propriété le long de la rivière, sans distinction entre les usines et les autres propriétés. (Voy. 28 octobre 1829, *ville de Strasbourg*, 392; 2 février 1846, *Troguin*, 55; 5 août 1854, *Guilbert*, 763.)

Afin de se soustraire à l'application des anciens règlements ou usages en désaccord avec les besoins actuels, les riverains n'ont d'autre moyen que de provoquer l'action administrative. Mais ce n'est pas par la voie contentieuse, on le comprend, que de pareilles demandes doivent être formées. Les mesures relatives au curage sont essentiellement de l'office de l'administrateur et non du juge, et elles ne peuvent être sollicitées que par la voie gracieuse. (2 fév. 1846, *Troguin*, 55.)

77. — Les règlements anciens auxquels se réfère la loi du 14 floréal an **XI** sont, d'après **M.** Daviel, « des

« arrêts du Conseil, des arrêts de règlement des parle-
« ments ou des maîtrises, des ordonnances des assem-
« blées d'État ou des intendants, des dispositions des
« coutumes locales. » (Voy. Tr. des cours d'eau, n° 720;
instr. min. de l'intér. du 10 déc. 1837, *Monit.* 17 déc.
1837.) On a considéré comme ayant la même force obligatoire un règlement fait par un préfet et antérieur de
deux ans seulement à la promulgation de la loi de l'an XI.
(1er janvier 1840, *Raimbault,* 190); un autre, en date du
25 floréal an IX, approuvé par le ministre de l'intérieur
le 3 messidor an X (20 janv. 1843, *Bournizien,* 29) ;
un troisième enfin en date du 27 fructidor an X (17
fév. 1848, *Dupuis,* 109).

78. — Quand il existe un ancien règlement, la répartition conforme à ses prescriptions est assez facile, et il
ne peut s'élever de difficultés que sur l'interprétation
de ces prescriptions, interprétation qui, d'après les
principes, appartient au Conseil d'État.

Mais quand les riverains invoquent d'anciens usages,
on se trouve souvent en présence de prétentions au
milieu desquelles il est plus aisé de s'égarer. Il faut
d'abord constater l'existence de l'usage, et, pour cela,
remonter à des époques éloignées ; il faut constater l'uni-
formité des habitudes suivies, et la répétition des mêmes
procédés à des intervalles divers. Point d'usage, si l'on
n'invoque qu'une opération unique. (15 mai 1857, *Robert,*
406.) Point d'usage non plus si, chaque fois qu'il a été
procédé au curage, la répartition s'est faite sur des bases
différentes. Ce ne sont là que des questions de fait, mais
qui demandent une grande sûreté d'appréciation et ne
peuvent être résolues qu'après une instruction longue et
minutieuse, étrangère aux habitudes et aux formes des
juridictions administratives.

79. — Heureusement les anciens usages disparaissent

chaque jour pour faire place au système plus équitable
de la répartition proportionnelle. Le gouvernement étend
peu à peu sur le pays sa puissance de réglementation, et
soumet au principe nouveau tout ce qui était resté régi
par les dispositions anciennes. Lorsque, en effet, un règlement d'administration publique rendu conformément
aux dispositions de la loi du 14 floréal an XI intervient,
il fait disparaître tous les règlements ou usages antérieurs contraires à ses prescriptions. Les riverains, dé-
pouillés des avantages que ces usages ou règlements leur
assuraient, cessent de pouvoir invoquer les mêmes priviléges. (20 juillet 1836, *Tulasne*, 359 ; 18 nov. 1853,
Watel et consorts, 952.)

80. — Tel est, disons-nous, l'effet des règlements
d'administration publique dont parle l'article 2 de la
loi du 14 floréal an XI. Mais tel ne serait pas l'effet d'un
simple arrêté préfectoral relatif au curage.

Les préfets ont bien reçu de la loi le pouvoir de prendre
les mesures et d'arrêter les dispositions nécessaires pour
assurer ce service ; mais jamais on ne leur a reconnu le
droit d'abroger les usages ou les règlements anciens émanés de l'autorité centrale et fixant la base de la répartition
des frais. Ils peuvent réglementer la matière, c'est-à-
dire déterminer l'époque et le mode particulier du curage dans chaque localité, mais c'est à la condition essentielle de ne rien changer au mode de contribution antérieurement établi. Il s'agit, en effet, d'une taxe, ou,
pour parler plus exactement, d'un impôt qu'il n'appartient pas à l'autorité préfectorale d'asseoir sur des bases
nouvelles. Cette attribution a été dévolue exclusivement
à l'empereur statuant en son Conseil d'État. (23 août
1843, *Arrosans de la Crau*, 470 ; 12 mai 1847, *Des-
grottes*, 286 ; 17 fév. 1848, *Dupuis*, 109.)

Les décrets sur la décentralisation administrative n'ont

pas amené de changements à cet égard. Ils permettent, il est vrai, aux préfets, de prendre des « dispositions « pour assurer le curage et le bon entretien des cours « d'eau non navigables ni flottables. » Mais il est à remarquer que cette mission ne leur a été confiée que sous la condition de pourvoir aux besoins qui se font sentir « de la manière prescrite par les anciens règlements ou « d'après les usages locaux. » (Voy. tableau D, n° 6, déc. des 15-29 avril 1861.) Le décret, sous ce rapport, n'a donc pas élargi les attributions de l'autorité préfectorale.

L'Administration, il est vrai, ne l'a pas ainsi compris dans le principe. Elle a cru que le pouvoir réglementaire des préfets allait jusqu'à la substitution au mode consacré pour la répartition des frais par les usages ou règlements locaux, du mode prescrit par la loi du 14 floréal an XI. Dans sa circulaire du 5 mai 1852, pour l'application du décret du 25 mars précédent, le ministre de l'intérieur attribuait aux préfets le droit de prendre « un arrêté portant règlement d'administration publique, » ce qui impliquait nécessairement le droit de modifier les règlements ou usages en vigueur. Mais le Conseil d'État n'a pas ratifié cette doctrine, et il a jugé « qu'aux termes « de la loi du 14 floréal an XI, il doit être pourvu au « curage des rivières non navigables ni flottables, de la « manière prescrite par les anciens règlements ou d'a- « près les usages locaux, et que lorsque l'application « des règlements ou l'exécution du mode consacré par « l'usage exigent des dispositions nouvelles, il doit y être « pourvu par un règlement d'administration publique ; « que ces dispositions de ladite loi n'ont pas été abro- « gées par le décret du 25 mars 1852. » (29 fév. 1860, *Courtois*, 167 ; —voy. aussi 12 juill. 1855, *Garnier*, 512.)

La loi ne laisse donc aux préfets d'autre alternative que de se conformer aux règles antérieurement

admises pour la répartition des frais, ou de provoquer un règlement d'administration publique dans le
cas et sous les conditions prévues par l'art. 2 de la loi du
14 floréal an XI.

81. — Les propriétaires non riverains du cours d'eau
sont-ils assujettis au payement des taxes de curage ? —
Oui, s'il existe à cet égard d'anciens règlements ou d'anciens usages. Oui encore, si un règlement d'administration publique conforme aux prescriptions de la loi
organique est intervenu ; car, d'après elle, il n'y a à considérer que l'intérêt des propriétaires qui profitent du
curage. On est intéressé, c'est-à-dire imposable, à cette
seule condition, et ce n'est que dans le cas contraire,
c'est-à-dire lorsque l'instruction fait reconnaître que, la
largeur du lit suffisant à l'écoulement facile des grandes
eaux, la rivière n'est pas sujette à des inondations, que
les propriétaires non riverains sont exempts de toute
contribution. (18 nov. 1853, *Watel et consorts*, 952.)

Mais lorsqu'il n'existe pas d'usages ou de règlements
qui assujettissent les propriétaires non riverains aux
frais de curage soit dans la proportion de leur intérêt,
soit dans une proportion déterminée par ces usages ou
règlements, le droit commun les exonère de cette
charge. Le curage, en effet, d'après les principes ordinaires, incombe exclusivement aux riverains. « C'est,
« dit M. Daviel, en conséquence de l'espèce de com-
« munauté ou de la réciprocité de profits et de charges
« qui existent entre tous les riverains d'un même cours
« d'eau, qu'ils doivent tous contribuer aux frais de
« curage et aux dépenses des travaux de conservation
« qui sont nécessaires pour assurer et maintenir le
« libre écoulement des eaux et leur juste répartition
« dans l'intérêt général. » (Voy. *Cours d'eau*, t, II,
p. 717.) Les propriétaires non riverains ne jouissent

pas, au moins immédiatement, des mêmes avantages, et ne doivent pas dès lors être soumis aux mêmes obligations. Les usages ou les règlements peuvent seuls apporter au droit commun des dérogations justifiées par les circonstances; et quand on ne rencontre rien de semblable, c'est par les principes ordinaires que la question doit être résolue. (Voy. 29 déc. 1859, *Mouchet*, 790; 29 fév. 1860, *Courtois*, 167; 28 mars 1860, *ville de Rouen*, 271; 18 avril 1860, *Chauveau*, 328.)

82. — Le degré d'intérêt d'un riverain ne se mesure pas d'après la valeur vénale ou locative de son immeuble; ce qu'il faut considérer, c'est la position respective des intéressés, les avantages qu'ils retirent du curage, les dangers qu'ils évitent, les dommages qu'ils sont, le cas échéant, exposés à souffrir. Tel riverain qui borde le cours d'eau sur une grande étendue peut n'avoir qu'un intérêt minime à son amélioration, à raison de la disposition particulière des localités. Tel autre, au contraire, possesseur d'une propriété de beaucoup moins importante, est soumis à des inondations périodiques qui couvrent ses récoltes de terre et de gravier. Ce serait comprendre la loi dans un sens diamétralement contraire à ses termes aussi bien qu'à son esprit, que de tenir compte, en l'absence d'usages anciens ou en présence d'un règlement nouveau, de l'étendue des rives et non du degré d'intérêt de chaque propriétaire. (Voy. 17 nov. 1849, *Léger de Chauvigny*, 608; 7 janv. 1857, *Bayard*, 26.)

83. — C'est à l'occasion des usines que se présentent le plus souvent des difficultés de cette nature. L'empire des habitudes se fait sentir là plus qu'en aucune autre circonstance. Des usages assez généralement répandus sous l'ancien régime imposaient, en effet, aux usiniers, toute la charge du curage. A cette époque, on com-

prenait moins qu'aujourd'hui la nécessité pour les propriétés riveraines des cours d'eau d'éviter les crues extraordinaires qui fertilisent quelquefois par le dépôt des limons les terres voisines, mais qui, le plus souvent, les saturent à l'excès d'humidité et donnent naissance à des végétations aquatiques difficiles à extirper. C'était la pensée générale que les usiniers seuls profitaient réellement du curage. De là ces usages ou ces règlements qui leur en imposaient la charge tout entière. Ces usages n'ont pas tous péri, et nous avons vu que là où ils n'avaient pas été abrogés, ils conservent, malgré la différence des temps, force de loi. Mais dans les localités où ils ont légalement disparu, ils règnent encore par l'empire de l'habitude, et il n'est pas rare de voir des Conseils de préfecture, en dépit des prescriptions nouvelles, soumettre les usiniers à supporter exclusivement les dépenses du curage dans toute l'étendue du remous causé par l'usine. A coup sûr, une pareille décision n'a rien de contraire à la loi, lorsque la dépense qu'elle impose à l'usinier se trouve en même temps proportionnelle à son intérêt réel (29 janv. 1857, *Gutreit*, 81); mais, la plupart du temps, il n'en est pas ainsi. Le remous se fait souvent sentir à de longues distances; d'autres riverains sont comme l'usinier intéressés au curage sur son étendue, et il faut prendre garde, dès lors, d'ériger en règle générale ce qui peut n'être qu'un accident. Le principe écrit dans la loi de l'an XI s'y oppose invinciblement. (Voy. 7 juin 1859, *Roussel*, 411; 5 déc. 1860, *Roussel*, 713; M. Daviel, t. 3, n° 721; M. Bourguignat, *Légis. des atel. insal.*, t. 1, n° 212; *contrà* M. Dufour, *Dr. adm.*, t. 4, n° 543.)

84. — Le degré d'intérêt, telle est donc la seule règle à suivre. Sous aucun prétexte elle ne peut être éludée, quelle que soit la nature des propriétés soumises à la taxe.

Les contestations élevées par un riverain, si elles ont été reconnues bien fondées, sont également sans influence sur son application. Non-seulement les frais qu'elles ont occasionnés doivent rester à la charge de ses adversaires, mais sa cotisation ne doit pas être augmentée à raison des dépenses supplémentaires auxquelles sa résistance a donné lieu. — « Considérant, porte un arrêt, que la commission syndicale du Cosson prétend mettre à la charge des sieurs d'Escures et Grandry, non-seulement une partie des dépenses de curage proportionnée à leurs intérêts, mais encore l'excédant de dépenses qui résulterait de ce que ces propriétaires, en refusant de livrer les terrains nécessaires pour opérer aux frais de l'État le redressement de la rivière le Bourillon, auraient ainsi augmenté les frais de curage de cette rivière qui sont à la charge de l'association ;

« Considérant qu'aux termes de l'article 9 du règlement susvisé sur le curage du Cosson et de ses affluents, la commission syndicale avait le droit, au lieu de faire exécuter le curage du lit du Bourillon dans son état ancien, de poursuivre l'expropriation des terrains nécessaires pour opérer le redressement de cette rivière ; mais que le refus fait par les sieurs d'Escures et Grandry de livrer ces terrains sans que les formalités de l'expropriation pour cause d'utilité publique eussent été accomplies, ne l'autorisait pas à mettre à leur charge des cotisations supérieures à leur degré d'intérêt dans le curage ;

« Art. 1er. La requête de la commission spéciale du Cosson est rejetée. » (Voy. 1er sept. 1858, *Commis. syndic. du Cosson*, 627.)

85. — Les riverains, ou tout au moins les propriétés voisines directement intéressées aux travaux de curage, supportent exclusivement les dépenses que les travaux occasionnent. Mais il n'en est pas de même lorsqu'il

s'agit des frais auxquels donne lieu l'élargissement ou le redressement des cours d'eau. La répartition de ces frais est soumise à d'autres règles. Le caractère d'utilité générale qui s'attache au redressement ne permet pas d'y faire contribuer exclusivement les riverains. L'article 1ᵉʳ de la loi du 14 floréal an XI ne parle que des travaux de curage et d'entretien, et ce serait dépasser ses termes que de les faire contribuer aux dépenses nécessitées par des travaux d'une importance beaucoup plus considérable et dont l'utilité rayonne bien au delà des terres voisines. (Voy. 1ᵉʳ fév. 1851, *Richard de Vesvrottes*, 81.)

86. — Dans tous les cas, il n'appartient pas aux préfets d'ordonner par un simple arrêté l'élargissement des cours d'eau, de sorte que si, au lieu d'attendre le recouvrement des frais du curage exécuté dans ces conditions, le riverain préfère attaquer directement l'arrêté préfectoral devant le Conseil d'État pour excès de pouvoirs, il en obtiendra certainement l'annulation, s'il démontre qu'au lieu d'un simple curage le préfet a ordonné l'élargissement du cours d'eau.

« Considérant, porte un décret du 16 déc. 1858 (*Collas*, 720), que, par les arrêtés attaqués, le préfet de Seine-et-Oise a prescrit au sieur Collas de porter de 0,65 à 1 mèt. le débouché du ru de Marivel, dans la traverse de sa propriété bâtie, et a mis ce propriétaire en demeure d'exécuter, à ses frais, les travaux de démolition et de reconstruction nécessaires pour agrandir l'aqueduc voûté qui existe sous sa propriété; qu'ainsi le préfet ne s'est pas borné à ordonner le curage du ru de Marivel à vif fond et à vieux bords, dans la propriété du sieur Collas; qu'il a prescrit l'élargissement de ce ru, sans ordonner qu'il serait procédé préalablement aux formalités établies par la loi du 3 mai 1841, sur l'expropriation pour cause d'utilité publique ; qu'il n'est pas établi que cet élargissement ait été ordonné après une reconnaissance contradictoire des anciennes limites du cours d'eau et pour lui rendre sa largeur naturelle ; que dès lors le préfet a excédé ses pouvoirs :

« Art. 1er. L'arrêté ci-dessus visé du préfet de Seine-et-Oise, du 12 fév. 1855, en tant qu'il s'applique au sieur Collas ; l'arrêté ci-dessus visé du même préfet, du 21 octobre 1856, et la décision ci-dessus visée de notre ministre des travaux publics, du 8 mai 1857, sont annulés pour excès de pouvoirs. » (Voy. aussi : 15 mars 1855, *Amiot-Robillard*, 196 ; 2 déc. 1858, *Guichelet*, 687.) On n'a pas besoin de faire observer qu'il est souvent difficile, dans la pratique, de distinguer le curage à vieux bords du redressement. On consultera avec fruit, à l'occasion de difficultés de cette nature, un décret du 8 avril 1858, *Moll*, 277.

87. — Pour que la taxe soit exigible, une autre condition est encore nécessaire. Si les formalités prescrites par les arrêtés ou règlements en exécution desquels il a été procédé au curage n'ont pas été observées, les riverains sont fondés à demander la décharge de la contribution qui leur a été imposée. Nous trouvons cette règle formulée dans un décret du 4 mars 1858 (*Brion*, 196), ainsi conçu :

« Considérant qu'aux termes des art. 16 et 47 du règlement ci-dessus visé, les projets de travaux doivent être soumis à une enquête de quinze jours et que les conseils municipaux des communes intéressées doivent être invités à donner leur avis sur lesdits projets ; qu'il résulte de l'instruction que les travaux de curage ont été commencés et exécutés sans avoir été précédés de ces formalités ;

« Considérant que, dans ces circonstances, le sieur

Brion est fondé à soutenir qu'il a été porté à tort sur le rôle de répartition des dépenses relatives à des travaux de curage qui n'ont pas été régulièrement exécutés ; et qu'ainsi c'est à tort que le Cons. de préf. de la Meuse a rejeté sa demande en décharge de la taxe de 315 fr. 58 c. à laquelle il avait été imposé... »

88. — Remarquons aussi que la loi du 14 floréal an XI n'est relative qu'au curage des cours d'eau non navigables ni flottables. La nature du cours d'eau joue donc un rôle essentiel dans l'appréciation de la légalité de l'imposition. Aucune contribution n'est due en principe quand il s'agit du curage des cours d'eau navigables. L'État, propriétaire de ces cours d'eau, est seul soumis aux charges d'entretien, sauf toutefois le cas exceptionnel où le curage, entrepris dans l'intérêt de la navigation, est reconnu profiter en même temps aux riverains. (L. du 16 sept. 1807, art. 34; 5 juillet 1851, *Gérard et cons.*, 486; Proudhon, *Dom. publ.*, t. 3, p. 89 et suiv.)

En est-il de même en ce qui concerne les cours d'eau simplement flottables? « Le flottage est par sa « nature une espèce de navigation : ensuite les rivières « flottables à trains et radeaux sont rangées par des « dispositions formelles de nos lois [1] parmi les dépen- « dances du domaine public national, comme et avec « les rivières navigables elles-mêmes. — Il suit de cette « double considération que le curage des rivières flot- « tables à trains et radeaux doit être comme celui des ri- « vières navigables, à la charge de l'État, en principe. « — Toutefois, nous avons vu que, même à l'égard des « cours d'eau navigables, le pouvoir exécutif est auto- « risé à faire des règlements d'administration publique « qui fixent, relativement à la dépense du curage, la

---

1. C. civ., art. 538.

« part contributive du gouvernement et des proprié-
« taires, quand il y a communauté d'intérêt et de profit
« entre des particuliers et l'État [1]. Par là, on est con-
« duit à décider avec Proudhon [2], à l'égard des rivières
« flottables à trains et radeaux, que, si le curage a lieu
« dans l'intérêt du flottage, il est à la charge de l'État,
« comme ayant pour objet le maintien de l'exercice
« du service public ; que, s'il a lieu pour prévenir les
« inondations ou en délivrer la contrée, il est à la charge
« des propriétaires voïsins, comme mesure prise dans
« un intérêt spécial ; qu'enfin, s'il a lieu dans le double
« intérêt du flottage et des héritages voisins, la charge
« doit être partagée, comme le bénéfice, entre l'État et
« les propriétaires. » (Voy. Jousselin, *Servit. d'util.
publ.*, t. 1, p. 242 et suiv. ; 20 nov. 1822, *Duvivier.*)

89. — Relativement aux cours d'eau non navigables
ni flottables, la jurisprudence a constamment tenu pour
règle que la loi de l'an XI concerne seulement les rivières
dont le cours est permanent, à l'exclusion des canaux ou
des fossés de clôture, servant à l'écoulement des eaux
dans un intérêt exclusivement privé. — On comprend
que cette distinction est d'une application souvent très-
difficile dans la pratique, et le Conseil d'État a plusieurs
fois rejeté comme non justifiées les prétentions élevées
à cette occasion et qui tendaient à faire ranger dans la
catégorie des fossés ou canaux d'intérêt privé des cours
d'eau ayant une importance plus considérable, au point
de vue de la sûreté ou de la salubrité publiques. (Voy.
18 avril 1860, *Chauveau*, 328.)

Mais il n'hésite pas non plus à soustraire aux dispositions des lois relatives au curage les cours d'eau qui

1. L. du 16 sept. 1807, art. 34, § 2.
2. *Dom. public*, n° 870.

lui paraissent avoir le caractère de fossés particuliers.
(Voy. 19 janv. 1858, *Adam*, 44; 28 déc. 1858, *D'And-
lau*, 755.)

Nous n'essayerons pas de donner une définition qui trouverait à chaque instant un démenti dans les faits ou dans
les précédents. Il faut laisser au juge le soin de discerner
le caractère et les conditions du cours d'eau dans chaque
affaire. Disons seulement qu'il ne faut pas s'attacher à
cette circonstance que le lit du cours d'eau aurait été
creusé de main d'homme. Naturel ou artificiel, il peut
servir à l'écoulement des eaux d'une rivière, en prenant
ce mot dans le sens que la loi de floréal lui donne.

Il importe peu aussi que les fossés ou canaux aient
pour objet particulier de pourvoir à l'irrigation des
terres, si le cours de l'eau est permanent. (18 mai 1848,
Fabre de Rieunègre, 682; 24 mars 1849, *Burgaud*, 193.)

90. — La taxe est due, quelles que soient les circonstances qui ont rendu le curage nécessaire, et encore bien que l'encombrement du cours d'eau ait été le
résultat de faits personnels à certains riverains. Les travaux de curage sont prescrits et exécutés au point de vue
de l'utilité générale. Tous les riverains, sans exception,
y doivent contribuer, en vertu des rôles déclarés exécutoires par le préfet, dans la proportion de leur intérêt
ou conformément aux usages locaux, et il n'y a pas
dès lors à tenir compte, au moment de la répartition,
des circonstances accidentelles qui ont motivé la mesure ordonnée par l'administration.

Mais, dans les rapports des riverains entre eux, la
loi n'interdit pas le recours que quelques-uns pourraient se croire fondés à exercer, si le curage ordonné
avait réellement pour cause des faits illicites personnels
à d'autres riverains. Les propriétaires qui souffrent de
l'encombrement d'un cours d'eau produit par des tra-

vaux exécutés au profit d'un autre riverain ou par toute
autre cause dont celui-ci est l'auteur, peuvent s'adresser
aux tribunaux afin d'obtenir le rétablissement des lieux
dans leur état primitif, aux frais de celui qui a donné
naissance à l'action reconnue fondée. Or la loi du 14 floréal an XI, et les dispositions spéciales qui donnent à
l'administration le droit de prendre les mesures propres
à assurer le libre écoulement des eaux, ne font nul obstacle à l'exercice de l'action privée des riverains contre
ceux qui aggravent, par leur fait, les charges communes.
Lors donc que l'administration prend les devants et,
sans s'inquiéter des causes particulières de l'encombrement, prescrit une mesure générale, elle peut bien contraindre tous les intéressés au payement de la quote-part
fixée par la loi ou les usages; mais elle ne détruit pas
dans son principe le droit des riverains contre celui
d'entre eux qui a rendu nécessaire la mesure qu'elle a
prise. Il n'y a plus lieu, sans doute, pour eux de demander
que le curage soit fait par celui qui a causé l'encombrement; mais comme il aurait pu être mis à sa charge
par les tribunaux, dans le cas où l'administration ne
l'aurait pas ordonné, il est juste de réserver à ceux qui
en partie ont acquitté sa dette un recours contre lui.
Les tribunaux peuvent toujours être saisis de ce recours
et lui donner effet dans la mesure du préjudice souffert.
(20 janvier 1843, *Bournizien*, 29.)

91. — Les réclamations des riverains qui se croient
indûment imposés ne cessent pas d'être recevables, par
cela seul qu'ils n'ont pas présenté d'observations contre
les dispositions du règlement dont on veut leur faire application au moment de l'enquête à la suite de laquelle
il est intervenu.

« Sur la fin de non-recevoir opposée au sieur Gutreit ;
— Considérant que, dans les réclamations présentées

au Conseil de préfecture, le sieur Gutreit demandait la
réduction de la taxe de curage à laquelle il avait été imposé, en se fondant sur ce que, contrairement à l'article 2 de la loi du 14 floréal an XI, cette taxe ne serait
pas proportionnée au degré d'intérêt qu'il avait aux travaux de curage; qu'aux termes de l'article 4 de la loi du
14 floréal an XI, il appartient aux Conseils de préfecture
de prononcer sur les réclamations des imposés, et que,
dans l'espèce, la disposition relative aux taxes de répartition des frais de curage qui pouvaient se trouver dans
l'arrêté du préfet du 10 mai 1854, qui a ordonné le curage de la rivière de l'Heu, ne faisait pas obstacle à ce
que le Conseil de préfecture examinât si la contribution
du sieur Gutreit avait été établie conformément aux prescriptions de la loi précitée; que, dès lors, c'est à tort
que le Conseil a déclaré la réclamation du sieur Gutreit
non recevable, attendu qu'il n'avait produit dans l'enquête aucune observation contre les dispositions du
projet d'arrêté préfectoral... » (29 janvier 1857, *Gutreit*, 81.)

92. En principe, les taxes de curage sont exigibles
en argent. L'article 2 de la loi du 14 floréal an XI veut
que la quotité de chaque imposé soit toujours relative au
degré d'intérêt qu'il a aux travaux à exécuter et il en
assure le recouvrement au moyen de dispositions qui ne
sont pas compatibles avec un autre mode de libération.
Lors donc qu'un règlement d'administration publique est
intervenu conformément aux prescriptions de cette loi,
aucun riverain n'est fondé à prétendre s'exonérer de la
contribution en offrant de faire le curage au droit de sa
propriété. Il pourrait se faire, en effet, que ce mode d'exécution partielle ne fût pas proportionnel à son intérêt.

En l'absence d'un règlement d'administration publique, la loi de l'an XI n'étant pas applicable, il

faut consulter les usages locaux. Enfin l'absence d'usage s'interprète en faveur des riverains, et rend nécessaire, avant de procéder au curage, une mise en demeure adressée à chacun d'eux, à l'effet d'y faire procéder au droit de leur propriété. (18 janv. 1851, *Durand*, 44.)

93. — On doit comprendre dans la répartition des frais, non pas seulement les dépenses matérielles du curage, mais toutes celles auxquelles ont donné lieu la constitution et le fonctionnement de l'association syndicale.

On doit aussi y faire figurer les frais de plans et devis, les honoraires des hommes de l'art, ingénieurs, agents voyers ou autres, qui ont dirigé les travaux et auxquels une rémunération est due. — Ces frais doivent être acquittés par les propriétaires intéressés, et non par les communes dans lesquelles les travaux ont été exécutés. (1er août 1848, *Bryon*, 475; 6 janv. 1853, *Bryon*, 26; 19 nov. 1853, *Watel*, 952.)

De même le payement d'un garde-rivière chargé d'assurer la surveillance et le bon entretien des travaux de curage rentre dans les dépenses que les dispositions spéciales de la loi du 14 floréal an XI et la loi annuelle du budget autorisent l'administration à faire supporter par les propriétaires riverains. (15 déc. 1853, *Biennais*, 1077.)

94. — Le recouvrement des taxes est fait soit par un percepteur des contributions directes de l'une des communes de la situation des lieux, soit par un receveur spécial choisi par le syndicat et nommé par le préfet.

Le receveur dresse les rôles d'après les documents fournis par le syndicat. Faute par celui-ci de dresser les rôles ou de faire procéder par son agent à leur confection, c'est au préfet qu'il appartient de pourvoir à ces mesures. Le Conseil de préfecture excède ses pouvoirs en chargeant des experts de la confection et de la mise en recouvrement du rôle. (21 avril 1848, *Massonnet et cons.*, 212.)

95. — Les réclamations contre les rôles de répartition sont soumises aux dispositions qui régissent les travaux défensifs. (Voy. *suprà*, n°s 27 et suiv.) Elles doivent être formées dans les trois mois de la publication des rôles, et il n'est pas nécessaire qu'elles soient accompagnées de la quittance des termes échus, sauf le cas où le règlement particulier de l'association exigerait cette formalité. (Voy. 1er déc. 1853, *Haine et cons.*, 972.) Le recours contre les arrêtés des Conseils de préfecture n'est soumis qu'au droit de timbre, et peut être transmis au gouvernement sans frais; il n'y a lieu par suite à aucune condamnation de dépens. (Voy. 17 fév. 1848, *Dupuis*, 109; 1er fév. 1851, *Richard de Vesvrotte*, 81; 16 avril 1851, *Thomassin de Saint-Paul*, 277; 13 août 1852, *Comm. syndic. de Virvée*, 386.)

Le ministère d'un avocat au Conseil n'est pas non plus nécessaire quand il s'agit de recours formés contre des arrêtés des Conseils de préfecture statuant sur des demandes en décharge ou en réduction. Mais il en est autrement quand le recours s'attaque aux arrêtés préfectoraux ou à tous autres actes de l'administration relatifs au curage. (18 mai 1858, *Lorin*, 391.)

96. — Le Conseil de préfecture est compétent en toute hypothèse pour connaître des demandes en décharge ou en réduction des taxes. Le réclamant ne peut, par exemple, obtenir son renvoi devant les tribunaux civils sous le prétexte que l'obligation qui lui serait imposée constituerait une servitude dont il n'appartient pas au Conseil de préfecture d'apprécier l'existence et le caractère. (14 mai 1851, *Martel*, 160.) Le Conseil

de préfecture n'aurait pas davantage à se dessaisir du litige, dans le cas où le réclamant contesterait la validité des arrêtés préfectoraux ordonnant le curage et la régularité des opérations qui en ont été la suite (2 fév. 1846, *Troguin et cons.*, 541 ; 20 juil. 1854, *de Briges.* 666), ou s'il prétendait que les travaux à raison desquels il a été assujetti à la taxe n'avaient pas pour but d'obtenir le curage prévu par la loi du 14 floréal an XI, mais constituerait une mesure générale d'assainissement ordonnée dans l'intérêt de plusieurs communes. (18 av. 1860, *Flandin*, 326.)

Comme conséquence de cette attribution, le Conseil de préfecture connaît nécessairement des demandes qui ont pour objet la suspension des poursuites dirigées contre le réclamant. (9 déc. 1858, *Associat. syndic. de la Chalaronne*, 696.)

97. — En dehors des demandes en décharge ou en réduction, le Conseil de préfecture est appelé à statuer sur les réclamations qui s'élèvent à l'occasion de « la confection » des travaux (art. 4, l. du 14 floréal an XI) ; mais pourrait-on considérer comme rentrant dans cette catégorie la demande ayant pour objet l'annulation d'un arrêté préfectoral ordonnant le curage, dans le cas, par exemple, où un propriétaire soutient que le cours d'eau a le caractère d'un simple fossé d'écoulement ?

« Les mots, *la confection* des travaux, employés par « la loi, signifient évidemment que le Conseil de pré- « fecture est compétent pour prononcer sur des récla- « mations portant sur le point de savoir si les travaux « de curage ont été ou n'ont pas été bien faits, s'ils « ont été exécutés ou non conformément aux projets, « et autres questions de cette nature ; mais c'est don- « ner aux termes de la loi un sens qu'ils n'ont jamais « eu que d'en conclure que le Conseil de préfecture est

« également compétent pour statuer sur les réclama-
« tions formées, comme dans l'espèce, avant que les
« travaux soient effectués, avant que les rôles soient
« dressés et portant exclusivement sur le seul point de
« savoir si l'arrêté préfectoral a pu valablement com-
« prendre dans l'opération du curage des fossés que les
« réclamants prétendent ne pas faire partie du cours
« d'eau à curer et n'être que de simples rigoles placées
« en dehors des pouvoirs de police confiés à l'adminis-
« tration. Il n'y a, en effet, dans cette question rien qui
« soit relatif à la confection des travaux. La mesure
« prise par le préfet dans de telles circonstances ne
« me paraît donc pouvoir, dans aucun cas, être défé-
« rée au Conseil de préfecture. Elle ne serait suscep-
« tible, selon moi, d'être attaquée que par la voie hié-
« rarchique devant le ministre que la matière concerne
« ou devant le Conseil d'État directement, pour incom-
« pétence ou excès de pouvoirs. » (Voy. observat. du
min. de l'intér. et déc. du 12 fév. 1857, *Gabillot,*
137.)

Il faut bien admettre cependant que le Conseil de
préfecture serait compétent pour décider, après l'exécution des travaux, si le curage devait s'étendre au
cours d'eau situé sur la propriété du réclamant, et pour
rechercher le caractère et la nature de ce cours d'eau.
Il semblerait dès lors plus naturel de lui accorder également ce droit avant la confection des travaux. Malheureusement, les termes de la loi du 14 floréal an XI sont
d'une précision telle que l'interprétation admise par le
Conseil d'État semble seule permise.

QUATRIÈME PARTIE

DES TORTS ET DOMMAGES CAUSÉS A LA PROPRIÉTÉ PRIVÉE PAR SUITE DE L'EXÉCUTION DES TRAVAUX PUBLICS.

TITRE PREMIER

DES FOUILLES ET EXTRACTIONS DE MATÉRIAUX.

---

98. — Objet de ce titre.

98. — Nous entrons dans l'étude des rapports de l'administration ou des entrepreneurs avec la propriété privée. Nous nous occuperons d'abord de la servitude de fouilles et d'extraction de matériaux.

CHAPITRE PREMIER

DANS QUELS CAS ET POUR QUELS TRAVAUX L'EXERCICE DE LA SERVITUDE D'EXTRACTION EST AUTORISÉ.

99. — Le droit, pour l'administration, de faire dans les propriétés privées les fouilles et extractions des matériaux nécessaires aux travaux publics remonte à une époque fort ancienne.

Le premier document législatif où nous le trouvons constaté est une ordonnance du 15 février 1566, rendue sous Henri II et relative au prolongement de la route d'Orléans, depuis Arthenay jusqu'à Thoury. Cette ordonnance accorde en termes très-formels à l'entrepreneur la faculté de prendre des matériaux, pierres, grès, sables, dans les fonds des particuliers, gens d'église, nobles ou roturiers, et même d'y faire des fouilles pour l'exhaussement de la chaussée.

Depuis cette époque, de nombreux arrêts du Conseil régularisèrent l'exercice de cette servitude qu'on appliqua le plus souvent, dans le principe, à l'entreprise de l'entretien du pavé de Paris, d'où elle fut étendue ensuite à tous les autres travaux publics. (Voy. les arrêts des 3 oct. 1667, 3 déc. 1672, 22 juin 1706, 7 sept. 1755, 20 mars 1780, et l'ordonnance du bureau des finances du 17 juillet 1781 (art. 14), qui contiennent tous les détails utiles à connaître.)

100. — L'arrêt du 7 septembre 1755, qui rappelle et confirme les arrêts antérieurs, est aussi le plus important et il est encore aujourd'hui la règle fondamentale de la matière.

Nous avons cru nécessaire d'en donner ici le texte complet.

Art. 1ᵉʳ. « Les arrêts du Conseil des 3 octobre 667, 3 décembre 1672 et 22 juin 1706 seront exécutés selon leur forme et teneur. En conséquence, les entrepreneurs de l'entretien du pavé de Paris, ainsi que ceux des autres ouvrages ordonnés pour les ponts, chaussées et chemins du royaume, turcies et levées des rivières de Loire, Cher, et Allier et autres y affluant, pourront prendre la pierre, le grès, le sable et autres matériaux pour l'exécution des ouvrages dont ils sont adjudicataires, dans tous les lieux qui leur seront indiqués par les devis et adjudications desdits ouvrages, sans néanmoins qu'ils puissent les prendre dans les lieux qui seront fermés de murs ou autre clôture équivalente, suivant les usages du pays ; — fait, Sa Majesté, défense aux seigneurs ou propriétaires desdits lieux non clos, de leur apporter aucun trouble ni empêchement, sous quelque prétexte que ce puisse être, à peine de toute perte, dépens, dommages et intérêts, même d'amende et de telle autre condamnation qu'il appartiendra, selon l'exigence des cas, sauf néanmoins auxdits seigneurs et propriétaires à se pourvoir contre lesdits entrepreneurs pour leur dédommagement, ainsi qu'il sera réglé ci-après : dans le cas où les matériaux indiqués par les devis ne seront pas jugés convenables ou suffisants, les inspecteurs généraux ou ingénieurs pourront en indiquer à prendre dans d'autres lieux ; mais lesdites indications seront données par écrit et signées desdits inspecteurs ou ingénieurs. Veut, Sa Majesté, que les entrepreneurs ne puissent faire aucun autre usage des matériaux qu'ils auront extraits des terres appartenant aux particuliers, que de les employer dans les ouvrages dont ils sont adjudicataires, à peine de tous dommages et inté-

rêts envers les propriétaires, et même de punition
exemplaire.

Art. 2. « Lesdits inspecteurs généraux et ingénieurs
indiqueront, autant qu'ils le pourront, pour prendre lesdits matériaux, les lieux où leur extraction causera le
moins de dommage, ils s'abstiendront, autant que faire
se pourra, d'en prendre dans les bois, et dans les cas où
l'on ne pourrait s'en dispenser sans augmenter considérablement le prix des ouvrages, veut, Sa Majesté, que
les entrepreneurs ne puissent mettre les ouvriers dans
les bois appartenant à Sa Majesté ou aux gens de main-
morte, même dans les lisières et aux abords des forêts
et distances prohibées par les règlements, sans en avoir
pris la permission des grands maîtres des eaux et forêts
ou des officiers des maîtrises par eux commis, qui cons-
tateront les lieux où il sera permis auxdits entrepreneurs
de faire travailler, et la manière dont se fera l'extraction
desdits matériaux, comme aussi les chemins par lesquels
ils les voitureront. Voulant, Sa Majesté, que, dans les
cas où lesdits officiers auraient quelque représentation à
faire pour la conservation desdits bois, ils en adressent
sans retardement leur mémoire au sieur contrôleur général des finances, pour y être statué par Sa Majesté.

Art. 3. « Les propriétaires de terrains sur lesquels
lesdits matériaux auront été pris seront pleinement et
entièrement dédommagés de tout le préjudice qu'ils auront pu en souffrir tant par la fouille, par l'extraction
desdits matériaux que par les dégâts auxquels l'enlèvement aurait pu donner lieu. Sera payé ledit dédommagement auxdits propriétaires par les entrepreneurs, suivant
l'estimation qui en sera faite par l'ingénieur qui aura
fait le devis des ouvrages ; et en cas que lesdits propriétaires ne voulussent pas s'en rapporter à ladite estimation, il sera ordonné un rapport de trois nouveaux ex-

perts nommés d'office, dont lesdits propriétaires seront tenus d'avancer les frais. Veut, S. M., que lesdits entrepreneurs rejettent, en outre, à leurs frais et dépens, dans les fouilles et ouvertures qu'ils auront faites, les terres et décombres qui en seront provenus. »

101. — L'article 4 du titre XIV de la loi du 11 sept. 1790, l'art. 1er, tit. Ier, sect. VI de la loi du 28 sept.-6 oct. 1791, l'art. 55 de la loi du 16 sept. 1807, l'art. 650 du C. Nap., et enfin l'art. 3 de la loi du 15 juillet 1845 sur les chemins de fer, ont confirmé ces dispositions, qui sont toujours en vigueur.

102. — Mais il était douteux, avant la loi du 21 mai 1836, qu'elles fussent applicables aux chemins vicinaux. Plusieurs fois le Conseil d'État en avait refusé le bénéfice à l'administration (28 juillet 1820, *Barbier*). En 1824, on voulut assimiler, sous ce rapport, la voirie vicinale à la grande voirie, et l'on introduisit dans l'art. 10 de la loi du 28 juillet la phrase suivante : « Seront aussi « autorisés par l'arrêté du préfet..... l'extraction des « matériaux nécessaires à leur établissement... » Mais cette disposition laconique ne parut pas généralement de nature à dissiper toutes les difficultés et à sauvegarder tous les intérêts. — L'art. 17 de la loi du 21 mai 1836 est venu combler cette lacune de la législation vicinale. Il est ainsi conçu : « Les extractions de « matériaux, les dépôts ou enlèvements de terre, les « occupations temporaires de terrains seront autorisés « par arrêté du préfet qui désignera les lieux. Cet ar- « rêté sera notifié aux parties intéressées au moins dix « jours avant que son exécution puisse être commencée. « Si l'indemnité ne peut être fixée à l'amiable, elle sera « réglée par le Conseil de préfecture sur le rapport « d'experts nommés l'un par le préfet, et l'autre par le « propriétaire. En cas de discord, le tiers-expert sera

« nommé par le Conseil de préfecture. » La servitude de fouilles et d'extraction peut donc être aujourd'hui utilisée non-seulement pour les travaux des routes, mais aussi pour ceux des chemins vicinaux.

102 *bis.* — Bien que les arrêts et les lois que nous venons de rappeler n'autorisent expressément que l'extraction des matériaux, c'est-à-dire l'exploitation des carrières appartenant à des particuliers, cependant l'administration est dans l'usage de faire procéder, quand elle le juge convenable, au ramassage des matériaux épars à la surface du sol.

A diverses reprises, le droit de ramasser les matériaux a été contesté à l'administration. On a soutenu que, les arrêts précités n'ayant en vue que les fouilles et extractions, on ne pouvait étendre arbitrairement leurs dispositions et en faire sortir une autre espèce de servitude, fût-elle moins onéreuse que la première. Cette prétention s'est produite avec un certain éclat à la Chambre des pairs, en 1840, et elle y a été l'objet, de la part de M. Dufaure, alors ministre des travaux publics, d'une discussion à laquelle nous empruntons le passage suivant qui nous paraît faire justice des critiques adressées à l'administration.

« A s'en rapporter seulement, disait M. Dufaure, aux motifs d'utilité qui pouvaient faire établir les dispositions de cet arrêt, il est évident que la première servitude qui se devait créer au profit de l'administration publique sur la propriété riveraine, c'était de ramasser des pierres à la surface avant de permettre de fouiller dans la propriété. Car c'était la servitude la plus facile, la plus commode, la moins onéreuse.

« Voici les termes de l'arrêt du Conseil de 1755 : « Les entrepreneurs de travaux publics sont autorisés à « prendre les matériaux dont ils ont besoin dans les

« lieux indiqués par les devis, sans néanmoins qu'ils
« puissent les prendre dans les lieux fermés de murs. »

« Vous voyez ce que dit l'arrêt. Les entrepreneurs
sont autorisés à prendre les matériaux dont ils ont besoin. — Il ne dit pas que la seule manière de les prendre
soit de les extraire par des fouilles. A la vérité, l'honorable rapporteur a cité une autre disposition du même
arrêt, ainsi conçue : « Les propriétaires doivent être
« dédommagés du préjudice qu'ils ont pu souffrir tant
« par la fouille pour l'extraction des matériaux, que
« pour les dégâts auxquels l'enlèvement aura donné
« lieu. » — On comprend très-bien cette disposition de
l'arrêt du Conseil : si l'on est obligé de faire des fouilles,
il est nécessaire de donner une indemnité au propriétaire dont on a bouleversé le terrain pour en extraire
les matériaux qu'il renfermait.

« L'arrêt ajoute que dans le cas où l'on se borne à
ramasser des pierres, comme il est possible qu'un dommage soit causé, il doit être accordé une indemnité.
Ainsi l'arrêt n'est pas restrictif, et permet de prendre
les matériaux, de les ramasser comme de les extraire... »
(Voy. le *Monit.* du 9 fév. 1840; Disc. de M. Dufaure,
p. 257 et 258.)

« L'arrêt autorise à faire des fouilles, disait aussi
M. le baron Feutrier, à plus forte raison à ramasser
les pierres. C'est le cas d'appliquer l'axiome : *In eo quod
plus sit, semper inest et minus.* »

103. — L'administration a-t-elle le choix entre
l'exercice de la servitude d'extraction et l'expropriation
pour cause d'utilité publique des terrains où se trouvent les matériaux nécessaires à l'exécution des travaux?

En général, les auteurs se sont prononcés pour l'affirmative. (Voy. M. Serrigny, *Compét.*, n° 600 ; de Cauda-

veine et Théry, n° 574; Foucart, édit. 1839, n° 368; Gand, *Traité de l'expropr.*, n° 213). — Ils s'appuient sur les termes de l'article 55 de la loi du 16 septembre 1807, qui porte dans sa disposition finale : « Les terrains occupés pour prendre des matériaux né-« cessaires aux routes et aux constructions publiques « pourront être payés aux propriétaires comme s'ils « eussent été pris pour la route même. »

Nous pensons avec M. Féraud-Giraud (*des Dommages*, p. 77) que ce texte a été mal interprété. — L'article 55 fixe une base d'évaluation en cas de fouilles et d'extraction : il autorise les Conseils de préfecture à élever l'indemnité due au propriétaire jusqu'à la valeur même du terrain, de telle sorte que l'indemnité d'extraction pourra être égale à l'indemnité d'expropriation ; mais il n'autorise pas expressément l'administration à procéder par cette dernière voie. Cette explication de l'article 55 est corroborée par l'exposé des motifs. « Les lois de 1791 « et du 28 pluviose an VIII offraient des dispositions « contradictoires : il a paru juste de tenir compte de la « valeur des matériaux aux propriétaires de carrières « en exploitation, et dans les autres cas de réserver à « l'administration publique la faculté de regarder les « terrains fouillés comme s'ils eussent été pris pour la « route même, et de les payer en conséquence *et à rai-« son du temps que durera l'occupation.* » — Ces derniers mots lèvent toute incertitude : car il est bien certain que si l'article 55 avait entendu autoriser l'expropriation, il n'y aurait pas eu à se préoccuper de la durée de l'occupation. L'expropriation opère transmission irrévocable et absolue de la propriété, et l'indemnité doit être fixée en conséquence, non à raison de l'usage que l'expropriant se propose de faire des terrains acquis.

Mais si nous sommes d'accord avec M. Féraud-Giraud sur le sens qu'il faut donner à la loi de 1807, nous ne croyons pas cependant qu'il soit possible d'adopter ses conclusions. — L'utilité publique, en effet, justifie aussi bien l'expropriation des terrains nécessaires aux fouilles et extractions que celle des terrains sur lesquels doivent reposer les ouvrages eux-mêmes. L'administration a donc le droit de la requérir, si elle lui paraît néces- saire, et à la seule condition de remplir les formalités prescrites par les lois de la matière. Nous ne voyons là que l'exercice souverain des droits conférés au pouvoir exécutif dans sa plus haute expression. (Voy. M. Dufour, t. 7, p. 314.)

104. — Les anciens arrêts du Conseil d'État n'ac- cordent le droit d'exercer la servitude qu'aux « entre- « preneurs du pavé de Paris, ainsi qu'à ceux des autres « ouvrages ordonnés pour les ponts et chaussées et che- « mins du royaume. » — On a conclu de là que les simples *fournisseurs* de matériaux, alors même que ces matériaux sont destinés à l'exécution des travaux pu- blics, ne peuvent pas invoquer un semblable privilége. M. Jousselin est d'un avis contraire. « Ce n'est pas, « dit-il, dans l'intérêt des entrepreneurs ou des adju- « dicataires des ouvrages que le privilége a été établi, « mais dans l'intérêt de la chose même, c'est-à-dire de « la prompte et économique exécution des travaux. « Quant à l'argument auquel prêtait le texte littéral des « anciens arrêts, il doit avoir considérablement perdu « de sa force depuis que la loi du 18 septembre 1791, « tit. 1er, sect. VI, art 1er, a remplacé les mots « entre- « preneurs ou adjudicataires » par l'expression géné- « rale et absolue «agents de l'administration. » — Mais peut-on dire que le fournisseur qui s'oblige à livrer les matériaux nécessaires à l'exécution de certains travaux

soit un agent de l'administration? — Ce serait, suivant nous, forcer singulièrement le sens des mots. — Les entrepreneurs eux-mêmes ne sont pas, à vrai dire, des agents de l'administration. Ils sont, dans plusieurs circonstances, substitués à ses droits, et jouissent, à raison de leur qualité, de la plupart des priviléges qu'elle réclame pour elle-même. Ils ont de plus des devoirs de subordination qui ne leur laissent pas toute latitude dans le choix des voies et moyens. Mais cette dépendance n'en fait pas, à proprement parler, des agents de l'administration. L'agent est tenu à une obéissance passive, tandis que l'entrepreneur a des droits incontestables qu'il peut faire respecter par quiconque y porte atteinte, y compris l'administration elle-même. A plus forte raison, cette qualification n'appartient-elle pas aux simples fournisseurs de matériaux. Entre eux et l'administration il n'y a qu'un contrat, un pur lien de droit, et ils ne peuvent prétendre à aucune des garanties comme à aucun des priviléges que les lois ont créés pour elle seule ou pour ses représentants. — L'argument tiré de la loi du 28 septembre 1791 n'a donc pas la valeur que M. Jousselin lui prête. Cette loi n'a fait qu'étendre à l'administration elle-même un privilége que le texte des anciens arrêts, judaïquement interprétés, ne lui accordait pas. A part cette extension fort légitime d'ailleurs, ces arrêts sont restés la loi de la matière, et il faut les appliquer d'une manière favorable à la propriété sur laquelle ils font peser de si lourdes charges.

105. — En 1842, les sieurs Jobert, adjudicataires de la fourniture des matériaux nécessaires à l'entretien du pavé de Paris, s'étaient fait autoriser par le préfet de la Nièvre à extraire des granits dans le bois de Montgin, appartenant au sieur Lemoyne. — Celui-ci se pourvut au Conseil d'État et demanda la réformation de cet ar-

rêté et de la décision ministérielle qui l'avait approuvé.
— Il soutint que cette décision était entachée d'excès de
pouvoir en ce que le ministre avait déclaré à tort les
sieurs Jobert entrepreneurs des pavés de Paris, tandis
qu'en réalité ils n'étaient que simples fournisseurs, et
que, dès lors, ils ne pouvaient être autorisés à faire des
extractions dans sa propriété.

« Le sieur Lemoyne, répondait le ministre, objecte
« que, par leur traité, les sieurs Jobert se sont engagés
« uniquement à fournir des matériaux dont l'emploi ne
« leur est pas confié ; que ce ne sont pas des entrepre-
« neurs, mais de simples fournisseurs. — Cette distinc-
« tion répugne à toutes les idées reçues. Le particulier
« qui s'oblige vis-à-vis de l'administration à lui livrer
« des matériaux que d'autres mettront en œuvre, doit
« être réputé entrepreneur aussi bien que celui qui em-
« ploie des matériaux qu'il a fournis lui-même ou qui
« ont été fournis par un tiers. On n'a jamais contesté
« la qualité d'entrepreneurs aux adjudicataires de l'en-
« tretien des routes entretenues par l'État ou par les
« départements. Cependant, ils se bornent aussi à livrer
« des matériaux dont l'administration confie l'emploi
« aux cantonniers. A mon avis, la qualité d'entrepreneur
« des ponts et chaussées est acquise aux soumission-
« naires qui contractent sous l'empire des conditions
« imposées aux entrepreneurs de ce service et indépen-
« damment des formes diverses de leurs engagements.
« Cette qualité ne peut être déniée aux sieurs Jobert. »

Le Conseil d'État en jugea autrement. Par un arrêt
du 16 août 1843 (*Lemoyne*, 454) il fit droit à la réclamation du propriétaire, et annula, pour excès de pouvoir, la décision du ministre des travaux publics.
Depuis cette époque, il a persisté dans cette jurisprudence. (Voy. 2 juil. 1847, *Levacher*, 436 ; 5 juin 1848,

Savalette, 368 ; 13 avril 1850, *Anjorrant*, 350 ; 3 mai 1850, *Baron*, 421 ; 21 avril 1854, *de Pavin de Lafarge*, 343 ; M. Dufour, tom. 7, n° 300 ; *Contrà* : M. Serrigny, *Questions et Traités de droit admin.*, p. 620 ; M. Cotelle, tom. 3, p. 511 et 512 ; M. Husson, *Législat. des trav. publ.*, p. 315.) — Quant à la distinction à faire, en fait, entre les entrepreneurs et les fournisseurs, elle a été établie nettement par les arrêts précités. On doit considérer comme entrepreneur celui qui emploie lui-même les matériaux dont l'extraction est autorisée ; le fournisseur se borne à les apporter sur les chantiers où ils sont mis en œuvre, soit par l'administration, soit par l'adjudicataire des travaux. (Voy. t. 1er, n° 24.)

106. — Les concessionnaires de travaux publics jouissent, au contraire, de la servitude d'extraction. Nous avons eu plusieurs fois, en effet, l'occasion de constater que les concessionnaires sont de véritables entrepreneurs.

107. — Les matériaux extraits doivent être employés à l'exécution de travaux publics : tout autre usage est interdit aux entrepreneurs. L'arrêt du 7 septembre 1755 veut « que les entrepreneurs ne puissent faire aucun « autre usage des matériaux qu'ils auront extraits des « terres appartenant aux particuliers que de les em-« ployer dans les ouvrages dont ils sont adjudicataires, « à peine de tous dommages et intérêts... » L'ordonnance réglementaire sur le code forestier, en date du 1er avril 1827, a reproduit cette disposition. L'art. 173 de cette ordonnance charge expressément les agents forestiers, les ingénieurs et conducteurs de veiller « à ce « que les entrepreneurs n'emploient pas les matériaux « provenant des extractions à d'autres travaux que ceux « pour lesquels elles auront été autorisées, » et il enjoint aux agents forestiers d'exercer contre les contre-

venants toutes poursuites de droit. (Voy. aussi Clauses et condit. gén. des ponts et chaus., art. 9, § fin.; ordon. du 5 octobre 1845, relative aux extractions, dans les bois et forêts, de matériaux nécessaires aux travaux des chemins vicinaux (art. 5).

La violation de ces prescriptions, outre l'application des peines de police qu'elle peut provoquer contre l'entrepreneur dans les cas prévus par les ordonnances ci-dessus rappelées, a pour conséquence de le priver du bénéfice de la juridiction administrative pour l'évaluation de l'indemnité due au propriétaire. Les tribunaux ordinaires sont seuls compétents pour connaître des actes commis par l'entrepreneur en dehors des conditions de son devis et pour lesquelles il cesse d'être couvert par sa qualité de représentant de l'administration. (11 août 1849, *Quesnel*, 501.)

108. — L'entrepreneur ne peut même point étendre à d'autres travaux publics la faculté d'extraction qui lui a été accordée. Ainsi l'entrepreneur de travaux distincts en vertu d'adjudications séparées et qui a été autorisé à ouvrir des carrières, pour l'une de ces entreprises, dans un terrain forestier, se rend coupable du délit prévu et puni par l'art. 144 du C., lorsqu'il emploie, pour l'une et pour l'autre, les matériaux extraits. Les fouilles étendues au delà des besoins pour lesquels elles ont été autorisées, deviennent alors des actes personnels et privés qui rentrent dans le cercle des attributions judiciaires et reprennent le caractère propre qui n'avait cessé de leur appartenir que dans les limites et les conditions de l'autorisation. (Cass. 30 mars 1860, *Mendiondo*, J. P. 1860, 610.)

Les mêmes principes avaient été déjà consacrés par la juridiction administrative.

Le sieur Moisson-Lambert avait traité avec la Com—

pagnie du chemin de fer du Nord pour la fourniture
de 150,000 mètres cubes de sable destinés à la construction des embranchements de ce chemin dirigés sur
celui de Dunkerque. Le 17 avril 1848, alors que la
masse de sable livrée ne s'élevait qu'à 128,628 mètres
cubes, la Compagnie régla définitivement ses comptes
avec Moisson-Lambert. Plus tard, elle fit avec lui un
nouveau marché, suivant lequel il s'engagea à livrer
5,000 mètres destinés à l'entretien du chemin de fer.

Moisson-Lambert avait été autorisé par arrêté du
6 août 1846 à occuper temporairement les terrains du
sieur Rickewaërt pour en extraire le sable destiné à
l'exécution du premier marché ; il voulut en extraire
aussi les 5,000 mètres cubes faisant l'objet de la seconde
entreprise. Mais le propriétaire s'y étant opposé, le Conseil d'État jugea que l'entrepreneur n'était pas fondé à
se prévaloir des dispositions de l'arrêté pour continuer
l'occupation des terrains appartenant à Rickewaërt et
l'extraction de matériaux relatifs à une fourniture nouvelle dont l'arrêté n'avait pas eu pour objet d'assurer
l'exécution. (9 déc. 1852, *Moisson-Lambert*, 589.)

CHAPITRE II

DE L'ACTE PORTANT DÉSIGNATION DES TERRAINS.

SECTION PREMIÈRE

*De la nécessité d'un acte administratif contenant désignation des
terrains.*

109. — Désignation des terrains dans le devis de l'entreprise.
110. — Arrêté spécial de désignation pris par le préfet.
111. — Les Conseils de préfecture n'ont pas qualité pour procéder à
la désignation des terrains.
112. — Les concessionnaires de travaux publics sont, comme les

entrepreneurs, obligés de recourir à l'intervention de l'administration.

113. — L'acte de désignation doit déterminer avec soin les lieux d'extraction.

114. — Quand le lieu d'extraction désigné par le préfet n'est pas situé dans le département, l'entrepreneur doit obtenir une autre autorisation du préfet de la situation des carrières.

115. — Cas où, le lieu d'extraction ayant été fixé par le devis, l'entrepreneur obtient une autre désignation dans un autre département.

116. — Fouilles non autorisées. — Compétence. — Questions préjudicielles.

109. — Aux termes de l'article 1er de l'arrêt du 7 septembre 1755, les entrepreneurs n'ont le droit de prendre les matériaux que « dans les lieux qui leur sont indiqués dans les devis et adjudications desdits ouvrages[1]. »

110. — Lorsque la désignation n'a pas été faite dans le devis, il appartient au préfet d'y suppléer par un acte spécial.

111. — Les Conseils de préfecture n'ont pas qualité pour désigner les terrains où des extractions peuvent être faites. Il est bien vrai qu'ils sont souvent appelés à statuer sur les contestations auxquelles donne lieu l'exercice de la servitude dextraction. (Voy. *infrà*, n°s 125 et suiv.) Mais s'ils ont le droit d'examiner la légalité des actes administratifs portant désignation de carrières, ils n'ont pas qualité pour faire eux-mêmes

---

1. L'approbation donnée à ces devis par l'autorité administrative n'offre à la propriété qu'une garantie illusoire contre l'arbitraire : car son examen a lieu arrière des intéressés, et sa décision est définitive avant qu'elle ait été portée à leur connaissance. Il serait désirable qu'au moment de la rédaction des cahiers des charges, les propriétaires fussent appelés à présenter des observations dont l'administration ne pourrait que profiter au point de vue de l'intérêt général.

cette désignation. Ces sortes d'actes sont du ressort exclusif de l'administration active.

« Considérant qu'il ne s'agissait pas, dans l'espèce, de torts et dommages causés par l'entrepreneur au sieur de Latour-Maubourg, auquel cas le Conseil de préfecture aurait été seul compétent ; mais qu'il ne s'agissait que de faire, d'après la demande de l'entrepreneur, la désignation d'un terrain ; que le préfet, et en cas de contestation le ministre de l'intérieur, sont compétents pour faire cette désignation, soit au devis, soit par un arrêté postérieur. » (Voy. 27 juin 1834, *de Latour-Maubourg*, 425 ; Orléans, 14 nov. 1842, *Maupâté*, D. P. 53, 2, 191 ; M. Dufour, t. 7, n° 301.)

112. — Les compagnies concessionnaires de travaux publics, chemins de fer, ponts ou canaux, quoique substituées par les cahiers des charges de leur concession aux droits de l'administration, n'ont pas le droit de désigner elles-mêmes et sans l'approbation de celle-ci les lieux d'extraction. Un arrêt de la Cour impériale de Poitiers s'est prononcé, il est vrai, en sens contraire, et il en a donné pour motif que cette subrogation n'embrasse pas seulement les pouvoirs concernant l'exécution proprement dite des travaux, mais qu'elle comprend la faculté d'autoriser par les clauses d'une adjudication les entrepreneurs à s'introduire sur le terrain d'autrui. (Voy. Poitiers, 18 janv, 1855, *Maurat*, D. P., 55, 1, 140.) Mais un pareil motif n'est pas autre chose qu'une pétition de principe et ne résiste pas à un examen sérieux. Les concessionnaires sont subrogés aux droits de l'État, en ce sens qu'ils peuvent, comme lui, exercer la servitude créée par les arrêts de 1755 et 1781. Mais à quelles conditions peuvent-ils le faire ? Évidemment, ce ne peut être que de la même manière que l'administration elle-même et en remplissant les

formalités dont l'accomplissement est imposé à celle-ci quand il s'agit d'autoriser ses propres agents. Il ne faut pas se méprendre sur la portée des clauses des cahiers des charges au moyen desquelles les compagnies concessionnaires sont substituées aux droits de l'administration. Ces clauses n'ont pas pour effet de les mettre en toute hypothèse au lieu et place de l'administration, et surtout de les soustraire aux obligations imposées à celle-ci vis-à-vis des propriétaires de carrières où des matériaux peuvent être extraits; elles conservent, au contraire, dans leurs rapports avec les tiers un caractère essentiellement privé tant qu'un acte spécial ne les a pas fait participer aux prérogatives que l'administration peut invoquer. En abandonnant à des compagnies industrielles l'exécution de certains travaux publics, l'administration ne renonce pas à l'exercice de sa mission de tutelle au profit des intérêts privés. Ce droit de protection et de surveillance inhérent à sa constitution, elle ne l'abdique jamais, et, le voulût-elle, elle ne pourrait pas l'abdiquer pour le confier à des mains étrangères. Elle doit, par suite, être toujours appelée à s'interposer entre des intérêts naturellement ennemis et que sa médiation seule peut concilier équitablement.

113. — L'acte portant désignation de terrains ne doit pas se borner à indiquer la commune dans laquelle les extractions peuvent être faites. — « Une désignation « générale et par territoire de commune n'est pas suf- « fisante : elle laisse trop de place à l'arbitraire et ne « présente pas assez de garantie pour les intérêts pri- « vés. » M. Cornudet, conclus., aff. *Amaury de Béthune*, 21 avril 1848, 207.) — L'arrêt de 1755 veut, en effet, que les devis indiquent les *lieux d'extraction*. Or cette expression, tout en laissant à l'administration une grande latitude, ne l'autorise pas à désigner tout un

territoire. Les propriétés particulières doivent être clairement mentionnées ; autant que possible, les parcelles doivent être indiquées : mais cette dernière condition, on le comprend, n'est pas toujours réalisable, surtout lorsque aucune carrière n'existait avant les fouilles autorisées dans le lieu désigné.

114. — Le droit qui appartient au préfet de désigner les lieux d'extraction s'étend-il au delà de la circonscription départementale ? Cela n'est pas douteux, en ce sens que l'arrêté de désignation qui indique un lieu d'extraction étranger au département dans lequel les travaux s'exécutent, est obligatoire pour l'entrepreneur. Mais les propriétaires des lieux désignés s'opposeraient valablement à l'exécution de ces actes si le préfet du lieu n'avait pas, de son côté, accordé une autorisation spéciale. A leur égard, le concours des deux autorisations est indispensable. Tant que l'autorisation du préfet de la situation des lieux n'a pas été accordée, les fouilles entreprises ne constituent que des voies de fait justiciables des tribunaux ordinaires qui ont certainement le droit d'en interdire la continuation. Si le propriétaire consent à l'extraction, elle cesse d'être une voie de fait : mais l'entrepreneur reste soumis, quant à l'appréciation du préjudice et au règlement de l'indemnité, à la compétence de l'autorité judiciaire. (Paris, 3 janv. 1860, *Chevallard*, J. P. 60, 162.)

115. — Réciproquement, lorsque par un article du cahier des charges d'une adjudication, les fournitures doivent être prises dans un département, l'entrepreneur ne peut, tant que les lieux d'extraction n'ont pas été changés par le préfet du lieu où les travaux s'exécutent, se prévaloir d'une autorisation accordée par le préfet d'un autre département.

Les frères Jobert étaient adjudicataires des ouvrages

à exécuter pour l'établissement des trottoirs, dallages et autres travaux dépendant du pavé de Paris. Le devis de ce marché portait que le granit serait extrait de Normandie.

Quelque temps après l'adjudication, les frères Jobert obtinrent du préfet de la Nièvre un arrêté qui les autorisait, en qualité d'entrepreneurs de travaux publics, à extraire des granits dans le bois de Montgin, situé aux environ de Clamecy et appartenant au sieur Lemoyne. Ce dernier ayant réclamé, le ministre présenta contre son pourvoi les observations suivantes :

« Le privilége établi par les règlements en faveur des « ponts et chaussées est d'une application générale ; il « s'étend à toutes les parties du territoire, et n'est point « limité par les divisions administratives. La qualité « d'entrepreneur est attachée à sa personne ; elle le suit « tant que dure son entreprise. Seulement, si les besoins « du service l'appellent dans l'étendue d'une circons- « cription administrative autre que celle où il a con- « tracté, il faut qu'il se fasse autoriser par l'autorité du « lieu. Cette condition a été remplie dans l'espèce, et « l'arrêté du préfet de la Nièvre du 26 mars 1842 a ac- « cordé aux sieurs Jobert l'autorisation dont ils avaient « besoin pour exercer dans ce département leur privi- « lége d'entrepreneurs. »

Mais ce système fut repoussé par le Conseil d'État ; il décida que tant que la première désignation n'avait pas été changée par le préfet qui l'avait faite, les entrepreneurs ne pouvaient être autorisés, pour l'exécution de leur adjudication, à faire des extractions dans un département autre que celui primitivement désigné. (16 août 1843, *Lemoyne*, 454.)

116. — L'entrepreneur qui fait des fouilles sur une propriété non désignée commet une véritable voie de

fait qui le prive du bénéfice de la juridiction administrative et le soumet à toutes les conséquences civiles qui en peuvent dériver. — Des questions préjudicielles s'élèvent souvent à cette occasion : il s'agit de savoir si l'entrepreneur a excédé les limites à lui tracées par l'acte d'autorisation, ou méconnu et outrepassé les ordres de l'administration. La solution de ces questions, ainsi que nous le verrons, appartient à l'autorité administrative. (7 déc. 1844, *Jouan et consorts*, 627 ; id. *Mesnard de la Tascherie*, 630 ; 15 mars 1849, *demoiselle Bideault*, 151 ; 24 mars 1849, *Delattre*, 202 ; 1er déc. 1852, *Peyramale*, 571.)

SECTION II

Notification de l'arrêté de désignation.

117. — Nécessité d'un avertissement à donner au propriétaire.
118. — Cas où l'héritage change de mains avant le commencement des fouilles.
119. — Formes de la notification.
120. — Elle doit contenir la copie entière de l'acte de désignation.
121. — Avertissement collectif par voie de publication ou d'affiches.
122. — Délai avant la prise de possession. — Disposition spéciale aux chemins vicinaux.

117. — Il ne suffit pas que les lieux d'extraction aient été désignés. Les fouilles ne sont pas considérées comme légalement faites, et le propriétaire a le droit de s'opposer à leur continuation, s'il n'a pas été préalablement averti que ses terrains ont été indiqués par l'administration à l'entrepreneur. Cette formalité que n'exigeaient pas les anciens arrêts du Conseil, a été imposée par la loi des 28 septembre-6 octobre 1791, dont l'article 1er, sect. VI, tit. 1er, est ainsi conçu : « Les agents de « l'administration ne pourront fouiller dans un champ

« pour y chercher des pierres, de la terre ou du sable
« nécessaires à l'entretien des grandes routes ou autres
« ouvrages publics *qu'au préalable ils n'aient averti le*
« *propriétaire...* » — Les clauses et conditions générales pour les travaux des ponts et chaussées reprodui-
sent textuellement cette disposition ; elles donnent à
l'obligation créée par la loi de 1791 un caractère con-
tractuel qui permet à l'administration de prendre contre
l'entrepreneur négligent des mesures de rigueur.

118. — Dans le cas où l'héritage change de mains
avant le commencement des fouilles, une nouvelle notification est nécessaire. L'acquéreur ou l'héritier doit
être mis en demeure personnellement. (21 juillet 1824,
Bourdon, 434.)

119. — Quelles sont les formes de la notification?
— La loi de 1791 ne les a pas déterminées. Mais il
est certain que si le législateur ne s'est pas expliqué
à cet égard, cependant « il a nécessairement entendu
« parler d'un avertissement légal de nature à porter
« à la connaissance personnelle du propriétaire le fait
« qui l'intéresse, et à mettre celui-ci en demeure
« d'exécuter ou d'attaquer l'acte administratif; un sem-
« blable avertissement ne peut résulter que d'une no-
« tification régulièrement faite soit par un huissier,
« soit par tout agent de l'administration dont les pro-
« cès-verbaux font foi en justice. » (Voy. Orléans,
14 nov. 1842, *Maupâté*, D. P. 1842, 2, 191.) Cet arrêt
a refusé en conséquence de trouver la preuve de la notification dans un certificat délivré par le maire d'une
commune attestant qu'il avait (sans même dire à quelle
époque) fait connaître au propriétaire l'arrêté portant
désignation des terrains. « Un pareil certificat, a dit
« la cour, ne peut remplacer le procès-verbal de no-
« tification que le maire aurait dû dresser ou faire

« dresser par le garde champêtre, dans la forme ordi-
« naire, procès-verbal qui aurait eu date certaine, et
« aurait porté lui-même la preuve légale de l'avertis-
« sement. »

120. — Bien plus, la notification doit contenir la
copie entière de l'arrêté préfectoral ou de la clause du
devis relative à l'extraction des matériaux. Ce ne serait
pas assez de prévenir le propriétaire que l'administration a désigné des terrains lui appartenant. — Comme
c'est par la notification qu'il est mis en demeure de se
pourvoir contre une désignation illégale, il faut nécessairement lui laisser entre les mains l'acte même qui
peut être l'objet de ses attaques. Aussi l'arrêt que nous
venons de citer a-t-il refusé à juste titre de considérer
comme une notification régulière un exploit remis au
propriétaire, et portant seulement sommation d'avoir à
nommer l'expert qui devait, conjointement avec celui
de la compagnie concessionnaire, déterminer les bases
de l'indemnité. Cependant, dans l'espèce, l'exploit énon-
çait que la sommation était faite en vertu d'un arrêté
préfectoral dont la date était indiquée, et les principales
dispositions de cet arrêt étaient exactement relatées. —
Mais cette simple relation n'a pas paru à la cour d'Orléans pouvoir « suppléer à la copie textuelle de l'arrêté,
« qui peut seule en donner une connaissance parfaite et
« constituer l'avertissement exigé par la loi du 6 oc-
« tobre 1791. »

121. — Quand les propriétés désignées appartiennent à plusieurs personnes, l'administration supplée
quelquefois à la notification individuelle au moyen d'un
avertissement collectif par la publication et l'affiche soit
du cahier des charges, soit de l'arrêté de désignation.
Cette pratique a reçu la sanction d'un arrêt déjà ancien.
(Toulouse, 10 mars 1834, *Lafue d'Auzas*, D. P. 34,

2, 200.) Mais elle serait, nous le croyons, condamnée aujourd'hui que la jurisprudence est mieux fixée sur ces questions.

122. — L'administration et l'entrepreneur peuvent prendre possession des terrains désignés aussitôt après la notification. Toutefois, l'arrêté de désignation impose souvent à l'entrepreneur l'obligation d'attendre l'expiration d'un court délai, pendant lequel il est loisible au propriétaire de faire les demarches nécessaires pour en obtenir, s'il y a lieu, la révocation.

Cet usage a été converti en loi par l'article 17 de la loi du 21 mai 1836 sur les chemins vicinaux. L'arrêté du préfet est notifié, par l'intermédiaire du maire, aux parties intéressées, propriétaires, fermiers, créanciers de servitudes; et l'exploitation de la carrière ou l'occupation des terrains désignés n'a lieu que dix jours après cette notification. Ce délai s'augmente même d'un jour par trois myriamètres de distance, lorsque les intéressés ne sont pas domiciliés dans la commune où les extractions doivent être pratiquées.

Il est regrettable que ces prescriptions n'aient pas un caractère général. Mais jusqu'à ce qu'une loi en ait étendu le bienfait à tous les travaux publics, elles restent seulement applicables en matière de chemins vicinaux.

SECTION III

Recours contre l'acte de désignation.

123. — La loi autorise le recours des intéressés contre l'acte de désignation.

124. — Confusion à éviter entre les arrêtés de désignation et les arrêtés généraux portant réglementation des fouilles dans un département.

125. — Le recours contre les arrêtés de désignation peut-il être porté devant les Conseils de préfecture?

123. — Soit que l'acte portant désignation des terrains ait été régulièrement notifié, soit, au contraire, qu'il n'ait pas encore été procédé à l'accomplissement de cette formalité, la loi autorise le recours des propriétaires qui prétendent, par un motif quelconque, échapper à son application.

124. — A cet égard, toutefois, il est nécessaire de se prémunir contre une confusion qui a été plusieurs fois commise. — Il y a deux sortes d'actes relatifs à l'extraction des matériaux, qu'il faut soigneusement distinguer quand il s'agit des recours à former contre eux. Il y a, d'un côté, des arrêtés individuels, qui s'adressent à des propriétés déterminées et les déclarent soumises à l'exercice de la servitude ; il y a, d'un autre côté, des arrêtés réglementaires, ayant un caractère général, pris par les préfets dans le but de régler par des dispositions communes les extractions à faire dans chaque département. — Or, ces derniers ne sont pas susceptibles de recours par la voie contentieuse, tant qu'il n'en est pas fait application aux propriétaires qui auraient à se plaindre de leurs dispositions. Jusque-là les intéressés n'ont pas qualité pour les attaquer. Leur droit naît seulement à partir du jour où des arrêtés spéciaux prétendent les soumettre à leurs prescriptions.

Un certain nombre de propriétaires du département de l'Oise se pourvurent en 1848 contre une décision du ministre des travaux publics en date du 2 octobre 1844, confirmative d'un arrêté préfectoral du 19 juillet 1827, par lequel le préfet de l'Oise, en réglementant tout ce qui concernait le ramassage et l'extraction, dans le département, des matériaux nécessaires aux travaux de grande voirie, avait déclaré qu'il ne serait jamais alloué d'indemnité pour la valeur des cailloux et autres matériaux ramassés.

Mais ce pourvoi fut repoussé par les motifs suivants :

« Considérant que l'arrêté du préfet de l'Oise, en
« date du 19 juillet 1827, portant règlement sur le
« ramassage et l'extraction des matériaux destinés aux
« travaux de grande voirie, et la décision ministérielle
« du 2 otobre 1844, confirmative dudit arrêté, sont
« des actes de pure administration, pris dans la limite
« des pouvoirs du préfet de l'Oise et du ministre des
« travaux publics, qui ne sont pas susceptibles d'être
« déférés au Conseil d'État par la voie contentieuse, et
« qui ne font pas obstacle à ce que le requérant, s'il s'y
« croit fondé, fasse valoir devant le Conseil de préfec-
« ture tous les droits qu'il pourrait avoir à exercer en
« raison de l'application qui lui serait faite dudit règle-
« ment du 19 juillet 1827 ;

« Art. 1er. La requête du sieur Duval est rejetée. »
(Voy. 15 mai 1848, *Duval*, 294 ; 17 août 1847, *de Ker-gorlay*, 562.)

Nous n'avons donc à nous occuper ici que du recours à former contre les arrêtés spéciaux.

125. — Devant quelle autorité ces recours doivent-ils être formés? Est-ce devant le ministre, en procédant par la voie gracieuse, que les intéressés doivent se pourvoir? Ne peuvent-ils pas, au contraire, déférer l'arrêté qui leur porte préjudice à la juridiction conten-tieuse chargée de statuer sur les difficultés qui s'élèvent en matière de travaux publics, c'est-à-dire en premier ressort au Conseil de préfecture, et en dernier ressort au Conseil d'État?

On a prétendu que l'arrêté de désignation constitue

un acte d'administration pure, et qu'à ce titre il ne peut être déféré qu'au ministre compétent, ou en cas d'excès de pouvoir au Conseil d'État, que jamais, en un mot, les Conseils de préfecture ne peuvent en connaître.

C'était méconnaître le caractère de ces sortes d'actes.

Le ministre est compétent sans aucun doute pour connaître du recours formé par les parties intéressées. Supérieur hiérarchique des préfets, il est appelé nécessairement à contrôler tous les actes de leur administration, et il a qualité pour réformer ceux qu'il considère comme entachés d'illégalité ou d'arbitraire, ou simplement comme froissant sans utilité des intérêts privés.

Mais il ne s'ensuit pas que la juridiction administrative soit incompétente pour connaître des réclamations auxquelles les arrêtés de désignation peuvent donner lieu. — La loi du 28 pluviôse an VIII lui a confié la mission de statuer sur toutes les difficultés provenant de l'exécution des travaux publics; et elle n'empiète pas sur les attributions réservées à l'administration active lorsque, sur la plainte des parties lésées, elle détermine les limites dans lesquelles la servitude d'extraction peut et doit être exercée.

Telle est sur ce point la jurisprudence du Conseil d'État.

126. — Le sieur de Champagné prétendant avoir droit à l'exemption créée par l'arrêt du Conseil du 7 septembre 1755 en faveur des propriétés closes, s'était pourvu devant le Conseil de préfecture de la Mayenne, afin d'obtenir la cessation de fouilles pratiquées en vertu d'une désignation régulière du préfet. — Cette réclamation fut repoussée par les motifs suivants : « Considérant « que le préfet et, en cas de contestation, le ministre « des travaux publics, sont seuls compétents pour faire « la désignation des terrains sur lesquels les carrières

« doivent être ouvertes ; que le reclamant ne se plaint
« pas, dans sa requête, que son champ n'ait pas été
« clairement indiqué à l'entrepreneur ; qu'il ne de-
« mande pas le règlement de l'indemnité qui lui est
« due pour les torts et dommages causés par l'entre-
« preneur ; que le Conseil ne peut, sans sortir de sa
« compétence, rayer la pièce de terre, dite le champ
« du Devant, des lieux où peuvent être pris les maté-
« riaux, ni prescrire à l'entrepreneur de suspendre
« toute extraction, enlèvement ou charrois de pierres. »

Le sieur de Champagné se pourvut au Conseil d'État
contre cet arrêté. — « Le conseil de préfecture, disait-il,
a méconnu la compétence que lui conférait la loi du
28 pluviôse an VIII. C'est au préfet qu'il appartient
d'indiquer les terrains sur lesquels l'administration
croit devoir faire prendre les matériaux nécessaires à
la confection ou à l'ouverture des routes ; mais ses attributions à cet égard se réduisent à une simple mesure
administrative. Il ne peut compromettre en rien le droit
que peut avoir le propriétaire à ne pas souffrir cette
extraction. Dès que celui-ci conteste à l'administration
le droit de faire extraire des matériaux sur son terrain,
dès qu'il prétend que ce terrain se trouve dans les cas
d'exemption établis par l'arrêt du 7 septembre 1755,
alors naît une question contentieuse, et c'est au Conseil
de préfecture à la résoudre. »

Ce moyen fut reconnu fondé. Le Conseil d'État décida « qu'aux termes de l'article 4 de la loi du 28 plu-
« viôse an VIII, c'est au Conseil de préfecture qu'il
« appartenait de prononcer sur la réclamation formée
« par le requérant. » (1er juillet 1840, *de Champagné-
Giffart*, 194 ; Voy. enc. 5 juin 1846, *Provençal*, 328 ; 29
nov. 1848, *Rolland*, 650.) « Sans doute, dit à ce sujet
M. Herman, le Conseil d'État a pensé que l'exemption

résultant de ce qu'un champ était clos, constituait pour le propriétaire un droit; et comme en matière administrative les contestations qui portent, non pas sur des intérêts, mais sur des droits, rentrent dans le contentieux administratif, la décision du Conseil d'État paraît justement motivée. » (*Traité de la voirie vicin.*, p. 204, n° 590.)

127. — Le recours contre l'arrêté de désignation doit-il être formé dans un délai déterminé, et serait-il encore recevable après le commencement des fouilles?

Aucun délai n'a été imparti par la loi. S'il est vrai qu'aux termes de l'article 17 de la loi du 21 mai 1836 (qui n'est applicable du reste qu'aux chemins vicinaux), l'extraction ne peut avoir lieu que dix jours après la notification de l'arrêté, cependant il ne résulte pas de là que le propriétaire qui croit avoir des motifs sérieux d'attaquer l'arrêté de désignation soit tenu de former son recours dans ce même délai. L'absence de réclamation dans les dix jours aura seulement cet effet de rendre légale la prise de possession à leur expiration. Mais cette expiration ne crée pas contre le recours une fin de non-recevoir qui ne pourrait résulter que d'un texte précis.

128. — Le recours au Conseil de préfecture a pour effet d'arrêter la prise de possession. — « Lorsque, dit « M. Herman, le propriétaire n'a pas formé de recours « contre l'arrêté du préfet portant désignation du ter- « rain ou lorsque son recours a été définitivement « rejeté, le terrain peut être occupé... » (*Voirie vicin.* p. 204). — Jusque-là, l'accès en est interdit aux agents de l'administration ou à l'entrepreneur. A quoi servirait, en effet, d'autoriser le propriétaire à demander, par la voie contentieuse, la révocation de l'arrêté, s'il était pendant toute la durée de l'instance obligé de souf-

frir l'extraction? Le recours a donc, en droit, un effet suspensif.

129. — Mais si l'administration ou l'entrepreneur ne tiennent aucun compte du recours formé et régulièrement notifié, quelles mesures le propriétaire devra-t-il prendre pour obtenir la discontinuation des travaux?

Il y a à cet égard dans la législation des travaux publics une regrettable lacune. On n'y trouve pas organisée, comme en matière civile, une juridiction chargée de prononcer sur les contestations dont le jugement réclame célérité. Il n'y a pas de juge de référé auquel le propriétaire puisse s'adresser ; on ne reconnaît pas aux Conseils de préfecture le droit de prendre des mesures provisoires : de sorte que, dans le cas qui nous occupe, la propriété privée est véritablement à la merci des agents administratifs. — Hâtons-nous d'ajouter que, dans la pratique, le recours contre l'arrêté de désignation a toujours un effet suspensif.

CHAPITRE III

QUELS TERRAINS PEUVENT ÊTRE DÉSIGNÉS.

130. — En principe toutes les propriétés, quelle qu'en soit la nature, peuvent être désignées.
131. — Exception pour les terrains fermés de murs ou autres clôtures « équivalentes à mur. »
132. — Ce qu'on entend par clôture équivalente à mur.
133. — Simples fossés servant à la division des propriétés.
134. — Nécessité d'une clôture continue.
135. — A qui il appartient de décider qu'une propriété est ou n'est pas en état de clôture.
136. — Clôture établie postérieurement à la désignation des terrains.
137. — Tous les terrains clos ne profitent pas de l'exemption. — Arrêt du Conseil du 20 mars 1780.

130. — L'arrêt de 1755 recommande aux ingénieurs d'indiquer autant que faire se peut « les lieux où il y aura le moins de dommages à causer. » L'esprit qui doit guider l'administration dans l'accomplissement de cette tâche est tout entier dans cette phrase. Elle doit, à moins de nécessité absolue et démontrée, s'abstenir d'indiquer les terrains où l'extraction causerait un préjudice grave au propriétaire. Dans la pratique, il est d'usage de choisir les localités les plus rapprochées des ateliers, et quand il s'agit de terrains communaux, on fait, autant que cela est possible, peser la servitude sur les propriétés de la commune. Des circulaires ministérielles recommandent aux préfets d'user avec le plus grand ménagement de la latitude d'appréciation qui leur a été nécessairement laissée ; car, la loi n'ayant pu entrer dans les détails et déterminer à l'avance les règles à suivre dans chaque espèce, il a fallu abandonner à l'administration le soin de se décider, suivant les circonstances de temps, de terrain, de nature de culture, en lui recommandant de concilier les intérêts en présence. C'est dire qu'il n'y a pas de recours par la

voie contentieuse contre la désignation des terrains,
lorsque le réclamant se fonde seulement sur des considérations d'opportunité, de convenance ou d'utilité, et
quand il ne se retranche pas dans l'un de ces cas d'exception dont nous allons parler. (Voy. *Moniteur* du
9 fév. 1840, Disc. de M. Dufaure, p. 258.)

131. — Aux termes des arrêts, les entrepreneurs ont
le droit de prendre des matériaux pour l'exécution des
travaux dont ils sont adjudicataires dans tous les lieux
qui leur sont indiqués « sans toutefois qu'ils puissent les
« prendre dans les lieux qui sont fermés de murs ou
« autre clôture équivalente suivant les usages du pays. »
— Cette exception semblait s'appliquer à tous les lieux
clos de quelque nature qu'ils fussent. Mais un arrêt postérieur du 20 mars 1780, interprétant cette disposition,
décida que la prohibition de l'arrêt de 1755 relatif aux
lieux fermés de murs ou autres clôtures équivalentes
« ne doit s'entendre que des cours et jardins, vergers
« et autres possessions de ce genre et ne peut s'étendre
« aux terres labourables, herbages, prés, bois, vignes et
« autres terres de la même nature, quoique *closes.* »

Il faut donc, pour que l'exemption soit acquise :
1° qu'il s'agisse d'un terrain clos de murs ou autre clôture équivalente ;

2° Que ce terrain soit en nature de cour, jardin, verger, ou autres possessions de ce genre.

Reprenons, en faisant connaître la jurisprudence,
l'étude de cette double condition.

132. — Que doit-on entendre par « clôture équivalente à mur suivant les usages du pays ? »

Suivant M. Tarbé de Vauxclairs, « il est permis de
« penser que des clôtures en bauge, en pisé, en pieux,
« planches ou palissades, des haies vives continues ou
« même des espèces de grands parapets ou remparts en

« terre peuvent équivaloir à des clôtures telles que le
« règlement les a définies. » (Voy. *Dictionn. des trav.
publ.*, v° Carrières.)

Cette interprétation des expressions employées par
l'arrêt de 1755 s'appuie avec quelque force sur les termes
de l'art. 6, sect. 4, de la loi des 28 sept.-6 oct. 1791,
ainsi conçu :

« L'héritage sera réputé clos, lorsqu'il sera entouré
« d'un mur de quatre pieds de hauteur avec barrière ou
« porte, ou lorsqu'il sera exactement fermé et entouré
« de palissades ou de treillages, ou d'une haie vive, ou
« d'une haie sèche faite avec des pieux ou cordelée avec
« des branches, ou de toute autre manière de faire des
« haies en usage dans chaque localité, ou enfin d'un
« fossé de quatre pieds au moins à l'ouverture et de
« deux pieds de profondeur. »

Ce qui est essentiel, c'est que la clôture soit continue,
qu'elle fasse un obstacle assez considérable au passage
pour que l'immeuble soit considéré comme réservé.
Sous ce rapport, une clôture naturelle, comme une rivière, un étang, supplée parfaitement à une clôture faite
de main d'homme. (7 mars 1861, *Thiac*, 169.)

133. — M. Tarbé de Vauxclairs se demande si on peut
considérer comme clôture « équivalente à mur » de
simples fossés de limites ou de démarcation de propriétés, lors même qu'ils sont en partie bordés de haies
vives.

« Si telle eût été, dit-il, l'intention du législateur, il
« n'eût pas manqué de désigner textuellement les fos-
« sés, puisque leur usage, beaucoup plus général que
« celui des murs, suffit d'ailleurs pour interdire le par-
« cours, à l'égard duquel il établit un genre de clôture
« spéciale ; mais à l'égard des carrières, cette exten-
« sion aurait de fait annulé la servitude imposée, car,

« avec des sommes très-modiques, il n'est pas de pro-
« priétaire qui n'eût pu se soustraire à cette servitude
« en ouvrant de petits fosés; néanmoins c'est un moyen
« invoqué par la plupart des réclamants, lors même
« que leurs champs ne sont fossoyés que sur deux ou
« trois côtés.

« Les fossés ne peuvent, selon nous, être considérés
« comme clôtures équivalentes à des murs que lorsque,
« d'après leurs dimensions en largeur et profondeur, le
« propriétaire a manifesté l'intention formelle de s'en-
« clore et de se défendre. Hors de là l'extension de-
« mandée par certains propriétaires, et plaidée par
« d'habiles défenseurs, renverserait le système de la
« loi. En effet, il est beaucoup de provinces où tous les
« champs sont indistinctement fossoyés, et il serait
« impossible d'en extraire les matériaux nécessaires
« pour l'entretien des routes sans avoir à payer des
« indemnités auxquelles le trésor ne pourrait subve-
« nir. » Il a été jugé en ce sens : 1º qu'on ne peut considérer comme clôture équivalente à mur dans l'ancienne province du Maine une haie plantée sur le
bourrelet formé par le rejet des terres extraites d'un
fossé. (1ᵉʳ juill. 1840, *de Champagné-Giffart*, 194;
2º qu'une propriété close en partie de murs, mais en
partie de talus peu élevés et faciles à franchir, n'est pas
affranchie de la servitude d'extraction. (28 janv. 1851,
Pouplin, 478.)

134. — Quel que soit le mode de clôture, l'exemption
de la servitude n'appartient qu'aux propriétés complétement closes. M. Dufour a dit fort justement qu'elle
profite seulement aux héritages qu'on doit considérer
comme *réservés*. (Voy. t. 7, nº 203.) Si la clôture, par
sa vétusté ou par toute autre cause, est dans un état tel
que l'accès de la propriété soit facile à tout venant et

si elle ne forme pas une barrière continue aux envahissements du dehors, la propriété cesse d'avoir droit à une
protection spéciale. Le privilége a été établi en faveur
des propriétés d'agrément que le propriétaire a voulu
isoler dans un intérêt de jouissance exclusive et personnelle. Quand ce résultat n'est pas atteint, le motif de
l'exemption disparaît. Sous ce rapport, une clôture insuffisante équivaut à l'absence totale de clôture. (Voy.
4 juin 1823, *Peillon*, 400.)

135. — La solution de la question de savoir si un
terrain est clos dans le sens des anciens arrêts appartient aux tribunaux administratifs. Cela résulte implicitement de la jurisprudence du Conseil d'État. (Voy.
suprà, nos 125 et suiv.) M. Dumay (p. 282) est d'un avis
contraire : suivant lui, ce point doit être décidé par les
tribunaux civils, seuls juges des questions de propriété
et de servitude. M. Dumay a perdu de vue qu'il s'agit
ici d'une servitude d'utilité publique et non pas d'une
servitude créée dans un intérêt privé. Les Conseils
de préfecture, auxquels a été attribué tout le contentieux relatif aux fouilles et extractions de matériaux,
sont donc compétents, non pas seulement pour fixer le
chiffre de l'indemnité, mais pour statuer sur l'application des arrêts qui ont établi la servitude et par suite
sur le point de savoir si un propriétaire a droit à
l'exemption qu'il invoque. (Voy. Toulouse, 10 mars
1834, *Lafue d'Auzas*, *J. du Pal.* à sa date ; Cons. d'Ét.,
2 juillet 1859, *Chemin de fer des Ardennes*, 363 ;
M. Meaume, *Com. du C. forest.*, t. 3, p. 411.)

Les préfets n'ont pas non plus qualité pour prononcer
sur ces difficultés ; autrement l'administration serait à
la fois juge et partie. (Voy. 24 nov. 1834, *Tarbé des
Sablons*, 685.)

136. — La clôture même postérieure à la désignation

administrative affranchit la propriété désignée de la servitude d'extraction. Le droit de se clore dérive du droit même de propriété (art. 4. sect. iv, 1. du 6 oct. 1791); l'acte de désignation ne peut en entraver l'exercice. (Voy. C. d'État, 5 nov. 1828, *Pasquier*, 773 ; MM. de Cormenin, Dr. adm. v° *Trav. publ.*, n° 2, 29° ; Foucart, t. 2, p. 321 ; Dubois de Niermont, *Organ. des Conseils de préfect.*, p. 473, note ; Féraud-Giraud, *des Dommages*, p. 40 et 41 ; Meaume, *Comm. du C. forest.*, t. 2, p. 410.)

M. Serrigny, dont l'opinion a été adoptée par MM. Dufour (t. 7, p. 235) et Dumay (sur les chem. vic., n° 76, p. 273), combat vivement la doctrine sur laquelle l'ordonnance contentieuse de 1828 est fondée. Suivant lui, l'arrêt du Conseil de 1755, en exceptant de la servitude d'extraction les lieux fermés de murs ou autres clôtures, a voulu parler des clôtures qui existeraient à l'époque de l'entreprise des travaux et qui auraient été faites de bonne foi.—Peut-il dépendre d'un propriétaire de libérer sa propriété d'une servitude déjà établie ? — Si le terrain désigné est le seul qui renferme les matériaux nécessaires et à portée des travaux, le mauvais vouloir du propriétaire empêchera donc les entrepreneurs de continuer leur extraction et paralysera ainsi les travaux les plus importants ! (Voy. *De la compét.*, t. 2, n° 605.)

Écartons d'abord ce dernier argument. Les dangers qu'on paraît redouter sont chimériques. Ce ne sera jamais pour obéir à un caprice que le propriétaire fera les frais toujours considérables d'une clôture. Si l'on songe, d'ailleurs, que la clôture n'est pas suffisante pour créer l'exemption, et que, de plus, il est nécessaire que les terrains clos soient ou attenant à une habitation, ou affectés à certains usages, on reconnaîtra aisément que le mauvais vouloir des propriétaires n'aura pas d'occasions fréquentes de s'exercer. L'arrêt de 1828 est là pour le prouver : c'est le seul monument de jurisprudence qui ait statué sur la difficulté.

Mais, le danger fût-il aussi réel qu'on le suppose, nous préférerions encore la doctrine du Conseil d'État à celle de M. Serrigny. Le savant auteur assimile à tort, en effet, la servitude d'extraction de matériaux aux servitudes qui résultent d'une convention. — Il est certain que les servitudes contractuelles, une fois créées, ne peuvent pas disparaître par le fait unique du propriétaire du fonds servant. Mais en est-il de même ici ? — On admettra, sans doute, qu'avant la désignation officielle des terrains, tout propriétaire ayant le droit de se clore, s'affranchit, en le faisant, de l'obligation de supporter les fouilles. Or, ce droit inhérent à la propriété elle-même, est-ce qu'il est amoindri par l'effet de la désignation ? Non, car la désignation ne crée pas la servitude qui a son origine dans la loi ; la désignation n'ajoute rien à la force juridique de l'assujettissement auquel la propriété était antérieurement soumise. Elle est nécessaire pour régulariser son occupation, pour enlever aux fouilles le caractère de voies de fait. Mais le droit lui-même en vertu duquel l'administration ou l'entrepreneur font les extractions, ce n'est point, encore une fois, la désignation qui le crée, c'est à la loi qu'il doit son existence. Ce que le propriétaire pouvait faire avant la désignation, il peut donc le faire après ; il peut se clore, et les conséquences de la clôture sont, dans l'un et l'autre cas, exactement les mêmes.

M. Cotelle, qui partage le sentiment de M. Serrigny, le défend par un argument pour le moins singulier. — Il ne faut pas, suivant lui, attacher une grande autorité à l'arrêt de 1828, parce qu'il a été rendu « sous le gou- « vernement de la Restauration, à une époque où le

« respect dû à la propriété était un principe dominant
« dans la politique intérieure. » (Voy. t. 3, p. 514.)
Nous aimons à croire que si la question se représentait
devant le Conseil d'État, il tiendrait à honneur de mé-
riter de nouveau un semblable reproche.

137. — Il ne suffit pas, avons-nous dit, que les terrains soient clos : la servitude s'exerce légalement dans
les terrains clos, s'ils ne sont pas en nature de cours,
jardins, vergers ou autres possessions de ce genre.

Cette condition, dont on comprend sans peine le but
et la portée, a été imposée par un arrêt du Conseil du
20 mars 1780. « Sa Majesté, porte cet arrêt, s'est fait
« représenter l'arrêt du 7 sept. 1755, et elle a jugé que
« la prohibition qu'il contient de prendre les matériaux
« nécessaires pour la confection des grandes routes dans
« les lieux qui sont fermés de murs ou autres clôtures
« équivalentes, suivant les usages du pays, ne doit s'en-
« tendre que des cours et jardins, vergers et autres pos-
« sessions de ce genre, et qu'elle ne peut s'étendre aux
« terres labourables, herbages, prés, bois, vignes et
« autres terres de la même nature, quoique closes.....
« Sa Majesté, voulant faire connaître ses intentions à ce
« sujet... interprétant en tant que de besoin les dispo-
« sitions de l'arrêt du 7 septembre 1755, a autorisé et
« autorise les entrepreneurs... à prendre les pierres,
« grès, sables et cailloux nécessaires sur toutes les terres
« labourables, herbages, vignes, prés, bois et autres
« terrains équivalents, quoique fermés de clôtures de
« pierres sèches, de haies ou de fossés, à l'exception,
« néanmoins, des cours, jardins et vergers entourés de
« murs ; le tout sur l'indication des lieux propres à
« l'extraction des matériaux, qui sera donnée par écrit
« auxdits entrepreneurs... »

Un décret du 22 mars 1851 (*Blanchet, 191*), appliquant l'arrêt de 1780, a décidé qu'un clos de vigne, même fermé de murs ou d'une clôture équivalant à un mur, suivant les usages du pays, mais séparé de l'habitation du propriétaire par un chemin vicinal de grande communication, ne devait pas jouir de l'exemption créée par l'arrêt du 7 sept. 1755.

Si ce décret était uniquement fondé sur la nature particulière du terrain désigné, on pourrait n'y voir qu'une décision d'espèce, mais il s'attache surtout à cette circonstance que le clos était séparé de la maison d'habitation, d'où la conséquence que l'exception de la servitude serait simplement une faveur attachée au voisinage du domicile et qu'il ne serait pas permis de s'en prévaloir pour des jardins ou vergers éloignés d'une maison d'habitation.

Ainsi compris, le décret du 22 mars 1851 me semble contenir une interprétation inexacte de l'arrêt de 1780. L'arrêt de 1755 avait étendu l'exemption de la servitude à tous les terrains clos. L'arrêt de 1780 restreint cette exception et la déclare applicable seulement « aux cours, jardins, et vergers entourés de murs. » Le texte est formel, et il en résulte nettement que c'est à la nature même des terrains qu'il attache une faveur spéciale. Comment dire après cela que cette condition n'est pas suffisante et qu'il faut encore que ces « cours, jardins et vergers » soient attenants à une maison d'habitation? Le respect du domicile a préoccupé sans nul doute le rédacteur de l'arrêt de 1780; mais comment, en présence de son texte, prétendre que c'est la seule considération à laquelle il ait obéi? Comment! je possède une de ces propriétés d'agrément, embellie par mes soins, où je trouve, quand il me plaît, l'ombre et le repos, où j'ai construit des serres et fait des plantations de fleurs et d'arbres rares, et je pourrais voir un beau jour mes travaux bouleversés par cela seul, qu'un sentier le sépare de ma maison d'habitation ! Evidemment, l'arrêt de 1780 n'autorise pas une semblable interprétation, et le Conseil d'Etat, nous en avons la conviction, ne la maintiendra pas.

138. — Quant aux terrains compris dans la même clôture que l'habitation, ils échappent, sans distinction entre les diverses cultures, à l'exercice de la servitude. Qu'il s'agisse de bois, de vignes, de terres labourables, ou de jardins, vergers, parcs réservés, la protection due au domicile s'étend sur tout ce qui en est considéré comme une dépendance. Les terrains compris dans la même clôture que l'habitation, quelle qu'en soit la nature, ne peuvent pas être l'objet d'une désignation valable.

Un arrêté du préfet de la Charente, en date du 22 mars 1860, avait désigné à l'entrepreneur Barberey plusieurs parcelles en nature de labour dépendant d'une propriété appartenant au sieur Thiac.

Cette propriété se compose d'une maison d'habitation, d'un parc et d'une ferme compris dans la même clôture.

Le sieur Thiac demanda vainement au Conseil de préfecture la réformation de l'arrêté préfectoral, mais sa réclamation fut au contraire accueillie par le Conseil d'État, dans les termes suivants :

« Considérant qu'aux termes de l'arrêt du Conseil du 7 septembre 1755, les entrepreneurs de travaux publics peuvent prendre des matériaux pour l'exécution des travaux dont ils sont adjudicataires dans tous les lieux qui leur sont indiqués, à l'exception de ceux qui sont fermés de murs ou autres clôtures équivalentes, suivant l'usage du pays ;

« Considérant que, si cette exception stipulée en faveur des lieux fermés ne peut, aux termes de l'arrêt du Conseil du 20 mars 1780, être étendue aux terres labourables et autres terres de même nature, quoique closes, elle est néanmoins applicable à tous les terrains qui, compris dans la même clôture qu'une maison d'habitation, doivent en être considérés comme une dépendance;

« Considérant que le domaine de Peyreaux, appartenant au sieur Thiac, se compose : 1° d'une maison d'habitation et d'un parc; 2° d'une ferme dont il dirige lui-même l'exploitation; que le tout est entouré soit par des murs, soit par des clôtures équivalentes suivant les usages du pays, soit par la rivière de Bonnieure; que les parcelles de terrain désignées au sieur Barberey pour y extraire des matériaux, sont comprises dans l'enceinte de ce domaine; qu'ainsi elles rentrent dans les cas d'exception prévus par les arrêts précités; que, dès lors, c'est à tort que le Conseil de préfecture de la Charente a maintenu, en faveur de l'entrepreneur Barberey, la faculté d'extraire des matériaux dans lesdites parcelles..... » (7 mars 1861, *Thiac*, 169; voy. enc. 5 juin 1846, *Provençal*, 328.)

139. Les terrains ensemencés sont, comme tous les autres, assujettis à la servitude. Les différents arrêts du Conseil, et les lois plus récentes qui consacrent ce droit et le fondent sur l'utilité publique, ne font, en effet, aucune distinction, quant à la faculté d'extraction, entre les terres ensemencées et celles qui ne le sont pas. Quant à l'article 471, n° 13 du Code pénal, qui punit de peines de police ceux qui passent sur le terrain d'autrui préparé et ensemencé, il n'est pas applicable aux entrepreneurs de travaux publics dûment autorisés. L'autorisation les met à l'abri de toute poursuite. Seulement, dans le règlement de l'indemnité, il y a lieu de tenir compte de cette circonstance que les terres étaient ensemencées au moment où les fouilles ont commencé. (Cass. crim., 1er oct. 1841,

Delécourt, cité par M. Herman, n° 583 ; cass. 28 mai 1852, *Picart*, D. P. 52, 1, 159.)

140. — Il arrive souvent aux préfets de désigner les terrains dans lesquels l'entrepreneur, sans attendre l'autorisation administrative, a commencé des extractions en vertu d'une convention particulière intervenue entre lui et le propriétaire. Mais l'arrêté préfectoral, en changeant les conditions de l'exploitation, en remplaçant le titre en vertu duquel elle avait lieu, n'a pas d'effet sur le passé, et les extractions faites antérieurement restent soumises, quant au payement des matériaux et à la compétence des tribunaux ordinaires, en cas de contestation, aux règles qui leur étaient applicables. Le Conseil d'État a annulé, comme entaché d'excès de pouvoir, un arrêté préfectoral, qui avait fait remonter à une époque antérieure au jour où il avait été pris les effets de l'autorisation accordée à l'entrepreneur. (15 juin 1861, *Roubière*, 525.)

141. — Plusieurs arrêts du Conseil, en date des 14 mars 1741, 5 avril 1772 et 17 sept. 1776, et deux ordonnances du bureau des finances des 29 mars 1754 et 17 juillet 1781 ne permettent l'exploitation des carrières dans le voisinage des routes qu'à la distance de trente toises (58 m. 47 cent.) du pied des arbres qui y sont plantés ou de trente-deux toises à partir du bord extérieur des fossés [1]. Les terrains situés dans cette

---

1. Voici en quels termes est conçu l'article 10 de l'ordonnance du 29 mars 1754 :

« Art. 10. — Les carrières de pierres de taille, moellons, glaises, « marnes et autres ne pourront être ouvertes qu'à trente toises de « distance du pied des arbres plantés le long des routes et grands « chemins, et à trente-deux toises du bord ou extrémité de la lar- « geur des chemins non plantés d'arbres, conformément au règle- « ment du 14 mars 1741. Défendons expresssément d'en ouvrir à « moindre distance sans une permission expresse et par écrit desdits

zone sont nécessairement à l'abri de la servitude d'extraction. Les entrepreneurs, alors même que ces terrains sont compris dans le périmètre fixé par l'autorisation, ne peuvent y pratiquer des fouilles sans s'exposer aux peines portées par les lois sus-indiquées. Il n'appartient pas, en effet, à l'administration de s'affranchir ou d'affranchir ses agents de la règle qu'elle a jugé utile d'imposer aux propriétaires voisins des routes. (Avis du Conseil général des ponts et chaussées du 11 sept. 1852.)

142. — L'exploitation des carrières dans le voisinage des fleuves ou rivières navigables et flottables est soumise à des dispositions analogues. Aux termes de l'art. 40, tit. 17 de l'ordonn. du 16 août 1669 dont les prohibitions ont été renouvelées par l'arrêt du Conseil en date du 27 juin 1777, il est défendu d'extraire des sables, pierres et graviers, à moins de six toises du rivage de ces cours d'eau. Ces dispositions portent contre le contrevenant une amende de 500 livres, qui peut être modérée à raison des circonstances. (Voy. 19 avril 1844, *Dubourg*, 242.)

Quant aux rivières non navigables, aucune disposition spéciale ne les protége. Les entrepreneurs peuvent y faire des fouilles et extractions comme dans tout autre terrain affecté à la servitude, et sauf, bien entendu, la réparation des dommages que leurs travaux pourraient causer aux riverains.

143. — Enfin, les biens soumis au régime forestier sont protégés contre l'exercice de la servitude d'extrac-

« sieurs commissaires du pavé de Paris ou des ponts et chaussées,
« chacun dans leur département, dans le cas où il serait constaté
« n'en pouvoir résulter aucun inconvénient. Ne pourront, les ra-
« meaux ou rues de toutes carrières, être poussés du côté des che-
« mins : le tout sous peine de 300 livres d'amende et de confis-
« cation des matériaux, outils et équipages. »

tion par l'article 145 du C. forest. et par les art. 170 et suiv. de l'ordonnance réglementaire du 1er août 1827 rendue pour son exécution, dont nous nous bornerons à reproduire les dispositions.

Art. 170. « Lorsque les extractions de matériaux auront pour objet des travaux publics, les ingénieurs des ponts et chaussées, avant de dresser le cahier des charges des travaux, désigneront à l'agent forestier supérieur de l'arrondissement les lieux où les extractions devront être faites.

« Les agents forestiers, de concert avec les ingénieurs ou conducteurs des ponts et chaussées, procéderont à la reconnaissance des lieux, détermineront les limites du terrain où l'extraction devra être effectuée, le nombre, l'espèce et les dimensions des arbres dont elle pourra nécessiter l'abatage, et désigneront les chemins à suivre pour le transport des matériaux. En cas de contestation sur ces divers objets, il sera statué par le préfet.

Art. 171. « Les diverses clauses et conditions qui devront, en conséquence de l'article précédent, être imposées aux entrepreneurs, tant pour le mode d'extraction que pour le rétablissement des lieux en bon état, seront rédigées par les agents forestiers et remises par eux au préfet, qui les fera insérer au cahier des charges des travaux.

Art. 172. « L'évaluation des indemnités dues à raison de l'occupation ou de la fouille des terrains et des dégâts causés par l'extraction, sera faite conformément aux articles 55 et 56 de la loi du 16 septembre 1807.

« L'agent forestier supérieur de l'arrondissement remplira les fonctions d'expert dans l'intérêt de l'État, et les experts dans l'intérêt des communes ou des établissements publics seront nommés par les maires ou les administrateurs.

Art. 173. « Les agents forestiers et les ingénieurs et conducteurs des ponts et chaussées sont expressément chargés de veiller à ce que les entrepreneurs n'emploient pas les matériaux provenant des extractions à d'autres travaux que ceux pour lesquels elles auront été autorisées.

« Les agents forestiers exerceront contre les contrevenants toutes les poursuites de droit.

Art. 175. « Les réclamations qui pourront s'élever relativement à l'exécution des travaux d'extraction et à l'évaluation des indemnités, seront soumises au Conseil de préfecture, conformément à l'article 4 de la loi du 17 février 1800 (28 pluviôse an VIII). »

144. — Une ordonnance royale en date du 5 octobre 1845 a pris soin également de déterminer les formalités auxquelles sont soumises les extractions de matériaux ayant pour objet les travaux des chemins vicinaux, lorsque ces extractions doivent avoir lieu dans les bois régis par l'administration des forêts.

Les lieux d'extraction doivent être désignés préalablement à l'agent forestier supérieur de l'arrondissement. Il est ensuite procédé, par les agents forestiers, de concert avec les agents voyers, ou, à défaut de ceux-ci, avec le maire, à la reconnaissance et à la délimitation du terrain désigné. Le nombre, l'espèce et les dimensions des arbres dont l'abatage est reconnu nécessaire, ainsi que les chemins à suivre pour le transport des matériaux, sont l'objet d'indications spéciales. En cas de contestations sur ces objets, il est statué par le préfet. (Art. 2.)

L'entrepreneur est tenu de se conformer exactement aux clauses et conditions qui, en exécution des dispositions dont nous venons de rappeler la substance, sont insérées dans son cahier des charges ; il lui est particulièrement interdit d'employer le produit des extractions à des travaux autres que ceux pour lesquels elles ont été autorisées. (Voy. art. 3 et 5.)

Rien, d'ailleurs, n'a été changé par l'ordonnance du 5 octobre 1845 aux règles ordinaires, en ce qui concerne les contestations qui s'élèvent à l'occasion des travaux, la compétence, la procédure, l'évaluation des indemnités. (Art. 4, 6 et 7.)

145. — On a voulu soutenir que l'extraction des matériaux dans les forêts était subordonnée à l'autorisation du propriétaire. Mais la cour de cassation a repoussé cette thèse par un arrêt ainsi conçu : — « Attendu que, « si, d'après l'art. 144 C. forest., toute extraction non « autorisée de pierres existant sur le sol forestier, cons- « titue un délit, l'art. 245 du même code déclare ex- « pressément qu'il n'est point dérogé au droit de l'ad- « ministration des ponts et chaussées d'indiquer les « lieux où doivent être faites les extractions de maté- « riaux pour les travaux publics ; — que ce droit serait « illusoire s'il était subordonné au consentement du « propriétaire, ou, à l'égard des bois de l'État ou des « établissements publics, à celui de l'administration des « forêts ; — qu'aussi les lois antérieures au C. forestier « qui ont établi ce droit, ne l'ont point soumis à une « telle condition ; qu'il n'y a pas été soumis davantage « par la disposition de l'art. 145 de ce code, d après « laquelle les entrepreneurs sont tenus d'observer toutes « les formes prescrites par les lois et règlements en « cette matière, puisque l'art. 169 de l'ordonnance du « 1er août 1827, seule disposition qui parle d'une auto- « risation du directeur général des forêts, a uniquement « pour objet de régler l'exécution de l'article 144 du « Code, l'exécution de l'article 145 étant exclusivement « réglée par l'art. 170 et suivants de ladite ordonnance ;

« — qu'ainsi le sieur Godard n'avait nul besoin d'une
« autorisation de l'intendant général de la liste civile, et
« que, sous ce rapport, le fait imputé à ses ouvriers et
« à lui, ne peut être considéré comme un délit de la
« compétence des tribunaux correctionnels, mais peut
« donner seulement lieu à une action en dommages-
« intérêts devant le Conseil de préfecture, conformé-
« ment à l'art. 4 de la loi du 28 pluviôse an VIII. »
(Cass. 16 avril 1836, *Godard*, D. P. 36, 1, 224.)

CHAPITRE IV

DE L'INDEMNITÉ.

146. — Aux termes de l'article 4 de la loi du 28 pluviose an VIII, c'est aux Conseils de préfecture qu'il appartient, en cas de contestation, de fixer l'indemnité due à raison des fouilles et extractions de matériaux régulièrement autorisées.

Si le propriétaire soutient que les ordres de l'administration ont été méconnus, il s'élève une question préjudicielle qui est encore de la compétence de l'autorité administrative. (4 juillet 1845, *Giraud*, 380; 15 mars 1849, *Bidault*, 151; 24 mars 1849, *Delattre*, 202; 1er déc. 1852, *Peyramale*, 571.)

L'autorité judiciaire est compétente, au contraire, pour apprécier l'indemnité due au propriétaire, lorsque les fouilles ont été effectuées dans des terrains non désignés par l'administration, ou lorsque les terrains ayant été régulièrement désignés, il est intervenu des conventions entre l'entrepreneur et le propriétaire fixant la durée de l'occupation et le chiffre de l'indemnité. C'est aux tribunaux qu'il appartient d'apprécier le sens et l'effet de pareilles conventions. (Voy. 15 juin 1847, *Rigault*, 396; 29 juin 1847, *Dupoux*, 419; 18 juin 1848, *Biscuit*, 398; 14 mai 1856, *Galet*, 364; 5 janv. 1860, *Canterrane*, 10; 10 mai 1860, *Comp. du chem. de fer d'Orléans*, 403.)

147. L'indemnité doit-elle être préalable à l'extraction des matériaux?

L'article 1er, section 6, de la loi du 6 octobre 1791 est ainsi conçu : « Les agents de l'administration ne « pourront fouiller dans un champ pour y chercher des « pierres, de la terre ou du sable nécessaires à l'entre- « tien des grandes routes ou autres ouvrages publics, « *qu'au préalable* ils n'aient averti le propriétaire et « qu'il ne soit justement indemnisé à l'amiable ou à « dire d'expert, conformément à l'article 1er du présent « décret. » En s'attachant au sens que présente la cons- truction grammaticale de cette phrase , et en se repor- tant à l'article 1er du décret d'après lequel « toute « propriété territoriale ne peut être sujette envers la « nation... qu'aux sacrifices que peut exiger le bien « général, sous la condition *d'une juste et préalable in-* « *demnité*, » on arrive forcément à cette conclusion que le payement de l'indemnité doit précéder la prise de possession des terrains.

En présence d'un texte aussi formel, la seule ques- tion à résoudre est celle de savoir s'il est encore en vi- gueur. — D'après M. Serrigny (n° 602, p. 616), l'ar- ticle 48 de la loi du 16 septembre 1807 aurait abrogé non-seulement la disposition du Code rural, qui exige le payement préalable de la valeur des matériaux, mais l'article 545 du Code civil lui-même, sur l'indemnité préalable en cas d'expropriation, toutes les fois que les travaux devaient être exécutés par l'État. Il n'au- rait laissé subsister la nécessité du payement avant la prise de possession qu'autant que les travaux sont exécutés par des concessionnaires. — Or les lois des 8 mars 1810, 7 juillet 1833 et 3 mai 1841 n'ayant rétabli le principe de l'indemnité préalable qu'en cas d'expropriation véritable entraînant dépossession d'im- meubles, le savant auteur en conclut que l'article 1er de la section 6 du Code rural, abrogé par l'article 48 de la loi du 16 septembre 1807, ne peut aujourd'hui recevoir exécution, en ce qui concerne les travaux de l'État. — « Du moment, dit-il, que l'article 48... n'abroge la loi « antérieure qu'au cas où l'État fait exécuter les tra- « vaux et qu'il maintient le principe de l'indemnité préa- « lable à l'égard des concessionnaires, il n'a pas cessé « d'être obligatoire à l'égard de ceux-ci. Cette distinc- « tion me paraît en outre tout à fait conforme à la « maxime : *Fiscus semper dives*, maxime que ne peu- « vent invoquer les concessionnaires. » (Voy. aussi M. Dumay, *Com. de la loi* du 21 mai 1836, p. 272.)

Toute cette argumentation pèche par la base. — L'ar- ticle 48 de la loi de 1807 n'a pas la portée qu'on lui a donnée. Il porte en effet : « Lorsque pour exécuter un « desséchement... il sera question de supprimer des « moulins et autres usines, de les déplacer, modifier... « la nécessité en sera constatée par les ingénieurs des « ponts et chaussées. Le prix de l'estimation sera payé « par l'État lorsqu'il entreprend les travaux : lorsqu'ils « sont entrepris par des concessionnaires, le prix de « l'estimation *sera payé avant qu'ils puissent faire cesser* « *le travail des moulins et usines.* » — Telle est la dis- position qui paraît à M. Serrigny avoir abrogé la loi de 1791. Il est bien clair cependant qu'elle n'a pas trait aux fouilles et extractions de matériaux, qu'elle concerne uniquement la suppression des usines, et qu'on ne peut, sans violer les principes les plus constants de l'interpré- tation juridique, l'appliquer à un ordre de faits essen- tiellement différents et qu'elle n'a pas en vue. — Il im- porte peu dès lors que les lois de 1810, 1833 et 1841 n'aient proclamé le principe de l'indemnité préalable qu'en matière d'expropriation d'immeubles. Elles sont, comme l'article 48 de la loi de 1807, complétement étrangères à la matière réglée par l'article 1er de la

section 6 de la loi de 1791, qui n'a rien d'incompatible
avec elles.

148. — M. Dufour relève l'erreur de M. Serrigny
sur la portée de l'article 48; mais il en commet une
autre non moins évidente, lorsqu'il dit que les extractions de matériaux n'ont leurs règles que dans les articles 55 et suivants de cette même loi, et lorsqu'il en
tire cette conséquence que, ces articles se taisant sur la
nécessité d'une indemnité préalable, l'État et les concessionnaires ont le droit, immédiatement après la notification de la désignation, d'occuper les terrains destinés aux fouilles. — En effet, les art. 55 et suiv. règlent
uniquement le mode de fixation de l'indemnité d'extraction. Ils gardent le silence, M. Dufour le reconnaît,
sur l'époque où l'indemnité doit être payée. Or le silence
d'une loi n'a jamais été considéré, à aucune époque,
comme équivalant à l'abrogation d'une loi antérieure,
dont l'exécution est facile à concilier avec son application. Les articles 55 et suivants, pas plus que l'art. 48,
n'ont donc pas abrogé la loi du 6 octobre 1791.

149. — Cependant la jurisprudence du Conseil d'É-
tat a confirmé de son autorité la doctrine des auteurs
dont nous réfutons les arguments. Le Conseil d'État se
borne à constater que, « en cas de travaux d'extraction
« pour la construction et l'entretien des routes, il ne
« s'opère pas une dépossession totale ou partielle, qui,
« aux termes des lois, entraînerait une indemnité
« préalable. » C'est déplacer et non pas résoudre
la question, qui, comme nous l'avons dit, consiste
uniquement à rechercher si le décret de 1791 est
abrogé. (Voy. 17 juin 1834, *Dupont*, 425; 20 juin
1839, *Greban*, 328; 13 avril 1850, *Rouillé*, 361; 23
juillet 1857, *Gougeon*, 579; de Gérando, *Institutes*,
2ᵉ édit., t. 2, p. 523; M. Meaume, *Comm. du Cod.*

forest., p. 413 et 414. *Contrà* : M. Laferrière, t. 2, p. 65 ; M. Foucart, t. 2, n° 366.)

La Cour de cassation s'est prononcée dans le même sens que le Conseil d'État. Elle a jugé que l'extraction opérée dans une forêt régulièrement désignée par l'administration des ponts et chaussées ne constitue pas un délit, quoiqu'elle ait été faite avant la fixation de l'indemnité et sans estimation préalable du terrain sur lequel les fouilles ont été pratiquées, si d'ailleurs le propriétaire a été averti. (Voy. 12 août 1848, *Molé*, D. P., 49, 5, 205 ; voy. aussi Cass., 4 mars 1825, *Rép. Dall.*, v° *Dommage*, n° 179.)

Nous reconnaissons au surplus que cette jurisprudence est fondée sur des considérations pratiques puissantes. Le principe de l'indemnité préalable en matière de fouilles et extractions est d'une application fort difficile, puisque avant les travaux il est presque impossible de déterminer exactement l'étendue du préjudice, et par suite de la réparation due au propriétaire. Les prétentions des ayants droit feraient naître fréquemment des procès, et par suite des retards incompatibles avec l'intérêt public. Il y a donc peu de chances de voir ce principe reparaître, à moins qu'une loi spéciale ne vienne, ce qui est désirable, en régler l'application.

150. — Dans tous les cas, l'administration ne peut pas élever la prétention de reporter le payement de l'indemnité à l'époque où elle se propose d'abandonner l'extraction. Ainsi, lorsque les fouilles doivent durer plusieurs années, le propriétaire n'est pas obligé d'attendre la fin de l'occupation avant de réclamer l'indemnité qui lui est due pour le préjudice dont il souffre. Ce serait une injustice manifeste que de repousser sa réclamation comme prématurée, si elle se produisait

avant l'achèvement des travaux. On ne peut pas le priver indéfiniment des produits de sa propriété. Dès la fin de la première année, il doit lui être permis de demander le prix des matériaux extraits. Le règlement sera plus facile, l'évaluation moins incertaine, et elle servira de base pour les années suivantes, sans, bien entendu, qu'elle puisse jamais être considérée comme la seule règle à suivre. (Cons., 15 juin 1861, *Roubière*, 525.)

151. — L'art. 55 de la loi du 16 septembre 1807 détermine le mode suivant lequel l'indemnité pour les fouilles et extractions de matériaux doit être évaluée. — Aux termes de cet article, « les terrains occupés « pour prendre les matériaux nécessaires aux routes « ou aux constructions publiques pourront être payés « aux propriétaires comme s'ils eussent été pris pour « la route même. — Il n'y aura lieu à faire entrer dans « l'estimation la valeur des matériaux à extraire, que « dans le cas où l'on s'emparerait d'une carrière déjà « en exploitation ; alors lesdits matériaux seront éva- « lués d'après leur prix courant, abstraction faite de « l'existence et des besoins de la route pour laquelle « ils seraient pris, ou des constructions auxquelles on « les destine. » — « Ainsi (dit M. Meaume, faisant aux extractions dans les forêts l'application de ce texte), lorsque pour des travaux d'utilité publique tels qu'un canal, un chemin de fer, l'administration des ponts et chaussées ou l'adjudicataire des travaux fait des fouilles ou des extractions de matériaux dans une forêt quelconque, l'État ou son cessionnaire ne doit au propriétaire de cette forêt rien autre chose que le prix des arbres abattus, le dédommagement du préjudice que cet aba-tage, fait en dehors de l'aménagement ordinaire, peut occasionner pour l'avenir, et enfin l'indemnité pour les

dégradations causées par le transport, ainsi que pour la non-jouissance du terrain eu égard au temps plus ou moins long qu'aura duré l'occupation. Dans aucun cas on ne doit rien pour la valeur des matériaux de cette carrière ainsi ouverte, contre le gré du propriétaire, par les représentants de l'État. » (Voy. *Com. du C. forest.*, t. 3, p. 412.)

152. — Ces principes ont été appliqués si souvent par le Conseil d'État, sans distinction entre les diverses espèces de propriétés fouillées, qu'il serait superflu d'indiquer tous les monuments de sa jurisprudence. Nous citerons seulement un arrêt récent qui pose nettement les bases sur lesquelles les Conseils de préfecture doivent en cette matière asseoir leurs décisions. — Il en résulte que, lorsqu'il n'existe pas avant les fouilles de carrière en exploitation, l'estimation du dommage causé s'opère en comparant la valeur du terrain avant et après l'occupation. La différence forme le montant de l'indemnité due au propriétaire.

« En ce qui touche l'indemnité allouée au sieur Deherly pour dépréciation de valeur de 65 ares de terrain fouillés par la compagnie du chemin de fer du Nord;

« Considérant qu'il résulte de l'instruction que ces terrains avaient, avant leur occupation par la compagnie requérante, une valeur vénale qui n'était pas inférieure à 130 fr. 14 c. par are; qu'il est également établi par l'instruction, notamment par le rapport du tiers-expert, en date du 19 octobre 1857, que ces terrains ne valaient que 25 fr. 38 c. par are au moment où ils ont été remis en la possession de leur propriétaire; qu'ainsi le Conseil de préfecture a fait une juste appréciation du dommage causé au sieur Deherly en lui accordant une indemnité de 104 fr. 76 c. par are, soit de 6,809 fr. 40 c. pour les 65 ares de terrain qui ont été fouillés par la compagnie du chemin de fer du Nord. » (10 avril 1860, *Compagnie du chemin de fer du Nord*, 296.)

Il va de soi, au surplus, qu'à cette indemnité de dépréciation il y a lieu d'ajouter la réparation des dommages qui peuvent avoir été causés, au moment et comme conséquence de l'extraction, au surplus de la propriété.

153. — Le caractère exceptionnel des dispositions dont cette jurisprudence contient l'application rigoureuse a été plusieurs fois l'objet des préoccupations des Chambres. Lors de la discussion de l'art. 145 du Code forestier à la Chambre des pairs, M. d'Orvilliers se fit l'écho des plaintes de la propriété, et demanda qu'il fût bien entendu que le vote de cet article n'avait pas pour résultat de confirmer en ce point la législation existante. M. de Martignac, commissaire du roi, ne nia pas le caractère exorbitant des dispositions de la loi de 1807, et ne fit pas difficulté de reconnaître que « cet objet « était assez important pour qu'une loi spéciale fixât à « cet égard les droits de l'administration et les règles « qu'elle aurait à suivre. » — Mais le gouvernement est resté dans l'inaction, et la loi de 1807 continue à être la règle unique de la matière. (Confér. M. Meaume, *Comm. du C. forestier*, t. 3, p. 411 et 412.) Nous n'espérons pas, en élevant à notre tour la voix, avoir plus de succès que nos devanciers. Mais c'est un devoir de signaler l'injustice quand on se trouve en sa présence, et d'interrompre cette sorte de prescription qui s'attache au silence universel. Nos réclamations sont d'ailleurs si conformes aux idées qu'on se fait actuellement de la propriété et à la nécessité reconnue de mesurer l'indemnité au préjudice causé, que nous ne pouvons

croire que l'avenir ne lui réserve pas la satisfaction que nous désirons pour elle. (Voy. *infrà*, n° 165.)

154. — L'indemnité comprend le valeur des matériaux extraits lorsque l'extraction a lieu dans une carrère déjà en exploitation.

Mais que faut-il entendre par ces mots : carrière *déjà en exploitation?* Faut-il que la carrière soit en exploitation au moment même de la désignation administrative, ou suffit-il qu'elle ait été ouverte antérieurement à cette époque?

Le Conseil d'État avait d'abord tranché la question dans le premier sens. Un arrêt du 6 septembre 1813 (*Lasalle*) porte que l'on ne peut « réputer carrière en « exploitation que celle qui offre au propriétaire un « revenu assuré, soit qu'il l'exploite régulièrement par « lui-même et pour ses besoins, soit qu'il en fasse un « objet de commerce en l'exploitant régulièrement par « lui-même ou par autrui... que le conseil de préfec- « ture, en accordant au sieur Lassalle une indemnité à « laquelle il ne pouvait prétendre, aux termes de la loi « précitée, *que dans le cas où ses carrières eussent été en* « *exploitation régulière à l'époque de l'extraction faite* « *par l'entrepreneur* de la route d'Espagne, a évidem- « ment contrevenu à l'esprit et à la lettre de la loi. » (En ce sens : 21 juillet 1824, *Bourdon*, 434.)

Mais cette jurisprudence ne devait pas se maintenir. Une ordonnance du 13 juillet 1825 (*d'Arthet*, 408) décida qu'aucune disposition de loi n'exige que l'exploitation soit *régulière et actuelle,* et qu'il suffit que la carrière ait été déjà mise en exploitation pour le compte du propriétaire avant l'époque où les extractions faites par l'entrepreneur ont eu lieu. Depuis, il a été jugé un grand nombre de fois et en termes identiques, « qu'aux termes « de l'art. 55 de la loi du 16 septembre 1807, la va-

« leur des matériaux extraits doit être payée au pro-
« priétaire lorsqu'ils ont été pris dans une carrière déjà
« exploitée par lui ou pour son compte, sans qu'il soit
« nécessaire que cette exploitation soit régulière et ac-
« tuelle... » (3 mai 1850, *Debrousse*, 426; voy. enc. :
1er mars 1826, *Gallichet*, 142; 4 mai 1826, *Tiolier*, 248;
12 août 1829, *Boirot*, 327 ; 29 juin 1832, *Jouard*, 337;
24 oct. 1834, *Tarbé des Sablons*, 685 ; 7 juin 1836,
Brochet, 279; 30 nov. 1841, *Mercier*, 533; 21 nov. 1849,
de Rély, 698; 21 mai 1852, *Gasté*, 180 ; 6 août 1855,
Mackensie, 578; 23 juillet 1857, *Espivent*, 584.)

155 — De même, pour que la carrière soit considérée
comme étant déjà en exploitation, il n'est pas indispensable que les extractions antérieures aient été faites par
le propriétaire. Ainsi, l'exploitation avant la nouvelle
désignation par un entrepreneur de travaux publics autorise le propriétaire à réclamer la valeur des matériaux
extraits en vertu d'une nouvelle autorisation donnée à
un autre entrepreneur. (Voy. 18 mars 1858, *Fagot-
Hervé*, 242 ; 16 août 1860, *Lecerf*, 669.)

156. — Mais l'exploitation antérieure doit avoir été
licite. Il a été jugé, par exemple, que si l'extraction a
été pratiquée par le propriétaire, sans autorisation préalable du génie, dans un terrain soumis à des servitudes
militaires, et si, de plus, elle a été immédiatement sus-
pendue, elle ne peut être considérée comme ayant les
caractères nécessaires pour donner lieu à l'application
des dispositions de l'art. 55. (13 avril 1850, *Rouillé*,
361.)

157. — Le propriétaire a-t-il droit à la valeur des matériaux extraits, si, avant d'ouvrir la carrière pour son
compte personnel, il a eu connaissance de la désignation
déjà faite, et s'il est certain qu'il n'a ouvert cette carrière
que pour obtenir une indemnité plus considérable ?

Cette question ne peut être résolue que par une distinction. — Nous sommes disposés à admettre que l'indemnité doit comprendre seulement la dépréciation du terrain quand la carrière a été ouverte après la notification de l'acte portant désignation de ce terrain. L'administration a, dès ce moment, un droit acquis au bénéfice des dispositions de la loi de 1807. (24 mars 1849, *de Lantage*, 199.) Encore cette solution présenterait-elle une grave difficulté si un temps très-long s'était écoulé avant la prise de possession et si le propriétaire avait, sans fraude, dans le but unique de tirer parti de sa chose, mis en exploitation les richesses naturelles qu'elle contenait; autrement, l'administration aurait la faculté de s'assurer pour l'avenir des ressources qu'elle ne peut demander aux conditions établies par la loi de 1807 que lorsqu'elle en a un besoin actuel.

Si l'extraction avait eu lieu avant la notification, le droit à la valeur des matériaux ne serait pas douteux. Qu'importe que le propriétaire ait connu les intentions de l'administration? Il a usé de son droit, et il n'y a pas à se demander dès lors s'il a cherché à se procurer une augmentation d'indemnité : *Qui suo jure utitur, alii nullum damnum facit.*

158. — L'exploitation antérieure à la désignation de la carrière doit avoir eu une certaine importance. Ainsi, on ne tiendrait aucun compte de simples fouilles depuis longtemps comblées, si elles n'avaient eu lieu que pour préparer une exploitation projetée, mais non réalisée. (18 mai 1854, *de Germiny*, 477.) De même, si la carrière, après avoir été réellement exploitée, avait été définitivement abandonnée; si, depuis, le terrain avait été nivelé et rendu à la culture; si toute trace d'exploitation avait disparu, l'indemnité ne serait due qu'à rai-

son des dommages causés au sol. (20 juillet 1854, *Pouplin*, 681.)

159. — Plus d'une fois, l'administration ou l'entrepreneur ont cherché à se soustraire au payement des matériaux, en ouvrant une nouvelle carrière à peu de distance de l'ancienne et sur le prolongement du même banc. Mais le Conseil d'État a déjoué ce calcul en décidant que l'entrepreneur qui ouvre une carrière à proximité (dans l'espèce 200 mèt.) d'une autre carrière en exploitation, doit la valeur des matériaux extraits, si cette carrière est située dans la même propriété et si l'extraction s'applique à la même nature de pierre et au prolongement du même banc, la distance n'excédant pas celle que pourrait atteindre l'ancienne exploitation, d'après l'extension dont elle est susceptible. (Voy. 9 janvier 1839, *Caillaux*, 6 ; 21 mai 1852, *Gasté*, 181.)

160. — L'entrepreneur doit encore la valeur des matériaux, lorsque l'extraction a eu lieu par suite d'une voie de fait, en dehors de toute désignation régulière. Nous avons vu qu'en pareil cas, les tribunaux administratifs cessent d'être compétents pour évaluer l'indemnité due au propriétaire et que c'est aux tribunaux civils qu'il appartient d'en faire le règlement. Cette attribution exceptionnelle a pour conséquence de rendre l'article 55 de la loi de 1807 inapplicable au règlement du préjudice causé. L'entrepreneur ne peut plus profiter de la faveur qu'il accorde seulement à ceux qui se soumettent aux conditions auxquelles elle est attachée. Il n'y a plus à rechercher si, antérieurement aux fouilles indûment pratiquées, il y avait déjà exploitation, et il doit toujours être tenu compte de la valeur des matériaux extraits.

161. — Les matériaux doivent être évalués d'après le prix courant du pays, abstraction faite des besoins

de l'entreprise pour laquelle ils sont pris. (Art. 55, l. du 16 sept. 1807.) C'est là un de ces cas très-rares dans lesquels l'évaluation du préjudice causé, au lieu d'être abandonnée à l'appréciation du juge, est soumise à des règles fixes dont il ne lui est pas permis de s'écarter. Il ne peut être suppléé à la base d'évaluation qu'indique la loi par aucun autre mode d'appréciation, notamment par l'application des prix fixés dans des traités intervenus entre le propriétaire et d'autres entrepreneurs. (12 avril 1857, *de Poix*, 244.) De même, si la carrière était, au moment de la désignation, louée par le propriétaire, les Conseils de préfecture n'ont pas à prendre en considération le prix du bail. Le prix courant du pays, et non l'appréciation qui a guidé le propriétaire au moment de la location, doit servir de règle invariable. (8 déc. 1853, *Montbrun*, 1046; voy. aussi 1er mars 1826, *Gallichet*, 142; 4 mai 1826, *Tiolier*, 248.)

162. — Il en est autrement, bien entendu, lorsqu'il est intervenu entre l'entrepreneur et le propriétaire des conventions spéciales. Ces conventions sont parfaitement licites et doivent recevoir leur exécution; ainsi, lorsque avant de pratiquer des fouilles et des extractions dans la propriété d'un particulier, l'entrepreneur a réglé avec lui, et dans la prévision d'un travail de plusieurs années, les bases de l'indemnité, ces bases doivent être appliquées, et elles continueraient de l'être, alors même que la propriété changerait de mains. (28 juin 1837, *Papault*, 274; 19 juillet 1854, *Léon*, 662.)

Toutefois ces conventions ne sont pas opposables à l'acquéreur quand elles n'ont pas acquis date certaine avant la vente. (21 juillet 1824, *Bourdon*, 434.)

163. — Outre l'indemnité due pour la valeur des matériaux extraits, le propriétaire a droit à la réparation des dommages causés à la carrière par une exploi-

tation inintelligente ou abusive. Lorsque la carrière a été détériorée et lorsqu'il est nécessaire d'y faire des réparations, les dépenses que le propriétaire est obligé de faire pour la remettre dans l'état où il l'a livrée à l'exploitation de l'entrepreneur ne doivent pas rester à sa charge. (8 déc. 1853, *Montbrun*, 1046.)

Mais le propriétaire qui a reçu le prix des matériaux extraits de sa carrière n'a point droit à une indemnité, à raison de la dépréciation du terrain occupé par les fouilles, et de la perte des récoltes existant sur ce terrain : il ne lui est dû d'indemnité qu'à raison des dommages qui résultent du dépôt des résidus de carrière sur les terrains voisins des fouilles. (6 mai 1858, *Godbargé*, 352.)

Le payement de ces divers dommages est dû, alors même que les terrains occupés doivent subir ultérieurement une expropriation pour cause d'utilité publique. La demande du propriétaire est recevable, et il ne suffirait pas, en la rejetant, de réserver tous ses droits pour l'époque où le terrain doit être exproprié. (29 nov. 1851, *Pélissié*, 721.)

164. — Les intérêts de l'indemnité sont dus à partir du jour de la demande. (Voy. 29 juin 1832, *Jouard*; 30 nov. 1841, *Mercier-la-Vendée*, 533.)

165. — Ces diverses solutions doivent-elles être appliquées en matière de chemins vicinaux?

L'article 17 de la loi du 21 mai 1836 règle tout ce qui concerne les extractions de matériaux, les dépôts ou enlèvements de terre, les occupations temporaires de terrains. Il porte spécialement que « si l'indemnité ne « peut être fixée à l'amiable, elle sera réglée par le Con- « seil de préfecture, sur le rapport d'experts nommés, « l'un par le sous-préfet, et l'autre par le propriétaire. » Il ajoute qu'en cas de discord le tiers-expert sera nommé par le Conseil de préfecture. Mais il ne dit pas un mot de la base sur laquelle doivent opérer les experts. N'en résulte-t-il pas une abrogation tacite, relativement aux chemins vicinaux, des règles en usage pour les autres travaux publics?

L'article 55 de la loi du 16 septembre 1807 constitue, il faut bien le reconnaître, une dérogation aux règles ordinaires du droit. L'exercice de la servitude d'extraction, véritable expropriation appliquée aux produits des carrières, devrait trouver sa compensation dans une indemnité complète du propriétaire dépossédé. La distinction qu'a faite le législateur entre le cas où la carrière a été exploitée avant la désignation et celui où le propriétaire n'a pas encore tiré parti des produits de sa chose, s'explique mais ne se justifie pas par les raisons tirées de l'utilité publique. L'utilité publique ainsi comprise conduit à l'expropriation sans indemnité. C'est une conséquence logique. Dira-t-on que le propriétaire doit s'estimer heureux que l'administration ait découvert une mine à laquelle il n'avait pas songé? Mais l'argument n'aura guère de valeur si la carrière est épuisée en vertu de la désignation. Qu'importe, d'ailleurs, qu'il n'eût pas exploité encore, qu'il n'eût pas même connaissance des ressources que présentait son immeuble? La propriété, n'est-ce pas le droit de jouir et de disposer de sa chose de la manière la plus absolue, à son heure, à sa guise, quand et comment il convient au propriétaire? Dira-t-on enfin que le préjudice qu'il souffre n'est pas considérable? Si cela est vrai, c'est une raison de plus pour le réparer. Si la perte subie est minime, l'indemnité ne sera pas à charge au Trésor. Que dire d'un débiteur qui ne payerait pas son créancier sous le prétexte que la dette est insignifiante?

Faut-il tirer de ces considérations la conséquence que

l'article 55 de la loi de 1807 est une disposition exceptionnelle, et que la loi du 21 mai 1836 qui charge les
experts d'évaluer l'indemnité due au propriétaire sans
leur indiquer les règles à suivre, a entendu leur laisser
la complète appréciation du préjudice souffert?

La jurisprudence du Conseil d'État ne paraît pas s'être
préoccupée jusqu'à ce jour de cette difficulté. Elle considère l'article 55 comme étant la règle générale en
matière de travaux publics et ne fait pas d'exception
pour les chemins vicinaux. A ce point de vue, l'art. 17
de la loi du 21 mai 1836 n'ayant réglé que la forme de
l'expertise est censé s'en être remis pour la base de l'indemnité aux lois préexistantes, d'autant mieux que
l'art. 22 de la même loi n'a abrogé expressément les
dispositions antérieures qu'en ce qu'elles ont de contraire à ses propres dispositions. Or l'article 17 ne contient rien de contraire à l'article 55 de la loi de 1807,
et on ne peut induire de son silence seul qu'il n'a pas
entendu se référer, pour ce qu'il n'exprimait pas, à la
loi générale. (Voy. 15 juill. 1841, *Ardenne*, 308; 35 nov.
1841, *Mercier-la-Vendée*, 533; 21 déc. 1849, *de Rély*,
698; 13 avril 1850, *Rouillé*, 361; 1er juin 1850, *Lefranc
de Pompignan*, 531.)

166. — Nous ne nous occuperons ici ni des règles
de compétence, ni de la procédure à suivre pour la fixation de l'indemnité due aux propriétaires dont les terrains ont été fouillés ou occupés temporairement. Ce
que nous avons à dire à ce sujet est commun à tous les
autres dommages et sera expliqué dans les chapitres
suivants.

167. — En principe, l'administration qui fait ramasser des matériaux sur une propriété en vertu d'une autorisation régulière, préalablement notifiée au propriétaire, ne doit pas d'autre indemnité que la réparation du

préjudice causé par le passage des ouvriers ou des voitures, et la dépréciation du sol. On n'assimile pas cette
situation au cas où l'extraction a lieu dans une carrière
déjà en exploitation, et dès lors le propriétaire n'a point
droit à la valeur des matériaux ramassés. Nous nous
sommes suffisamment expliqués sur la rigueur de la
législation à cet égard pour n'avoir point à insister ici.
(Voy. *suprà*, n°s 153 et 165.)

Mais il a été jugé avec raison que l'administration ne
peut s'emparer sans indemnité des matériaux que le
propriétaire, avant la désignation, avait fait ramasser
lui-même. Elle est tenue alors de lui rembourser les
frais de ramassage. (27 mai 1828, *Millet*, 332.)

TITRE II

DE L'OCCUPATION TEMPORAIRE.

———

168. — Il est souvent nécessaire dans le cours des travaux d'occuper des propriétés particulières, soit pour le dépôt des matériaux, soit pour l'établissement de chantiers, soit pour le transport des divers objets indispensables à la construction des ouvrages. La prise de possession de ces terrains est régularisée dans la pratique par un simple arrêté du préfet, notifié au propriétaire dans les formes et sous des conditions identiques à celles que nous avons fait connaître pour l'extraction des matériaux. Nous n'aurons donc pas à revenir à ce sujet sur les explications que nous avons données plus haut et auxquelles le lecteur voudra bien se reporter, tout ce que nous avons dit relativement à la nécessité d'une autorisation préalable, à la désignation des terrains, à l'avertissement à donner au propriétaire, etc., étant également applicable en matière d'occupation

temporaire. Quelques explications spéciales, toutefois, nous ont paru nécessaires.

169. — La première question qui se présente est celle de savoir si cette espèce de servitude, dont l'exercice est fréquent et semble consacré par une jurisprudence constante, a un fondement légal. Ce qui peut jusqu'à un certain point autoriser les doutes, c'est qu'on ne trouve dans aucun texte l'emploi de la dénomination sous laquelle elle est connue. Les anciens arrêts du Conseil qui ont organisé la servitude d'extraction ne parlent en aucune façon de l'occupation temporaire. De même, la loi du 16 septembre 1807, en réglant, comme nous le verrons, la procédure à suivre pour la fixation de l'indemnité due en matière d'extraction de matériaux, se tait également sur l'occupation temporaire. Ses dispositions ne font expressément mention que « des terrains occupés pour prendre les matériaux nécessaires aux routes ou aux constructions publiques » (art. 55), ou, en d'autres termes, de l'extraction de matériaux. — Il n'y est nullement question de cette espèce d'occupation, qui consiste uniquement dans l'usage de la propriété pour le dépôt des matériaux, l'établissement de chantiers ou de chemins de service. — La loi du 21 mai 1836 (art. 17) est la seule qui se soit expressément occupée de l'occupation temporaire. Mais comme il s'agit d'une loi spéciale et d'une matière qui par sa nature même exclut toute extension par voie d'analogie, il en faudrait conclure simplement que l'occupation temporaire, autorisée en matière de chemins vicinaux, n'a pas de base dans la loi lorsqu'on veut l'appliquer aux autres travaux publics.

Ces considérations ne sont pas sans valeur. Cependant elles n'ont pas arrêté l'admininistration et ne paraissent pas avoir frappé les tribunaux. L'occupation temporaire est acceptée comme une nécessité de la pratique, d'autant mieux qu'à tout prendre elle constitue une servitude moins onéreuse que la servitude d'extraction, et que cette dernière, étant imposée par la loi et comprenant virtuellement l'occupation temporaire (dans un but spécial, il est vrai), c'est rentrer dans le vœu du législateur que d'en autoriser l'exercice dans toutes les autres circonstances où elle est nécessaire.

170. — Il est bien évident qu'à raison des différences qui existent entre l'occupation temporaire dont nous nous occupons et la servitude d'extraction de matériaux il n'y a pas lieu d'appliquer les règles établies par l'article 55 de la loi du 16 septembre 1807 pour l'évaluation de l'indemnité. Il ne peut être question de payer au propriétaire que l'indemnité représentant, d'une part, la privation de jouissance, et, de l'autre, le préjudice causé à la propriété par l'occupation.

171. — Mais à cet égard une question s'est élevée.

Lorsqu'il y a eu occupation temporaire par le dépôt de matériaux, le propriétaire peut-il réclamer, outre l'indemnité pour privation de jouissance et dépréciation du terrain, les frais nécessaires pour remettre les lieux dans leur état primitif?

On comprend l'importance de cette question. Il arrive souvent, en effet, que les frais nécessaires pour l'enlèvement des matériaux sont beaucoup plus considérables que la valeur de la propriété elle-même, et l'administration se montre disposée à soutenir qu'en payant le prix du terrain elle est quitte envers le propriétaire. Au premier abord, cette prétention semble rationnelle. Comment admettre, en effet, que le propriétaire qui reçoit le prix de son immeuble, et qui néanmoins le conserve, puisse exiger une indemnité plus forte que s'il avait été régulièrement exproprié?

Cependant la jurisprudence s'est prononcée en sens contraire. Il existe sur la question quatre arrêts du Conseil d'État rendus à différentes époques, et qui tous ont constaté le droit qui appartient au propriétaire d'exiger, quel qu'en soit le chiffre, la somme nécessaire à l'enlèvement des matériaux. — Le premier de ces arrêts est ainsi conçu : « Considérant qu'il s'agit, dans « l'espèce, de régler l'indemnité due au sieur Reig, à « raison de l'occupation temporaire qui a été faite « de son terrain pour l'exécution de travaux publics; « que cette indemnité doit être fixée à raison de la « privation de jouissance, *mais en tenant compte des* « *frais nécessaires pour débarrasser le terrain des dé-* « *blais qui y ont été déposés;* — qu'il résulte de l'ins- « truction que, dans le règlement de l'indemnité due « au sieur Reig, il n'a pas été tenu compte des frais « d'enlèvement et transport des déblais dont il s'agit... « que dès lors c'est à tort que le Conseil de préfecture « n'a accordé au sieur Reig qu'une somme de 755 fr. « pour privation de jouissance... » (8 janvier 1847, *Reig*, 33.)

La question s'est présentée de nouveau le 19 juillet 1854 (*Léon*, 62), le 14 juillet 1858 (*Compagnie des Chemins de fer du Midi*, 523), et enfin le 18 nov. 1858 (*Société civile de Marseillette*, 659), et chaque fois le Conseil d'État a consacré la même solution.

Cette jurisprudence favorable à la propriété est en même temps conforme aux règles du droit, dont elle ne fait qu'une application stricte. Lorsqu'une propriété éprouve un dommage résultant de l'exécution des travaux publics, le propriétaire lésé a droit à la réparation intégrale du préjudice qui lui a été causé. Or, comment ce résultat serait-il atteint, si les choses n'étaient pas remises dans l'état où elles étaient avant les travaux ? —

Le payement de la valeur du sol ne serait, à ce point de vue, qu'une satisfaction insuffisante. Lorsque, par le dépôt de terres et de déblais sur une propriété, l'administration ou ses ayants cause ont, non-seulement troublé temporairement la jouissance, mais encore rendu impossible tout usage de la propriété dans l'avenir, offrir au propriétaire le prix de son immeuble, c'est consacrer sa dépossession, ce n'est pas remettre les choses dans l'état où l'administration les a prises. Or, le propriétaire, tant qu'il n'a pas été régulièrement exproprié, a le droit d'exiger que sa jouissance soit maintenue dans les conditions où elle s'exerçait antérieurement aux travaux. L'administration, après l'avoir troublé dans sa possession, doit le remettre en possession. Sans doute, s'il avait été procédé à une expropriation régulière de la parcelle occupée, celle-ci se serait intégralement libérée par le payement de l'indemnité fixée par le jury, et maîtresse de cette parcelle, elle aurait pu en user avec la pleine liberté qui découle du droit de propriété. Mais nous supposons précisément qu'elle n'a pas pris cette voie, et qu'elle a préféré obtenir l'autorisation d'occuper temporairement les terrains qu'il s'agit de déblayer. Cette situation différente des parties crée des droits et des obligations différentes, et il ne faut pas s'étonner que le propriétaire non dépossédé ait des droits plus étendus, et l'État des obligations plus onéreuses que s'il y avait eu expropriation suivant les formes légales.

172. — Les dommages causés par l'occupation temporaire sont estimés par experts dans les formes prescrites par l'art. 56 de la loi du 16 sept. 1807, et l'indemnité est payée au propriétaire, avec les intérêts du jour où l'occupation a commencé.

173 — Il ne faut pas confondre l'occupation temporaire rendue nécessaire par l'exécution de travaux pu-

blics avec celle dont s'occupe la loi du 30 mars 1831, et qui est autorisée, en cas d'urgence, pour la construction des fortifications. Nous n'avons pas à faire ici le commentaire de cette loi, qui se rattache à une matière spéciale en dehors du sujet de notre traité. (Consult. sur la loi de 1831, M. Jousselin, *Serv. d'ut. publique*, t. 1, p. 141 et suiv.)

TITRE III

DES DOMMAGES CAUSÉS A LA PROPRIÉTÉ PAR L'EXÉCUTION DE TRAVAUX PUBLICS.

CHAPITRE PREMIER

DES TORTS ET DOMMAGES ET DE LEURS CARACTÈRES DISTINCTIFS.

174. — « Si le magistrat politique, a dit Montesquieu, veut faire quelque édifice public, quelque nouveau chemin, il faut qu'il indemnise : le public est à cet égard comme un particulier qui traite avec un particulier : c'est bien assez qu'il puisse contraindre un citoyen de lui vendre son héritage et qu'il lui ôte ce grand privilége, qu'il tient de la loi, de ne pouvoir être forcé d'aliéner son bien. » (*Esprit des lois*, liv. XXVI, chap. 15.)

Cette obligation d'indemniser n'existe pas seulement lorsque les particuliers sont obligés de céder leurs propriétés à l'État. Il suffit, pour qu'elle prenne naissance, qu'un dommage ait été causé à la propriété privée par suite de l'exécution de travaux publics.

« La société a incontestablement le droit de faire exécuter tous les ouvrages que commande l'intérêt public ; en agissant ainsi, elle use de la souveraineté qui lui est inhérente, et les particuliers doivent souffrir tous ces travaux sans pouvoir y mettre obstacle : voilà le droit social. Mais le droit des individus ne doit pas être sacrifié sans indemnité : la société, qui agit librement dans son droit, doit réparer les dommages qu'elle cause à chacun de ses membres par ses actes ; elle se meut librement, sans être arrêtée dans ses mouvements, mais la justice commande qu'elle indemnise ceux qu'elle lèse. » (Voy. M. Serrigny, *Quest. de droit administr.*)

175. — Aussi personne ne conteste aujourd'hui aux particuliers lésés par l'exécution des travaux publics le droit de réclamer et d'obtenir une indemnité. On admet universellement que les droits privés ne disparaissent pas entièrement devant l'intérêt général et que les sacrifices que celui-ci est en droit d'exiger de la propriété

ne peuvent jamais aller jusqu'à l'absorption intégrale et sans compensation des droits du propriétaire. En matière d'expropriation pour cause d'utilité publique, le principe du droit à l'indemnité a été écrit dans toutes nos constitutions politiques comme une des bases de l'ordre social, et des lois spéciales en ont organisé et facilité l'application. De même, lorsqu'il s'agit de ces atteintes au droit privé qui, sans opérer la transmission du fonds et sa réunion au domaine public, ont cependant pour conséquence d'altérer le droit dans son exercice ou dans son étendue, des lois nombreuses ont imposé à l'administration l'obligation de réparer le préjudice causé. Ainsi la loi du 28 pluviôse an VIII donne aux Conseils de préfecture le droit de prononcer sur les réclamations des particuliers qui se plaignent de torts et dommages procédant du fait personnel des entrepreneurs et du fait de l'administration ; les articles 48 et suiv. de la loi du 16 septembre 1807 s'occupent de l'indemnité due aux propriétaires pour occupation de terrains, suppression de moulins et usines, et autres dommages provenant de l'exécution des travaux de grande voirie et de travaux communaux. La loi du 21 avril 1810 contient quelques dispositions applicables au cas où des dommages sont causés par l'explorateur ou le concessionnaire au propriétaire de la surface, et consacre formellement le droit de ce dernier à une indemnité. De même, la loi du 15 avril 1829 sur la pêche fluviale (art. 3), la loi du 21 mai 1836 sur les chemins vicinaux (articles 17 et 18), la loi du 16 juin 1851 sur la constitution de la propriété en Algérie (art. 21), la loi du 22 juin 1854 sur l'établissement des magasins à poudre de la guerre et de la marine (art. 3), la loi du 20 juin 1854 sur le drainage, celle des 28 mai-5 juin 1858, relative à l'exécution des travaux destinés à mettre les villes à l'abri des inondations (art. 7), font encore, dans certains cas particuliers, l'application de ce principe essentiel de notre droit public. Ajoutons enfin que la jurisprudence du Conseil d'État le proclame chaque jour et que des décisions innombrables, émanées de cette haute juridiction aussi bien que des tribunaux civils, l'ont constaté et reconnu.

176. — Mais si le principe est certain, son application présente souvent des difficultés sérieuses, et ce n'est qu'après de longues hésitations que la jurisprudence est parvenue à se fixer sur un grand nombre de questions que la pratique a fait naître. Il a fallu bien des arrêts pour définir et caractériser les dommages qui donnent droit à une indemnité.

177. — On appelle dommage toute atteinte directe et matérielle portée à la propriété privée par suite de l'exécution de travaux publics, sans qu'il y ait incorporation au domaine public d'aucune fraction du sol.

178. — Ce dernier caractère est remarquable, en ce qu'il marque la limite, souvent fort difficile à reconnaître, qui sépare le dommage de l'expropriation. L'expropriation, en effet, consiste essentiellement dans l'incorporation forcée de la propriété privée au domaine public : l'idée d'expropriation emporte nécessairement celle de cession, de transmission de la propriété. « Le « projet de loi, disait M. Riboud lors de la discussion « de la loi de 1810, a pour but de concilier l'intérêt « général et l'intérêt particulier, lorsque la *remise* de « quelque propriété devient nécessaire pour l'utilité « publique, et d'établir des règles justes, d'après les- « quelles *sa cession* volontaire ou forcée doit être effec- « tuée. En ce dernier cas, il s'agit d'opérer envers l'ad- « ministration la transmission légale et authentique de « cette propriété, c'est-à-dire d'en exproprier celui au-

« quel elle appartient. » (Séance du Corps législatif du 8 mars 1810, Locré, t. IX, p. 744.)

M. Berlier, en présentant l'exposé des motifs dans la séance du premier mars, s'était exprimé en termes également clairs :

« Ce texte, disait-il, indique deux points véritable-
« ment fondamentaux en cette matière, l'un dans l'in-
« térêt de l'État qui peut se faire *céder* une propriété
« particulière ou communale quand l'utilité publique
« réclame *cette cession*, l'autre, dans l'intérêt des ci-
« toyens qui ne sauraient être *privés* de leurs propriétés
« sans qu'on les indemnise, ni contraints d'accéder à
« leur *dépossession* sans que la cause en ait été consa-
« crée par des formes légales... » (Locré, t. 9, p. 733.)

Telle est l'expropriation : elle n'existe qu'autant qu'il y a dépossession, changement de propriétaire. Mais, en dehors de l'expropriation, la propriété peut subir des atteintes graves : sans changer de mains, elle peut être altérée, diminuée et, pour dire le mot, endommagée. Sans qu'aucune transmission soit opérée, la possession peut être restreinte; elle peut même totalement dispa-raître. Aussi a-t-on fort exactement appelé dommage « la détérioration de la chose qui reste dans le domaine « du propriétaire. » (M. Trolley, *De la Hier. adm.*, t. 5, n° 2607.)

179. — C'est à ce caractère essentiel qu'il faut s'atta-cher pour discerner les cas de dommages des cas d'ex-propriation. A ce point de vue, il n'y a pas à se préoc-cuper du point de savoir si les formalités prescrites par les lois de la matière ont été accomplies. L'omission de ces formalités ne modifie pas le caractère de l'atteinte portée à la propriété et ne transforme pas en un simple dommage ce qui, au fond, constitue une dépossession du propriétaire. Lorsque le propriétaire ne peut plus

employer sa chose à aucun usage, lorsque les produits du sol et le sol lui-même sont absorbés par une occupation intégrale et définitive, on trouve là le caractère essentiel de l'expropriation. Sans doute, la dépossession subie par le propriétaire n'est alors que le résultat d'un abus, d'un empiétement illégal et arbitraire. Mais cet excès de pouvoir a des conséquences irrévocables : il consomme l'expropriation aussi énergiquement que l'accomplissement des formalités légales. (Voy. 26 avril 1860, *de Rastignac*, 361.)

Il y a aujourd'hui sur ce point un accord parfait entre la jurisprudence de la Cour de cassation et celle du Conseil d'État. La question s'est présentée plusieurs fois devant ces deux juridictions à l'occasion de la compétence. Si la dépossession du propriétaire, lorsqu'elle provient du fait de l'administration accompli en dehors des formalités légales, devait être considérée comme un dommage, il n'appartiendrait pas aux simples tribunaux ordinaires de fixer l'indemnité. On reconnaît unanimement, au contraire, l'incompétence de l'autorité administrative. C'est ce qui ressort, avec une clarté parfaite, des décisions que nous allons faire connaître.

Par suite des travaux de redressement exécutés sur la rivière de la Seille, la commission syndicale de Duffy s'empara de divers terrains appartenant au sieur Mignerot, et y fit creuser le nouveau lit de la rivière. Mignerot ayant formé, devant le tribunal de Lons-le-Saulnier, une demande en dommages-intérêts, la commission syndicale proposa un déclinatoire fondé sur ce qu'il s'agissait de dommages causés par l'exécution de travaux publics dont la connaissance appartenait à l'autorité administrative.

Cette exception, repoussée par les premiers juges, fut

accueillie par la cour de Besançon. Mais, sur le pourvoi, un arrêt de la Cour de cassation du 3 février 1851 décida « qu'aux termes des art. 1 et 2 de la loi du 3 mai 1841, l'expropriation pour cause d'utilité publique s'opère par autorité de justice et doit être prononcée par les tribunaux ; qu'il ne faut pas confondre avec les torts et dommages dont la loi du 28 pluviôse an VIII attribue l'appréciation à l'autorité administrative, ceux qui seraient la suite de l'occupation irrégulière d'un terrain sans l'accomplissement des formalités légales d'expropriation ; qu'en fait la demande en dommages-intérêts formée par le sieur Mignerot était appuyée sur l'occupation d'une partie de sa propriété par le tracé du nouveau lit de la Seille ;... que, de plus, il prétendait que l'envahissement de sa propriété avait eu lieu contrairement aux instructions spéciales données par le préfet ;... que, dans ces circonstances, et alors que le demandeur alléguait que l'occupation définitive de sa propriété avait eu lieu sans les formalités requises, l'arrêt attaqué, en décidant que les tribunaux ordinaires étaient incompétents pour connaître de la demande, a faussement appliqué l'art. 4 de la loi du 14 floréal an XI et violé les lois précitées... » — Cass., 3 févr. 1844. — S. V. 41, 1, 190.

180. — Le Conseil d'État a aussi décidé, maintes fois, que l'occupation à perpétuité de la propriété privée sans l'accomplissement des formalités requises constitue, non un dommage, mais une expropriation.

Pour l'exécution de travaux de curage et redressement de l'ancienne dérivation qui conduisait les eaux de la rivière d'Ars dans la rivière d'Oust, il fallut creuser à travers les propriétés du sieur Lemintier de Léhélec un canal de 14 mètres de large sur 200 mètres de long. Sur la demande en indemnité formée par le propriétaire devant le tribunal de Vannes, le tribunal se déclara compétent, et le préfet du Morbihan ayant élevé le conflit, le jugement fut maintenu par le Conseil d'État.

« Considérant, lit-on dans le décret, que l'action in-
« troduite par le sieur Lemintier de Léhélec devant le
« tribunal civil de Vannes n'a pas pour objet de contester
« l'arrêté pris par le préfet du Morbihan, le 3 janvier
« 1846, pour le curage de la rivière d'Ars, ni de mettre
« obstacle à son exécution ; qu'elle tend seulement à
« réclamer une indemnité à raison de l'établissement
« sur sa propriéte d'un canal en dehors du lit de la ri-
« vière ; considérant que les travaux qui ont donné lieu
« à la demande du sieur Lemintier de Léhélec consti-
« tuent une *occupation indéfinie de sa propriété*, et que,
« dès lors, aux termes des lois susvisées, il n'appartient
« qu'à l'autorité judiciaire de connaître de ladite de-
« mande... » (Conseil d'État, 16 mars 1848, *Lemintier
de Léhélec*, 128 ; 16 mars 1848, *de Pastoret*, 132.)

Voici une autre espèce. — Il existait dans le Rhône, au lieu dit la Roche de Glun (Drôme), un rocher formant îlot, et connu sous le nom de Rocher du Donjon.

Ce rocher, qui appartenait à un sieur Blachier-Re-
misange, gênait la navigation : l'administration des ponts et chaussées, le considérant à tort comme appartenant à l'État, en fit faire l'extraction.

Sur les réclamations du propriétaire, le Conseil de préfecture fixa l'indemnité à 1,000 fr. Puis le sieur Blachier se pourvut contre l'arrêté et en demanda l'annulation pour incompétence.

Ces conclusions furent accueillies par le Conseil d'État, qui décida que la destruction partielle du Rocher du Donjon constituait une expropriation, et non pas seulement un dommage, et que l'indemnité due au réclamant devait en conséquence être fixée par les tribunaux civils

(3 mai 1839, *Blachier*, 273; voy. encore 5 sept. 1836, *Ledos*, 452; 25 août 1841, *Boch*, 472; 1er fév. 1844, *Douche*, 43; 6 déc. 1844, *Gallas*, 619; 20 juin 1848, *Chevalier*, 401; 28 mai 1852, *veuve Ramière*, 196; 15 mars 1855, *id.*, 204.)

181. — Le principe admis par ces nombreux arrêts a été contredit par une décision du tribunal des conflits. Il s'agissait de savoir si la réunion au domaine public d'une propriété privée constitue un dommage ou une expropriation, lorsque cette réunion, opérée sans l'accomplissement d'aucune formalité, n'est pas prévue au moment de l'exécution des travaux, mais résulte de cette exécution elle-même.

Les sieurs Martin, Merrier et consorts prétendaient que l'établissement d'une digue construite sur la rive droite du Rhône avait eu pour résultat, en changeant la direction des courants, de rejeter les eaux sur la rive gauche, d'y causer des corrosions considérables et de réunir au lit de la rivière des parties assez importantes de leurs propriétés. — Ils réclamèrent une indemnité, et un débat s'étant élevé sur une question de compétence, le ministre soutint que les faits articulés n'avaient que le caractère de dommages. — « Il n'y a « expropriation, disait-il, que là où il y a prise de pos- « session d'un terrain au nom de l'État, pour l'exécution « d'un travail public, ce qui implique une mutation de « propriété. Sans doute le terrain enlevé au proprié- « taire riverain par les corrosions d'un fleuve ou d'une « rivière s'incorpore au lit de ce fleuve ou de la rivière « et devient une dépendance du domaine public; mais « le législateur n'a jamais entendu que cette déposses- « sion soufferte ainsi par le riverain fût une expro- « priation. Une semblable dépossession, conséquence « de l'action naturelle des eaux, n'entrait certainement

« pas dans les prévisions des législateurs du Code civil,
« lorsqu'ils disposaient que nul ne peut être contraint
« de céder sa propriété, si ce n'est pour cause d'utilité
« publique et moyennant une juste et préalable indem-
« nité. Le danger des corrosions est attaché à la qualité
« même de riverain : il est compensé par le bénéfice
« des alluvions. Les corrosions ne peuvent donc, en
« aucune manière, constituer une expropriation. Que
« si ces corrosions, au lieu d'être le résultat du jeu
« naturel des eaux, sont déterminées par une direction
« nouvelle imprimée aux courants par des travaux exé-
« cutés dans le lit de la rivière, elles peuvent engager
« la responsabilité de l'État, mais la cause qui les dé-
« termine ne change pas de nature ; c'est toujours un
« dommage que souffre le riverain, et non une expro-
« priation qu'il subit. »

Cette thèse eut la sanction du tribunal des conflits,
qui décida que « les dommages dont se plaignaient les
demandeurs, lors même qu'ils consisteraient *dans la
perte d'une partie de leur propriété*, ne constitueraient
pas une dépossession prévue au moment des travaux
et donnant lieu à l'expropriation réglée par la loi du
3 mai 1841. » (23 déc. 1850, *Martin, Merrier*, 973.)

182. — Cette décision nous paraît avoir perdu de
vue les principes les plus certains de la matière. Y a-t-il,
oui ou non, réunion d'une propriété privée ou d'une
fraction de cette propriété au domaine public ? Toute la
question est là. Que cette réunion ait lieu conformément au plan des ingénieurs et aux prévisions de l'administration, ou au contraire qu'elle soit imprévue ;
qu'elle ait lieu d'un seul coup ou successivement, par
dégradations presque insensibles, dans l'un et l'autre
cas, il y a changement de propriétaire et par conséquent expropriation. Il ne peut pas dépendre de la pré-

voyance ou de l'imprévoyance des hommes de l'art que
je sois exproprié ou que je n'éprouve qu'un dommage :
l'expropriation se reconnaît à des caractères qui lui
sont propres et que le fait de l'administration est im-
puissant à modifier. Ce n'est pas parce qu'au moment
des travaux les ingénieurs auront cru à tort qu'il ne
serait pas nécessaire de s'emparer en tout ou en partie
d'une propriété, que cette propriété n'aura pas changé
de maître, si en fait les travaux ont eu pour conséquence de réunir au domaine public ce qui auparavant en était indépendant. C'est le fait seul qu'il faut
considérer. Peu importe aussi que la prise de possession n'ait pas eu lieu d'un seul coup, mais par suite
de corrosions réitérées. L'alluvion, qui est un mode
d'acquisition de la propriété (art. 556 C. Nap.), n'est
pas autre chose qu'une augmentation par voie d'acces-
sion successive et presque insensible. Or, les corrosions
provenant de l'action des eaux sont précisément le contraire de l'alluvion, et conséquemment un mode particulier de dépossession, d'expropriation. Nous ne pouvons donc admettre la doctrine qui considère comme
un simple dommage la perte d'une portion de propriété, par cela seul que cette portion a été détachée
de l'ensemble successivement et non en une seule fois.
Quel que soit le mode d'acquisition du domaine, là où
il y a perte d'une propriété, il y a mutation, changement de propriétaire ; et si cette transmission n'a pas
été consentie librement, il y a expropriation. (Voy.
enc. 2 juill. 1851, *Firez*, 481 ; 30 déc. 1858, *de Novilars*, 784.)

183. — Mais si, au lieu d'être complétement incor-
porés au domaine public, les terrains occupés ou endommagés par les travaux sont encore susceptibles d'un
usage privé, il paraît certain qu'il n'y a pas expropria-

tion. Ici, en effet, la dépossession n'est par irrévocablement consommée. — Les dégradations ou les détériorations, même permanentes, de la propriété n'anéantissent pas le droit du propriétaire; quelque graves qu'on les suppose, elles ne l'empêchent pas de disposer du fonds; le *jus abutendi*, pour nous servir de l'expression de l'école, reste entier; la possession et la jouissance sont seules affectées. De pareilles atteintes constituent donc seulement des dommages.

Pendant longtemps la jurisprudence, s'attachant au caractère particulier qui distingue ces dommages, à leur permanence, les a assimilés à l'expropriation. — « La propriété, disait la Cour de cassation, est le droit de jouir « et de disposer des choses de la manière la plus ab- « solue (art. 544 C. Nap.), et nul ne peut être contraint « de céder sa propriété, si ce n'est pour cause d'utilité « publique et moyennant une juste et préalable indem- « nité. (Art. 545, C. civ.; art. 9 et 10 de la Charte.) « La jouissance est une portion essentielle de la pro- « priété; la modification ou l'altération permanente et « perpétuelle de la jouissance modifie ou altère évi- « demment la propriété; d'où résulte le droit du pro- « priétaire à une indemnité, comme s'il subissait une « expropriation réelle d'une partie du sol, nul sacrifice « de la propriété à l'intérêt public ne devant être gra- « tuit sans le consentement du propriétaire... » (Cass. rej. 30 avril 1838, *Com. des Moulins*, S. 38, 1. 456; voy. encore Lyon, 1er mars 1838, *Polaillon*, S. 39, 2. 470; Cass. rej. 23 avril 1838, *Préfet de l'Oise*, D. P. 38. 1; Colmar, 30 avril 1840, *Chemin de fer de Stras- bourg*, S. V. 41, 2. 211; Lyon, 9 décembre 1840, *Canal de Roanne à Dijon*, S. 40, 2. 257; Paris, 20 déc. 1841, *Préfet de la Seine*, J. du P. 42, 1, 64; id. 23 août 1842, *Com. de Courbevoie*, J. du P. 43, 1, 106; Rouen, 17 juillet 1843, *Brard*, D. P. 43, 2, 203; Aix, 17 juin 1845, *Ville de Draguignan*, J. du P. 46, 2, 296.)

Cette jurisprudence méconnaissait les véritables caractères de l'expropriation. En assimilant, par exemple, à une dépossession réelle et effective le dommage résultant de l'exhaussement du sol de la voie publique au-devant d'une maison (Cass. 30 avril 1838), ou de l'infiltration des eaux d'un canal de navigation à travers les propriétés riveraines (Lyon, 9 déc. 1840), sous le prétexte que ces dommages, au lieu d'être temporaires et variables, sont perpétuels et permanents, les tribunaux s'attachaient à une circonstance qui en elle-même n'a rien de décisif. Du moment en effet que le préjudice souffert, temporaire ou permanent, n'a pas pour effet une transmission du sol lui-même et la dépossession du propriétaire, il ne constitue qu'un dommage et non pas une expropriation. En disant que la modification permanente de la jouissance altère évidemment le droit de propriété, la Cour de cassation émettait une vérité incontestable; mais c'est une vérité non moins claire que les modifications, même temporaires, altèrent aussi le droit de propriété. C'est une question de plus ou de moins, voilà tout. A ce compte, toute espèce de dommages constituerait une expropriation.

Cette jurisprudence ne devait donc pas se maintenir. Avant 1840, le Conseil d'État s'était quelquefois prononcé sur cette question dans le même sens que les tribunaux civils : mais, à partir de cette époque, on le vit revendiquer avec une persistance qui devait aboutir à un triomphe définitif, tous les litiges où il s'agissait de dommages causés à la propriété par l'exécution des travaux publics, sans distinction entre les dommages temporaires et les dommages permanents. Il est inutile de rappeler ici les nombreuses décisions qui ont consacré cette règle, que le tribunal des conflits a proclamée définitivement dès 1850, et à laquelle la Cour de cassation s'est rattachée depuis. (Voy. T. des conflits : 29 mars 1850, *Thomassin* et *Besniard*, 321 ; 3 avril 1850, *Séjourné*, 324 ; 3 avril 1850, *Mallet*, 329 ; 21 déc. 1850, *Chevallier*, 964 ; 24 juillet 1851, *Pamard*, 521 ; cass. 29 mars 1852, *Préfet d'Alger*, S. V. 52, 1. 410 ; 10 août 1854, *Préfet du Puy-de-Dôme*, S. V. 55, 1. 141 ; Paris, 24 juillet 1857, *Chemin de fer de Lyon à Genève*, D. P. 58, 2. 214 ; Dalloz, v° *Trav. publics*, n°s 1167 et suiv.)

184. — En sera-t-il de même s'il s'agit, non pas seulement d'un dommage permanent, mais d'une servitude véritable imposée à une propriété privée ?

La création d'une servitude ou l'aggravation d'une servitude préexistante, n'entraînant pas la cession du fonds, rentrent dans la catégorie des dommages. Quelque considérable que soit la charge qui pèse désormais sur le fonds asservi, du moment que le fonds lui-même reste entre les mains du propriétaire, celui-ci ne peut pas se dire exproprié. Sans doute la gravité du préjudice doit être prise en considération pour la fixation de l'indemnité ; mais elle n'a aucune influence sur la nature même de l'atteinte portée à la propriété.

« Une servitude n'est pas une expropriation ; le « propriétaire du terrain n'est pas expulsé de sa pro- « priété, comme celui d'une maison dans le cas de « démolition : il est seulement gêné dans la faculté « qu'il pouvait exercer ou ne pas exercer de faire un « jour des constructions. » (Voy. M. Laferrière, *Cours de droit public et admin.*, t. 1er, p. 359 ; C. d'État, 21 déc. 1850, *Chevallier*, 964 ; 28 mai 1851, *Verelst*, 395.)

185. — Il n'est pas toujours facile de discerner l'éta-

blissement d'une simple servitude de l'occupation définitive de la propriété.

L'espèce suivante donne la mesure des difficultés que
présentent ces questions. (27 déc. 1860, *Letessier-De-
launay*, 824.)

La compagnie chargée de la construction du pont
tournant de la Penfeld, à Brest, avait été dans la nécessité, pour faciliter le mouvement des volées de ce pont,
de déraser à une hauteur de 12 mètres une maison située sur le quai Tourville et appartenant au sieur Salaun.

Quand il s'agit de régler l'indemnité due à ce propriétaire, des difficultés s'élevèrent sur la compétence.
La compagnie soutint que le dérasement de la maison,
ayant eu pour effet de détruire une portion de la toiture
et des combles, constituait sans doute une atteinte matérielle à la propriété du sieur Salaun, mais qu'on ne
pouvait y voir une expropriation dans le sens de la loi,
puisqu'il n'y avait pas eu cession, remise ou transmission d'une partie de cette propriété au domaine public,
mais simplement la création d'une servitude *altius non
tollendi*, n'emportant par elle seule ni aliénation, ni
démembrement.

D'un autre côté, le sieur Salaun opposait qu'il n'y
avait pas eu seulement création d'une servitude, mais
qu'il avait subi la perte d'une portion de sa propriété,
puisqu'un étage entier de sa maison avait été enlevé pour
faciliter l'exécution d'un travail d'utilité publique : il
invoquait en conséquence l'art. 50 de la loi du 3 mai
1841, aux termes duquel « les bâtiments, dont il est
nécessaire d'acquérir une portion pour cause d'utilité
publique, seront achetés en entier si les propriétaires le
requièrent. »

Cette demande fut accueillie par le Conseil d'État, qui

vit dans les faits de la cause le cas prévu par cet art. 50 : il se prononça en conséquence pour la compétence de l'autorité judiciaire, en déclarant en même temps que le sieur Salaun avait le droit d'exiger l'acquisition totale de son immeuble par l'administration. Mais on ne peut disconvenir qu'il y avait contre cette solution favorable à la propriété des objections sérieuses.

Et, en effet, le sieur Salaun se plaignait en réalité de deux préjudices fort distincts : 1° le dérasement de sa maison ; 2° la servitude *altius non tollendi*, qui lui avait été imposée pour faciliter le mouvement des volées du pont. Or, le dérasement avait bien pour effet la perte d'une portion de propriété : mais y trouvait-on cette condition essentielle en dehors de laquelle la perte d'une propriété ne constitue pas l'expropriation, c'est-à-dire une acquisition correspondante du domaine public? Le domaine public ne s'était pas augmenté des étages supérieurs de la maison du sieur Salaun; non, l'administration s'était bornée à les détruire, et à imposer sur la partie restante l'exercice d'une servitude fort onéreuse, sans doute, mais qui n'avait aucun des caractères essentiels de la dépossession. Ce n'était donc pas le cas d'invoquer les dispositions des art. 13, 14 et 50 de la loi du 3 mai 1841 qui s'appliquent à une autre hypothèse, celle où un bâtiment est détruit en partie et où le sol sur lequel reposait la partie détruite est réuni au domaine public.

186. — Nous déciderons, en vertu des mêmes principes, que l'établissement d'un passage à niveau sur un chemin qui se trouve par suite affecté au service d'une voie ferrée ne constitue pas une expropriation. La partie du chemin sur lequel passe le chemin de fer n'en conserve pas moins son caractère et sa destination. Le propriétaire ne subit aucune dépossession, et dans le cas où il

soutiendrait avoir droit à une indemnité pour le dommage résultant de l'établissement du chemin de fer, sa demande ne pourrait être appréciée que par l'autorité administrative. (1er mai 1858, *Com. de Pexiora*, 332.) Il n'est guère utile de remarquer après les explications que nous avons données ci-dessus que la solution serait toute contraire, si la partie du chemin occupée par la voie ferrée était incorporée aux autres propriétés de la compagnie et séparée de ses tronçons par des clôtures fixes. (15 mai 1859, *Dép. de la Gironde*, 372.) Ici, en effet, il y aurait dépossession partielle emportant expropriation.

187. — Ce que nous venons de dire de la création ou de l'aggravation d'une servitude passive s'applique également à la suppression d'un droit de servitude existant au profit d'une propriété privée. Là encore il n'y a pas expropriation, parce qu'il n'y a pas aliénation d'un immeuble, mais seulement anéantissement d'un simple service foncier. S'il y a perte d'un côté, de l'autre il n'y a pas acquisition, et si l'administration ou le concessionnaire mettent obstacle à l'exercice d'un droit réel, ce n'est pas pour se l'approprier réellement. Loin de vouloir exercer ce droit et prendre la place de l'ancien possesseur, ils ne s'en emparent que pour l'anéantir. En un mot, il y a extinction d'un droit, il n'y a pas mutation. Vainement on voudrait tirer un argument des art. 21 et suiv. de la loi du 3 mai 1844, sur l'expropriation pour cause d'utilité publique, qui règlent le mode de procéder à l'égard des possesseurs des droits fonciers sur les immeubles dont l'expropriation est poursuivie. Si, aux termes de ces articles, le jury qui fixe l'indemnité due au propriétaire fixe également celle que réclament les créanciers de servitudes, la mise en cause de ceux-ci et le règlement de l'indemnité qui

leur est due ne sont que des conséquences nécessaires de l'acquisition du domaine plein et absolu tel que l'exige l'utilité publique, et il ne s'ensuit nullement que le législateur de 1841 ait considéré la suppression de ces droits comme constituant une véritable expropriation. En un mot, la loi de 1841 n'a organisé l'expropriation des servitudes actives qu'accessoirement à l'expropriation de l'immeuble qui doit être livré à l'administration, pour l'exécution des travaux, purgé de tous droits immobiliers. (16 déc. 1850, d'*Espagnet*, 945.) Cela n'empêche nullement qu'en principe la suppression des servitudes ne constitue qu'un dommage. Le Conseil d'État décide, en conséquence, que si cette suppression a lieu, en dehors de l'expropriation du fonds servant, l'autorité administrative est seule compétente pour fixer l'indemnité due ; par exemple : 1° à des locataires pour la suppression des droits de jour et de passage qu'ils exerçaient sur une impasse (15 juin 1842, *Phalipau*, 301) ;

2° Au propriétaire voisin d'une digue à raison de l'exhaussement de cette digue grevée au profit de sa maison de la servitude *altius non tollendi* (17 mai 1844, *Labretonnière*, 276) ;

3° Au propriétaire d'une prairie à raison de la suppression d'un droit d'aqueduc et de prise d'eau par suite des travaux de rectification d'une route. (12 juin 1850, *Guillot*, 572. Voy. dans le même sens : 12 janv. 1823, *de Gourgues*, 20 ; 18 avril 1861, *Bourquin*, 287 ; *contrà*, 7 août 1843, *Blanc*, 413.)

188. — Le locataire qui se voit, par suite de l'exécution de travaux publics, privé de la jouissance des lieux qu'il occupe, n'éprouve aussi qu'un dommage. En admettant avec M. le premier président Troplong (*Du louage*, t. 1er, n° 5 et suiv.) et contrairement à la doc-

trine de la majorité des auteurs que le droit du preneur soit un droit réel, la perte de ce droit, pas plus que l'extinction d'une servitude, ne saurait, en aucun cas, constituer une expropriation. (7 fév. 1856, *Garnier*, 126 ; 20 juin 1861, *Degousse*, 537.)

189. — A plus forte raison, le trouble causé par l'exécution des travaux à la jouissance gratuite d'un terrain dépendant du domaine public n'a que le caractère de dommage. « Considérant qu'il résulte de l'instruction que la jouissance gratuite et révocable accordée par l'État à la ville de Luçon, d'une portion de digue dépendant du canal de Luçon dont la concession avait été adjugée pour quarante-quatre ans au sieur Daviaud, ne constitue pas une expropriation, mais un simple trouble dans sa jouissance pouvant donner droit à une indemnité en sa faveur ; que, dès lors, le Conseil de préfecture était compétent pour statuer sur la quotité du dommage causé audit sieur Daviaud et fixer le chiffre de l'indemnité à lui due... » (16 avril 1852, *Daviaud*, 108.)

190. — On a discuté longtemps sur le point de savoir si la suppression ou la diminution de la force motrice des moulins et usines situés sur les cours d'eau navigables ou non navigables doivent être rangées dans la catégorie des dommages.

M. le ministre des travaux publics présentait à ce sujet, en 1850, dans une affaire pendante au tribunal des conflits, les observations suivantes :

« ..... L'article 644 du Code civil, si souvent invo-
« qué à l'appui des prétentions des riverains, leur
« donne, il est vrai, le droit de se servir de l'eau cou-
« rante à son passage devant leurs héritages, mais en
« prescrivant de la rendre, à la sortie des fonds des
« usagers, à son cours ordinaire. Cet article semble

« même repousser toute idée de propriété exclusive
« attribuée aux riverains. Déjà, par un arrêt du 14 fé-
« vrier 1833, la Cour de cassation avait jugé que la
« pente des cours d'eau non navigables devait être ran-
« gée dans la classe des choses qui, suivant l'article 714
« du Code civil, n'appartiennent privativement à per-
« sonne, dont l'usage est commun à tous et réglé par
« les lois de police.

« Un arrêt, plus important encore, en date du
« 10 juin 1846, a complété cette doctrine en déclarant
« que le lit aussi bien que les eaux des cours d'eau non
« navigables ni flottables n'appartenaient pas aux pro-
« priétaires riverains, mais rentraient également dans
« la classe des choses communes, aux termes de l'ar-
« ticle 714 du Code civil.

« S'il en est ainsi, et si, comme je le pense, ces prin-
« cipes, basés sur la raison et sur une saine interpréta-
« tion de la loi, doivent être considérés comme in-
« contestables, il ne peut évidemment y avoir lieu à
« expropriation là où il ne peut y avoir transmission
« de propriété. Les chutes et fuites d'eau, utilisées par
« les propriétaires riverains en vertu, soit de titres
« émanés de l'administration, soit d'une possession
« ancienne, ne reposent, à proprement parler, que sur
« un droit d'usage éminemment précaire et subordonné
« en tout temps à la réglementation de l'administra-
« tion. On ne retrouve là aucun des caractères d'une
« propriété parfaite. Il ne s'agit pas de l'établissement
« industriel lui-même, avec lequel on doit se garder de
« confondre la chute d'eau qui constitue la force mo-
« trice. Cet établissement ne pourrait évidemment être
« exproprié, en tout ou en partie, qu'en vertu de la loi
« du 3 mai 1841. Mais il en est tout autrement de la
« force hydraulique, qui peut toujours être remplacée,

« soit par des moteurs animés, soit par des machines à
« vapeur. La privation de tout ou partie des eaux qui
« constituent cette force hydraulique cause sans doute
« un dommage à l'usinier, dommage dont il doit lui
« être tenu compte dans les termes de la loi du 16 sep-
« tembre 1807 ; mais il n'y a pas, dans ce cas, main-
« mise de la part de l'administration sur une chose ap-
« partenant privativement à un particulier ; il n'y a
« pas et ne peut y avoir transmission de propriété, et
« dès lors la loi du 3 mai 1841 ne peut recevoir son
« application. »

Ce système a prévalu dans la pratique ; on peut dire
qu'aujourd'hui la question est définitivement résolue.
De nombreuses décisions ont reconnu que, la pente
des cours d'eau n'étant pas susceptible de propriété
privée, la suppression totale ou partielle de la force
motrice résultant de l'emploi de cette pente ne constitue qu'un dommage. (Voy. 17 mai 1844, *Société des
moulins d'Albarèdes*, 278 ; 17 déc. 1847, *Pinon*, 689 ;
29 mars 1851, *Chevalier* et *Truchon*, 233 ; 13 août 1851,
Rouxel, 635 ; 28 mai 1852, *Ramière*, 196 ; 18 nov. 1852,
Magnier, 452 ; 27 août 1857, *Marchand*, 696 ; *id.
Bodinier*, 699 ; *id. Journeil*, 700 ; *id.* 27 août 1857,
Robo, 693 ; 15 mai 1858, *Dumont*, 377 ; *contrà* : Cass.,
21 mai 1855 ; *Dumont*, Dall. 55, 1, 319.) Il est nécessaire de citer *in extenso* le texte de l'un des décrets
en date du 17 août 1857, qui consacre cette doctrine de
la manière la plus nette et la plus explicite :

« Considérant que l'action intentée par les sieurs
Robo et Méhéreuc de Saint-Pierre contre l'État, devant
le tribunal civil de l'arrondissement de Napoléonville, a
pour but : 1° de faire reconnaître que les demandeurs
sont propriétaires des moulins vieux et neufs de Napoléonville, ensemble du canal d'amenée qui les ali-

mente, et aussi de la force motrice telle qu'elle existait avant l'arrêté du préfet, en date du 28 juillet 1855 ; 2° que, l'exécution de cet arrêté ayant pour résultat de réduire d'une manière permanente la force motrice, cette réduction constitue une expropriation à raison de laquelle il leur est dû une indemnité dont le règlement doit être fait dans les formes établies par la loi du 3 mai 1841 ;

« Considérant que, dans son mémoire en déclinatoire et dans son arrêté de conflit, le préfet a déclaré que l'administration ne contestait pas aux sieurs Robo et Méhéreuc de Saint-Pierre la propriété des moulins dont il s'agit, et que des décisions administratives ayant acquis l'autorité de la chose jugée ont reconnu que l'établissement de ces usines est légal ; que le préfet a seulement revendiqué pour l'autorité administrative le droit d'apprécier quels droits peuvent résulter de cette reconnaissance au profit des demandeurs contre l'État, et de régler l'indemnité qui pourrait leur être due ;

« Considérant qu'aux termes de l'art. 48 de la loi du 16 sept. 1807, lorsque pour l'ouverture d'une nouvelle navigation il est nécessaire de supprimer des moulins ou autres usines, de les déplacer, de les modifier ou de réduire l'élévation de leurs eaux, il y a lieu, préalablement à l'allocation d'une indemnité, d'examiner si l'établissement des moulins ou usines est légal ou si le titre d'établissement ne soumet pas les propriétaires à voir démolir leurs établissements sans indemnité, si l'utilité publique le requiert ; que, d'après l'art. 57 de la même loi, c'est le Conseil de préfecture qui est chargé de procéder à cet examen, et au cas où il est reconnu que l'établissement est légal, de régler l'indemnité ;

« Considérant que ces dispositions de la loi du 16 sept. 1807 n'ont été ni rapportées ni modifiées par les lois qui sont intervenues postérieurement pour régler la matière de l'expropriation pour cause d'utilité publique; que ces lois, notamment celle du 3 mai 1841, qui est aujourd'hui en vigueur, ne sont applicables qu'au cas où, par suite de l'exécution de travaux publics, il est nécessaire d'exproprier en tout ou en partie des terrains, bâtiments ou édifices; que si les autorités chargées de prononcer sur les demandes d'indemnités pour l'expropriation de ces immeubles sont aussi appelées à faire le règlement des indemnités qui peuvent être dues pour la privation des droits immobiliers existant sur lesdits terrains, bâtiments ou édifices, ce n'est qu'accessoirement et comme une conséquence nécessaire de l'acquisition du domaine plein et absolu tel que l'exige l'utilité publique ;

« Considérant que les droits que le propriétaire d'une usine peut avoir acquis à la jouissance de la force motrice ne sauraient le constituer propriétaire de la pente des eaux, qui n'est pas susceptible d'une appropriation privée, et de le faire assimiler au propriétaire d'un immeuble dans le sens de la loi du 3 mai 1841; qu'il suit de là que c'est avec raison que le préfet du Morbihan a revendiqué pour l'autorité administrative, aux termes de la loi du 16 sept. 1807, la connaissance de la demande formée contre l'État par les sieurs Robo et Méhéreuc de Saint-Pierre, devant le tribunal de l'arrondissement de Napoléonville ;.... Article 1er. Est confirmé l'arrêté de conflit pris le 1er juillet 1857, par le préfet du département du Morbihan..... » (27 août 1857, *Robo*, 693.)

191. — Les dommages causés par l'administration dans l'exécution des travaux publics n'ont aucun rapport avec ce qu'on appelle les servitudes d'utilité publique. Établies par des dispositions précises des lois et

des règlements, ces servitudes ont leur fondement dans la volonté manifeste du législateur. Les dommages, au contraire, résultent simplement des faits de l'administration ou de ses ayants cause. Aucune loi ne les autorise : celles qui les prévoient ont pris des dispositions pour en assurer la réparation ; aucune n'a déclaré qu'ils échapperaient à l'action privée.

Ainsi que Jousselin l'a fait remarquer, la distinction est essentielle sous le rapport du droit à l'indemnité et sous celui de la compétence. C'est une question très-controversée que de savoir si les servitudes d'utilité publique donnent droit à une indemnité, et par quels tribunaux elle doit être réglée. Il est, au contraire, de jurisprudence certaine que les dommages permanents comme les dommages temporaires doivent être réparés, et que c'est à l'autorité administrative qu'appartient le jugement des contestations qui s'élèvent à cet égard. (Voy. Jousselin, *Servitudes d'util. publ.*, t. 1er, p. 17.)

CHAPITRE II

QUELS DOMMAGES DONNENT DROIT A UNE INDEMNITÉ.

192. — Nous avons signalé les différences qui permettent de distinguer de l'expropriation les dommages causés par l'exécution des travaux publics. Il nous faut

rechercher maintenant quels sont les dommages qui donnent droit à une indemnité.

Il ne suffit pas qu'un dommage tel quel ait été causé à un particulier pour qu'il ait une action contre l'administration ou l'entrepreneur chargé des travaux. La règle posée par l'article 1382 du Code Napoléon n'est pas appliquée dans toute sa rigueur par la jurisprudence administrative. Des distinctions entre diverses classes de dommages ont été admises. L'étude de la jurisprudence présente, à ce sujet, un intérêt capital.

193. — Il n'y a pas à se préoccuper de la durée du dommage en ce qui touche le principe même du droit à l'indemnité; que le dommage soit temporaire ou permanent, peu importe quant au droit lui-même. La durée du dommage n'est prise en considération que pour la liquidation de l'indemnité.

La distinction des dommages temporaires et des dommages permanents a donné lieu à des débats nombreux pour le règlement de la compétence. Mais ces discussions sont aujourd'hui closes : nous en ferons plus loin l'historique, et nous les rappelons seulement ici pour constater qu'elles supposaient, dans l'un et l'autre cas, que le droit à l'indemnité était ouvert en principe.

194. — Une autre distinction a, au contraire, une importance extrême. Suivant une jurisprudence aujourd'hui constante, pour que l'indemnité soit due, il est nécessaire que les dommages affectent directement et matériellement la propriété.

Cette jurisprudence est ainsi justifiée par M. Serrigny:

« On comprend très-bien que la jurisprudence ne soumette l'administration qu'à la réparation des dommages *directs et matériels*, à raison des torts qu'elle occasionne aux individus par la confection des travaux publics. Les faits de ses agents, bien que qualifiés de quasi-

délits par la rubrique du chapitre sous lequel est placé
l'article 1382, sont des faits licites, puisque nous supposons que l'administration agit dans la limite des pouvoirs que lui donnent nos lois, en prenant des matériaux dans les propriétés privées, en foulant les récoltes,
ou en faisant les autres actes autorisés par la confection
des travaux publics. L'administration peut donc répondre à ceux qui se plaignent de ses actes : J'ai agi
légalement, sauf à vous indemniser. Le point d'inter-
section entre le droit social et le droit individuel n'est
que dans la mesure de l'indemnité à accorder, et l'on
conçoit que cette indemnité soit moins étendue que lorsqu'il s'agit de faire réparer par un particulier le dommage qu'il cause à un autre particulier. — Entre particuliers, celui qui cause du dommage à autrui par son
fait sort de la limite de son droit et empiète sur celui
de son voisin, et voilà pourquoi la loi appelle ces faits
extra-légaux du nom de *quasi-délit;* celui qui se le permet à l'encontre d'autrui s'oblige à réparer le dommage
qu'il cause, comme il le ferait s'il avait commis un délit.
Cela n'est point exact par rapport à l'administration.
Elle fait un acte permis, légal en soi, utile à la société,
obligatoire pour celui qui le souffre. On s'explique par
là comment la réparation du dommage causé ne porte
que sur les dommages directs et matériels. (Voy. *Quest.
de dr. adm.,* p. 618; M. Cotelle, t. 2, nᵒˢ 129 et suiv.;
M. Dufour, t. 7, nᵒ 324.)

195. — Il y a témérité sans doute à s'élever contre
une doctrine fortifiée par une pratique aussi ancienne
et aussi constante, et par l'adhésion de tant d'esprits
distingués. Cependant, après avoir longtemps médité
les motifs qui lui servent de base, nous sommes resté
convaincu qu'elle était contraire à la loi sainement en-
tendue non moins qu'à l'équité.

La loi, en effet, n'a consacré nulle part la formule sous laquelle elle se produit. Jamais le législateur n'a opposé aux dommages directs et matériels les dommages indirects et non matériels. La loi du 28 pluviôse an VIII parle simplement des dommages causés à la propriété privée, sans les spécifier, comme la loi du 16 septembre 1807, comme celle du 21 avril 1810, comme toutes les autres lois plus récentes promulguées cependant à des époques où la jurisprudence du Conseil d'État était depuis longtemp fondée. D'un autre côté, les articles 1382 et suiv. du Cod. Nap., qui ont formulé le principe de la responsabilité dans sa plus grande généralité, et dont les lois que nous venons de citer ne contiennent que des applications particulières, exigent la réparation du préjudice causé par le fait ou la faute de l'homme, sans distinction entre le dommage direct et le dommage indirect.

Le premier reproche que l'on peut adresser à la jurisprudence du Conseil d'État est donc d'être arbitraire, puisque, loin de reposer sur aucun texte précis, elle froisse tous ceux qui se sont occupés des dommages. Tous ces textes, nous le répétons, parlent simplement des « dommages, » sans autre qualification ni restriction, et fournissent ainsi une indication manifeste de la volonté du législateur d'étendre le droit à l'indemnité à tous les préjudices qui sont la conséquence de l'exécution des travaux publics.

Cette conclusion qui semble si naturelle est, en effet, conforme aux principes de notre droit public moderne. — Il n'y a pas de thèse plus fausse et plus erronée que celle qui prétend placer l'administration en face de la propriété privée, non pas seulement sur la même ligne, mais dans une situation exceptionnellement favorable. C'est tout le contraire qui est vrai. Loin de pouvoir invoquer des priviléges particuliers, l'administration, lorsqu'elle lèse des intérêts privés, est soumise à des obligations plus strictes.

Dans le conflit des droits et des intérêts individuels, il a fallu faire une part égale à celui qui souffre et à celui qui cause le dommage, et ce n'est que dans le cas où l'usage du droit dépasse les limites de la propriété sur laquelle il s'exerce, qu'il a paru nécessaire d'intervenir en faveur du voisin auquel un préjudice est causé. L'administration est tenue à plus d'égards et à plus de ménagements. Protectrice née des intérêts individuels, comment pourrait-elle y porter atteinte sans réparer le dommage qu'elle leur cause? On veut, à tout prix, la considérer comme propriétaire et étendre par assimilation sa liberté d'action jusqu'aux limites qui circonscrivent la sphère où peuvent agir les particuliers. L'erreur n'est-elle pas évidente? Quand l'administration exécute un travail d'utilité publique, lorsqu'elle creuse un canal, qu'elle construit un chemin de fer, qu'elle ouvre une voie nouvelle de communication, est-ce qu'elle agit dans un intérêt de propriété? Est-ce qu'elle travaille à l'amélioration de son domaine productif? Est-ce, en un mot, qu'elle fait acte de propriétaire? Pas le moins du monde. Elle représente l'intérêt général, collectif, l'intérêt de tout le monde, et si on en voulait conclure qu'elle jouit par là même d'une plus grande indépendance vis-à-vis de la propriété, on arriverait logiquement, en pressant les conséquences du raisonnement, à justifier l'expropriation sans indemnité, c'est-à-dire l'absorption de l'intérêt privé dans l'intérêt général.

Or ce n'est pas ainsi que la loi a procédé, quand elle a eu à faire connaître sa volonté; un grand principe a été déposé dans toutes nos constitutions depuis soixante-dix ans, c'est le principe de la réparation due à la propriété forcée de s'absorber dans le domaine public, et ce principe, comment le voyons-nous appliqué par le jury? Tient-on compte seulement au propriétaire dépossédé de la valeur sèche de la partie de son fonds qui lui est enlevée? Le jury ne fait-il pas au contraire la part de la dépréciation, soit matérielle, soit indirecte, que ce fonds subit? Le jury ne prend-il pas en considération, quand il s'agit d'évaluer l'indemnité, tous les préjudices qui sont la conséquence de l'expropriation, soit qu'ils en résultent immédiatement, soit, au contraire, qu'ils n'en soient que la suite éloignée? Or, à cet égard, le doute n'est pas possible, et l'interprétation large de la loi est depuis longtemps passée en jurisprudence.

Comment donc en serait-il autrement, lorsqu'il s'agit de la réparation des dommages causés en dehors de toute expropriation? Pourquoi ce qui est admis ici serait-il repoussé là comme contraire aux principes de notre droit public? Une semblable inégalité est choquante : et elle disparaîtra le jour où l'administration, se pénétrant de ses véritables devoirs, respectera dans la propriété privée soumise à de si lourdes charges la source la plus réelle et la plus sûre de la prospérité publique.

Nous en avons dit assez, nous l'espérons au moins, pour faire comprendre notre pensée et indiquer la voie où nous voudrions voir entrer la jurisprudence. Il est pénible de penser que ces magnifiques travaux d'utilité publique, monuments splendides du génie industriel nouveau, qui enrichissent ceux qui les créent, qui les exploitent ou qui les utilisent, peuvent causer la ruine de particuliers qui ne les ont ni désirés ni demandés, et qui n'en profitent que dans la mesure générale. Quelque grande que puisse être la prédominance de l'intérêt général sur l'intérêt privé, c'est exagérer son importance

et méconnaître les principes élémentaires de toute administration sage et éclairée, que de sacrifier au bien public, dans certains cas particuliers, sans compensation
légitime, une fraction même minime des fortunes privées. En procédant ainsi, l'administration peut réaliser
quelques économies : mais elles sont chèrement payées,
si l'on songe au trouble qui en résulte pour les intérêts
méconnus et froissés. La fortune publique ne se compose
en réalité que des fortunes particulières, et plus celles-ci
sont respectées, plus l'État lui-même est fort et puissant. La véritable économie pour un État bien organisé
est donc de payer tout ce qu'il prend et de réparer tous
les dommages qu'il cause. En pareille matière les sub-
tilités juridiques ne sont point de mise : elles peuvent
servir à couvrir l'injustice d'un voile ; mais ce voile est
transparent et il n'empêche personne de la reconnaître
et de la sentir.

196. — Nous avons montré en quoi la jurisprudence
du Conseil d'État s'écarte des véritables principes ; il est
temps d'abandonner les hauteurs de la spéculation et de
revenir à l'étude de la pratique actuelle. C'est ici que
devrait se placer une définition des dommages directs et
matériels dans le sens que le Conseil d'État donne à ces
expressions. Mais nous avouons qu'après beaucoup d'efforts il nous a paru impossible de faire rentrer dans cette
formule un grand nombre d'espèces jugées dans ces derniers temps, et nous avons conclu de là que le Conseil
d'État, tout en proclamant bien haut la nécessité de la
double condition à laquelle il attache le droit à une indemnité, est assez disposé à y faire les infractions que
l'équité réclame trop impérieusement. En présence de
cette incertitude dans les décisions et des infidélités de
la jurisprudence, le mieux, nous le croyons, est de faire
connaître les espèces et d'indiquer les cas dans lesquels

le Conseil croit juste d'accorder une indemnité et ceux où il croit au contraire convenable de la refuser. Ce sera le meilleur moyen d'éclairer le lecteur, qui avait besoin de solutions pratiques.

197. — Le Conseil d'État considère comme directs et matériels les dommages résultant :

1° De l'infiltration des eaux dans les caves d'une maison, infiltration provenant du mauvais état d'entretien des aqueducs existant sous la voie publique (25 janv. 1855, *Ville d'Amiens*, 70; 15 mai 1856, *Id.*, 366; 10 déc. 1857, *Breuillier*, 806), ou résultant de travaux de pavage (5 janv. 1860, *Turban*, 15);

2° De l'exhaussement ou de l'abaissement du niveau d'une route, au-devant d'une maison (15 mars 1844, *Scalabre*, 155; 3 nov. 1853, *Delattre*, 928; et *infrà*, n°s 224 et suiv.);

3° De la diminution des facilités d'accès (28 juill. 1852, *Com. de Maule*, 328; et *infrà*, n°s 226 et suiv.);

4° De l'accumulation des eaux pluviales ou naturelles devant une propriété (11 mai 1854, *Comp. du chemin de fer du Nord*, 426);

5° De l'inondation d'une propriété par les eaux d'un cours d'eau (2 juil. 1851, *Fizes*, 481; 22 fév. 1855, *de Massol*, 178; 4 juin 1857, *Com. d'Osne-le-Val*, 458);

6° De la dépréciation des produits d'un étang par suite de la dérivation d'une rivière (17 nov. 1824, *Vigne*);

7° De la corrosion des rives d'un fleuve par suite de la direction imprimée aux courants par des travaux exécutés dans l'intérêt de la navigation (23 déc. 1850, *Martin Merrier*, 973);

8° De la suppression ou de la diminution de la force motrice des usines ayant une existence légale (32 août 1845, *Rambaud*, 449; 22 juin 1850, *id.*, 607; 16 nov. 1850, *Moulins de Moissac*, 823 et *suprà*, n° 190);

9° Du chômage des usines (6 fév. 1831, *Brun*, 72;
3 juin 1831, *Magniez*, 218; 6 janvier 1853, *Leblanc-Daveau*, 57, etc., etc.);

10° Des glissements et de l'éboulement de terrains
sur des fonds inférieurs (29 mars 1860, H*iers* *Hager-mann*, 278; 16 février 1860, *Debains*, 133).

Nous arrêtons cette énumération, que nous aurions
pu faire beaucoup plus longue. Elle suffit pour faire
ressortir le caractère essentiel à l'existence duquel le
Conseil d'État subordonne le droit à l'indemnité, c'est-
à-dire l'atteinte directe et matérielle portée à la propriété par l'exécution des travaux. Examinons maintenant de près quelques difficultés.

198. — Des exemples que nous venons de citer, il résulte que les divers dommages, que le Conseil d'État a
considérés comme directs et matériels, consistaient dans
une détérioration ou une diminution de la substance
même de la propriété : la matérialité du dommage était
apparente. Quelquefois ce caractère ne se montre pas
avec autant de netteté et d'évidence. On s'est demandé, par exemple, si la privation d'air et de jour
résultant, pour une maison, de l'exécution de travaux
publics et changeant ses conditions d'habitation et de
salubrité, constitue un dommage direct et matériel.

On a dit, pour la négative, qu'en pareil cas, la propriété n'est pas matériellement affectée. Aucune de ses
parties n'est détériorée ou diminuée; elle subit seulement une simple dépréciation.

C'est là, croyons-nous, méconnaître la pensée qui
inspire la jurisprudence. L'air et la lumière sont des
éléments essentiels de la propriété : priver une maison du jour qui l'éclaire, changer les conditions de salubrité et d'habitation dans lesquelles elle se trouvait avant
les travaux, ce n'est pas seulement la déprécier (ce qui

suffirait d'ailleurs) c'est la détériorer matériellement en lui enlevant une partie de ce qui la constitue réellement.

Le Conseil d'État s'est prononcé plusieurs fois en ce sens dans des espèces qu'il importe de faire connaître.

199. — En 1857, la compagnie du chemin de fer de Lyon se pourvut devant le Conseil d'État contre un arrêté par lequel le Conseil de préfecture de l'Isère l'avait condamnée à payer au sieur Joseph, propriétaire d'une maison sise à Vienne, une indemnité de 2,000 fr. en raison des dommages qu'avait causés à cette maison la construction du chemin de fer.

En fait, un pont biais avait été construit pour le passage du chemin de fer sur la route impériale n° 7, à une distance de 3 mètres 50 centimètres d'un côté, et de 8 mètres de l'autre, de la maison appartenant au sieur Joseph. Ce pont était de niveau au deuxième étage de la maison.

La Compagnie soutenait que, la maison n'ayant pas été attaquée par les travaux, le dommage dont se plaignait le propriétaire n'était ni direct, ni matériel. Mais le Conseil d'État rejeta le pourvoi en déclarant « qu'il « résultait de l'instruction que la construction du pont « avait eu pour objet de changer les conditions de salu- « brité et d'habitation de ladite maison en la privant « de jour et d'air, et lui avait ainsi causé un dommage « direct et matériel. » (10 déc. 1857, *Comp. du chemin de fer de Lyon*, 804; voy. enc. 30 mars 1854, *Phalipau*, 257; 3 juillet 1861, *Delbert*, 583.)

200. — Une autre affaire, jugée par le Conseil d'État en 1856, présente l'application de la même règle. Il s'agissait de savoir si les émanations insalubres et incommodes provenant d'un établissement public pouvaient donner lieu à une demande d'indemnité de la part d'un propriétaire voisin.

Un arrêté du 30 juin 1855, rendu par le Conseil de préfecture de la Seine, avait condamné l'État à payer au sieur Péan de Saint-Gilles, propriétaire d'une maison sise à Paris, rue de Babylone, une somme de 4,000 fr., à raison des dommages que ce propriétaire avait éprouvés, et qui provenaient des émanations des latrines de la caserne située rue de Babylone.

Le ministre de la guerre se pourvut contre cet arrêté.

« L'État, disait-il, a la faculté d'établir des casernes « partout où cela lui paraît nécessaire pour le main- « tien de l'ordre public ; des latrines sont un acces- « soire obligé d'une caserne. Il en est des inconvénients « que peuvent présenter les latrines d'une caserne, « comme de tous les autres inconvénients du même « genre qui peuvent être produits par les odeurs de « cuisine, par le bruit du tambour et des manœuvres. « Juger le contraire, ce serait introduire une juris- « prudence menaçante pour les intérêts généraux de « l'ordre le plus élevé ; ce serait indirectement pros- « crire les casernes de l'intérieur des villes ; ce serait « en proscrire également les hôpitaux, les prisons, tous « les établissements publics occupés, comme les ca- « sernes, par une population nombreuse. »

Ces raisons ne devaient pas triompher : le Conseil d'État confirma l'arrêt qui lui était déféré. (18 août 1856, *Min. de la guerre*, 552.)

« Les émanations qui vicient l'air nous paraissent, « a dit avec raison M. Lebon (Note sur l'arrêt), comme « les infiltrations qui vicient l'eau, causer un dom- « mage matériel. Se borner à exiger des casernes l'ob- « servation des règlements généraux de police relatifs « à la salubrité publique, ce ne serait pas donner aux « propriétés voisines une garantie suffisante ; car on

« comprend que les règlemens généraux, rédigés en
« vue des maisons particulières, sont insuffisants à l'é-
« gard d'établissements où une masse d'hommes se
« trouve agglomérée. » (Cons. enc. : 8 mars 1855, *Ville de Paris*, 187.)

201. — La dépréciation, c'est-à-dire la diminution de valeur subie par une propriété, bien que ne constituant pas une détérioration physique, a été assimilée par la jurisprudence aux dommages matériels. M. Demolombe s'est prononcé en ce sens dans une matière qui présente, avec l'exécution des travaux publics une analogie certaine. Il émet l'opinion qu'une indemnité est due aux voisins d'un établissement insalubre ou incommode, dûment autorisé, non pas seulement pour le dommage matériel, c'est-à-dire pour celui qui consiste dans une détérioration directe de la propriété, mais qu'elle « pourrait être aussi, suivant les cas, accordée pour le dommage que l'on a appelé *moral* ou d'*opinion*, c'est-à-dire pour la dépréciation de valeur vénale ou locative que les fonds voisins auraient subie. » (Voy. Traité des servit., n° 654.)

Le Conseil d'État a reconnu également, par exemple, que si l'exhaussement du sol d'une route a eu pour effet de rendre impossible l'accès d'une maison riveraine, le propriétaire doit être indemnisé non-seulement des dépenses à faire pour rétablir cet accès, mais encore de la diminution de valeur qui subsiste après le rétablissement des communications.

Par suite de travaux de relèvement exécutés pour mettre le niveau de la route impériale de Roubaix à Turcoing au niveau du chemin de fer de Lille à la frontière de Belgique, le seuil d'une maison appartenant au sieur Scalabre se trouva d'un mètre et demi environ au-dessous du nouveau pavé.

Une indemnité était due. Mais que devait-elle comprendre ? L'administration était-elle tenue seulement de rendre au sieur Scalabre le jour et l'issue sur la voie publique, ou devait-on lui tenir compte, en outre, de la dépréciation de la propriété subsistant après le rétablissement de l'accès ? — On disait, dans l'intérêt de l'État :

« Lorsque l'administration, par suite de travaux de relèvement ou d'abaissement qu'elle exécute sur les chemins publics, apporte quelque dépréciation dans la valeur des héritages qui bordent les chemins, elle est absolument dans le même cas qu'un propriétaire qui, en élevant sur son terrain, en face de l'habitation de son voisin, un mur d'une plus ou moins grande hauteur, enlève à celui-ci la vue dont il jouissait. Évidemment cette construction a causé un dommage réel à sa propriété et en a diminué la valeur ; mais l'on n'a jamais prétendu qu'il y ait lieu à indemnité, sauf le cas de servitude résultant de stipulation contraire.

« Les mêmes principes doivent trouver leur application, en ce qui concerne les travaux que l'administration a exécutés sur les chemins publics. Ces chemins, en effet, ne peuvent être grevés de servitudes ; dès lors, les propriétaires ne peuvent réclamer aucune indemnité *pour la dépréciation* causée à leurs héritages par les travaux de la nature de ceux dont je viens de parler.

« Maintenant..... si nous nous reportons aux faits de la cause, nous voyons que le tort actuel effectif que les travaux de relèvement de la route de Roubaix à Turcoing ont causé à la maison de ce particulier consiste dans la privation de certains jours, de l'issue sur la voie publique et dans le non-écoulement des eaux. — Eh bien, pour lui rendre ces divers avantages, il suffit d'établir une rue basse de deux mètres de largeur dont la dépense ne coûtera pas plus de 500 francs. — Quant au surplus, le préjudice qu'éprouve le sieur Scalabre ne consiste que dans la moindre facilité d'accès sur la voie publique et dans la diminution du jour qui lui arrive, c'est-à-dire qu'il ne s'agit plus que d'une dépréciation, et, comme je l'ai déjà dit, les indemnités de dépréciation, dans les circonstances semblables à celles dont il s'agit, ne sont pas dues à l'État. »

Mais ces considérations ne prévalurent pas, et le Conseil d'État accorda au propriétaire une indemnité qui comprenait, outre la somme nécessaire au rétablissement de l'accès, une indemnité de dépréciation. (15 mars 1844, *Scalabre*, 155.)

202. — Autre exemple : Le Conseil de préfecture de la Marne avait condamné la commune de Damnery à payer au sieur Munier-Perrotin, propriétaire d'une maison et d'une cour longeant le chemin vicinal de Damnery à Cumières 1° une somme de 665 fr. 14 c., montant de divers travaux à exécuter pour rétablir les communications entre le chemin et l'enclos du sieur Munier, et exhausser un mur ; 2° celle de 2,000 fr., à titre d'indemnité pour *dépréciation permanente ;* 3° celle de 200 fr. pour dommages temporaires résultant de ce qu'en 1849, par le fait de la commune, les eaux avaient envahi la propriété du sieur Munier. La commune se pourvut contre cet arrêté. Elle soutint qu'en principe aucune indemnité n'était due à titre de dépréciation : mais ses efforts n'aboutirent qu'à une réduction du chiffre fixé par le Conseil de préfecture. (16 fév. 1854, *Com. de Damnery*, 107.)

Enfin, un arrêt du 14 juillet 1858 (*Compagnie du chemin de fer du Midi*, 523) a consacré définitivement cette jurisprudence. Il est conçu en ces termes : « Considérant « qu'il résulte de l'instruction qu'une somme de 5,000 fr. « est suffisante pour indemniser le sieur Luc des dom-

« mages résultant de l'occupation temporaire de son
« terrain par la compagnie du chemin de fer du Midi
« et les *dépréciations de toute nature* dont, par suite de
« cette occupation, sa propriété a été atteinte. » (Cons.
enc. : 28 déc, 1849, *Wartelle*, 718; 30 mars 1854, *ville
de Saint-Quentin*, 256; 30 juill. 1857, *Laugée*, 625.
Voy. enc. 15 déc. 1851, *Blain Maugis*, 751.)

203. — Le dommage n'est pas direct seulement lorsque la propriété est détériorée au moment de l'exécution
des travaux et par le fait même de l'exécution. Il suffit
que le dommage en soit une conséquence certaine, et
qu'il se produise, soit au moment de la construction des
ouvrages, soit après leur achèvement, comme un résultat nécessaire et inévitable. En un mot, pour établir le
droit à la réparation du préjudice causé, il faut s'attacher
surtout à la relation de cause à effet. L'existence des travaux est-elle la cause indubitable du préjudice souffert,
l'indemnité est due.

204. — La jurisprudence a pendant longtemps suivi
une marche contraire à ces idées.

Le 14 déc. 1836, le Conseil d'État avait à résoudre la
question de savoir si l'on doit considérer comme indirect le dommage résultant, pour les propriétés riveraines
d'un fleuve, de l'envahissement des eaux de la mer occasionné par des travaux exécutés en dehors de ces propriétés. Cette question se présentait dans les circonstances suivantes :

La rivière de la Somme avait été détournée de son
cours et jetée dans le canal de Saint-Valéry. La mer, en
s'emparant du lit resté à sec, inonda les propriétés riveraines.

Les propriétaires réclamèrent une indemnité. Ils soutinrent que, sans méconnaître à l'État le droit de détourner les rivières dans l'intérêt public, ils devaient

obtenir la réparation du préjudice causé par la suppression de l'obstacle naturel apporté par le cours du fleuve à l'envahissement des eaux de la mer; ils invoquèrent particulièrement la disposition de l'art. 640 du Code Napoléon, aux termes duquel ni le propriétaire inférieur, ni le propriétaire supérieur ne peuvent rien faire qui nuise à leur jouissance respective. Il fallait donc que l'État se soumît à la charge qui lui était naturellement imposée par la nature même de sa propriété. Autrement, c'était le cas d'appliquer l'art. 1383, qui protége ceux qui éprouvent un préjudice par suite de la négligence d'autrui : or l'État était en faute; avant d'exécuter en une seule nuit le détournement de la Somme, de ne pas avoir prévenu les riverains, afin que ceux-ci prissent les précautions nécessaires pour garantir leurs propriétés contre l'envahissement des flots de la mer.

L'État répondait qu'il n'avait fait qu'user de son droit de propriété, et que d'ailleurs il s'agissait d'un dommage indirect dont il ne pouvait être déclaré responsable sans rendre désormais impossible la plupart des travaux d'utilité publique.

Le Conseil d'État consacra ce système. (14 déc. 1836, *Delattre*, 536.) Il repoussa la demande des propriétaires dont les terrains avaient été submergés, et son arrêt devint la base d'une jurisprudence qui exigeait, pour que le dommage pût servir de fondement à une action en indemnité, qu'il se fût produit au moment même de l'exécution des travaux et non pas seulement comme la conséquence, même inévitable, de l'existence des ouvrages. (Voy. 5 déc. 1837, *Coulon*, 526; 27 août 1839, *Danjou*, 489; 15 avril 1842, *Rougane*, 236.)

205. — Cette jurisprudence ne devait pas se maintenir. Ainsi le Conseil d'État a reconnu le caractère de dommage direct au renversement d'une digue construite

par un particulier et à l'inondation qui en était résultée, bien que les travaux eussent été exécutés dans le lit
même de la rivière, en dehors de la propriété du réclamant, et que le dommage ne se fût produit qu'après
l'achèvement des travaux. (14 juin 1852, *Delbert*, 237.)
Ainsi encore, il a considéré comme direct le dommage
résultant de la diminution de solidité d'un mur, encore
bien que les travaux n'eussent pas directement atteint
ce mur. (19 janv. 1850, *Com. de Chigny*, 65.) Ainsi encore, le Conseil d'État a considéré comme donnant droit
à une indemnité le dommage résultant pour une propriété des travaux de rectification d'une route, par suite
desquels la servitude d'écoulement des eaux des fonds
supérieurs sur la propriété du réclamant se trouvait considérablement aggravée. (9 février 1854, *Boutillié*, 96.)

Citons enfin un décret du 14 juin 1855 (*Paccard*, 425),
dont les motifs ne laissent pas de doute sur la pensée du
Conseil. Une indemnité fut accordée au réclamant.
« Attendu qu'il résultait de l'instruction que les bar-
« rages submersibles construits en 1847 dans le bras su-
« périeur du Doubs qui longe un des côtés de l'île Cons-
« tantin, pour reporter la navigation dans le deuxième
« bras de la rivière, ont eu pour effet, en provoquant des
« atterrissements en amont de la rivière, d'accroître
« d'une manière considérable et subite la corrosion de la
« berge de l'île qui borde le deuxième bras du Doubs et de
« rendre plus difficile et plus onéreuse la défense de cette
« partie de la propriété contre l'action des eaux…» (Voy.
aussi, 20 avril 1848, *Roumieu*, 170.) Dans ces diverses
affaires, le dommage n'avait pas été causé au moment
même de l'exécution ; il n'en avait été que la conséquence, mais la conséquence certaine ét non hypothétique. Cette condition a paru suffisante au Conseil d'État
pour justifier la demande en principe.

206. — D'après le droit commun, il ne faut pas seulement, pour donner ouverture à l'action en indemnité, que le fait soit dommageable : il doit, de plus, être illicite, suivant la règle : *Nullus videtur dolo facere qui suo jure utitur*, ou suivant cette autre maxime : *Nemo damnum facit, nisi qui id facit quod facere jus non habet.* (L. 151, *Dig. de reg. juris.*) L'exercice normal et régulier du droit, quelques conséquences dommageables qu'il puisse avoir pour autrui, ne peut jamais engager la responsabilité de celui qui agit ; car il est dans la nature du droit de pouvoir s'exercer à l'encontre de tout le monde, et au préjudice de droits rivaux et d'intérêts contraires. Tout propriétaire, étant maître chez lui, peut donc y exécuter tous les travaux qu'il lui plaît de faire, sans que le voisin auquel il porte préjudice puisse se plaindre.

La loi romaine faisait de ce principe l'application suivante : « In domo mea puteum aperio, quo aperto venæ « putei tui præcisæ sunt; an tenear? ait Trebatius, non « teneri me damni infecti; neque enim existimari ope- « ris mei vitio damnum tibi dari in eâ re, in quâ jure « meo usus sum. (L 24, § 12, *Dig.*, De damn. infec.) Cette décision de la loi romaine a reçu à diverses reprises la sanction des tribunaux civils, qui décident qu'aucune indemnité n'est due lorsque les travaux exécutés par un particulier ont pour conséquence soit de troubler, soit de changer la direction des eaux qui alimentent le puits de son voisin. (Cons. Cass. 29 nov. 1830, *Com. de Fagnon;* 15 janv. 1835, *Com. de Fargence;* 19 janv. 1837, *Richard*, Dal. Rép., v° Servitudes, n° 118, où ces arrêts sont cités.) Le Conseil d'État s'est également prononcé en ce sens en matière de travaux publics. (Voy. 14 déc. 1853, *Hudelot*, 1069; 16 août 1860, *Comp. du chemin de fer d'Orléans*, 672.)

207. — D'autres arrêts, s'inspirant des mêmes idées, ont encore décidé qu'il n'est pas dû d'indemnité pour la diminution de la force motrice d'une usine, lorsqu'il n'a pas été fait une prise d'eau dans le canal d'amenée ou dans le bief de l'usine, et lorsque cette diminution doit être attribuée uniquement à un vice occulte du sol que l'on ne pouvait prévoir.

Les héritiers Klein, propriétaires d'un moulin sur le ruisseau de la Steigmul, ont réclamé à l'État des dommages-intérêts pour la diminution de force motrice résultant de ce que, par suite de la construction du canal du Rhône au Rhin, les eaux du ruisseau venaient s'y perdre en s'infiltrant à travers les terres.

Devant le Conseil d'État, le ministre des travaux publics présenta les observations suivantes :

« Si l'établissement du canal avait intercepté des
« cours d'eau ou ruisseaux qui se rendraient dans le bief
« de l'usine, le propriétaire de cet établissement pour-
« rait élever de justes plaintes ; mais il n'en est point
« ainsi : aucun ruisseau, aucun cours d'eau apparent
« n'a été ni coupé ni dévié par les travaux de la branche
« d'Huningue, tout au plus pourrait-on prétendre que
« quelque déviation a été occasionnée dans la marche
« des eaux ; mais ce résultat, fût-il aussi bien établi
« qu'il est d'ailleurs incertain, serait parfaitement ana-
« logue à celui où l'ouverture d'un puits diminue les
« eaux d'un puits voisin, circonstance qui, d'après la
« jurisprudence constante des tribunaux civils, ne peut
« donner lieu à aucune indemnité.

« L'administration ne doit pas être traitée plus défa-
« vorablement que les particuliers, et puisque, dans
« les circonstances analogues, la juridiction des tribu-
« naux civils n'admet aucune indemnité, je dois récla-
« mer les mêmes droits pour l'État. »

Le Conseil d'État fit droit à ces observations, et décida que du moment qu'il n'avait été fait pour le canal aucune prise d'eau, soit au bief du moulin, soit au cours d'eau alimentaire, et en admettant même que le bief eût perdu, par filtration, une partie de ses eaux pendant la construction du canal, ce dommage, qui résultait uniquement de la nature perméable du sol, ne pouvait donner lieu à l'indemnité. (20 juillet 1836, *Hér. Klein*, 365.)

Après les développements auxquels nous nous sommes livrés (*suprà*, n° 195), nous n'avons pas besoin de dire que nous considérons ces décisions comme erronées. Dans notre opinion, tout préjudice causé par l'exécution des travaux publics doit être réparé, parce qu'il nous est impossible d'assimiler l'administration qui fait exécuter un travail d'utilité publique à un propriétaire qui, dans l'exercice normal et régulier de son droit, cause un préjudice à ses voisins. Nous n'insistons pas sur cette thèse, dont nous avons suffisamment indiqué les motifs.

208. — Dans tous les cas (et ne dût-on faire aucune distinction entre les obligations des particuliers et celles de l'État), l'exercice du droit cesse d'être légitime et régulier, il cesse d'être licite, lorsque, dans l'accomplissement des actes qu'il est permis de faire, une faute ou une imprudence est commise. Ainsi l'ouverture d'un puits à une distance interdite par les règlements, ou l'omission des règles de l'art dans l'exécution des ouvrages, cause du dommage, engagent la responsabilité de l'administration. La faute commise dans l'exercice du droit suffit pour légitimer l'action en réparation. C'est ce qui a été jugé par le Conseil d'État le 20 déc. 1854. (*Minist. de la guerre*, 772.)

Il résultait de l'instruction que les latrines établies en 1850 dans la caserne du Palais des papes, à Avignon,

avaient donné lieu à des infiltrations qui avaient altéré
et corrompu les eaux des puits des propriétés voisines,
au point de les rendre impropres à aucun usage. Le
conseil décida que le préjudice, résultant du vice de
construction des latrines, devait être réparé par l'État.

209. — Aucune indemnité n'est due lorsque l'instruction établit que les dommages ont pour cause un
événement de force majeure. C'est là un principe de
droit commun dont l'application dans notre matière ne
peut faire l'objet d'aucune difficulté.

La propriété du sieur Rodet ayant été inondée par
suite d'une crue d'eau, ce propriétaire réclama de l'É-
tat une indemnité, parce que, suivant lui, la crue des
eaux était due à la construction d'un pont et d'une route
nouvelle : mais les rapports des ingénieurs établirent
que la crue dont le sieur Rodet avait souffert avait été
produite par une trombe qui avait ravagé une portion
du département de la Loire.

En conséquence, sa demande d'indemnité fut rejetée
par le Conseil d'État, par ce motif que « le dommage
« dont se plaignait le sieur Rodet était le résultat de cir-
« constances de force majeure et dont les conséquences
« ne pouvaient tomber à la charge de l'État. » (17 janv.
1838, *Rodet*, 35; 30 mars 1846, *Chasseigneux*, 212;
23 mars 1853, *de Contades*, 402 ; 17 av. 1856, *Com. de
Rémilly*, 315.)

Autre espèce. — Le sieur Leconte, entrepreneur des
travaux de construction du bassin à flot de Granville,
avait été autorisé par des arrêtés de l'administration
municipale de cette ville, en date du 3 août 1847 et
15 mai 1849, à établir, sur une portion déterminée
de la grève, un chantier où il déposait les pierres de
taille qui lui étaient nécessaires pour l'exécution de
son entreprise. Le ministre de la marine, par une dé-

cision rendue le 1ᵉʳ mars 1853, en assignant au dépôt de ses matériaux des limites plus restreintes, lui avait en même temps accordé un délai de deux mois pour enlever les pierres restant au delà de ces nouvelles limites. Mais, avant l'expiration de ce délai, le bateau de pêche l'*Actif* fut jeté à la côte par une tempête, à la suite de la rupture de ses chaînes, et se brisa sur les pierres de taille. Dans ces circonstances, le conseil décida que le dommage éprouvé par ce navire ne pouvait être attribué qu'à un cas de force majeure, dont le sieur Leconte n'était pas responsable, et il annula, en conséquence, l'arrêté du Conseil de préfecture de la Manche qui l'avait condamné à payer une indemnité aux propriétaires du bâtiment. (11 juin 1855, *Leconte*, 424.)

210. — Mais, pour que les conséquences de la force majeure ne retombent pas à la charge de l'administration, il est essentiel qu'elle n'ait pas été précédée ou accompagnée d'un fait ou d'une faute sans lesquels le dommage ne se serait pas produit ou aurait eu des résultats moins désastreux.

« A peine, a dit un auteur, avons-nous besoin de faire remarquer que, nul n'étant responsable des accidents fortuits et de la force majeure, on ne peut considérer les faits de cette nature comme constituant des délits ou des quasi-délits. Cependant, s'ils avaient été précédés de quelque acte qui en eût préparé, facilité ou provoqué l'événement, celui qui l'aurait commis serait légalement obligé de réparer le dommage. Sa responsabilité serait également engagée dans la mesure du préjudice causé, si le cas fortuit ou de force majeure avait été précédé, accompagné ou suivi de quelque acte de sa part qui en aurait déterminé ou aggravé les conséquences dommageables. » (M. Laroumbière, *Traité des oblig.*, t. 5, p. 703.)

Cette règle a été plusieurs fois appliquée par le Conseil d'État.

A la suite d'un orage survenu le 3 juin 1853, les approvisionnements d'un four à chaux, établi par le sieur Groley dans un pré voisin du canal de Bourgogne, furent emportés par le débordement des eaux d'une rigole dépendant de ce canal. Le sieur Groley réclama la réparation de ce préjudice, et une indemnité lui fut allouée parce qu'il fut établi par l'expertise que l'inondation n'était pas seulement le résultat de la force majeure, mais qu'elle devait être d'abord attribuée à l'état de la rigole formant dépendance du canal. (25 av. 1856, *Groley*, 304 ; voy. aussi 3 sept. 1844, *Martin*, 566 ; 9 février 1854, *Boutillié*, 96 ; 20 juin 1859, *Deleveau*, 52 ; 4 juil. 1860, *Comp. des chemins de fer du Midi*, 530).

211. — Enfin, si une indemnité n'est pas due lorsque le dommage est le résultat direct et immédiat de la force majeure, il en est tout autrement lorsqu'il provient de l'exécution de travaux nécessités par un événement de cette nature. Ainsi, on a considéré avec raison que le chômage d'une usine causé par l'exécution de travaux exécutés sur un canal de navigation pour la réparation des avaries occasionnées à ce canal par un débordement, donne droit à une indemnité. (29 nov. 1851, *Comp. de la navigation du Drot*, 709.)

212. — Lorsque le dommage est dû à l'imprévoyance et à la faute du propriétaire, il n'y a pas lieu de lui allouer une indemnité. *Quod quis ex culpâ suâ damnum sentit non intelligitur damnum sentire*, disait la loi romaine. Ainsi, pendant l'exécution de travaux qui ont pour but l'abaissement d'une rue, un propriétaire riverain exhausse un mur joignant cette voie ; la surcharge, faite à un moment inopportun, entraîne la

ruine du mur. L'administration sera-t-elle responsable? Non certainement, puisque le dommage provient d'une imprudence à laquelle elle est totalement étrangère.

Le Conseil d'État a fait l'application de cette règle dans une espèce remarquable.

Le sieur Simon vendit à l'État, le 18 mai 1840, les terrains nécessaires pour la construction de l'écluse d'embouchure de l'Isac, dans la Vilaine, au port de Redon.

Il n'ignorait pas les travaux que l'État devait exécuter. Néanmoins, postérieurement à la vente, il fit construire une maison sur un sol d'une mobilité extrême, à proximité de l'endroit où l'écluse d'embouchure devait être établie. Par suite des affouillements nécessaires à la fondation de cette écluse, la maison fut ébranlée et sa solidité compromise. Le sieur Simon réclama une indemnité, qui lui fut refusée successivement par le Conseil de préfecture et le Conseil d'État. On considéra qu'il devait s'imputer le préjudice dont il se plaignait. *Volenti non fit injuria.* (7 décembre 1847, *Simon*, 677 ; 30 nov. 1854, *Mignot*, 919.)

243. — La suppression d'un avantage purement précaire ne donne pas droit à une indemnité. Il faut qu'il y ait atteinte à un droit acquis. (12 janv. 1860, *Babaud-Laribière*, 28.)

214. — A plus forte raison en est-il ainsi, lorsque le dommage dont se plaint le réclamant constitue un retour à l'état ancien des lieux changé par suite d'une contravention aux lois et règlements.

« Considérant que la demande d'une indemnité formée par le sieur Boutillié est motivée sur ce que la digue et le barrage établis par l'État le long de sa propriété, pour l'exécution du canal du Nivernais, auraient occasionné la submersion d'atterrissements qui font partie de cette propriété ;

« Considérant qu'il résulte de l'instruction, et notamment du plan dressé par les ingénieurs le 18 mars 1828, lors de la construction de la digue et du barrage sus-énoncés, qu'à la place des atterrissements aujourd'hui submergés, existaient des brasseaux de la rivière d'Yonne qui divisaient la propriété du sieur Boutillié en plusieurs îlots ; qu'il suit de là que ces atterrissements n'ont été formés que postérieurement à l'exécution des ouvrages élevés par l'administration, à l'abri desquels ils ont pu être facilement créés ; que, dès lors, le sieur Boutillié n'est pas fondé à demander une indemnité pour la submersion, par suite de la construction de la digue et du barrage sus-mentionnés, des atterrissements qui n'existaient pas, lorsque la digue et le barrage ont été construits, et que la présence des eaux sur ces atterrissements n'est qu'un retour à l'état ancien et naturel des lieux... » (19 avril 1860, *Boutillié*, 340.)

215. — Les dommages doivent être *actuels* ; aucune action n'est ouverte pour la réparation des dommages purement éventuels ; car il est possible, d'une part, que le dommage prévu ne se réalise pas, et, d'un autre côté, lorsque le dommage n'est pas actuellement réalisé, il est difficile, sinon absolument impossible, d'évaluer d'une manière exacte le chiffre de l'indemnité.

Premier exemple. — Le sieur Denailly s'était pourvu devant le Conseil d'Etat contre un arrêté du Conseil de préfecture de la Seine, qui avait omis de statuer sur un des chefs de sa demande, tendant à ce que la ville de Paris fût condamnée à le tenir indemne et à le garantir de toutes réclamations des locataires de sa maison atteinte par l'exécution de travaux de voirie. Mais le Conseil rejeta ce pourvoi et décida que du moment que le propriétaire ne justifiait d'aucune condamnation à des dommages-intérêts prononcée contre lui au profit de ses locataires, il n'était pas recevable à demander que la ville fût tenue de le garantir pour l'avenir et avant que des condamnations de cette nature ne fussent intervenues. (1er fév. 1855, *Denailly*, 95.)

Deuxième exemple. — Le Conseil de préfecture de la Seine avait condamné l'État à payer au sieur Péan de Saint-Gilles la somme de 4,000 fr. à titre d'indemnité à raison des dommages causés à sa propriété par les émanations des latrines de la caserne située rue de Babylone, et en outre celle de 2,000 fr. par année, *tant que la cessation des dommages n'aurait pas été régulièrement constatée.*

Le ministre de la guerre se pourvut contre l'arrêté, et il fut décidé qu'il n'y avait pas lieu de condamner dès à présent l'État à payer une indemnité pour un dommage non encore éprouvé et incertain dans l'avenir, sauf le droit du réclamant, en cas de préjudice persistant, d'exercer, s'il s'y croyait fondé, une action nouvelle. (18 août 1856, *Min. de la guerre*, 532.)

Troisième exemple. — Le sieur de Galliffet réclamait une indemnité à raison des dommages causés à sa propriété d'Entressens par les travaux de construction du chemin de fer de Marseille à Avignon, et par l'inondation qui en avait été le résultat.

Il demandait, en outre, que le Conseil, prenant en considération la période décennale qui devait s'écouler avant que l'état normal des eaux et de la production des terres endommagées fût revenu, lui accordât à titre d'indemnité du préjudice qui en devait résulter la somme de 11,500 fr. Mais cette demande fut repoussée : le Conseil d'État déclara dans les termes les plus formels que le sieur de Galliffet *n'était pas recevable* à réclamer une indemnité pour réparation d'un préjudice qu'il n'avait pas encore éprouvé. (28 juillet 1853, *de Galliffet*, 828.

Voy. aussi 22 nov. 1851, *Canal de la Sambre à l'Oise*, 697.)

216. — Toutefois, le principe consacré par ces arrêts n'est pas absolu, et il doit souffrir exception dans certains cas. Il ne faut pas perdre de vue, en effet, les motifs qui l'ont fait introduire. C'est une difficulté pratique d'appréciation plutôt que l'absence de droit qui rend non recevable l'action en indemnité relative à des dommages à venir. Ainsi, dans les espèces ci-dessus, on remarque que le préjudice dont se plaignaient les réclamants, était soumis à une condition tout à fait éventuelle; dans l'affaire Denailly, par exemple, il dépendait des locataires de demander ou non des dommages-intérêts pour privation de jouissance. Or, cette condition pouvait très-bien ne pas se réaliser.

Mais si au lieu d'un dommage purement éventuel il s'agissait d'un dommage inévitable, bien que non encore éprouvé; et si, d'un autre côté, il était facile d'apprécier l'étendue de ce dommage au moyen de la constatation du préjudice antérieur, il n'y aurait nul obstacle à ce que l'indemnité fût fixée une fois pour toutes.

C'est ce que le Conseil d'Etat a décidé dans l'espèce suivante. Le sieur Laporte de Belviala se plaignait de dommages causés à ses propriétés par les infiltrations du canal latéral à la Garonne. Les infiltrations remontaient à 1844; les dommages qui en avaient été la conséquence avient été régulièrement constatés et avaient donné lieu au payement d'indemnités annuelles depuis 1844 jusques et y compris l'année 1850. A partir de ce moment les dommages s'étaient périodiquement renouvelés jusqu'en 1855, époque à laquelle le Conseil d'Etat fut saisi des réclamations du sieur de Belviala, et il paraissait certain qu'ils se reproduiraient encore de la même manière dans les années suivantes. Le réclamant demandait que l'Etat fût tenu de régler annuellement, comme pour les années antérieures à 1850, les dommages régulièrement constatés ; l'Etat voulait au contraire se libérer au moyen d'une indemnité comprenant la valeur totale de la dépréciation provenant des dommages que les propriétés avaient soufferts et de ceux auxquels elles étaient exposées.

Le Conseil d'État adopta ce système et décida que, bien que les dommages fussent variables de leur nature et appréciables chaque année par les pertes de récoltes qui en résultaient, l'État ne pouvait être soumis à l'obligation de les régler annuellement, et qu'il était au contraire recevable à se libérer par une indemnité une fois payée, s'il était possible de déterminer la valeur totale de la dépréciation qui résultait pour la propriété du sieur de Belviala, des dommages soufferts et de ceux auxquels elle était exposée ; qu'en fait cette évaluation était facile, et que dès lors il y avait lieu de fixer la somme que l'État devait payer une fois pour toutes à titre d'indemnité. (22 fév. 1855, *Laporte de Belviala*, 176; voy. enc. 21 juin 1855, *Roussille*, 444 ; 12 janvier 1860, *Chemin de fer du Midi*, 28.) — Il est bien évident que dans les mêmes circonstances un propriétaire aurait le droit de faire fixer en bloc l'indemnité à laquelle il pourrait prétendre. (Voy. les arrêts ci-dessus, et M. Dufour, t. 4, n° 526, qui exprime la même opinion à propos du chômage périodique des usines.)

217. — Par cela même que les tribunaux administratifs ne peuvent pas, en principe, accorder des indemnités pour les dommages futurs, leurs décisions, en s'appliquant aux dommages nés et actuels, ne font nul obstacle aux droits à venir du réclamant ; toute disposition qui aurait pour objet d'entraver ces droits devrait être considérée comme un excès de pouvoir.

Un arrêté du Conseil de préfecture de la Nièvre, du 30 avril 1846, en fixant la somme due au sieur Deschamps, pour pertes de récoltes et dépréciation de sa propriété, déclarait qu'au moyen de cette indemnité, *il ne pourrait, à l'avenir, réclamer aucune indemnité, de quelque nature qu'elle pût être.* Cette disposition de l'arrêté était exorbitante. Le payement de l'indemnité ne pouvait préjudicier aux droits du sieur Deschamps, au cas où il surviendrait des causes de dommages nouvelles et autres que celles pour lesquelles l'indemnité lui avait été accordée. C'est ce que décida le Conseil d'État. (9 janv. 1849, *Deschamps*, 27.)

218. — Enfin, il ne faut pas confondre avec les dommages éventuels les frais faits pour les prévenir. Que, par exemple, un propriétaire construise une digue, afin d'éviter une inondation imminente ; qu'il fasse reprendre en sous-œuvre des murs que les travaux auront ébranlés en les déchaussant, les frais auxquels donnent lieu ces précautions commandées par la prudence doivent être remboursés par l'administration.

Les époux Monlun avaient fait étayer leur maison en suite d'une sommation signifiée au nom de l'administration, et en vue de prévenir les dommages qu'auraient pu leur occasionner les travaux exécutés par l'État pour la construction d'une des tourelles à feu du port de La Rochelle. Ils réclamèrent le remboursement des frais d'étayement. Mais l'État se refusa à les payer, et soutint que, d'après l'ancienne coutume de Paris, il était d'usage que celui qui veut démolir signifie ses intentions à ses voisins, afin que ceux-ci prennent, à leurs frais, les mesures que la prudence conseille. On ajoutait que l'État n'avait fait qu'user de son droit en assurant la solidité des constructions qu'il édifiait, que les travaux exécutés n'avaient causé aucun préjudice direct et matériel aux propriétés voisines, et qu'enfin, par la sommation extrajudiciaire faite à sa requête, il n'avait imposé aucune obligation, les propriétaires restant libres de ne pas étayer, s'ils le jugeaient convenable.

Ces raisons ne devaient pas triompher, car il est bien certain que si, faute d'étayement, les propriétés voisines avaient été endommagées, l'État n'eût pas manqué de se faire une arme contre les réclamations qui se seraient produites du défaut d'obéissance à la sommation.

Il était donc juste de tenir compte aux propriétaires des frais faits pour éviter un dommage dont les ingénieurs redoutaient et prévoyaient la réalisation. (18 fév. 1854, *Monlun*, 145.)

219. — Les dommages causés aux personnes, comme les dommages causés à la propriété, donnent droit à une indemnité. C'est ce qu'exprime assez exactement le mot « torts » dont se sert la loi du 28 pluviôse an VIII. « Les *torts*, dit M. Ducrocq, se réfèrent aux préjudices corporels causés aux personnes, et ce mot permet au conseil de préfecture l'application de l'article 1384 du C. Nap. contre l'entrepreneur. » (Voy. Cours de droit administratif, p. 84.)

Il a été jugé, en ce sens, que lorsqu'une compagnie concessionnaire a négligé de faire exécuter les travaux qui devaient procurer l'écoulement des eaux réunies dans des chambres d'emprunt situées à proximité des habitations, et lorsque la stagnation des eaux donne naissance à des maladies dont les habitants voisins subissent les atteintes, le préjudice qu'ils éprouvent constitue un dommage direct et matériel de nature à donner ouverture à l'action en indemnité. (29 mars 1855, *Compagnie du chemin de fer d'Avignon*, 258; 4 av. 1861, *Ayme*, 249.)

De même, l'ouvrier qui, dans l'exécution d'un travail intéressant une commune, a été blessé, sans imprudence de sa part, est fondé à réclamer de la commune,
outre le remboursement des frais faits pour sa guérison,
des dommages-intérêts à raison tant des souffrances par
lui éprouvées, que de l'incapacité de travail occasionnée
par ses blessures et des conséquences préjudiciables auxquelles il est exposé pour l'avenir. (11 mai 1854, *Rougier;* Voy. aussi 10 décembre 1839, *Lœmlé,* 593;
4 fév. 1858, *Maugeant,* 121.)

220. — Enfin, le dommage causé par les personnes
employées à l'exécution des travaux donne droit à une
indemnité comme celui qui résulte de l'exécution elle-
même.

Ainsi le Conseil d'État a jugé qu'une compagnie concessionnaire est responsable des dommages commis par
ses ouvriers en dehors même des travaux auxquels ils
sont préposés, par exemple, des dégâts causés sur une
propriété voisine de leurs chantiers et sur laquelle ils
n'ont pas droit de séjourner.

Le ministre présentait à ce sujet les observations ci-
après :

« La compagnie soutient que sa responsabilité doit
être limitée aux actes commis par ses ouvriers dans le
cours de leur travail ; elle conclut que si, dans l'espèce,
les ouvriers ont cru devoir, pour leur commodité personnelle et au même titre que de simples ouvriers, traverser une propriété, c'est là un fait qui est entièrement
personnel à chacun d'entre eux et pour lequel elle ne
saurait être tenue à réparation. Cette distinction paraît
conforme au droit commun ; mais une compagnie de
chemin de fer ne saurait être assimilée à un simple
particulier, et en tant que substituée à l'administratration pour l'entretien d'un travail d'utilité publique,

elle est tenue de prendre toutes les mesures nécessaires pour empêcher que l'agglomération des nombreux ouvriers qu'elle emploie, ne soit une cause de
dommage pour les propriétés riveraines de la voie de
fer.

« En un mot, une compagnie de chemins de fer a la
police de ses chantiers ; elle est donc responsable de ceux
des dégâts commis par ses ouvriers, qu'une surveillance
ordinaire de sa part aurait pu prévenir.

« Dans l'espèce, il eût suffi d'un ordre de service portant que les ouvriers qui seraient pris en contravention
subiraient une retenue sur leur salaire. » (13 déc. 1855,
Chemin de Lyon à la Méditerranée, 726; voy. enc. 19
oct. 1825, *Magne*, 602 ; 22 nov. 1826, *Daverton*, 728 ;
M. Dufour, *De l'Expropriat.*, n° 266.)

221. — Ajoutons, en terminant, que le dommage
causé à la propriété mobilière aussi bien que le dommage causé aux immeubles est de nature à justifier les
réclamations du propriétaire quand le préjudice éprouvé
réunit les conditions essentielles auxquelles le droit à
l'indemnité est subordonné. (14 mai 1858, *Develenne*,
365.)

TITRE IV

DES DOMMAGES RÉSULTANT DE TRAVAUX EXÉCUTÉS SUR LES VOIES PUBLIQUES.

---

222. — Les travaux exécutés sur la voie publique sont la source la plus fréquente de dommages. L'abaissement ou l'exhaussement du sol, l'établissement de conduites d'eau ou de gaz, la construction de trottoirs, etc., donnent lieu à de nombreuses réclamations.

On a contesté aux riverains le droit de réclamer la réparation des dommages qu'ils éprouvent pendant l'exécution de ces travaux. L'État, les départements ou les communes sont maîtres, a-t-on dit, de faire sur les voies publiques qui leur appartiennent, les changements qu'ils jugent convenables. Du moment que l'administration, agissant comme propriétaire, respecte ses limites, est-ce que les travaux qu'elle exécute peuvent être le prétexte d'une action en dommages-intérêts? Il n'y a pas de raisons pour la traiter moins favorablement que les particuliers. Or, s'il plaît à un particulier de faire, sur la limite de son terrain, des travaux qui ont pour résultat de nuire à ses voisins, en obstruant leurs jours, en diminuant même la solidité de leurs murs de clôture, ceux-ci n'ont pas le droit de réclamer des indemnités. Pourquoi donc l'administration, dont la liberté d'action doit être plus grande (l'intérêt public le veut ainsi), serait-elle soumise à une responsabilité plus lourde?

Ce système n'a pas prévalu. On reconnaît généralement en principe le droit des riverains.

« L'administration et les particuliers, a dit très-justement M. Sourdat, ne sont pas, l'un envers l'autre, « dans le même état d'indépendance que les particuliers

« entre eux. Les intérêts généraux dominent toujours
« les rapports qui les unissent.

« Ces intérêts leur imposent des obligations corréla-
« tives et réciproques. Ainsi les propriétés riveraines
« d'une voie publique sont grevées de charges spéciales
« à raison du pavage, du balayage, de l'alignement. D'un
« autre côté, si la loi ne leur accorde positivement au-
« cune servitude sur la voie publique, l'établissement de
« celle-ci a créé pour elles des attentes respectables, un
« état de choses que l'administration est engagée, jus-
« qu'à un certain point, à maintenir. Il importe à la sé-
« curité de la circulation et à l'embellissement de la cité
« que des établissements utiles se forment le long de la
« voie publique. Il faut donc présenter aux constructeurs
« et aux propriétaires quelques garanties contre des évé-
« nements qui viendraient ruiner toutes leurs espéran-
« ces... Il faut donc aller plus loin que ne l'exigeraient
« les règles du pur droit privé, et reconnaître que cer-
« taines atteintes à la propriété donnent droit à des in-
« demnités, même dans la matière qui nous occupe. »
(Consult. Proudhon, *Tr. du dom. public*, t. 1er, nos 370 et
suiv.; Curasson *Des act. posses.*, p. 208 et 214; Cass.
11 fév. 1828; *Fragny*, D. P., 28. 1. 124; Orléans,
30 juillet, 1861, *Heurteau, Gazette des tribun.* du 16 septembre 1861.)

223. — La jurisprudence du Conseil d'État est aujour-
d'hui bien arrêtée sur ce principe, dont nous allons
étudier les plus fréquentes applications, en ne perdant
pas de vue la distinction consacrée entre les dommages
directs et matériels et les dommages indirects.

224. — Lorsque l'exécution des travaux a pour résultat de diminuer la solidité des maisons qui bordent la voie
publique, le dommage est direct et matériel : ce point
n'est pas douteux. Ainsi, lorsque, par suite de l'abaisse-

ment du sol, les fondations d'une maison sont déchaussées, il y a lieu à la réparation du préjudice causé. De même, dans le cas où la voie est exhaussée, si l'accumulation des terres compromet la solidité des murs, le propriétaire a droit à une indemnité. (19 janv. 1850, *Com. de Chigny*, 65 ; 26 juillet 1854, *de Montessuy*, 717.)

225. — Mais là ne se borne pas la responsabilité de l'administration. Il arrive souvent que, par suite des travaux, des jours soient obstrués, que des accès soient interrompus, que des eaux pénètrent par infiltration dans les maisons riveraines. Ces divers dommages peuvent-ils servir de base à l'action en indemnité?

Un arrêté du Conseil de préfecture de l'Isère, du 7 septembre 1844, en nommant des experts pour l'appréciation des dommages qui avaient pu être causés à la maison de la dame Giraud, par suite de l'abaissement d'une rue à Grenoble, avait jugé en principe que les dommages occasionnés par l'abaissement du sol de la voie publique ne doivent être considérés comme directs et matériels que lorsqu'ils portent atteinte à la solidité des maisons riveraines, et il avait, par suite, limité à l'appréciation des dommages de cette nature le mandat des experts par lui désignés.

Cet arrêté, deféré au Conseil d'État, fut annulé dans cette disposition. Le Conseil reconnut que le système des premiers juges renfermait le droit à l'indemnité dans des limites trop étroites ; qu'admettre ce droit dans le cas seulement où les travaux diminuent ou compromettent la solidité d'une maison, c'est omettre une foule d'autres dommages directs et matériels que l'administration doit réparer. (31 mars 1848, *Giraud*, 150.) — En cela, il n'a fait que poser en thèse un principe qu'il avait appliqué dans de nombreuses espèces. Nous en ferons connaître quelques-unes.

226. — Il nous paraît certain, par exemple, que la suppression ou la diminution des facilités d'accès à une propriété constitue un dommage direct et matériel. L'accès, en effet, n'est pas seulement un avantage extérieur dont, à la rigueur, une propriété puisse se passer : l'accès est de nécessité absolue et constitue une dépendance essentielle de la propriété : c'est la propriété dans un de ses éléments indispensables. Supprimer l'accès ou le rendre plus difficile, c'est donc, en réalité, détériorer la propriété elle-même dans une de ses parties intégrantes.

Sans doute l'État, les départements et les communes sont maîtres de la voie publique : ils peuvent y faire toutes les modifications qui sont jugées utiles, et les riverains ne peuvent se plaindre lorsque les travaux leur enlèvent seulement des avantages purement éventuels du moment qu'on leur réserve un accès facile et sûr. Mais cette condition est indispensable ; et quand elle ne se rencontre pas, leur droit à une indemnité n'est pas contestable.

« Par cela seul, a dit Proudhon, qu'un terrain est une place publique, les propriétaires qui veulent construire des édifices sur les bords ne sont assujettis à aucune obligation autre que celle d'obtenir leur alignement de la part de l'administration qui dispose en matière de voirie ; et par l'assignation de cet alignement, ils acquièrent nécessairement de l'autorité compétente le droit de prendre sur la place leurs jours, leurs entrées, leur sortie, d'y faire toutes sortes de dépôts momentanés, soit pour les approvisionnements du ménage, soit pour la construction et les réparations de l'édifice, et enfin de jouir de toutes autres commodités autorisées par l'usage et les règlements de police.

« Nous disons que tout propriétaire riverain qui a

obtenu un alignement pour sa construction se trouve par là même et nécessairement fondé à exiger à titre de servitude l'usage des droits signalés ci-dessus, parce que celui qui veut bâtir une maison n'entend certainement pas faire une construction qui pourrait n'être un jour pour lui qu'un obscur cachot, sans porte et sans fenêtre ; il y a donc là un vrai contrat constitutif de droit de servitude. » (*Traité du dom. public*, t. 1er, n° 370.)

La Cour de cassation a décidé en conséquence que s'il appartient aux villes de supprimer une rue et d'en aliéner le terrain, ce n'est qu'à la charge d'indemniser les riverains du dommage que cette suppression peut causer à leurs propriétés, et notamment de la privation de leurs entrées et sorties sur la voie publique. (Cass., 5 juil. 1836, *Aribert*, S. V. 36, 1, 600 ; voy. enc. *Bourges*, 6 avril 1829, *Brière*, S. 29, 2, 262 ; Duranton, t. 5, nos 295 et suiv.)

Plusieurs décisions du Conseil d'État ont consacré le même principe.

227. — *Premier exemple.* Par suite des travaux de reconstruction du Pont-du-Change, à Lyon, le rez-de-chaussée d'une maison appartenant au sieur Malliavin se trouva en contre-bas de la voie publique et fut séparé de cette voie par un escalier de deux marches qui diminuait les facilités d'accès des magasins et formait entre eux et la chaussée un barrage incommode servant de réceptacle aux eaux de pluie.

Le propriétaire réclama une indemnité qui lui fut accordée par le Conseil d'État. Il fut jugé que, les travaux ayant eu pour effet de diminuer les facilités d'accès de la maison, il en résultait un préjudice direct et matériel dont le sieur Malliavin pouvait exiger la réparation. (28 déc. 1854, *Malliavin*, 1034.)

228. — *Deuxième exemple.* La commune de Maule

avait fait exécuter sur une place publique des travaux par suite desquels l'accès de quelques maisons avait été rendu plus difficile. Les propriétaires de ces maisons ayant demandé une indemnité, le Conseil d'État statua en ces termes sur leur réclamation :

« Considérant qu'il est établi que les travaux exécutés par la commune de Maule, sur la place du Marché-au-Blé, ont eu pour résultat de priver les maisons des sieurs Delbergue et Perthuis des facilités d'accès dont elles jouissaient antérieurement, et de leur causer ainsi un dommage direct et matériel ; que les sieurs Delbergue et Perthuis étaient donc fondés à réclamer une indemnité à raison de ces dommages... » (28 juil. 1852, *Com. de Maule*, 328.)

229. — *Troisième exemple*. Un décret du 13 janvier 1859 est venu confirmer cette jurisprudence. Les circonstances particulières de l'espèce doivent être rapportées avec quelques détails :

Le sieur Prieur, aubergiste, possède dans la commune du Ban–Saint-Martin une propriété se composant de deux corps de bâtiments auxquels on accède en traversant un jardin, qui, avant l'établissement du chemin de fer, longeait la route impériale de Paris à Metz. Cette dernière route ayant été détournée et reportée de l'autre côté de la propriété Prieur, lors de la construction du chemin de fer, les terrains de la portion de route abandonnée ont été remis à l'administration des domaines. L'administration les a fait vendre aux enchères, à l'exception d'une zone de 5 mètres de largeur qui, partant de la nouvelle route impériale et se terminant en impasse à l'angle formé par la clôture du chemin de fer et le jardin du sieur Prieur, met ce jardin, ainsi que les propriétés voisines, en communication avec la nouvelle route.

Il est à remarquer que la largeur de ce chemin d'accès a été réduite à 4 mètres 65 centimètres vis-à-vis l'un des piédroits de la porte du jardin. Le même chemin est bordé sur toute sa longueur, du côté de la voie ferrée, par un fossé large de 3 mètres et de 2 mètres de profondeur, qui est rempli d'eau la majeure partie de l'année et n'est garni d'aucune lisse ou garde-corps.

Le Conseil de préfecture ayant reconnu en principe, au profit du sieur Prieur, le droit à une indemnité, la compagnie se pourvut au Conseil d'État.

Voici quelle était l'argumentation présentée à l'appui du pourvoi :

Il n'est dû de réparation pour dommage causé, en matière de travaux publics, que lorsque ce dommage est direct et matériel. Toutes les fois que, sans toucher à la propriété elle-même et aux droits réels qui en dépendent, les travaux n'enlèvent à cette propriété que des avantages extérieurs, la dépréciation ne saurait donner droit à une indemnité.

L'État peut disposer comme il l'entend des grandes routes qui lui appartiennent, avec toute la liberté d'un propriétaire ordinaire. Une seule restriction à ce droit est apportée par l'art. 2 de la loi du 24 mai 1842, lequel porte que « dans le cas de suppression d'une route il sera réservé, s'il y a lieu, eu égard à la situation des propriétés riveraines, et par arrêté du préfet en Conseil de préfecture, un chemin d'exploitation dont la largeur ne pourra excéder cinq mètres. »

Or, dans l'espèce, un chemin particulier a été réservé. Il n'y a plus d'issue que d'un côté, il est vrai, mais le Conseil d'Etat a souvent décidé que l'augmentation de parcours ne donne pas droit à une indemnité. (Décrets du 21 juin 1855 et du 4 avril 1856.)

Quant au peu de largeur du chemin et à l'inconvénient pouvant résulter de l'établissement des fossés, la réclamation, disait-on, était mal fondée, la compagnie s'étant exactement conformée aux prescriptions de la loi de 1842.

Telle était la thèse de la compagnie.

Dans l'intérêt de M. Prieur, je répondais que la substitution à un accès commode d'un accès difficile et insuffisant constituait un dommage direct et matériel ; qu'il ne s'agissait pas de la suppression d'un simple avantage extérieur, mais que la maison avait été rendue inabordable aux voitures, que le service des cours et du pressoir était devenu impossible, et que la propriété avait été atteinte par suite dans une de ses parties constitutives et indispensables.

J'ajoutais que le chemin n'avait pas, en face de la porte du jardin de M. Prieur, une largeur de 5 mètres, conformément à la loi de 1842, et que le parcours en était éminemment dangereux à raison de la construction d'un profond fossé, dont rien ne défendait les approches.

M. le ministre des travaux publics présenta sur cette affaire les observations suivantes :

« Le premier point à examiner dans l'espèce est celui de savoir s'il est dû ou non une indemnité au sieur Prieur, par suite de la situation dans laquelle sa propriété se trouve placée depuis l'établissement du chemin de fer.

« L'affirmative ne me paraît pas douteuse. A cet égard, la jurisprudence du Conseil d'Etat a établi, avec raison, qu'il y a dommage direct et matériel, toutes les fois que, par suite de l'exécution de travaux d'utilité publique, l'accès à une propriété n'est pas rétabli dans des conditions de viabilité analogues à celles dont cette propriété jouissait avant la modification de l'état des lieux. Sous ce rapport, mais sous ce rapport seulement, une indemnité est due au sieur Prieur..... En fait, l'accès à la propriété Prieur n'a été maintenu qu'au moyen d'un chemin terminé en impasse, trop étroit pour que les voitures puissent tourner (il n'a que 4 mètres 65 au droit de la porte du jardin) et bordé sur toute sa largeur d'une large et profonde excavation, tandis qu'avant la construction du chemin de fer, ladite propriété donnait directement sur une route impériale. Dans cette situation, la compagnie ne saurait être admise à prétendre que le défendeur n'a subi qu'un dommage indirect ; elle doit évidemment à ce dernier une indemnité basée sur la dépense à faire pour établir un tournant pour les voitures devant la porte d'entrée de son jardin, et construire une barrière solide le long du fossé bordant le chemin d'accès. »

Le Conseil d'Etat statua sur le pourvoi dans les termes suivants :

« Considérant que, par suite de l'établissement du chemin de fer de Metz à Thionville, le tracé de la route impériale de Paris à Metz a été modifié dans la commune du Ban-Saint-Martin, et que la portion de cette route, sur laquelle la propriété du sieur Prieur avait accès, a été délaissée ;

« Que pour maintenir l'accès de cette propriété à la nouvelle route, un chemin d'exploitation a été réservé sur l'emplacement de la portion délaissée, conformément aux dispositions de l'article 2 de la loi du 24 mai 1842 ;

« Considérant que ce chemin vient aboutir obliquement au chemin de fer devant la maison du sieur Prieur et y forme une impasse à angle aigu ;

« Que, par suite du peu d'espace laissé entre la porte de cette maison et le fossé situé vis-à-vis de cette porte, la circulation des voitures est devenue difficile, sinon impossible : le service des caves et du pressoir du sieur Prieur est compromis;

« Que, dans ces circonstances, c'est avec raison que le Conseil de préfecture a décidé que les travaux du chemin de fer de Metz à Thionville ont causé à la propriété du sieur Prieur un dommage direct et matériel à raison duquel une indemnité lui est due. » (13 janvier 1859, *Comp. du chem. de fer de l'Est*, 34.)

230. — *Quatrième exemple*. On nous pardonnera, à raison de l'intérêt pratique de la question qui nous occupe, de citer un dernier décret où se trouve clairement manifestée la pensée du Conseil d'État.

Le sieur Liégeard, propriétaire de deux maisons situées à Pont-l'Évêque, réclamait du département du Calvados une indemnité de 1,200 fr. pour réparer le dommage causé à ses maisons par l'exhaussement du sol de la route départementale n° 3, de Rouen à Caen. Le ministre, dans l'intérêt du département, soutenait que le dommage n'avait pas les caractères exigés par la jurisprudence pour justifier l'allocation d'une indemnité. « Le remblai de la route, disait-il, s'arrête à une distance de 1 mètre 45 centimètres de l'une des portes et de 1 mètre 20 centimètres de l'autre. Il existe donc le long des maisons une zone de 1 mètre 32 centimètres de largeur moyenne où le niveau de la route n'a pas été changé. On entre actuellement dans les boutiques, comme avant les travaux, en descendant une marche de 13 centimètres pour la première et de 10 centimètres pour la seconde ; les eaux s'écoulent comme par le passé..... la seule différence entre l'ancien et le nouvel état des lieux, c'est que, pour ouvrir des boutiques au milieu de la chaussée, il faut monter une marche de 21 centimètres de hauteur moyenne..... Or, pour des maisons qui n'ont jamais été accessibles aux voitures, cette marche, située à 1 mètre 32 centimètres de la façade, ne saurait être considérée comme une atteinte aux droits du propriétaire. »

Le Conseil d'État en jugea tout autrement et décida que les travaux exécutés, ayant eu pour résultat de mettre les maisons du sieur Liégeard en contre-bas du sol de la route, leur avaient causé un dommage direct et matériel dont la réparation était due au propriétaire. (6 août 1861, *Liégeard*, 702; voy. enc. :28 mai 1852, *Babelard*, 195 ; 28 juil. 1852, *Com. de Maule*, 328 ; 21 juil. 1853, *Robert*, 774 ; 3 nov. 1853, *Delattre*, 928 ; 14 fév. 1861, *Comp. du chem. de fer du Midi*, 114.)

Les décisions que nous venons de faire connaître fixeront sans doute la jurisprudence sur cette question importante et qui se présente si fréquemment dans la pratique. Elles mettront fin à une hésitation regrettable et à des revirements que les différences d'espèce ne suffisent pas à expliquer. (Voy. 13 janv. 1853, *Cabrol*, 135, 20 février 1840, *Steffani*, 51.)

234. — Il ne faut pas confondre avec la privation ou la diminution des facilités d'accès la gêne temporaire causée aux riverains pendant l'exécution des travaux. La privation ou la diminution des facilités d'accès qui donne droit à une indemnité doit constituer, ainsi que nous l'avons vu, un dommage permanent qui subsiste après l'achèvement des travaux, de sorte que non-seulement la circulation ait été interdite ou gênée pendant leur exécution, mais que, de plus, elle se trouve entravée ou impossible après. C'est à cette condition importante que le droit à l'indemnité est subordonné.

Mais lorsque, par suite de travaux de pavage ou de nivellement, une rue se trouve momentanément interceptée, les riverains ne sont pas fondés à réclamer. Le préjudice qu'ils éprouvent n'est que la conséquence né-

cessaire du régime municipal auquel il sont soumis, et se
trouve d'ailleurs amplement compensé, le plus souvent,
par la plus-value résultant des travaux.

Les entraves temporaires à la circulation sont, en cas
de réparation de la voie publique, absolument inévitables. L'administration qui les impose subit elle-même
une nécessité. Loin de commettre une faute, elle remplit
un devoir de prévoyance et de sécurité. Comment donc
la rendrait-on responsable des conséquences préjudiciables des travaux ? (Cass., 12 juin 1833, *Ville de
Paris.*)

232. — Le déclassement d'une route ne donne pas
par lui seul droit à une indemnité au profit des riverains, lorsque l'accès n'est pas modifié.

Les propriétaires riverains des routes n'ont sur ces
voies publiques que des droits de vue, d'accès ou de passage, qui n'enlèvent en aucune manière à l'administration le droit de les déclasser, de les abandonner ou de
les supprimer.

Lors donc que l'accès reste, malgré le déclassement
ou la suppression, aussi facile qu'il était auparavant, et
lorsque aucun autre dommage direct et matériel n'est
causé aux propriétés voisines, les propriétaires ne sont
pas fondés à réclamer contre une décision qu'il appartient à l'administration de prendre dans l'intérêt général. (1er juin 1849, *Guignon*, 299 ; 23 février 1861,
Lallart, 143.)

233. — A plus forte raison, le dommage provenant de
l'établissement d'une voie nouvelle à côté de l'ancienne
et dans des conditions préférables qui y attirent toute la
circulation, ne peut-il pas être considéré comme direct
et matériel. Lorsque l'ancienne route a été conservée et
que la propriété du réclamant n'a été soumise à aucune
servitude, à aucune charge matérielle, l'administration

ou le concessionnaire n'ont évidemment agi que dans les limites de leur droit. Aucune faute pouvant servir de base à des dommages-intérêts ne peut leur être imputée. Le déplacement de la circulation est un fait étranger au constructeur des travaux, et dont il ne pourrait être rendu responsable sans injustice. « S'il est vrai que celui « qui bâtit le long d'une rue ou d'une route, agissant « sous la foi de la perpétuité de cette rue ou route, « acquiert le droit de conserver les aisances qui sont « indispensables à l'intégrité de son bâtiment et qui « sont en rapport direct avec cette route ou rue, comme « sont les vues, les issues, les accès à la voie publique, « on ne peut étendre ce droit à des avantages indi- « rects et accessoires et qui ne sont pas la conséquence « immédiate et nécessaire de l'existence de cette route « ou rue, et peuvent se modifier par une infinité de « circonstances même en dehors de cette existence. Il « faut nécessairement ranger dans cette catégorie l'a- « chalandage d'un cabaret basé sur le passage des « voyageurs, puisque l'on ne peut admettre comme « conséquence de l'existence de la rue ou chemin, la « garantie pour tous les riverains que ledit passage qui « n'est pas en relation directe avec cette existence sera « constamment et perpétuellement maintenu. » (C. de cass. de Belgique, 1er déc. 1859, d'Août.)

234. — L'augmentation de parcours qui peut résulter de l'exécution des travaux ne peut être considérée comme un dommage direct et matériel. Ainsi le propriétaire d'une maison située sur une voie publique qui se trouve, par suite des travaux, fermée à l'une de ses extrémités, n'est pas fondé à se plaindre, du moment que cette maison peut s'accéder par le côté de la voie resté ouvert.

« Considérant que si, par suite de la rectification de

la route départementale n° 9, le chemin du Sacré-
Cœur, le long duquel est située la maison du sieur
Veyret, a été fermé à celle de ses extrémités qui abou-
tissait aux fortifications de la ville de Lyon, il est resté
ouvert du côté opposé, et se trouve encore en communication avec la nouvelle route ;

« Qu'ainsi ladite maison n'a pas été privée de son
accès à la voie publique. » (21 juin 1851, *Veyret*, 456.
Voy. enc. 28 décembre 1854, *Chemin de fer de Paris
à Lyon*, 1035 ; 4 avril 1856, *Darnis*, 266 ; 26 août
1858, *Crispon*, 615 ; 4 avril 1861, *Chemin de fer d'Orléans*, 247.)

235. — La distinction que la jusrisprudence a établie, au point de vue de la réparation des dommages,
entre la diminution des facilités d'accès et la gêne temporaire causée aux riverains des voies publiques, a des
conséquences importantes en ce qui concerne le préjudice causé aux établissement industriels situés le long
de ces voies, par la diminution de leur achalandage
et de leur clientèle.

Le Conseil d'État refuse constamment, quelles que
soient les circonstances de l'espèce, à allouer la réparation
de cette espèce de préjudice, lorsqu'il se présente isolément, en dehors de toute atteinte directe et matérielle, et
comme conséquence seulement soit de la gêne temporaire apportée à la circulation, soit de l'allongement du
parcours, soit de tout autre dommage que la jurisprudence considère comme indirect. Ainsi, pendant un an,
deux ans, dix ans même, le sol de la rue où se trouvent
des magasins achalandés est bouleversé par des travaux
qu'on laisse interrompus, mais qui n'entament pas la
maison où se trouvent ces magasins. Aucune indemnité
ne sera due au locataire, qui cependant ne s'y est établi
qu'en vue des avantages qu'il devait retirer d'une cir-

culation active. — De même, l'aubergiste, qui sur une route reçoit les voyageurs et leurs voitures, n'a droit à aucune indemnité pour l'interruption de ses affaires résultant uniquement des travaux qui laissent à son établissement les conditions d'accès dans lesquelles il se trouvait antérieurement.

236. — Les sieurs Delmas et Talon, propriétaires d'auberges situées sur la route de Toulouse à Clermont, demandaient une indemnité pour le préjudice qu'ils avaient éprouvé par le désachalandage de leurs auberges pendant l'exécution de travaux entrepris devant leurs propriétés, et qui en avaient rendu l'accès difficile et même souvent impossible.

Le Conseil de préfecture du Cantal reconnut en ces termes la justice de leur réclamation :

« Considérant qu'aux termes des articles 1382 et 1383 du Code civil, tout fait de l'homme qui cause à autrui un dommage, même par négligence ou imprudence, donne lieu à une réparation ;

« Que si les propriétaires riverains d'une route sont obligés de souffrir les réparations ou travaux exigés dans l'intérêt de la meilleure viabilité, dont, en résultat, ils tirent avantage, ce n'est, en droit, qu'à la condition que ces travaux seront exécutés et suivis tels que leur nature l'exige et sans discontinuation préjudiciable :

« Que c'est ainsi qu'il faut l'entendre dans l'esprit et même dans les termes de l'arrêt de la Cour de cassation (12 juin 1833), et de l'arrêt du Conseil d'État (20 fév. 1840) ci-dessus dénoncé ;

« Que c'est même ainsi que l'ont expliqué M. le directeur général des ponts et chaussées et la ville de Paris, dans l'instruction qui a précédé ces décisions suprêmes ;

« Considérant, en fait, que les travaux qui donnent lieu à la réclamation furent suspendus le 23 octobre 1838, et ne furent repris que fin octobre 1839 ;

« Que, pendant une année entière, les abords des hôtelleries des sieurs Delmas et Talon ont pu être plus ou moins difficiles, même totalement interdits, d'où est résulté pour les propriétaires de ces établissements un dommage qui donne lieu à une indemnité... »

Le ministre des travaux publics se pourvut contre cet arrêté et en obtint la réformation. Le Conseil d'État décida qu'on devait considérer comme indirect le dommage que les sieurs Delmas et Talon avaient pu éprouver dans leurs relations commerciales par suite de la suspension des travaux, et cette jurisprudence a été depuis lors invariablement maintenue. (20 janv. 1843, *Delmas* et *Talon*, 33.) On lit dans un décret du 6 avril 1854 (*Legras*, 272.) : «Considérant que les riverains des rues de Paris sont tenus de supporter la gêne qui peut résulter pour eux des travaux exécutés pour l'amélioration de la voie publique, tant que ces travaux ne portent aucune atteinte matérielle et directe à l'exercice de leur droit de propriété ;

«Considérant que le sieur Legras a fondé sa demande en indemnité contre la ville de Paris sur ce que les travaux exécutés sur le boulevard Bonne-Nouvelle ont eu pour effet de rendre la circulation incommode et difficile aux abords de son établissement et d'en éloigner *temporairement* les consommateurs; qu'il ne prétendait pas qu'à l'occasion des travaux dont il s'agit, il ait été porté une atteinte directe et matérielle à la jouissance des lieux dont il était locataire, qu'ainsi il ne se trouvait pas dans les cas où les particuliers sont fondés à réclamer des indemnités pour dommages résultant de l'exécution des travaux publics... »

Autre exemple. — L'ouverture à travers l'île des Épis, près de Strasbourg, d'un nouveau canal d'alimentation du bras Mabile du Rhin, a eu pour résultat de couper les accès et les communications d'une maison appartenant au sieur Wenger, et louée au sieur Grunder, qui y tenait auberge.

Wenger et Grunder formèrent contre l'État une action en indemnité, le premier, pour la diminution de valeur de sa maison, diminution provenant de ce que les communications seraient désormais moins agréables et moins faciles ; le second, pour pertes éprouvées dans l'exercice de son industrie par suite de la même difficulté des communications.

Mais le Conseil d'État rejeta ces demandes, qui avaient été accueillies par le Conseil de préfecture. Voici les motifs de son arrêt :

« En ce qui touche l'indemnité allouée au sieur Wenger, à raison de la dépréciation résultant pour sa propriété de l'ouverture du canal d'alimentation du bras Mabile, et celle qui a été accordée au sieur Grunder, pour pertes par lui éprouvées dans sa profession ;

« Considérant que le payement de l'indemnité de 500 fr. accordée au sieur Grunder pour les frais de construction et d'entretien jusqu'au 1er janvier 1852, d'une passerelle provisoire et l'exécution de l'engagement ci-dessus rappelé, constituent une réparation suffisante du préjudice direct et matériel causé au sieur Grunder et au sieur Wenger par l'ouverture du canal d'alimentation du bras Mabile du Rhin ; qu'aucune disposition de loi n'impose à l'État l'obligation de réparer le préjudice indirectement causé aux propriétaires riverains par les travaux exécutés pour le service public ; que le sieur Wenger ne pourrait alléguer l'existence, à son préjudice, d'un dommage direct et matériel, que s'il était établi que l'engagement pris au nom de l'État n'a pas été exécuté ; que, cette preuve n'ayant pas été faite devant nous, il ne peut y avoir lieu, quant à présent, d'allouer au sieur Wenger aucune indemnité. (27 juin 1353, *Wenger* et *Grunder*, 161 ; voy. enc. : 28 déc. 1849, *Paquelin*, 722 ; 19 janv. 1854, *Le Balle*, 310 ; 25 avril 1855, *Hébert*, 321.)

237. — Faut-il conclure de là que les pertes éprouvées dans l'exercice d'une industrie troublée par des travaux de voirie ne donnent jamais droit à une indemnité ? — Ce serait une erreur grave. — Les décisions que nous venons de rapporter sont toutes spéciales au cas où l'interruption du commerce provient de faits qui en eux-mêmes ne sont pas considérés comme donnant le droit de réclamer une indemnité. Lorsqu'au contraire la diminution de clientelle ou d'achalandage a sa cause dans des dommages directs et matériels, le Conseil d'État décide qu'il y a lieu d'ajouter à la somme nécessaire pour réparer ces dommages une autre indemnité représentant le préjudice causé à l'industrie du réclamant. C'est ce qui arrive, par exemple, dans le cas où l'interruption des relations commerciales se prolonge après l'exécution des travaux par suite d'un dommage causé aux bâtiments, dans le cas où la diminution de la clientelle est la conséquence certaine de la disposition nouvelle des lieux. Je suppose, par exemple, que la voie ayant été exhaussée ou abaissée, il soit indispensable de reconstruire le seuil des portes et de faire des modifications intérieures aux bâtiments atteints. La jurisprudence décide alors qu'une indemnité est due non-seulement pour le déchaussement des murs ou pour le préjudice causé par l'exhaussement du sol, mais aussi pour l'interruption des affaires commerciales

pendant tout le temps nécessaire à la réparation de la maison. Je suppose encore qu'il soit nécessaire d'établir des marches devant la maison; il est certain qu'une pareille disposition est très-défavorable à certaines industries. Or, les mêmes motifs qui justifient l'allocation d'une indemnité pour la réparation des bâtiments endommagés militent en faveur du réclamant pour la réparation de tous les autres dommages qui sont la conséquence de l'atteinte matérielle portée aux constructions. Car une faute a été commise, un dommage matériel a été causé, et c'est à ce dommage que sont dues les pertes subies ultérieurement. Si les riverains des voies publiques sont obligés de subir les conséquences du régime municipal, cette obligation ne s'étend pas jusqu'aux dommages matériels; et si ces dommages entraînent à leur suite d'autres dommages, comme une conséquence nécessaire et inévitable, l'administration qui les cause ne peut pas échapper à la responsabilité. Tel est, si nous ne nous trompons pas, la pensée du Conseil d'État. Nous citerons d'abord un arrêt en date du 6 juillet 1858 (*Garnier*, 490), qui nous semble inspiré par ces considérations : — « Considérant que les travaux de déplacement et d'exhaussement de la route départementale n° 2 ont eu pour effet de modifier la disposition des locaux affectés à l'exploitation de l'hôtel de la Croix d'Or et de nécessiter la reconstruction d'une portion des bâtiments de cet hôtel ; que, par suite, lesdits travaux ont occasionné au sieur Garnier, locataire de l'hôtel, un dommage direct et matériel, tant à raison de l'interruption apportée à l'exercice de son industrie qu'à raison des détériorations causées à son mobilier et à ses approvisionnements... Art. 1er. L'arrêté du Conseil de préfecture de l'Ardèche, du 12 mars 1857, est annulé. — Art. 2. Il sera payé par le

département de l'Ardèche au sieur Garnier une indemnité de 1,000 fr. »

238. — Un décret plus récent a consacré le même
principe dans l'espèce suivante :

Les sieurs Cluzel et Leroy, marchands de nouveautés
en détail, demeurant à Paris, rue Beaudoyer, n° 2, et
rue du Pourtour–Saint–Gervais, n°s 6 et 8, sont locataires de magasins sitées au rez-de-chaussée de ces maisons.

En 1857, l'administration de la ville de Paris fit exécuter des travaux de nivellement qui eurent pour conséquence l'établissement de onze marches destinées à
raccorder le trottoir placé devant leurs magasins avec le
sol de la place Beaudoyer et de la rue du Pourtour-
Saint-Gervais.

Les bénéfices des sieurs Cluzel et Leroy ayant diminué
sensiblement aussitôt après l'exécution de ces travaux,
ils attribuèrent la dépréciation de leur fonds de commerce à ce que l'accès de la rue à leurs magasins, qui
avait lieu autrefois de plain-pied, était devenu presque
impossible par suite de l'établissement des marches. Ils
réclamèrent en conséquence, à titre d'indemnité, une
somme de 120,000 fr.

La ville de Paris répondait à cette demande que les
pertes subies par la maison Cluzel tenaient à des causes
générales, la transformation du quartier, le déplacement
de la population, l'ouverture dans la rue de Rivoli de
magasins rivaux plus luxueusement installés. Elle ajoutait que les locataires d'une maison ne peuvent avoir
droit à une indemnité qu'autant que les accès sont modifiés d'une manière dommageable à leur égard, ce qui
n'avait pas eu lieu dans l'espèce, le trottoir établi devant
les magasins et dont le niveau n'avait pas été abaissé
ayant actuellement une largeur double de celle qu'il

avait en 1851. Le dommage dont se plaignaient les requérants n'était donc pas un dommage direct et matériel pouvant donner droit à une indemnité.

Mais le Conseil d'État repoussa ces moyens de défense
par un décret ainsi conçu :

« Considérant qu'il est établi par l'instruction que les
travaux exécutés par la ville de Paris dans la rue du
Pourtour-Saint-Gervais et sur la place Beaudoyer ont
eu pour effet de modifier l'accès aux magasins des sieurs
Cluzel et Leroy et ont ainsi causé à ces commerçants un
dommage direct et matériel pour la réparation duquel
ils ont droit à une indemnité..... » (21 mars 1861, *Cluzel*, 216. Voyez enc. 5 avril 1851, *Gaitet*, 253 ; 7 mai
1857, *Delorme*, 388 ; 20 juin 1861, *Degousse*, 537.)

Il faut tirer de ces décisions la conséquence qu'une
indemnité est due pour la perte ou la diminution d'une
clientèle commerciale, toutes les fois que la perte subie
est le résultat d'une atteinte matérielle portée à l'immeuble et qui change les conditions commerciales de
l'établissement.

239. — Dans les cas où le Conseil d'État refuse d'allouer une indemnité pour la dépréciation des fonds de
commerce situés le long des voies urbaines, il semble
inspiré par cette idée que les riverains de ces voies,
étant soumis en leur qualité d'habitants à tous les assujettissements qui ont leur cause dans les besoins de
l'agglomération, doivent supporter par là même certaines conséquences des travaux exécutés dans un intérêt
commun. Mais ne devrait-il pas en être différemment,
lorsque les pertes subies proviennent de causes étrangères à ces assujettissements spéciaux ? Si, par exemple,
une compagnie de chemin de fer, décrété, non dans un
intérêt de localité, mais dans un but d'utilité publique
générale, interrompt la circulation sur une voie ur

baine, les commerçants, habitant cette rue, ne seront-ils pas fondés à réclamer une indemnité, bien que les travaux n'aient pas atteint matériellement leurs établissements, puisque le préjudice dont ils se plaignent n'a pas pour cause la construction ou l'entretien de la voie interceptée dans un intérêt de localité?

Il nous semble qu'on devrait se prononcer pour l'affirmative. Le travail exécuté n'est point alors une de ces nécessités du régime municipal auxquelles chaque habitant se trouve naturellement soumis et dont il est appelé d'ailleurs à retirer des avantages personnels immédiats. Les travaux étrangers aux besoins locaux ont d'autres caractères, et le préjudice qu'ils causent, du moment qu'il en est la conséquence directe, doit être nécessairement réparé. Aussi le Conseil d'État, dans une décision récente, tout en repoussant la demande du réclamant, a-t-il motivé le rejet de sa requête, non pas sur ce que le dommage ne pouvait, de sa nature, ouvrir un droit à une indemnité, mais sur ce qu'en fait il n'était pas justifié. (9 fév. 1860, Bertau, 118.)

240. — Les atteintes portées à la facilité des communications par l'exécution des travaux de voirie sont les plus fréquentes de toutes celles qui affectent les propriétés riveraines; mais il y en a d'autres sur lesquelles il est utile d'appeler l'attention.

Il arrive quelquefois que, sans attaquer les maisons riveraines, les travaux ont pour conséquence immédiate le changement des conditions de salubrité et d'habitation. Le jour, par exemple, peut être considérablement diminué par la construction d'édifices presque juxtaposés. C'est là un dommage direct et matériel. (Voy. les nos 198 et 199 ci-dessus.)

241. — De même, on a considéré comme direct et matériel le dommage résultant de l'accumulation des

eaux au-devant d'une propriété, sur la partie abandonnée d'une ancienne route, où elles ne trouvent plus d'é-
coulement. (11 mai 1854, *Chem. de fer du Nord*, 426.)

242. — Lorsque, par suite de la rupture des conduites
d'eau placées sur la voie publique, les eaux destinées à
alimenter des fontaines communes font irruption dans
une maison particulière, le dommage peut-il donner lieu
à une indemnité ? Nous n'hésitons pas à considérer ce
dommage comme direct et matériel. Sans doute, les travaux eux-mêmes n'ont pas endommagé la maison ; mais
l'irruption des eaux résultant du défaut de construction
ou du mauvais état d'entretien des aqueducs est la conséquence de l'exécution des travaux. La faute de l'administration est évidente et donne ouverture à l'action
en indemnité. (25 janvier 1855, *Ville d'Amiens*, 70 ;
15 mai 1856, *Ville d'Amiens*, 366 ; 10 déc. 1857,
Breuillier, 806.)

243. — Plusieurs ordonnances de l'ancien régime
(3 fév. 1741 ; 22 juin 1751) confirmées par des règlements des 29 mars 1754, 30 avril 1771, 17 juillet 1781,
ont soumis les propriétaires des héritages qui bordent
les routes à recevoir les eaux qui en proviennent. On lit
notamment dans l'art. 8 de l'ordonnance du bureau des
finances concernant la police des chemins dans l'étendue de la Généralité de Paris, en date du 17 juillet 1781 :
« ..... Faisons défense à tous propriétaires dont les hé-
« ritages sont plus bas que le chemin et en recevaient les
« eaux, d'en interrompre le cours, soit par l'exhausse-
« ment, soit par la clôture de leurs terrains ; leur enjoi-
« gnons de rendre libre le passage des eaux qu'ils auront
« intercepté, si mieux n'aiment construire et entretenir à
« leurs dépens les aqueducs, gargouilles et fossés néces-
« saires à cet usage, conformément aux dimensions qui
« leur seront données ; le tout à peine de 50 livres et d'y

« être mis des ouvriers à leurs frais et dépens suivant les
« ordonnances des 3 fév. 1741, 22 juin 1754, 29 mars
« 1751 et 30 avril 1772. »

Ces ordonnances sont encore en vigueur et le Conseil
d'État les applique fréquemment. Un arrêt du 24 août
1858 (*Flambart*, 583), et un autre arrêt du 7 avril 1859
(*de Chaponay*, 276), ont décidé que le fait par un particulier d'avoir mis obstacle à l'écoulement des eaux d'une
route sur sa propriété constitue une contravention de
grande voirie, à raison de laquelle il doit être condamné
à l'amende et au rétablissement des lieux dans leur état
primitif.

Mais l'obligation où se trouvent les riverains des
routes de supporter l'écoulement des eaux provenant
des aqueducs ou des fossés ne saurait leur enlever leur
droit à une indemnité dans le cas où l'établissement de
la servitude ne remonte pas à plus de trente ans. La
question de prescription est du ressort des tribunaux :
mais il appartient au Conseil de préfecture de fixer l'indemnité. (Voy. 4 juin 1857, *Com. d'Osne-le-Val*, 458,
et les arrêts ci-dessus cités.)

TITRE V

DES DOMMAGES RÉSULTANT DE L'EXÉCUTION DES TRAVAUX PUBLICS EXÉCUTÉS SUR LES COURS D'EAU NAVIGABLES ET NON NAVIGABLES.

244. — Division du titre.

244. — L'exécution des travaux de curage, d'endiguement, de canalisation, de construction de ponts, etc., entrepris sur les cours deau, donne lieu fréquemment à des demandes d'indemnité de la part des riverains.

Nous avons dû consacrer un titre spécial à cette matière. Nous diviserons ce titre en deux chapitres.

Dans le premier, nous étudierons les diverses espèces de dommages causés aux terres voisines des fleuves ou rivières.

Le second sera consacré aux dommages causés aux usines.

CHAPITRE PREMIER

DES DOMMAGES CAUSÉS AUX PROPRIÉTÉS VOISINES DES COURS D'EAU.

SECTION PREMIÈRE

Dommages provenant de travaux exécutés sur les cours d'eau du domaine public.

245. — Obligation pour l'État de réparer les dommages causés aux riverains des cours d'eau du domaine public par l'exécution des travaux d'utilité générale.

246. — Dommages provenant des crues naturelles des fleuves.

245. — L'État est propriétaire des cours d'eau navigables. Mais cette propriété n'est pas exempte de charges. C'est un dépôt remis entre ses mains avec mission d'en user à l'avantage du public. Sa première obligation consiste à assurer d'une manière constante et facile le service de la navigation. Dans ce but, il appartient à l'administration de déterminer, dans l'intérêt général, la nature et les dispositions des ouvrages à établir dans le lit et sur les bords des cours d'eau du domaine public. Mais ce droit n'entraîne pas, à titre de corollaire, l'obligation pour les riverains de supporter les dommages qui sont la conséquence des mesures prises dans l'intérêt de la navigation ou des autres services publics. Sous ce rapport, l'État ne jouit d'aucune immunité spéciale.

Nous n'avons pas à rappeler ici la règle fondamentale qui domine toute la matière des dommages. Le Conseil d'État applique aux riverains des cours d'eau du domaine public comme aux autres particuliers sa théorie des dommages indirects et non matériels. Nous n'aurions donc rien à ajouter à ce sujet, s'il ne nous restait à signaler quelques difficultés qui n'ont pu trouver place, à raison de leur caractère particulier, dans notre exposé général des principes en matière de dommages.

246. — Lorsque les dommages causés aux riverains proviennent des inondations périodiques ou accidentelles des cours d'eau navigables, on comprend qu'il ne peut pas être question d'indemnité ; le débordement des eaux exclusivement dû à des causes naturelles n'engendre pour l'État aucune responsabilité. (11 janv. 1855, *Conis*, 46.)

247. — Mais le dommage est souvent aggravé par suite de l'existence, dans le lit du fleuve, d'ouvrages de main d'homme, élevés dans un intérêt public. Les réclamations des riverains sont-elles alors fondées ? ont-ils droit à une indemnité lorsque après l'exécution des travaux, une crue extraordinaire des eaux cause à leurs propriétés des dommages qu'elles n'eussent pas éprouvés ou qui eussent été moindres sans leur existence ?

Il est véritablement difficile d'indiquer au juste la pensée du Conseil d'État sur cette question importante. Il y a parmi les nombreux arrêts qui ont eu à la résoudre des divergences que nous avons vainement cherché à expliquer par des circonstances de fait. — Nous nous bornerons en conséquence à rapporter plusieurs espèces où l'antinomie nous paraît évidente, laissant à la sagacité du lecteur le soin de pénétrer les raisons qui sont pour nous restées dans l'obscurité.

Lors de la construction du pont suspendu sur la Loire, à Saint-Thibaut (Cher), la culée droite de ce pont fut établie sur une île appartenant au sieur Danjou.

Plusieurs années après la confection de ces travaux qui rétrécirent le lit de la rivière, une crue de la Loire emporta une partie de l'île pour laquelle le propriétaire réclama vainement une indemnité.

« Considérant, dit l'arrêt, que la confection des tra-
« vaux faits par l'administration des ponts et chaussées

« sur la Loire, à Saint-Thibaut, n'a occasionné aucun
« dommage au sieur Danjou, soit par occupation de
« terrain, dépôt de matériaux ou autre entreprise sur
« ses propriétés pouvant donner lieu à une indemnité
« en vertu de la loi du 16 septembre 1807 ; qu'en sup-
« posant qu'en 1836, plusieurs années après leur achè-
« vement, la crue extraordinaire de la Loire ait causé
« au sieur Danjou un préjudice matériel qu'il n'eût pas
« éprouvé ou qui eût été moindre sans les travaux, au-
« cune disposition des lois ou règlements n'impose à
« l'État l'obligation de l'indemniser des conséquences
« *éventuelles et indirectes* d'ouvrages faits dans un inté-
« rêt public sur le cours d'un fleuve, à l'effet d'en faciliter
« la navigation. » (Voy. 27 août 1839, *Danjou*, 489.)

Plus récemment, dans des circonstances analogues,
le Conseil d'État s'est montré aussi rigoureux.

Le sieur de Jovyac réclamait une indemnité à raison
du dommage qu'il prétendait lui avoir été causé par les
travaux exécutés pour la fermeture du bras du Rhône
dit de la Conférence.

Il paraît que ce bras était devenu navigable en 1845, par
suite d'un déplacement naturel des eaux du fleuve, et que,
dès cette époque, les corrosions dont le sieur de Jovyac se
plaignait avaient commencé à se produire sur la partie de
la rive droite occupée par sa propriété. L'administration
prétendait et le Conseil d'État admit en fait que les travaux exécutés par l'administration en 1847 n'avaient
pas eu pour but et pour effet de changer le régime des
eaux en cet endroit, mais de le maintenir et de le fixer
tel qu'il existait déjà. Il en résultait que les travaux entrepris n'avaient pas été la cause première et unique du
dommage. Mais il n'était pas nié qu'ils avaient eu pour
effet de l'aggraver, en maintenant une situation qui s'était
produite naturellement, et qui aurait pu, sans eux, dispa-

raître comme elle était venue, par un caprice du fleuve.

Le Conseil d'État, d'ailleurs, en repoussant la demande, ne s'en tint pas aux considérations de fait que nous venons de rappeler, et il ajouta dans son arrêt ce considérant, qui plaçait le débat sur le terrain du droit pur. « En admettant même, dit-il, que les ouvrages exécutés par l'administration... aient pu contribuer aux dégradations souffertes par sa propriété, lesdites dégradations ne seraient qu'une conséquence indirecte et éventuelle de l'exécution de ces ouvrages. » (Voy. 19 janvier 1854, *de Jovyac*, 50.)

248. — Voici maintenant d'autres espèces où le Conseil nous paraît s'être manifestement mis en contradiction avec les décisions qui précèdent.

L'administration avait fait exécuter, en 1840, dans le lit du canal latéral à la Garonne des travaux dont l'effet avait été de le rétrécir notablement le long de la propriété du sieur Delbert. En mars 1841, une crue d'eau étant survenue emporta les digues construites par ce propriétaire pour protéger son domaine, et lui causa un préjudice considérable.

Saisi d'une demande en indemnité, le Conseil d'État l'accueillit par le motif suivant : « Considérant qu'il résulte de l'instruction que si les dégradations que les propriétés du sieur Delbert ont subies en 1841 et 1842 peuvent, en grande partie, être attribuées à l'effet naturel et ordinaire des inondations de la Garonne, les travaux en cours d'exécution dans le lit du fleuve ont directement contribué à augmenter le dommage, et que l'indemnité à la charge de l'administration doit être fixée à la somme de 5,000 fr. » (Voy. 14 juin 1853, *Delbert*, 237.)

En 1855, le 14 juin (*Paccard*, 425), décision semblable dans des circonstances analogues. « Considérant, est-il dit dans ce décret, qu'il résulte de l'instruction que les

barrages submersibles construits en 1847 dans le bras
supérieur du Doubs qui longe un des côtés de l'île Cons-
tantin, pour reporter la navigation dans le deuxième
bras de la rivière, ont eu pour effet, en provoquant des
atterrissements en amont de la rivière, d'accroître d'une
manière considérable et subite la corrosion de la berge
de l'île qui borde le deuxième bras du Doubs, et de
rendre plus difficile et plus onéreuse la défense de cette
partie de la propriété contre l'action des eaux....., que,
toute compensation faite, la propriété du sieur Paccard
a subi une dépréciation à raison de laquelle l'État doit
payer au sieur Paccard une indemnité de 1,000 fr. »

249. — Ces exemples suffisent pour montrer jusqu'à
quel point les meilleurs esprits sont exposés à s'égarer
quand ils cessent de prendre les principes pour guides.
Pour nous, il nous est impossible d'admettre que l'État
ne soit pas responsable des conséquences dommageables
pour les propriétés riveraines des travaux qu'il exécute
dans le lit des fleuves. Dans les affaires où nous avons vu
le Conseil d'État repousser les réclamations formées par
les riverains, il était constant que l'existence des ouvrages
avait causé ou au moins aggravé le dommage. Sans eux,
les crues d'eau survenues n'auraient pas produit les
mêmes effets désastreux : une réparation était donc due,
au moins dans la mesure de l'aggravation soufferte, car,
s'il est de principe que les conséquences de la force majeure ne donnent pas lieu à indemnité, il faut pour cela
qu'elle n'ait pas été précédée d'un fait sans lequel ses résultats eussent été moins désastreux. (Voy. *suprà*, n° 210.)

250. — Les dommages causés aux propriétés riveraines
des canaux par les infiltrations qui se produisent à travers leurs parois, provenant directement et exclusivement de l'exécution de ces ouvrages, ont toujours été
considérés comme directs et matériels. (Voy. 23 mars

1850, *Min. des trav. pub.*, 294 ; 13 avril 1850, *Thiry*, 363 ; 10 août 1850, *com. d'Appilly*, 736.)

251. — Le curage et l'entretien des rivières navigables et flottables ou même simplement flottables sont, en principe, à la charge de l'État. Les particuliers ne peuvent être appelés à contribuer aux travaux que par un règlement d'administration publique, conformément aux dispositions du titre VII de la loi du 16 septembre 1807 (5 juillet 1851, *Gérard*, 486). Dans tous les cas, ils constituent essentiellement des travaux d'utilité publique : les dommages qui en résultent donnent, par conséquent, naissance à une action en indemnité contre l'administration.

252. — Les riverains n'ont pas d'action pour contraindre l'administration à procéder au curage des rivières navigables ou flottables. Les mesures à prendre sous ce rapport, se rattachant à des intérêts supérieurs de police et de voirie, appartiennent essentiellement au pouvoir de l'administration et en particulier à celui des préfets. Les particuliers ne peuvent que provoquer l'action de ces fonctionnaires par voie de pétition, et, en cas de refus, s'adresser au ministre : aucun recours contentieux ne leur est ouvert.

Mais si le curage ne peut être ordonné que par l'administration, au moment et sous les conditions qu'il lui appartient souverainement de fixer, il ne faudrait pas croire que les intérêts particuliers, lésés par son inaction, n'auraient pas le droit d'obtenir la réparation des dommages qui en seraient la conséquence. On reconnaît, au contraire, que le préjudice souffert par les riverains à raison des inondations ou des dégradations qui résultent du défaut de curage, rentre dans le contentieux administratif, et qu'il appartient au Conseil de préfecture de fixer les indemnités auxquelles, sous ce rapport, ils peuvent avoir droit. (Voy. 23 décembre 1850, *Mazier*, 971.)

253. — Les riverains des cours d'eau du domaine public sont-ils tenus de supporter sans indemnité les dommages provenant du dépôt, sur leurs propriétés, des vases et déblais provenant du curage ?

De deux choses l'une : ou le curage est effectué uniquement dans l'intérêt de la navigation et aux frais exclusifs de l'État. Dans ce cas, les riverains ne sont assujettis par aucune loi à l'obligation de souffrir sans indemnité les dépôts de vases provenant du curage; comme ils n'ont sur les cours d'eau du domaine public aucun droit de propriété, ils ne sont tenus de contribuer au curage ni directement ni indirectement et peuvent prétendre, au contraire, à une indemnité, à raison du préjudice qui leur est causé par suite de l'exécution des travaux.

Ou bien, au contraire, un décret rendu dans la forme des règlements d'administration publique, conformément à l'art. 34 de la loi du 16 sept. 1807, a mis à la charge des riverains une partie des frais de curage, qui est réputé avoir pour eux une utilité réelle. Le dépôt des vases sur les propriétés voisines constitue alors une des conséquences nécessaires de l'entreprise exécutée dans un intérêt commun, et les riverains ne seraient admis à se plaindre de ce dépôt et à demander une indemnité, qu'autant que la charge imposée dépasserait la mesure de leur intérêt au curage. (Voy. *infrà*, n° 257.)

254. — L'administration a le droit de détourner les cours d'eau navigables et flottables, puisque ces cours d'eau font partie du domaine public. S'ensuit-il que les dommages qui sont la conséquence de travaux de cette nature doivent être supportés sans indemnité par les riverains? Par exemple, l'Etat devra-t-il être condamné à

payer une indemnité pour la déclôture des héritages bordant le cours d'eau supprimé? Devra-t-il payer une autre indemnité pour l'assèchement qui est le résultat de cette suppression?

Lorsque l'administration touche à des droits acquis sur un cours d'eau navigable et flottable, lorsque, par exemple, elle enlève sa force motrice à une usine ayant une existence légale, elle est tenue de réparer le dommage résultant de la privation de ces droits.

Cette obligation est beaucoup plus douteuse dans l'hypothèse où nous nous sommes placés. On peut dire que si, par suite de la suppression d'une rivière navigable, les propriétés riveraines se trouvent moins bien défendues qu'elles ne l'étaient par la clôture naturelle que cette rivière formait, ce n'est là qu'un dommage indirect et la perte, non d'un droit, mais d'un simple avantage résultant pour les riverains de la proximité du cours d'eau. D'un autre côté, les frais de clôture sont, en principe, à la charge des propriétaires. L'État doit-il les supporter par cela seul qu'en détournant la rivière, il a usé d'un droit qui lui appartenait? De même le riverain dont la propriété puisait dans la rivière par imbibition peut-il se plaindre que cette propriété soit trop asséchée par suite de la suppression? N'est-ce pas là encore la perte d'un simple avantage résultant du voisinage, par conséquent un dommage indirect?

Cette thèse ne me paraît pas fondée. Sans doute, suivant une jurisprudence constante, l'État ne doit réparer que les dommages directs et matériels. Mais priver une propriété de sa clôture, que cette clôture soit naturelle ou faite des mains de l'homme, n'est-ce pas causer à cette propriété un dommage direct et matériel? La priver de la fraîcheur que lui procurait le voisinage d'un cours d'eau, c'est-à-dire la dessécher, lui enlever une partie de sa fécondité, c'est encore, très-certainement, lui porter une atteinte directe et matérielle. Vainement allègue-t-on que ces préjudices ne sont que la conséquence de l'exercice d'un droit incontestable. Mais qu'importe? s'il est vrai, comme nous croyons l'avoir démontré, et comme la jurisprudence l'admet aujourd'hui sans difficulté, que les intérêts privés, directement atteints par l'exécution des mesures, même légalement et régulièrement prises dans un but d'utilité générale, ont droit à une indemnité correspondante au préjudice souffert?

La question s'est présentée assez récemment devant le Conseil d'État; M. le commissaire du gouvernement Leviez se prononça en faveur de l'opinion que nous venons d'exprimer. Mais le Conseil d'Etat n'eut pas à l'examiner, par suite de circonstances inutiles à rappeler ici. (Voy. 1859, *Chemin de fer du Midi.*)

255. — Les mesures prises et les travaux exécutés dans l'intérêt de la navigation ne justifient jamais le recours des propriétaires de bateaux qui se plaignent seulement d'une atteinte portée à leur industrie. Ce n'est pas que ces sortes de dommages ne puissent pas, dans certaines circonstances, être considérées comme pouvant donner ouverture à l'action en indemnité. Mais il est indispensable, pour qu'il en soit ainsi, que le préjudice causé à l'industrie soit lui-même le résultat d'un dommage direct et matériel. (Voy. *suprà*, n° 235 et suiv.) Or lorsqu'un propriétaire de navires se plaint uniquement de la direction donnée aux travaux dans un sens défavorable à ses intérêts commerciaux, on ne trouve pas la condition essentielle à laquelle le droit à une indemnité est subordonné.

« Considérant, porte un arrêt du 2 août 1841 (*Bocquié*, 678), que le sieur Bocquié fonde la demande en indemnité qu'il a formée contre la compagnie du chemin de fer de Paris à Rouen sur le dommage qu'aurait déjà fait éprouver et pourrait faire éprouver encore à la compagnie des bateaux à vapeur d'Elbeuf à Rouen, qu'il représente, le chômage forcé du service de ses bateaux, résultant, en temps de crue des eaux de la Seine, de l'insuffisance de hauteur de l'arche marinière du pont construit à Oissel par ladite compagnie;

« Considérant qu'il appartient à l'administration de déterminer, dans l'intérêt général, la nature et les dispositions des ouvrages à établir dans le lit et sur les bords des rivières navigables et flottables, et que les modifications que peut subir l'état de ces rivières, par suite desdits ouvrages, ne donneraient ouverture contre l'État à un droit à indemnité qu'au cas où il résulterait de leur exécution un dommage direct et matériel pour des tiers;

« Considérant que le pont construit à Oissel fait partie des ouvrages du chemin de fer de Paris à Rouen, dont la concession a été faite par la loi du 15 juil. 1840, à la compagnie défenderesse, substituée vis-à-vis des tiers aux droits de l'État, et que lesdits ouvrages ont été reçus après exécution par l'administration;

« Considérant que l'article 17 du cahier des charges de la concession n'a point pour but et ne peut avoir pour effet d'imposer à la compagnie concessionnaire une responsabilité spéciale ou des obligations plus étendues envers les tiers que celles pouvant résulter contre l'État lui-même de l'exécution des travaux;

« Considérant enfin que le dommage dont le sieur Bocquié demande la réparation n'est ni direct ni matériel;

« Art. 1er. La requête du sieur Bocquié, au nom de la compagnie des bateaux à vapeur d'Elbeuf à Rouen, est rejetée.

SECTION II

Dommages provenant de travaux exécutés sur les cours d'eau non navigables.

256. — Ces dommages sont régis par les principes généraux que nous avons fait connaître.

257. — Curage. — Dépôt des vases et déblais. — Cas dans lequel une indemnité est due aux riverains.

258. — Dommages provenant de l'élargissement ou du redressement des cours d'eau.

259. — L'État n'est jamais responsable de ces divers dommages.

256. — Les dommages causés aux propriétés voisines des cours d'eau non navigables ni flottables sont soumis aux règles générales que nous avons fait connaître dans les chapitres précédents. Quelques mots seulement sont nécessaires relativement aux dommages résultant du curage de ces rivières.

257. — Les travaux de curage et d'entretien des cours d'eau non navigables ni flottables, régulièrement ordonnés par l'administration et exécutés conformément aux prescriptions de la loi du 14 floréal an XI, constituent des travaux publics. (15 déc. 1853, *Migne-rot*, 1073.) — Leur direction appartient à l'administration, qui fixe les conditions dans lesquelles ils doivent s'effectuer, et désigne les lieux où les produits du curage doivent être déposés.

Les actes constitutifs des associations syndicales prennent soin de stipuler que les vases, déblais et matières quelconques provenant du curage opéré dans la moitié de la largeur du lit seront jetés sur les rives, à une distance fixe des bords (un mètre), de manière qu'ils ne puissent retomber dans la rivière, tout en causant le moins de préjudice possible aux propriétés riveraines. Lorsque les produits du curage ont été, conformément à ces prescriptions, déposés sur chaque rive, et pour nous servir d'une expression consacrée, *chacun en droit soi*, le dommage souffert, quelque considérable qu'il soit, ne donne pas droit à une indemnité. Il n'y a là que l'exécution d'une obligation dérivant de l'état naturel des lieux. Lorsque, au contraire, les immondices provenant du curage sont réunis dans un même lieu, le riverain dont la propriété est désignée est fondé à réclamer : car il y a, en ce qui le concerne, aggravation de la charge qui lui était imposée, comme riverain, au bénéfice de tous les autres. (15 déc. 1853, *Mignerot*, 1073.) — L'indemnité est due par tous ceux qui ont profité de la mesure prise par la direction des travaux. (Proudhon, n° 1039 ; Dalloz, v° *Eaux*, n°ˢ 235 et 242.)

258. — Lorsqu'on procède à l'élargissement du cours d'eau et par suite à l'enlèvement des arbres, des îlots ou des atterrissements, les riverains en face desquels ces îlots se sont formés et qui en sont propriétaires, ont droit à une indemnité pour leur suppression, le sacrifice qui leur est imposé dépassant, dans ce cas, la mesure des obligations auxquelles ils étaient soumis. A plus forte raison en est-il ainsi en cas de *redressement* du cours d'eau. Le redressement suppose, en effet, un changement dans la direction. Les riverains obligés de céder l'emplacement nécessaire au nouveau lit éprouvent une véritable dépossession qui ne peut avoir lieu sans indemnité. Nous verrons plus loin quelle est l'autorité compétente pour connaître des réclamations qui s'élèvent dans ces diverses circonstances. (Voy. 5ᵉ part., *de la Compét.*)

259. — L'État n'est pas responsable des dommages causés aux propriétés riveraines des cours d'eau non navigables par suite de l'exécution de travaux de curage

entrepris par des associations syndicales. — « Les asso-
« ciations syndicales sont des communes spéciales,
« mais qui ont une certaine analogie avec les com-
« munes ordinaires. Or, qu'une commune, en exécu-
« tant un chemin vicinal, cause des dommages ou des
« dégradations, pourrait-on prétendre que l'État en
« sera garant? Sur quelle disposition législative pour-
« rait être appuyée cette demande? » (*Observat. du
minis. des trav. publ.*, Leb. 1857, p. 59.)

CHAPITRE II

DOMMAGES AUX USINES.

SECTION PREMIÈRE

Dommages aux usines situées sur les cours d'eau du domaine public.

294. — Dommages résultant de travaux exécutés dans un intérêt de salubrité publique.

260. — Les travaux exécutés sur les cours d'eau du domaine public, soit dans l'intérêt de la navigation et du flottage, soit dans l'intérêt des autres services publics, rendent souvent nécessaire le chômage des usines situées sur ces cours d'eau, ou la diminution et même la suppression de leur force motrice. Des difficultés fort graves se sont élevées et s'élèvent encore tous les jours à cette occasion. Bien que la jurisprudence paraisse fixée sur la plupart d'entre elles, il sera nécessaire néanmoins de remonter aux principes et de faire connaître avec quelques détails l'ancienne législation domaniale. Cet examen est indispensable et peut seul fournir un appui solide aux solutions que nous allons présenter dans cette importante matière.

261. — Les cours d'eau navigables et flottables faisant partie du domaine public, les autorisations que le gouvernement accorde pour l'établissement des usines et moulins sont essentiellement précaires et révocables. (Loi du 1er déc. 1790, art. 1er.) Les concessions obtenues par les particuliers, quand elles ne sont pas revêtues de la sanction législative, ne peuvent donc leur créer des droits dans le sens absolu du mot; de sorte que si les exigences de la navigation ou de tout autre service public ne sont pas conciliables avec le maintien, dans leur intégrité, des permissions accordées, aucune indemnité n'est due aux concessionnaires troublés dans leur jouissance. Le titre même qui leur est remis les avertit de la précarité de leur possession. Une clause particulière, insérée en exécution d'un arrêté directorial du 19 ventôse an VI porte expressément que « dans aucun temps, « ni sous aucun prétexte, il ne pourra être prétendu « indemnité, chômage ou dédommagement, par suite

« des dispositions que le gouvernement jugerait conve-
« nable de faire pour l'avantage de la navigation, du
« commerce, de l'industrie, sur les cours d'eau où sont
« situés les établissements. » Mais cette clause, ne l'oublions pas, n'est pas même nécessaire. Le gouvernement n'a pas besoin de stipuler une réserve formelle de
droits qui résultent pour lui de la nature même des
cours d'eau navigables ou flottables, soustraits par notre
droit public à l'application des principes qui régissent
les propriétés ordinaires.

262. — On peut donc considérer comme certain, en
principe, que les dommages causés aux usines situées
sur ces cours d'eau ne donnent pas droit à une indemnité. Mais ce résultat est dû aux innovations de la législation moderne. Aussi, lorsqu'en 1807 on eut à s'occuper des dommages causés par l'exécution des travaux
publics, et spécialement des suppressions ou déplace-
ments d'usines qu'ils entraînent, prit-on soin, en vue de
la situation particulière des établissements créés sous
l'ancien régime, de réserver les droits antérieurement
acquis.

L'article 48 de la loi du 16 septembre 1807 prévoyant
le cas où l'exécution d'un desséchement, l'ouverture
d'une nouvelle navigation, la construction d'un pont auraient pour résultat de supprimer des moulins ou autres
usines, de les déplacer, de modifier ou de réduire l'élévation de leurs eaux, exige qu'il soit d'abord examiné
« si l'établissement des moulins et usines est légal ou
« si le titre d'établissement ne soumet pas les proprié-
« taires à voir démolir leurs établissements sans indem-
« nité si l'utilité publique le requiert. »

Cette disposition précise consacre l'exception à côté
du principe, en exigeant une instruction préalable destinée à faire connaître si l'établissement des moulins et

usines est légal, et en subordonnant à cette condition le droit à une indemnité. Il faut donc rechercher dans quels cas les usines peuvent être considérées comme ayant une existence légale, ou pour parler d'une manière plus nette, dans quels cas elles ont le caractère qui distingue essentiellement la propriété, c'est-à-dire l'absence de précarité dans la possession. Nous saurons par cela même dans quels cas les usiniers peuvent prétendre à une indemnité pour chômage ou diminution, ou suppression de la force motrice.

263. — Pour étudier méthodiquement ce sujet, il faut se placer à un triple point de vue.

1° Le titre de concession de l'usine est antérieur à l'édit de Moulins, de fév. 1566, vulgairement appelé l'*Édit du Domaine*.

2° La force motrice a été concédée postérieurement à 1566, mais sous la condition d'un cens ou d'une rente, ou moyennant le payement d'une somme déterminée.

3° L'usine postérieure à 1566, et dont le propriétaire ne justifie pas avoir acquitté des droits fiscaux, a été vendue nationalement à son possesseur actuel.

Quels sont, dans ces différentes circonstances, les droits des propriétaires de moulins et usines supprimés ou endommagés par suite de l'exécution de travaux publics?

264. — La première hypothèse ne présente pas de difficulté sérieuse dans l'état actuel de la jurisprudence. Les usines établies antérieurement à 1566 sont considérées par tout le monde comme ayant une existence légale et comme réunissant au plus haut degré la condition à laquelle l'art. 48 de la loi du 16 sept. 1807 subordonne le payement de l'indemnité.

Sous l'ancienne monarchie, en effet, ce que nous appelons aujourd'hui le domaine public a été pendant longtemps aliénable. Le roi disposait à son gré des pentes des cours d'eau navigables et flottables, et ces concessions étaient irrévocables comme toutes les autres aliénations du domaine de la couronne. C'est dans l'édit de 1566 seulement qu'on trouve la première consécration d'un principe différent. Quelle fut la portée de cet acte qui fait date dans notre législation domaniale? Comprenait-il, dans la défense d'aliéner le domaine, les droits sur les rivières navigables et flottables? C'est ce que nous examinerons bientôt. Toujours est-il (en ce moment il nous suffit de constater ce point essentiel) qu'avant lui les concessions de force motrice constituaient, non de simples permissions révocables, mais des propriétés véritables dans le sens rigoureux du mot. Or l'édit de 1566, quelle que soit, je le répète, la portée qu'on lui donne, ne portait pas atteinte aux droits antérieurement acquis, et les lois promulguées depuis cette époque ont déclaré de nouveau vouloir les respecter. (Voy. Ordon. de 1669, tit. 27, art. 41, 42 et 43; édit de 1683; arrêt du Conseil du 27 juin 1777; art. 23 et 24, loi des 22 nov.-1er déc. 1790.) Enfin la loi du 14 ventôse an VII confirme expressément dans son article 1er les aliénations du domaine de l'État consommées avant la publication de l'édit de fév. 1566, sans clause de retour ni réserve de rachat.

Les tribunaux administratifs ne devaient donc pas hésiter à considérer les usines dont la concession est antérieure à 1566 comme ayant une existence légale et à reconnaître, au profit de leurs détenteurs, le droit de réclamer une indemnité pour suppression ou chômage. (Voy. 30 mars 1846, *de Boisset*, 215; 16 nov. 1850, *Moulins de Moïssac*, 823; 16 déc. 1852, *Moreau-Cormier*, 630; 7 mars 1861, *Ser*, 172; 17 juil. 1861, *de Bouard*, 541.)

265. — Est-il nécessaire qu'au fait de la concession

vienne se joindre celui de la construction avant 1566?
Serait-il dû une indemnité à raison de la suppression
d'une usine concédée antérieurement à cette époque,
mais établie postérieurement?

Cette hypothèse se présentera bien rarement sans
doute. Cependant, il n'est pas inutile de l'examiner, car
le Conseil d'État a eu à statuer sur la difficulté.

La concession suffit, je le crois, pour donner un caractère légal à l'établissement de l'usine, si l'acte de concession n'imposait pas au concessionnaire l'obligation de
construire dans un délai déterminé qui n'aurait pas été
observé. Comment admettre, en effet, que l'édit de 1566
ait eu pour résultat d'invalider les concessions antérieures non encore utilisées? Est-ce que ces concessions ne
constituaient pas des aliénations des droits du domaine,
aliénations parfaites, complètes du jour même où elles
avaient eu lieu? Quand je donne à un tiers un droit réel
sur ma propriété, ce droit n'existe-t-il pas, abstraction
faite de l'usage qui en est fait? Sans doute, il faut réserver le cas où le non-usage se prolonge pendant un temps
suffisant pour que la prescription soit acquise. Les concessions de force motrice sont de véritables constitutions
de servitudes, et comme les servitudes se perdent par
le non-usage, il faut bien reconnaître qu'un concessionnaire dont le droit serait antérieur à l'édit de 1566,
mais qui n'en aurait usé que plus de trente ans après
l'époque où il l'aurait acquis, serait mal fondé à s'en
prévaloir. C'est précisément ce qui avait eu lieu dans
l'affaire jugée par le Conseil d'État et à laquelle nous
faisions allusion. (23 août 1845, *Raimbaud*, 449.) Il
résultait de l'instruction que la concession qui remontait à 1491 n'avait pas encore été utilisée en 1763. Au
moment de la construction de l'usine, le droit résultant
de la concession était depuis longtemps éteint et le Con-

seil d'État a eu raison de refuser une indemnité au propriétaire. Mais il eût sans doute statué autrement si la
prescription n'avait pas été révolue.

266. — Ce qui le prouve, c'est qu'il a jugé dans la
même affaire que le fait de la destruction d'une usine
légalement établie n'anéantit pas les droits du concessionnaire. La concession survit à cette destruction, et la
nouvelle usine construite en remplacement de l'ancienne
jouit des mêmes droits et des mêmes avantages. Le fait
de la construction avant 1566 n'est donc pas constitutif du droit. Autrement, l'usine une fois détruite, le
droit disparaîtrait et le propriétaire ne pourrait se prévaloir de la situation exceptionnelle qui lui assure, en
cas de suppression de son établissement, un droit à une
indemnité. C'est donc, encore une fois, la concession
qu'il faut considérer, non l'époque et le moment où l'on
l'a utilisée, sauf, bien entendu, l'application des lois relatives à la prescription en cas de non-usage.

267. — Comment se fait la preuve de la concession
avant 1566? Est-il nécessaire de représenter l'acte même
de concession, ou suffit-il de prouver, au moyen de titres
anciens et dignes de foi, l'existence de l'usine avant cette
époque?

Si l'on assujettissait les propriétaires de moulins et
usines à rapporter la concession même, la preuve de la
légalité des établissements serait presque toujours impossible. Le texte de la loi du 16 sept. 1807 ne se prête
pas heureusement à une interprétation aussi rigoureuse.
En ordonnant par son art. 48 qu'au cas de demande en
indemnité pour chômage ou suppression, il sera d'a-
bord examiné si l'établissement de l'usine est légal,
cette loi n'a pas décidé que la preuve résulterait uniquement de la production d'un titre autorisant ou validant
la construction de l'usine. Aussi le Conseil d'État a-t-il

décidé dans plusieurs circonstances qu'elle peut, à défaut d'actes écrits, résulter des circonstances, et notamment de l'époque de la construction de l'usine. Elle peut résulter aussi de titres simplement énonciatifs de l'acte originaire. En un mot, ce que la jurisprudence demande principalement, c'est la preuve non de la concession, mais seulement de l'existence de l'usine avant 1566. Ce fait seul a toujours paru suffisant pour rendre les réclamations recevables. (Voy. 30 mars 1846, de Boisset, 215 ; 10 mars 1848, Faucheux, 127 ; Proudhon, Dom. publ., t. 3, p. 575 et suiv.)

268. — L'obligation de rapporter un titre d'établissement, ou tout au moins la preuve de l'existence de l'usine, antérieurement à 1566, ne s'applique qu'aux cours d'eau qui à cette époque faisaient partie du domaine de la couronne. Quant à ceux qui sont entrés dans le domaine public en vertu de décisions postérieures de l'autorité compétente, il faut se reporter à la date de l'acte qui les a déclarés navigables, de sorte que l'usinier est tenu seulement de rapporter un titre de concession antérieur à cet acte.

269. — Lorsque l'usine (c'est notre seconde hypothèse) a été établie postérieurement à 1566, faut-il la considérer comme ayant une existence légale, si la concession a eu lieu à titre onéreux?

Faisons d'abord connaître sur cette question importante l'état de la jurisprudence.

On ne trouve dans les nombreux arrêts du Conseil d'État aucune trace de la distinction que nous allons essayer de justifier, en ce qui concerne les usines établies postérieurement à 1566, entre celles dont les propriétaires ont acquitté des redevances fiscales, et celles qui ne peuvent invoquer que des droits de possession plus ou moins prolongée. La jurisprudence repousse, par une fin de non-recevoir absolue, toutes les réclamations, du moment que l'existence de l'usine avant la proclamation de l'inaliénabilité du domaine n'est pas prouvée par des titres dignes de foi. C'est à cette production indispensable qu'il attache seulement le droit à une indemnité.

Par suite de prises d'eau effectuées dans la Marne, la force motrice du moulin de Mareuil-sur-Ay fut considérablement diminuée. M. le duc de Montebello, propriétaire de ce moulin, ayant réclamé une indemnité, le Conseil de préfecture de la Marne rejeta sa demande, attendu qu'il ne rapportait aucun titre de propriété antérieur à l'année 1566.

M. de Montebello se pourvut au Conseil d'État. Il soutint qu'il n'était pas tenu de justifier d'un titre de cette nature ; — qu'il suffisait que la légalité de l'usine fût reconnue à une époque même postérieure ; — que, dans l'espèce, la légalité de l'établissement du moulin de Mareuil résultait d'une sentence du bureau de l'hôtel de ville de Paris du 8 juillet 1756, qui autorisait le sieur de Pange, auteur du duc de Montebello, à construire ce moulin, sans mettre aucunes réserves ou conditions à cette autorisation, ce qui n'aurait pas eu lieu si des titres établissant la légalité de l'usine n'avaient pas été produits à cette époque.

Ces moyens furent repoussés par l'arrêt suivant (5 juin 1846, *de Montebello*, 329.)

« Vu l'arrêté du 8 juillet 1756, l'ordonnance de fé-
« vrier 1315, l'ordonnance de mai 1520 ; — vu l'or-
« donnance d'août 1669, la déclaration du roi, d'avril
« 1683, l'arrêt du Conseil du 24 juin 1777, la loi du
« 6 octobre 1791, l'arrêt du Directoire exécutif du
« 19 ventôse an VI et la loi du 16 septembre 1807 ; —
« considérant qu'aux termes des lois et ordonnances ci-

« dessus visées, l'administration a le droit de prescrire
« sur les rivières navigables et flottables toutes les me-
« sures qu'elle juge utiles dans l'intérêt du service de
« la navigation, et qu'il n'est dû d'indemnité aux pro-
« priétaires d'usines situées sur lesdites rivières aux-
« quelles ces mesures seraient préjudiciables, qu'autant
« que l'origine de ces usines remonterait à une époque
« antérieure à 1566 ou que, par suite de vente natio-
« nale, il y aurait eu affectation spéciale auxdites usines
« d'une force motrice déterminée; — considérant que
« le duc de Montebello ne justifie d'aucun titre qui cons-
« tate que le moulin de Mareuil-sur-Ay ait été établi sur
« la Marne, soit antérieurement à la déclaration de na-
« vigabilité de ladite rivière, soit antérieurement à
« 1566... »

La même solution a été adoptée par le Conseil d'État
dans une espèce ou l'usine établie postérieurement à
1566 avait été autorisée sous la condition de payer un
cens annuel de trois livres.

Un sieur Varillon s'était rendu acquéreur en 1760
d'un rocher contenant trois toises carrées situé dans le
lit du Rhône, en vertu d'un arrêt du Conseil autorisant
la vente aux enchères. Il s'empressa d'y établir un moulin ; mais ayant eu besoin, pour réaliser son projet, d'é-
lever dans le lit de la rivière une pile destinée à servir
d'appui à la roue motrice, il fut obligé de solliciter du
domaine une nouvelle concession qui lui fut accordée
par un second arrêt du Conseil du 24 oct. 1775 par lequel « a fait et fait Sa Majesté concession au suppliant
« de trois toises et demie de terrain tenant audit rocher
« et désigné en ladite requête, pour en jouir par le sup-
« pliant, ses hoirs, successeurs et ayant cause, à même
« titre d'accensement et *de propriété incommutable à per-*
« *pétuité, à la charge de payer au domaine du jour du*

« *présent arrêt un cens annuel et perpétuel de trois li-*
« *vres.....* » La vente du terrain emportait virtuellement
l'autorisation de construire l'usine et le cens stipulé faisait de la concession un contrat à titre onéreux.

Cependant, en 1844, l'administration ayant voulu
construire dans le lit du Rhône des ouvrages qui devaient
entraîner la suppression de l'établissement, refusa de lui
reconnaître une existence légale, et le débat porté devant
le Conseil d'État y eut un résultat favorable à ses prétentions. (28 mai 1852, *Veuve Ramière*, 196 ; Voy. encore
14 janv. 1839, *Pâris*, 49 ; 19 mars 1840 ; *Conqueret*, 86 ;
16 mars 1842, *Baraignes*, 103 ; 13 fév. 1846, *Veuve Poulet*, 82.)

270. — Ainsi, en lisant ces nombreuses décisions, on
ne voit pas que le Conseil d'État se soit jamais préoccupé
des conditions auxquelles les concessions obtenues depuis 1566 ont pu être assujetties. — Il suffit, d'après
les arrêts ci-dessus cités, que l'établissement soit postérieur à cette époque pour qu'aucune indemnité ne soit
due en cas de démolition ou de diminution de la force
motrice. M. Dufour (t. 4, p. 391) et M. Nadaud de Buffon (*Traité des usines*, t. 1er, p. 348) approuvent cette jurisprudence. Ils pensent que si la permission a été dé-
livrée moyennant le payement d'une rente annuelle, la
rente formant le prix de la jouissance en doit partager
le sort et être réduite ou prendre fin avec elle.—Quand,
au lieu d'une rente annuelle, le prix de la concession a
consisté dans une somme fixe et déterminée, sans insertion de clause résolutoire, ils estiment qu'en droit
rigoureux la réclamation de l'usinier n'est pas fondée,
et ils accordent seulement qu'elle serait si favorable
qu'on la verrait sans doute triompher.

Ces auteurs n'ont peut-être pas fait une attention
suffisante à la législation antérieure à la loi des 1er-

22 novembre 1790. Un exposé succinct de ce sujet montrera, nous le croyons, que l'équité seule n'est pas intéressée dans la question et que le droit est aussi bien qu'elle du côté des propriétaires d'usines.

271. — L'ordonnance de Moulins en date du mois de février 1566, en proclamant d'une manière absolue l'inaliénabilité du domaine de la couronne, avait posé un principe beaucoup trop général. On s'aperçut promptement que s'il était utile de protéger le pouvoir royal contre ses propres entraînements, il était plus nécessaire encore, dans l'intérêt général, de ne pas enchaîner complétement sa liberté d'action. On s'empressa, en conséquence, de créer certaines exceptions au principe proclamé par l'édit. Depuis longtemps, les domanistes avaient établi au point de vue de l'inaliénabilité une distinction entre le grand et le petit domaine. (Voy. Ord. de Charles VI en 1408; *Rép.* de Merlin, v° *Dom. publ.*, § 3, art. 4.) Elle fut de nouveau consacrée par un second édit qui porte la même date de février 1566 et qui fut enregistré les 7 mai et 5 août de la même année. L'inaliénabilité absolue fut restreinte au grand domaine, c'est-à-dire aux duchés, principautés, marquisats, comtés, vicomtés, vigueries, avec leurs mouvances, circonstances et dépendances. Quant au petit domaine, qui comprenait les *moulins*, ponts-bateaux, passages, *les droits sur les rivières navigables*, etc.; il fut au contraire déclaré aliénable à titre onéreux. « Considérant, porte le préambule, combien il est utile et profitable, tant au roi qu'à ses sujets, que certains biens du domaine soient aliénables à cens et à rente...» (Voy. Dal. R. *Dom. de l'État*, n°s 26 et 105.)

Les choses restèrent dans cette situation jusque sous le règne de Louis XIV. — Alors intervint l'ordonnance de 1669, dont l'article 41, titre 27, est ainsi conçu :

« Déclarons la propriété de tous les fleuves et rivières
« portant bateaux de leurs fonds, sans artifices et ou-
« vrages de mains, dans notre royaume et terres de
« notre obéissance, faire partie du domaine de la cou-
« ronne, nonobstant tous titres et possessions con-
« traires, sauf les droits de pêche, *moulins*, bacs et au-
« tres usages que les particuliers peuvent y avoir par
« titres ou possessions valables, auxquels ils seront
« maintenus. »

Quelle fut la portée de cette déclaration? Eut-elle
pour conséquence de rendre désormais impossible les
aliénations ou concessions des pentes des cours d'eau
navigables et flottables? Telle ne fut pas la pensée du
législateur. Plusieurs édits et déclarations du roi, parmi
lesquels nous citerons les ordonnances du 8 avril 1672,
décembre 1681 et août 1708, ne tardèrent pas en effet
à autoriser l'aliénation des biens compris dans le petit
domaine conformément aux dispositions du second édit
de 1566. Or parmi ces biens se trouvent expressément
compris les eaux, moulins, et les droits sur les rivières
navigables. (Voy. M. Gaudry, *Dom. publ.*, t. 1er, n° 30.)

Quant aux lois de la révolution, elles respectèrent
dans une certaine mesure cette distinction. La loi des
22 nov.-1er déc. 1790, après avoir déclaré nulles
dans son article 14 les aliénations du grand domaine postérieures à 1566, déclare seulement sujets à
rachat perpétuel les contrats d'engagement de biens et
droits domaniaux aussi postérieurs à cette époque dont
les détenteurs, dit l'article 25, « ne pourront être dépos-
« sédés sans avoir préalablement reçu ou été mis en
« demeure de recevoir leur finance principale avec les
« accessoires. »

Cette mesure du rachat fut exécutée par les lois du
4 septembre 1792 et du 11 frimaire an II, qui révo-

quèrent définitivement les aliénations ou sous-aliéna-
tions faites après 1566, en imposant à l'État l'obligation de rembourser la finance primitivement payée avec
ses accessoires.

La loi du 14 ventôse an VII contient des dispositions
analogues. Elle déclare révoquer définitivement toutes
les aliénations faites après l'édit de 1566, mais elle accorde aux détenteurs un certain délai pour faire la déclaration des biens qu'ils voudront conserver, et elle
les maintient dans leur jouissance à la condition de
faire la soumission d'en payer la valeur du quart en
numéraire métallique. La régie était invitée à agir contre ceux qui ne feraient pas cette déclaration et soumission, afin de faire réintégrer dans le plus bref délai
possible les biens et droits aliénés.

Tel était l'état de la législation, lorsque apparut la
loi des 12-17 mars 1820, destinée à rassurer les détenteurs de biens et droits domaniaux contre les entreprises des agents du domaine. Dans ce but, l'article 7
prescrivit à l'administration de faire signifier aux propriétaires de domaines venant de l'État à titre d'engagement, *concession* ou échange, d'avoir à se conformer
aux dispositions de la loi de l'an VII, c'est-à-dire de
faire la déclaration et la soumission de payer le quart
de la valeur estimative des biens ou droits dont ils
étaient en possession. Et l'article 9 déclare qu'à l'expiration de trente années, à compter de la publication de
la loi du 14 ventôse an VII, les domaines concédés antérieurement à la loi du 1er décembre 1790, autres que
ceux pour lesquels ces significations seraient faites jusqu'à l'expiration desdites trente années, seront alors des
propriétés incommutables entre les mains des possesseurs actuels, sans distinction de ceux qui se seraient
conformés ou non aux dispositions de la loi du 14 ven-

tôse an VII. « En conséquence, ajoute cet article 9, les
« possesseurs actuels desdits biens, engagistes, échan-
« gistes ou concessionnaires ou leurs représentants, se-
« ront quittes et libérés par l'effet seul de la présente
« loi et sans qu'ils puissent être tenus de fournir au-
« cune justification sous prétexte que lesdits biens pro-
« viendraient d'engagements, d'échanges ou de conces-
« sions avant ou depuis le mois de février 1566, avec
« ou sans clause de retour[1]. »

Cette loi a donc mis un terme aux recherches ordonnées par les lois révolutionnaires, en établissant une
prescription qui a commencé le 14 nivôse de l'an VII
(4 mars 1799), a été définitivement acquise le 4 mars
1829, et à l'abri de laquelle tous les détenteurs de
biens ou de droits domaniaux concédés à titre onéreux
peuvent vivre tranquilles, puisqu'ils ont été déclarés
désormais propriétaires incommutables. Les concessions d'usines postérieures à 1566 participent, comme
les autres aliénations de droits domaniaux, à cette faveur destinée à consolider définitivement, ainsi que
l'exprimait le rapport, toutes les espèces de propriétés,
et elles assurent aux usiniers un droit certain à une indemnité en cas de dépossession pour cause d'utilité publique.

272. — Et il n'y a pas lieu de distinguer, comme on
l'a fait (Voy. observat. du min. des trav. pub., 14 janv.

---

1. Les lois diverses intervenues depuis 1790, et dont nous venons
de présenter l'analyse, s'appliquent-elles réellement aux droits concédés sur les rivières navigables ou sont-elles spéciales seulement
aux domaines engagés? M. Lebon s'est prononcé pour cette dernière
interprétation. (Voy. note sur 30 mars 1846, *de Boisset*, 215.) Mais la
seule conséquence à tirer de là, c'est que la question que nous venons de résoudre serait uniquement régie par les principes de l'ancienne législation. Or, à ce point de vue, il y a moins de difficulté
encore, ce nous semble.

1839, *Paris et Martin*, 49), entre le cas où le prix de la concession consistait en une somme d'argent une fois payée, et celui où elle aurait eu lieu sous la condition d'une redevance annuelle. La nature du payement stipulé à l'origine ne peut exercer aucune influence sur le sort et le caractère de l'aliénation, et l'on ne doit pas dire, avec MM. Dufour et Nadaud de Buffon, que la seule conséquence de la suppression d'une usine établie moyennant le payement d'une redevance, c'est que la rente, formant le prix de la jouissance, doit en partager le sort et être réduite ou prendre fin avec elle. Cette solution suppose l'inaliénabilité absolue de la force motrice ; la rente n'est, dans ce système, que la condition d'une jouissance précaire. Si, au contraire, il est démontré que les concessions pouvaient avoir un caractère définitif, le caractère d'une vente, la rente en devient le prix, et il faut bien que l'État, s'il reprend ce qu'il a vendu, rende, de son côté, ce qu'il a reçu, ou, ce qui est plus exact, la valeur que la chose a acquise depuis qu'elle est entre les mains de l'acquéreur.

273. — Enfin, et alors même que, dans le principe, la concession n'aurait pas été faite à titre onéreux, il y aurait encore lieu d'accorder une indemnité à l'usinier, s'il justifiait avoir payé depuis à l'État une somme quelconque destinée à affermir entre ses mains une propriété jusque-là essentiellement précaire. L'étude de la législation domaniale sous l'ancien régime conduit, suivant nous, à cette solution.

Un édit du mois de décembre 1693, rendu sous l'administration du contrôleur général des finances Pontchartrain, à une époque où Louis XIV, engagé depuis quatre ans dans ses guerres contre la Hollande, l'Angleterre, l'Espagne et l'Empire, avait besoin de faire appel à toutes les ressources de la France, confirma « tous les

« détenteurs, propriétaires ou possesseurs des îles, îlots,
« attérissements..... droits de perche, péages, passages,
« ponts, moulins, bacs, coches, bateaux, *édifices et*
« *droits sur les rivières navigables* qui rapporteraient des
« titres de propriété ou possession desdits biens, droits
« et édifices avant le 1er avril 1566, moyennant le
« payement d'une année de revenu *et de deux années*
« *pour ceux qui n'avaient aucun titre de propriété ou pos-*
« *session avant cette même époque.* » — Sous la fin du
grand règne le besoin d'argent se fit sentir de nouveau ;
et comme, à ces époques funestes de notre histoire, si
les contrôleurs généraux changeaient, les expédients
financiers étaient toujours les mêmes, on ne craignit
pas de demander aux possesseurs et détenteurs des usines
un nouveau sacrifice pour assurer définitivement et irrévocablement entre leurs mains la pleine propriété ou
possession de leurs droits. — Dans ce but, le roi rendit
au mois d'avril 1713 [1] un édit aux termes duquel les
propriétaires de moulins, édifices et droits sur les rivières
navigables étaient tenus de verser au trésor royal un
supplément de moitié de la finance principale portée
par les quittances délivrées antérieurement par le garde
du trésor, plus deux sols pour livre du supplément. —
« Au moyen de quoi (ce sont les termes de l'édit), et en
« payant les termes ci-dessus, nous avons d'abondant
« maintenu et conservé, maintenons et conservons à
« perpétuité lesdits détenteurs, propriétaires ou posses-
« seurs dans la propriété et possession desdits biens,
« droits et édifices, sans qu'à l'avenir ils puissent être
« troublés, inquiétés ni recherchés pour raison de ce,

---

1. Cet édit avait encore été précédé d'une déclaration du roi du
mois de février 1696, publiée dans le même but. C'est donc à tort que
M. Daviel dit que l'édit de décembre 1693 forme à cet égard le dernier état de la législation ancienne. (Voy. *Cours d'eau*, t. 1er, n° 336.)

« ni sujets à aucune autre taxe telle qu'elle soit ou puisse
« être, dont nous les déchargeons expressément pour
« toujours, et faute de payer ledit supplément dans les
« termes ci-dessus, nous avons réuni et réunissons tous
« lesdits biens, droits et édifices à notre ferme générale
« des Domaines, pour en être fait des baux à notre
« profit, à en commencer la jouissance après lesdits
« termes expirés... »

Les nouveaux droits imposés par cet édit bursal furent éxigés avec une grande rigueur, et nous avons eu plusieurs fois entre les mains des quittances constatant leur payement. Or, quand le détenteur actuel de l'usine peut produire une pièce de ce genre, il est bien impossible que l'existence légale de son établissement ne soit pas reconnue. — Si d'une part, en effet, il est démontré que les droits sur les cours d'eau navigables faisaient partie des petits domaines, et par conséquent étaient aliénables; si, de l'autre, il est constant que, pour payer sa maintenue perpétuelle et irrévocable en sa propriété et possession, le détenteur de l'usine a payé à une époque quelconque les sommes qui lui ont été imposées, il semble évident que le domaine a aliéné valablement ses droits, et que l'établissement même créé postérieurement à 1566 doit être assimilé à ceux qui ont une existence antérieure. Le roi, trouvant dans les lois constitutives du domaine de la couronne, le droit de disposer, à titre onéreux, des pentes des rivières navigables, a pu valablement en investir à perpétuité les possesseurs dont le droit était précaire, et que le payement de la finance a suffi pour rendre désormais irrévocable.

274. — Si les dépendances du petit domaine et par conséquent les pentes des rivières navigables étaient susceptibles d'aliénation, il semble naturel d'en conclure

qu'elles étaient également prescriptibles, et qu'il suffirait par conséquent aux détenteurs actuels de justifier d'une possession suffisante avant 1790, pour établir, en cas de suppression, leur droit à une indemnité. Cette induction serait juste dans beaucoup de cas et pour la majeure partie des biens du petit domaine : la Cour de cassation l'a déclaré plusieurs fois, et notamment dans un arrêt du 2 janvier 1844. (*Gendronneau*, S. V. 44, 1, 331.) Mais, en matière d'usines, la prescriptibilité n'est pas une conséquence nécessaire de l'aliénabilité. On ne prescrit pas contre les lois de police et contre le droit qui, de tout temps, a appartenu à l'État de fixer la hauteur et le niveau des cours d'eau du domaine public. Les anciennes ordonnances ont toujours maintenu, au profit de la couronne, ce droit essentiellement inaliénable, parce qu'il dérive de la soueraineté elle-même. — Ainsi l'ordonnance de 1667 sur les eaux et forêts portait que « ceux « qui ont fait bâtir des moulins, écluses, vannes, gords « et autres édifices dans l'étendue des fleuves et rivières « navigables et flottables, sans avoir obtenu la permis- « sion de nous et de nos prédécesseurs, seront tenus « de les démolir, sinon le seront à leurs frais et dépens.» (Tit. 27, art. 43.) De même, l'édit de décembre 1693 et l'édit du mois d'avril 1713 déclaraient réunir à la ferme générale des domaines, pour en être fait des baux au profit du roi, les établissements qui n'acquitteraient point la redevance imposée. La possession seule ne pouvait donc, sous l'ancien régime, quelque longue qu'elle eût été postérieurement à 1566, créer un droit irrévocable. « L'usage des rivières étant au public, disait Domat, « personne ne peut y faire des changements qui nui- « sent au public. » (*Le droit public*, liv. 1er, tit. VIII, sect. 2, no 11.)

275. — La troisième exception au principe qu'il n'est

pas dû d'indemnité aux propriétaires d'usines supprimées ou endommagées par l'exécution des travaux entrepris dans un intérêt général, a lieu, ainsi que nous
l'avons déjà dit, dans le cas où l'usine a été vendue
nationalement. Dans ce cas, l'État, garant en sa qualité
de vendeur, ne peut sans indemnité troubler la possession de l'acquéreur. Ce n'est là qu'une application stricte
du principe posé par les articles 1625 et 1626 du Code
Napoléon; aux termes desquels le vendeur est obligé de
droit, et sans stipulation précise, à garantir l'acquéreur
de l'éviction qu'il souffre dans la totalité ou partie de
l'objet vendu.

276. — Toutefois, et pendant longtemps, la jurisprudence a soumis le droit de l'acquéreur à une condition rigoureuse. Elle voulait que le contrat contînt l'affectation spéciale d'une force motrice déterminée.

« Considérant, lisons-nous dans une ordonnance du
13 février 1846 (*veuve Poullet*, 82), que la rivière de
Vire est navigable et flottable depuis plusieurs siècles
au point où il s'agit; que le seul titre produit par la
dame veuve Poullet est un acte de vente nationale du
7 thermidor, an IV, *et qu'aucune affectation spéciale de
force motrice* n'a été faite au moulin de ladite dame par
ledit acte de vente; que, dès lors, le préjudice que la
dame veuve Poullet allègue avoir éprouvé dans l'exploitation de cette usine, par suite des travaux ordonnés par
l'administration et exécutés par les concessionnaires
dans le lit de la Vire, ne pouvait donner lieu en faveur
de ladite dame à l'allocation d'aucune indemnité. »

Cette *affectation spéciale* devait résulter clairement
des termes du contrat (12 mars 1841, *Aubertot*; 1er fév.
1851, *veuve Baron*). — Il ne suffisait pas que l'acte portât
seulement que les acquéreurs avaient été mis au lieu et
place des anciens concessionnaires, s'il n'était pas éta-

bli que la concession fût antérieure à 1566. (11 mai 1838, *Berteau*; 16 mars 1842, *min. des trav. publ.*, 105.)

277. — Cette jurisprudence ne devait pas se maintenir. Elle avait contre elle l'équité et les principes les plus certains du droit civil, auquel on ne voit pas que les lois administratives aient dérogé sur ce point. Comment admettre, en effet, que l'aliénation d'une usine établie sur un cours d'eau même dépendant du domaine public, n'emporte pas virtuellement, de la part de l'État, la reconnaissance de son existence légale? L'établissement cesse, par le fait même de la vente, d'avoir un caractère de précarité et de tolérance. Son existence est consolidée par cela seul qu'il a passé entre les mains de l'État, dispensateur souverain des concessions qui affectent le domaine.

D'un autre côté, l'État vendeur de l'usine est tenu à garantie, non pas sans doute en ce sens qu'il ne peut plus, au nom de l'intérêt général qu'il représente, troubler son acheteur dans la possession dont il l'a investi. Il en est des usines comme de toute autre propriété qu'aurait cédée l'État et qu'il a toujours le droit de faire entrer dans le domaine public si l'utilité générale le requiert. Mais la vente passée par l'État a pour résultat nécessaire de le rendre responsable de l'éviction dont il est lui-même l'auteur, à moins qu'un texte spécial n'ait spécialement pour ce cas dérogé au droit commun. Or, l'art. 1626 du C. Nap., qui veut que le vendeur garantisse à l'acheteur la possession paisible de la chose vendue, n'a pas institué au profit de l'État une immunité exceptionnelle. Exiger ici la stipulation expresse d'une clause de garantie, ou, ce qui revient au même, la mention, l'affectation spéciale d'une force motrice déterminée, c'est exiger une chose qui se trouve virtuellement, et sans qu'il soit besoin de l'exprimer, dans le contrat.

L'Etat, en aliénant une usine, aliène nécessairement le
moteur hydraulique, et puisqu'il est obligé de respecter
la propriété du bâtiment, puisqu'il n'y peut toucher,
même dans l'intérêt public, que sous la condition d'en
payer la valeur, on ne voit pas comment il aurait le
droit de supprimer ou de diminuer sans indemnité la
force motrice qu'il a vendue et dont il est garant au
même titre. On objecte que l'Etat ne transfère aux acquéreurs que les droits qui appartenaient, au point de vue
du droit à l'indemnité, aux anciens possesseurs de l'u-
sine. Mais, encore une fois, nous le répétons, si l'Etat, en
aliénant une usine, n'abdique pas le droit imprescrip-
tible qui lui appartient de la supprimer pour cause d'u-
tilité publique dûment constatée, on ne peut admettre
qu'après avoir touché le prix de la vente, il puisse, sans
indemnité, troubler l'acquéreur dans sa possession?
Croit-on par exemple que l'Etat, vendeur d'une usine
qu'il aurait lui-même établie, pourrait ultérieurement en
ordonner la suppression sans rembourser à l'acquéreur
le prix de la vente? Une pareille prétention serait universellement condamnée. Et en sera-t-il autrement lorsqu'au lieu de créer l'usine, il l'aura maintenue dans
les conditions où il l'a trouvée? La conservation d'un
établissement de ce genre comme sa création par
l'État n'implique-t-elle pas, par une identité absolue
de motifs, non pas seulement son existence légale,
mais l'obligation de maintenir la paisible possession
de l'acheteur? Pour nous, il nous est impossible d'en
douter.

278. — Cette thèse, après une longue controverse, a
eu le sort de toutes les saines doctrines. Le Conseil d'État,
dont la jurisprudence heureusement progressive tend incessamment à faire prévaloir dans la pratique administrative le respect des droits privés, a, par un premier

décret, en date du 6 janv. 1853 (*Leblanc-Daveau*, 57), abandonné la doctrine que nous venons de combattre, et déclaré que l'on doit considérer comme ayant une existence légale les usines vendues nationalement, dans le cas même où le contrat ne contient aucune clause relative à la garantie de la jouissance des eaux. Un autre décret du 16 déc. 1858 (*Viard*, 726) est venu confirmer ce retour aux vrais principes. Enfin le 27 juillet 1859 (*Ducos-Bertrand*, 527), le Conseil d'État les consacrait dans des circonstances que nous devons rappeler.

Un arrêté du Conseil de préfecture de la Gironde du 7 sept. 1858 avait rejeté la demande d'indemnité formée par le sieur Ducos à raison du chômage de son usine dite de Valentine, par suite des travaux de construction d'un pont.

Cette usine est établie sur une dérivation de la Garonne, formant dès lors une dépendance du domaine public. (28 janv. 1835, *Deschamps*, 47 ; 8 mars 1844, *Hirt*, 140.) Confisquée, lors de la révolution, sur le sieur de Crussol d'Uzès, elle fut vendue nationalement au sieur Froch le 27 floréal an III.

Le Conseil de préfecture se fondait, pour rejeter l'indemnité, sur ce que le réclamant ne justifiait pas, soit de l'existence de l'usine avant 1566, soit de la mention d'une force motrice spécialement déterminée dans l'acte de vente de l'an III.

Le sieur Ducos attaqua cette décision et soutint que cette mention n'était pas nécessaire. Suivant lui, l'État, en vendant le moulin, avait vendu le moteur et était tenu à la garantie pour la chute d'eau aussi bien que pour les bâtiments.

« Cet argument, répondait le ministre, n'est que spé-
« cieux. Les biens dits nationaux sont entrés dans le
« domaine de l'État avec les droits et les charges réelles

« qui y étaient précédemment attachés. L'Etat les a
« transférés aux acquéreurs tels qu'il les possédait lui-
« même. Il n'est pas tenu à une autre garantie que les
« anciens propriétaires à l'égard des servitudes qui les
« grevaient. Dans l'espèce actuelle, si le sieur Froch
« eut acheté le moulin de Valentine du sieur Crussol,
« il n'aurait pu exercer de recours contre ce dernier à
« raison de la suppression ou du chômage de la force
« motrice pour cause d'utilité publique, puisque cette
« éventualité était attachée à la situation de l'usine sur
« une rivière navigable. L'acheteur n'aurait pu entendre
« acquérir une chute d'eau qui était de sa nature hors
« du commerce. Le vendeur n'aurait été obligé à la ga-
« rantie que s'il avait déclaré que l'origine du moulin
« était antérieure à 1566.

    « L'acte de vente nationale du 27 floréal an III ne
« renferme aucune clause semblable ; on n'y trouve pas
« non plus l'affectation spéciale à l'usine vendue d'une
« force motrice déterminée, circonstance exception-
« nelle qui obligerait l'Etat à garantir la jouissance de
« cette force motrice. L'acte dont il s'agit ne fait au-
« cune mention de la chute d'eau. Le moulin de Valen-
« tine a été vendu purement et simplement, sans ga-
« rant leparticulière. Il est dès lors demeuré soumis à la
« condition commune aux établissements de ce genre,
« d'être mis en chômage ou supprimé sans indemnité
« pour cause d'utilité publique.

    « Le pourvoi prétend à tort, ajoutait le ministre, que
« la vente nationale d'une usine établie sur une rivière
« navigable confère par elle-même à l'acheteur un droit
« à indemnité en cas de chômage ou de suppression.
« Il résulte, au contraire, de plusieurs décisions du Con-
« seil d'Etat que la production d'un acte de vente na-
« tionale ne dispense pas le demandeur en indemnité

« de prouver, soit que son usine existait antérieurement
« à 1566 (15 nov. 1850, *Moulins de Moissac*), soit que
« l'État a renoncé par une clause formelle au droit de
« prescrire, sans indemnité, la suppression ou le chô-
« mage de l'usine, si l'intérêt public le requiert. (21 mai
« 1838, *Berteau ;* 16 mars 1842, *Baraigne;* 13 février
« 1846, *Poullet.*) Ni l'une ni l'autre preuve n'est four-
« nie dans l'espèce actuelle par le requérant. C'est donc
« avec raison que le Conseil de préfecture a refusé de
« lui allouer une indemnité. »

Nous avons cité ces observations dans toute leur étendue, afin de bien fixer la portée du décret qui a donné
gain de cause au propriétaire de l'usine. Il est évident
que la question était identiquement la même que lors
des décisions antérieures citées par le ministre. Il s'a-
gissait comme alors de travaux exécutés sur un cours
d'eau navigable, et l'on soutenait, de même, que le seul
fait de la vente par l'État donnait à l'usinier le droit de
réclamer une indemnité en cas de chômage ou de suppression. Voici en quels termes le Conseil d'Etat a statué
dans l'espèce :

« En ce qui touche le droit à une indemnité;

« Considérant qu'il résulte de l'instruction que le
chômage qui donne lieu à la demande en indemnité
formé par le sieur Ducos est le résultat des travaux exécutés par l'administration pour la construction d'un pont
sur la Garonne ;

« Considérant que le moulin exploité par le sieur
Ducos a été vendu suivant procès-verbal d'adjudication
nationale en date du 7 prairial an III; *que dès lors son
existence doit être considérée comme légale*, et que par
suite c'est à tort que le Conseil de préfecture a décidé
qu'il ne pouvait être dû aucune indemnité au requérant
à raison du chômage de son moulin.....»

279. — Disons, en terminant, que l'autorité administrative est seule compétente pour reconnaître et déclarer la légalité des moulins et usines. Cette attribution résulte implicitement de l'article 48 de la loi du 16 septembre 1807 et, en termes exprès, de l'arrêté du 19 ventôse an VI. La jurisprudence administrative est depuis longtemps fixée en ce sens. (Voy. 28 nov. 1850, *H^{iers} Ser*, 872 ; 28 mai 1852, *veuve Ramière*, 196; 12 août 1854, *Étienne*, 790 ; 15 mai 1858, *Dumont*, 377.) Toutefois, les tribunaux civils luttent encore pour faire prévaloir leur compétence. (Voy. Cass., 21 mai 1855, *Dumont*, D. P. 55, 1, 319.)

280. — L'obligation pour les tribunaux administratifs de rechercher, préalablement à l'examen de la réclamation, si l'usine est légalement établie, est-elle générale et absolue? Lorsque le dommage provient de travaux n'ayant pas pour objet la navigation, l'administration ou le concessionnaire pourraient-ils se refuser au payement d'une indemnité, sous le prétexte que l'usine n'a pas une existence légale? — Suivant M. Féraud-Giraud, la jurisprudence qui exige que le propriétaire d'une usine justifie préalablement de la légalité de son établissement, n'étant fondée que sur le droit du gouvernement d'assurer le service de la navigation, n'est pas applicable aux cas où les dommages ont été occasionnés par les travaux publics entrepris dans un autre but. (*Des dommages*, p. 168 ; voy. aussi : M. Dufour, *de l'Expropr.*, n° 373.) — Mais cette opinion est difficilement conciliable avec le texte de l'article 48 de la loi de 1807, qui ne fait aucune distinction, et qui exige, dans le cas où, *pour exécuter un dessèchement*, l'ouverture d'une nouvelle navigation, *un pont*, il est nécessaire de supprimer des moulins et autres usines, qu'il soit « d'abord examiné si l'établisse-

« ment des usines est légal et si le titre d'établissement
« ne soumet pas les propriétaires à voir démolir leur
« établissement, *si l'utilité publique le requiert.* » — La
rédaction de cet article semble indiquer que la loi a eu
en vue tous les travaux d'utilité publique. (Voy. 14 janv.
1841, *Honnorez*, 3; 26 nov. 1841, *Moret*, 512; 17 déc.
1847, *Pinon*, 689; 9 fév. 1854, *Laroche*, 94[1].)

281. — Il nous reste à rechercher dans quels cas les
propriétaires d'usines ayant une existence légale ont
droit à une indemnité. — Ici se présente le principe
qui domine toute la matière des dommages résultant
de l'exécution des travaux publics, à savoir qu'il n'y
a lieu d'accorder une indemnité qu'autant que le
dommage est direct et matériel. Cette condition est
indispensable ; mais elle est suffisante d'après la jurisprudence. Ainsi le dommage résultant de la suppression ou de la diminution de la force motrice[2] donne
ouverture à ce droit, lors même que la prise d'eau n'a
pas eu lieu dans la rivière sur laquelle cette usine est
située. Il suffit que la prise d'eau, pratiquée sur un af-
fluent du fleuve, ait diminué la force motrice. (26 nov.
1841, *Moret et cons..* 611.)

282. — Mais, par une conséquence virtuelle des prin-

---

1. Ces arrêts ont tous été rendus dans des espèces où il s'agissait
de dommages causés à des usines situées sur des cours d'eau non navigables ni flottables. Mais, comme la disposition de l'article 48 de la
loi du 16 septembre 1807 a un caractère général, comme l'obligation
qu'elle impose aux tribunaux administratifs de vérifier l'existence
légale des usines préalablement à l'examen du fond s'applique
aussi bien aux cours d'eau privés qu'aux cours d'eau du domaine
public, les arrêts en question peuvent être invoqués ici avec la même
autorité que s'ils avaient été rendus dans l'hypothèse même où nous
sommes placés.

2. Sur la question de savoir si la suppression de la force motrice
d'une usine constitue une expropriation ou un dommage, voy. *suprà*,
t. 2, p. 166, n° 190.

cipes que nous avons fait connaître ci-dessus, il en serait
tout autrement si la diminution portait sur une partie
de la force motrice indûment utilisée par l'usinier. —
Nous avons déjà dit, en examinant la question à un
point de vue général, que si le dommage constitue seulement un retour à l'ancien état des lieux modifié par
le propriétaire, en contravention à des dispositions de
lois ou ordonnances, il ne peut être question d'allouer une indemnité. C'est surtout en matière d'usines
que cette règle trouve des applications fréquentes. Il
arrive souvent, en effet, que des infractions aux dispositions protectrices des cours d'eau échappent à la répression par l'oubli ou la négligence des ingénieurs.
Mais la situation qu'elles créent aux usiniers, essentiellement viciée dans son principe, n'acquiert jamais la
consistance d'un droit ; si bien que, lorsque, par suite
de l'exécution de travaux publics, le bénéfice de ces
contraventions est retiré à ceux qui les avaient commises, ils ne peuvent pas s'en prévaloir pour obtenir la
réparation du préjudice qui en résulte pour eux.

« Considérant, lisons-nous dans un arrêt, qu'il résulte de l'instruction que la hauteur de la chute d'eau
dont le moulin de la Salle disposait avant 1566 n'excé-
dait pas 53 centimètres ; que si, en 1853, avant les travaux de dragage exécutés par l'administration, la hauteur de la même chute était de 62 centimètres, c'est
qu'en 1830 le sieur Liesse avait prolongé, par l'établissement en rivière d'une ligne de pieux, la pointe
amont de l'île qui sépare le bras navigable du bief alimentaire de son usine, et s'était ainsi procuré irrégulièrement un accroissement de chute qui n'était pas
moindre de 10 centimètres ; qu'en novembre 1857 la
hauteur de la même chute, appréciée d'après la différence de niveau entre l'amont et l'aval de son usine,

était encore de 53 centimètres au minimum ; que dès lors il n'a été causé dans l'exécution desdits travaux de dragage aucune diminution de la force motrice du moulin de la Salle, telle qu'elle avait été originairement constituée... » (8 avril 1858, *Liesse*, 288.)

283. — Mais on devrait tenir compte, au contraire, à l'usinier de l'augmentation de valeur donnée à son établissement par des modifications dûment autorisées, alors même qu'elles porteraient sur les ouvrages extérieurs de l'usine, si ces modifications n'intéressaient pas la force motrice. Je suppose, par exemple, que l'usinier obtienne l'autorisation de changer les proportions ou la position relative de la roue ou du coursier. Un pareil travail n'a pas pour résultat d'accroître le volume de la chute, et l'administration intervient uniquement pour qu'à l'occasion de ce travail l'usinier ne s'empare pas d'une force motrice plus considérable que celle dont il a le droit de disposer. Son autorisation, relative à des travaux qui ont pour seul résultat une meilleure distribution de la force concédée, ne constitue pas une concession comme l'acte qui règle la hauteur et le volume de la chute. En l'accordant, l'administration ne concède rien qui n'appartienne déjà à l'usinier, et il y a lieu, par suite, de tenir compte à celui-ci de l'augmentation de valeur qu'un emploi plus intelligent de la force concédée procure à l'établissement.

284. — Lorsque des changements ont été opérés dans les ouvrages extérieurs d'une usine sans la permission de l'autorité, ces changements n'ont pas pour effet de rendre non recevable la demande d'indemnité. Seulement, l'indemnité due au propriétaire ne pouvant être basée que sur l'état légal de l'usine, il s'ensuit que dans le règlement de l'indemnité, il ne doit pas être tenu compte des changements non autorisés. L'indemnité

doit être uniquement calculée d'après le préjudice que le propriétaire aurait eu à souffrir, si, lors des travaux qui ont causé le dommage, l'usine eût été, quant à ses ouvrages extérieurs, dans les conditions hydrauliques où elle se trouvait avant ces changements. — Par exemple, il ne peut être tenu compte du surcroît de force motrice utilisée par suite de changements extérieurs non autorisés et qui auraient dû l'être. (22 nov. 1851, *Société du canal de la Sambre à l'Oise*, 692; *id.*, *Boulogne*, 697.)

285. — Il en est ainsi même dans le cas où l'on rencontre dans le titre constitutif de l'usine (établie avant la loi des 12-20 déc. 1790) une clause qui autorise le propriétaire à modifier sans autorisation les ouvrages extérieurs et les conditions hydrauliques. Depuis lors, cette faculté a cessé de pouvoir être exercée sans l'autorisation préalable de l'administration. En conséquence, en cas de mise en chômage par suite de travaux publics, les propriétaires d'usines dont le titre contient de pareilles clauses s'en prévaudraient inutilement pour obtenir une indemnité à raison des modifications qu'ils auraient faites depuis 1790 sans autorisation administrative. (Voy. 21 avril 1854, *Bergère*, 341.)

286. — Il ne faut pas confondre avec les changements qui ont pour objet d'accroître la force motrice et qui constituent, par suite, des additions à la concession originaire, les modifications qui portent uniquement sur le mécanisme intérieur de l'établissement. En soumettant la création des moulins et usines à la nécessité d'une autorisation, le législateur n'a eu en vue que les intérêts de la navigation et de la sécurité publique. Il n'a pas voulu créer arbitrairement des obstacles au développement de l'industrie. Aussi, dès que la concession a été accordée, l'usinier est maître chez lui et il peut disposer de la

force motrice, dont l'emploi lui a été abandonné, au mieux de ses intérêts.

« En principe, et sauf les dispositions spéciales qui concernent certains établissements, par exemple les établissements insalubres, l'administration, lorsqu'elle accorde une permission sur les cours d'eau ne réglemente que le régime et l'usage des eaux : elle ne réglemente pas l'industrie. Le principe contraire ne serait pas seulement erroné en droit, dans l'état actuel de notre législation ; il reposerait, en outre, sur une doctrine non moins erronée, non moins funeste en économie politique et en administration.—En d'autres termes, une fois que le régime hydraulique d'une usine est fixé, l'usinier demeure maître et libre chez lui : il a le droit de tirer tel parti qu'il juge utile de la force qui lui a été concédée, et dont l'usage extérieur a été réglé ; il peut appliquer cette force, dans l'intérieur de son usine, à tel objet, à tel emploi que bon lui semble : l'administration n'a, en principe, rien à y voir, parce qu'elle n'y a, en principe, aucun intérêt au point de vue des idées générales qui servent de règles et de limites à son action. La liberté relative, sans doute, mais réelle et large pourtant qui est nécessaire à l'industrie, serait incompatible avec un autre système, avec le régime de l'intervention administrative dans la vie intérieure des usines ; ce régime dégénérerait fatalement en tracasseries dommageables à l'industrie et à l'administration elle-même : car il ne faut jamais oublier que l'un des plus sûrs moyens de compromettre les attributions légitimes et régulières d'un pouvoir, d'une autorité quelconque, c'est de vouloir les exagérer... » (Observations de M. Reverchon, commissaire du gouvernement ; Leb. 1851, p. 713.)

287.— Concluons de là que, dans l'évaluation de

II.   18

l'indemnité qui est due à l'usinier, à raison de dommages résultant de travaux publics, il faut tenir compte des changements apportés par lui aux ouvrages intérieurs de l'usine, qui n'ont pas modifié les conditions hydrauliques dans lesquelles elle se trouvait au moment de son établissement légal. Et il n'y a, sous ce rapport, aucune distinction à faire entre les usines situées sur les cours d'eau navigables et flottables et les usines situées sur les cours d'eau ordinaires. — Le double exemple que nous allons citer mettra cette règle dans tout son jour.

Sur la réclamation du sieur Boin, propriétaire du moulin de Villaines, situé sur la rivière navigable de l'Auron, à raison de chômages et d'une diminution temporaire de force motrice causés à ce moulin par suite des travaux exécutés au canal du Berry, le Conseil de préfecture du Cher avait ordonné une expertise et décidé que l'indemnité serait fixée, eu égard à l'état du moulin, au moment de l'exécution des travaux. — Le ministre des travaux publics déféra l'arrêté au Conseil d'État. Il soutint que l'état de l'usine en 1566 devait seul être pris en considération, sans tenir aucun compte des améliorations réalisées, et notamment de sa reconstruction suivant le système américain, attendu que le domaine de l'État ayant été déclaré inaliénable à partir de cette époque, aucun acte n'avait pu régulièrement augmenter la concession qui avait été faite originairement au moulin de Villaines. Mais le Conseil d'État repoussa cette prétention, en faisant remarquer qu'il n'était pas même allégué par le ministre que l'usinier eût employé une force motrice supérieure à celle qui lui avait été concédée antérieurement à 1566, ni qu'il eût modifié irrégulièrement l'état de son usine ; que, dès lors, on devait prendre pour base de l'évaluation la valeur de ladite usine, eu égard à la force motrice légalement concédée et régulièrement utilisée au moment du chômage. (Voy. 25 janv. 1851, *Boin*, 67.)

Autre exemple. — En 1842, le sieur Rouyer acheta un moulin à blé dont l'existence était antérieure à 1790. — Il modifia les dispositions intérieures du moulin et en fit une filature de 1,300 broches. L'usine ayant été mise en chômage pendant les années 1846, 1847 et 1848, le sieur Rouyer demanda une indemnité. Alors s'éleva la question de savoir si on devait avoir égard, dans la fixation de cette indemnité, aux améliorations intérieures, par exemple, à la transformation du moulin à blé en une filature... « Peu importe, disait M. Reverchon, que les changements faits par le sieur Rouyer aux ouvrages intérieurs de son usine en aient augmenté le travail utile, le produit industriel et la valeur commerciale. Les changements étaient dans le droit de l'usinier ; donc, s'il est privé des avantages légitimes qui en résultent pour lui, il doit en être indemnisé, et il serait souverainement injuste de ne pas lui en tenir compte. Peu importe même qu'au nombre de ces établissements additionnels figure une filature de 1,300 broches. Les filatures ne sont point classées parmi les ateliers pour lesquels une autorisation préalable est nécessaire. D'un autre côté, le sieur Rouyer n'a eu besoin, pour l'établir, d'aucune concession ou permission d'eau. Il n'y a donc à se préoccuper ni de l'importance de cette industrie, ni de sa nature et de la différence qui existe entre son objet et celui de l'industrie antérieurement exercée par le sieur Rouyer dans son usine. »

Conformément à ces conclusions, le Conseil d'État décida que les diverses modifications opérées dans le régime intérieur de l'usine n'ayant rien changé aux conditions hydrauliques où elle se trouvait en 1790, l'indemnité devait comprendre tous les dommages soufferts par l'usinier, et notamment ceux résultant du chômage de la filature (29 nov. 1851, *Rouyer*, 713.)

Il a été jugé plus récemment dans le même sens qu'on ne doit pas tenir compte dans l'évaluation de l'indemnité des améliorations qui ont été apportées, sans autorisation administrative, à la force motrice et au coursier. Mais si les modifications intéressent seulement l'aménagement intérieur de l'usine, si les changements ont exclusivement porté sur le mécanisme, dans le cas par exemple où on a transformé un moulin à grain en moulin à huile, changé le mécanisme en bois en un mécanisme en fonte, ces modifications et ces changements peuvent être pris en considération pour la fixation de l'indemnité. (27 août 1857, *Perrault*, 700; id., *Marchand*, 695.)

288. — Pour évaluer l'indemnité due pour la suppression de la force motrice, voici comment il faut procéder. On commence par fixer la valeur locative de la force motrice et du bâtiment, on en déduit l'impôt foncier, ainsi que les frais d'entretien du barrage et du bâtiment, on multiplie par 15 le revenu net ainsi obtenu et le produit forme la première base de l'indemnité.

Ceci fait, il faut fixer le prix du mécanisme monté, l'ajouter au capital obtenu, déduire de cette somme la valeur du mécanisme démonté après la suppression de la force motrice, et enfin celle du bâtiment, si, bien entendu, ce bâtiment reste au propriétaire.

Voici une application récente de ce mode d'évaluation.

La force motrice du moulin du Verger, appartenant au sieur François Perrault, avait été supprimée, et le Conseil de préfecture avait accordé une indemnité de

10,809 fr. 79 c. Sur le pourvoi dirigé contre cet arrêté, le Conseil d'Etat éleva l'indemnité à 20,500 fr., par les motifs suivants :

« Considérant que le prix de 1,400 fr. stipulé sur le
« bail du 14 juillet 1850 comme loyer de force motrice
« et du bâtiment, mécanisme non compris, doit, par
« suite du prélèvement de l'impôt foncier, montant à
« 23 fr. 20 c. et des frais d'entretien du bâtiment et du
« barrage laissés par le bail à la charge du propriétaire,
« être ramené à une valeur locative nette de 1,300 fr.
« qui, sur le pied de quinze fois le revenu, assigne à
« la force motrice et au bâtiment, mécanisme non com-
« pris, une valeur capitale de 19,500 fr.; que le méca-
« nisme en fonte étant évalué à une somme de 6,000 fr.,
« la valeur totale de l'usine, montée dans son état ac-
« tuel, s'élève à 25,500 fr.; que pour le calcul de l'in-
« demnité due au sieur Perrault, il y a lieu de déduire
« de cette somme la valeur que conserveront, après la
« suppression de la force motrice, le bâtiment dans le-
« quel est l'usine et le mécanisme démonté, bâtiment
« et mécanisme qui ne cesseront pas d'appartenir au
« sieur Perrault; qu'il résulte de l'instruction que cette
« valeur doit être estimée pour le bâtiment à 2,000 fr.
« et pour le mécanisme démonté à 3,000 fr.; qu'ainsi
« l'indemnité due à raison de la suppression de l'usine
« du sieur Perrault doit, en conséquence, être fixée à
« une somme de 20,500 fr. » (27 août 1857, *Perrault*,
700 ; 27 août 1857, *Marchand*, 695.)

289. — Que doit-on décider relativement au chômage? Lorsque le chômage résulte de l'exécution de
mesures prescrites dans l'intérêt de la navigation, les
propriétaires d'usines qui ont une existence légale
peuvent réclamer une indemnité. Le droit que l'administration a de prescrire sur les rivières navigables et

flottables toutes les mesures qu'elle juge favorables à la navigation n'empêche pas que les riverains lésés par ses mesures puissent se plaindre et demander la réparation du dommage.

Un arrêté du Conseil de préfecture de l'Yonne, en date du 20 déc. 1851, avait condamné l'Etat à payer au sieur Leblanc-Daveau, propriétaire du moulin de Bergny, situé sur la rivière flottable de Cure, une indemnité à raison de cinq jours de chômage qui avaient été ordonnés par arrêté du préfet de l'Yonne à tous les usiniers des rivières de Cure et d'Yonne, dans le but de permettre aux ingénieurs de faire un nouveau nivellement de ces rivières. Le ministre se pourvut contre cet arrêté et soutint qu'en principe aucune indemnité n'était due. Mais la solution contraire prévalut devant le Conseil d'État. (6 janv. 1853, *Leblanc-Daveau*, 57.)

290. — Il en est autrement lorsque les travaux exécutés par l'administration profitent directement ou indirectement aux usines mises en chômage. S'agit-il, par exemple, de la reconstruction d'une digue qui intéresse la force motrice de l'usine, le chômage que l'exécution de ce travail nécessite n'est pas de nature à ouvrir au profit de l'usinier un droit à indemnité. (Voy. 14 janv. 1858, *Delaune*, 77.)

« Les travaux de réparation de la digue, disait le ministre des travaux publics à l'appui du pourvoi qu'il avait formé dans cette affaire, ont été faits autrefois, je ne le conteste pas, plus particulièrement en vue du flottage; mais il n'en est pas moins vrai que ce travail profite en même temps à l'usine, puisque, si la digue eût été rompue, ce qui était imminent, le moulin n'eût plus joui de la chute qui le met en mouvement. On ne comprendrait pas, dès lors, que l'Etat fût obligé de payer à l'usinier une indemnité de chômage, alors qu'un service très-réel lui a été rendu. Le droit de l'État eût même été de réclamer le concours de l'usinier dans la dépense; l'art. 34 de la loi du 16 sept. 1807 lui en attribuant la faculté. De ce qu'il n'a pas agi ainsi et s'est montré très-libéral envers le propriétaire de l'usine, on ne peut conclure qu'il a reconnu que cet usinier avait un droit d'une autre nature à exercer contre l'administration... »

291. — L'usinier n'a, de même, aucun droit à une indemnité, lorsque la mise en chômage n'a été ordonnée que pour l'exécution de travaux de curage et de simple entretien de la rivière. Les travaux de cette nature sont effectués, en effet, aussi bien dans l'intérêt du roulement régulier des usines que dans l'intérêt plus général de la navigation. Allouer une indemnité à l'usinier dans ce cas, ce serait, ainsi qu'on l'a fait justement observer, contraindre l'administration à le payer pour le bénéfice qu'elle lui procure. (3 janv. 1848, *Roussille*, 12; 24 janv. 1861, *Douliez*, 61.)

292. — Mais il ne faut pas confondre, avec les travaux de curage et de simple entretien, ceux qui ont pour résultat de modifier les conditions d'existence des établissements tels que des dragages profonds exécutés en amont de la retenue. De pareils travaux ont pour résultat d'abaisser le plan d'eau et par conséquent de diminuer la hauteur de la chute; les usiniers, loin d'en profiter, en éprouvent un préjudice et ils ont droit par conséquent à une indemnité. Leurs réclamations ne pourraient donc être, en pareil cas, repoussées par la fin de non-récevoir qu'on leur oppose à juste titre quand il s'agit de travaux de curage. (Voy., 8 avril 1858, *Liesse*, 288.)

293. — La loi du 28 juillet 1824 a fixé à 4 francs par vingt-quatre heures l'indemnité due aux proprié-

taires des moulins et usines régulièrement établis sur les cours d'eau navigables et flottables, à raison des interruptions dans leur roulement qui sont nécessaires pour assurer le service du flottage. Mais cette disposition n'est pas applicable aux chômages résultant de l'exécution des travaux publics. L'indemnité doit alors comprendre tout le préjudice causé et peut dépasser de beaucoup, s'il y a lieu, la somme fixée par la loi de 1824. (5 mai 1830, *Moitet*, 209.) Il faut tenir compte de l'entretien des machines, du coût de la patente, des frais d'exploitation qui ne cessent pas immédiatement avec le travail de l'usine, de l'intérêt du capital nécessaire à l'exercice de l'industrie, etc... (6 fév. 1831, *Brun*, 72.) Les bases d'évaluation varient nécessairement avec les circonstances.

Un arrêt récent a accordé une indemnité de 4 francs 75 cent. par jour et par force de cheval aux sieurs Beaufrère et Lafaux, à raison du chômage d'un moulin à blé. — On lit dans cet arrêt : « Considérant qu'il résulte de l'instruction, et notamment de l'expertise ci-dessus visée, que le prix de la mouture d'un hectolitre de blé doit, après défalcation des frais de rhabillage des meules, de graissage des machines et autres frais qui ne sont pas faits pendant le chômage, être estimé à un franc; que si l'on admet, comme l'ont fait d'un commun accord la Compagnie et le sieur Beaufrère, qu'une paire de meules moud par jour 20 hectolitres de blé et exige une force de 4 chevaux, il s'ensuivra que l'inaction, pendant un jour, d'une force d'un cheval, fait perdre à l'usinier une somme de 5 francs; que sur cette somme il n'y a lieu de faire qu'une réduction d'un vingtième, à raison de la possibilité de la coïncidence des chômages causés par le canal avec ceux que nécessitent les réparations des ventelleries du moulin et certains jours fériés; que l'indemnité due par jour et par force de cheval se trouve ainsi fixée à 4 fr. 75 cent. » (5 juil. 1855, *Beaufrère* et consorts, 496.) Pour les usines d'une autre nature le calcul de l'indemnité se fait de la même manière en tenant compte du produit et des frais. Il est inutile à cet égard d'entrer dans des détails. Mais l'exemple que nous venons de donner suffit pour montrer que la jurisprudence du Conseil repousse l'application de la loi de 1824 aux chômages résultant de travaux publics.

294. — L'article 56 de la loi du 16 septembre 1807 ne donne aux propriétaires d'usines le droit de réclamer une indemnité, à raison des dommages qui leur sont causés, que dans le cas où ces dommages sont la conséquence de travaux d'utilité publique. — Sagit-il seulement de mesures prises dans un intérêt de police ou de salubrité publique (comme l'abaissement temporaire ou permanent d'un barrage afin d'éviter des inondations), le droit à l'indemnité disparaît, et l'usinier ne peut se plaindre ni de la mise en chômage, ni de la diminution de la force motrice concédée, ni de tout autre dommage direct et matériel qui en résulterait pour lui. La jurisprudence a plusieurs fois proclamé cette distinction [1]. (Voy. 9 déc. 1858, *Raffray*, 708.)

---

[1]. Cette jurisprudence est d'une rigueur excessive, surtout dans le cas où l'usine est passée dans les mains de son possesseur en vertu d'une vente nationale. L'État vendeur peut-il, sous prétexte d'un intérêt de police, supprimer sans indemnité un établissement dont il a touché le prix? Cette question est grave, et nous ne serions pas surpris de voir un jour le Conseil d'État revenir à une solution qui a pour elle l'équité.

SECTION II

Dommages aux usines situées sur les cours d'eau non navigables ni flottables.

295. — L'art. 48 de la loi du 16 septembre 1807, qui impose aux propriétaires d'usines l'obligation de justifier de l'existence légale de leurs établissements quand ils réclament une indemnité pour dommages causés par l'exécution de travaux publics, a un caractère général et s'applique aussi bien aux usines situées sur les cours d'eau non navigables ni flottables qu'à celles qui sont mises en mouvement par les cours d'eau du domaine public. A cet égard, la jurisprudence est constante : elle répudie toute distinction, soit quant à la nature du cours d'eau, soit quant à la nature des travaux, et elle exige dans toute hypothèse la solution préalable de cette question préjudicielle. (Voy. 14 janv. 1841, *Honnorez*, 3; 27 nov. 1844, *Comp. du canal de la Sambre*, 593; 16 janv. 1846, *Morlet*, 466; 17 déc. 1847, *Pinon*, 689; 20 juin 1848, *Chevalier*, 401; 8 juin 1850, *Bergère*, 9 fév. 1854, *Laroche*, 94.) Nous allons donc, comme nous l'avons fait dans la section précédente, à propos des usines situées sur les cours d'eau du domaine public, rechercher dans quelles circonstances celles dont nous nous occupons ici peuvent être considérées comme légalement établies.

296. — Les principes qui régissent les cours d'eau non navigables ni flottables sont bien différents de ceux que nous venons d'étudier en parlant des cours d'eau du domaine public. On a discuté et on discutera longtemps encore sans doute sur la question de savoir à qui appartient le lit des rivières non navigables ni flottables. Mais tout le monde reconnaît que les riverains possèdent, sur l'eau qui baigne leurs héritages, des droits dont la nature n'a pas été précisée par le législateur d'une manière nette et vraiment caractéristique, mais qui leur permettent d'en user suivant leurs besoins, et notamment d'utiliser les pentes et la force motrice qui en résulte. On admet également qu'il n'est pas nécessaire pour cela d'une concession administrative : les riverains puisent leur droit dans leur qualité même, et ils l'exercent seulement sous la haute surveillance de l'administration. L'utilisation des

pentes par la construction des barrages aurait, en effet,
si elle avait été complétement abandonnée aux entreprises des particuliers, donné lieu aux plus graves
abus et entraîné parfois des malheurs publics. Il fallait bien que quelqu'un fût chargé de mettre fin aux
conflits qui s'élèvent nécessairement entre les riverains
relativement à l'usage des eaux. Comment les intéressés
pourraient-ils se faire leurs parts à eux-mêmes ? Libres
d'agir suivant leurs fantaisies, les propriétaires supérieurs enlèveraient toutes les eaux aux propriétaires inférieurs. Si chacun pouvait exercer son droit sans contrôle, la proximité des cours d'eau ne serait réellement
qu'un avantage stérile. De là est venue la nécessité, pour
celui qui veut construire un moulin ou une usine, d'obtenir une autorisation administrative. Dans ce but, la loi
du 20 août 1791 impose aux administrations départementales l'obligation « de rechercher et indiquer les moyens
de protéger le libre cours des eaux, d'empêcher que les
prairies ne soient submergées par la trop grande élévation des écluses des moulins et par les autres ouvrages
d'art établis sur les rivières... » — C'est dans ce but
également que l'article 2 du titre 16 de la loi du
6 oct. de la même année dispose expressément que les
propriétaires ou fermiers des moulins et usines construits
ou à construire... « seront forcés de tenir les eaux à une
« hauteur qui ne nuise à personne et qui sera fixée par
« le directoire de département, d'après l'avis du direc-
« toire de district. »

Comme on le voit, l'intervention de l'autorité administrative est justifiée par des motifs d'utilité publique.
Mais son action est limitée par cet intérêt même et ne
saurait amoindrir le droit des riverains qui reste entier entre leurs mains et qui est soumis seulement à
une autorisation préalable à son exercice. Ici l'État ne

concède rien, il n'accorde rien qui n'appartienne déjà à ceux qui sollicitent son intervention : il exerce purement et simplement son droit de police et de surveillance dans l'intérêt général. De même qu'en matière d'alignement le propriétaire autorisé à construire reste seul et unique maître de son immeuble, de même, ici, l'autorisation administrative ne change pas la condition des riverains et ne fait pas dégénérer en une pure faveur l'usage d'un droit inhérent à leur propriété.

297. — De ces principes bien certains, il suit nécessairement que tout propriétaire d'une usine située sur un cours d'eau non navigable ni flottable a droit à une indemnité, en cas de suppression totale ou partielle de la force motrice, lorsqu'il justifie d'une autorisation régulière ou d'une existence ancienne qui fait présumer cette autorisation. A ce sujet, la jurisprudence a posé comme règle que les usines situées sur les cours d'eau non navigables devaient être considérées comme ayant une existence légale, 1° lorsqu'elles ont été construites antérieurement à 1789 ; 2° lorsque le propriétaire justifie d'une autorisation régulière accordée depuis cette époque.

Quelques mots sur chacune de ces hypothèses.

298. — La police des cours d'eau non navigables appartenait, sous l'ancien régime, aux seigneurs de chaque fief. — « Nul ne peut asseoir moulin, disait la coutume de la Ferté-Ymbault, chap. 5, art. 10, *sans le congé du seigneur.* » — Cette disposition se trouve répétée dans la plupart des coutumes, et elle était sanctionnée par une pratique immémoriale. Avant 1789, les usines situées sur les cours d'eau non navigables, en vertu de la permission des seigneurs, avaient donc une existence légale qu'on ne pourrait aujourd'hui leur contester sans nuire à des possessions légitimes et sans faire rétroagir les dispositions des lois nouvelles. Aussi la preuve de la

concession d'une usine antérieurement à cette époque suffit aujourd'hui pour assurer au propriétaire une indemnité, dans le cas de chômage ou de suppression résultant de travaux publics.

299. — Bien plus, comme la concession n'était pas toujours expresse et résultait souvent du consentement tacite du seigneur, et comme à raison de l'ancienneté des établissements, bien peu de titres originairement accordés pourraient être représentés, on a pensé qu'il ne fallait pas repousser, par une fin de non-recevoir absolue, les réclamations qui ne se fonderaient pas, avant tout, sur un acte écrit de concession. Un nombre considérable d'usines remontant à une époque éloignée auraient vu leur existence compromise, si elle avait été subordonnée à cette obligation. On a donc admis un tempérament, et la jurisprudence décide que la preuve de l'établissement légal des usines situées sur les cours d'eau non navigables peut, à défaut d'actes écrits, émanés des autorités compétentes, résulter des circonstances et notamment de l'époque de la construction de l'usine, de la qualité de ses constructeurs, du caractère des transmissions qui en auraient été faites, et même de la prescription acquise avant la promulgation des lois abolitives de la féodalité. (28 août 1844, *de Fieulaine*, 526 ; 18 juin 1852, *Roussille*, 249.) Dans maintes circonstances, le Conseil d'État a jugé notamment « qu'antérieurement aux lois abolitives du régime féodal et à la loi du 20 août 1790, les usines pouvaient être établies sur les cours d'eau non navigables avec la permission expresse ou tacite des anciens seigneurs auxquels appartenait la police desdits cours d'eau, » et que, dès lors, il suffit que l'existence de l'usine avant cette époque soit constante pour qu'elle soit considérée comme légalement établie. (29 juil. 1846, *Monard*, 420 ; 5 sept.

1846, *Morlet* 466; 22 nov. 1851, *Canal de la Sambre à l'Oise*, 692; 29 nov. 1851, *Rouyer*, 713; 1ᵉʳ fév. 1855, *Canal de la Sambre à l'Oise*, 100; id. *Roussille*, 101; 13 juin 1860, *Canal de la Sambre*, 453; Dufour, t. 4, n° 494; Daviel, t. 2, n° 603; Nadaud de Buffon, *des Usines*, t. 2, p. 313.)

300. — Soit qu'au fait de l'existence de l'usine antérieurement à 1789 vienne se joindre cette circonstance que le détenteur la possède en vertu d'une vente nationale, soit qu'il puisse invoquer seulement une cession faite par l'État, l'existence légale de l'établissement ne peut plus être contestée. Le propriétaire a droit à une indemnité à raison des dommages qui lui sont causés, à moins, bien entendu, qu'on ne trouve dans l'acte de vente une clause spéciale restrictive de ce droit. La jurisprudence a depuis longtemps consacré ces solutions.

« Considérant que le moulin de Bernot, situé sur la partie non navigable de l'Oise, existait dès l'année 1772; que, saisi nationalement sur le sieur de Melle, seigneur dudit lieu, il a été vendu par l'État aux auteurs du sieur Morlet, le 10 fructidor an VI; qu'il a, dès lors, une existence légale, et qu'aucune clause de l'acte de vente n'interdisant à l'acquéreur ou à ses représentants le droit de réclamer indemnité, en cas de chômage nécessité par des motifs d'utilité publique, le sieur Morlet était fondé à demander qu'il fût procédé à l'évaluation du préjudice qu'il prétendait avoir éprouvé dans l'exploitation de son usine, et au règlement de l'indemnité à laquelle il pouvait avoir droit. » (5 sept. 1846, *Morlet*, 466. Voy. enc. 11 juil. 1844, *Boulogne*, 25 juin 1845, *de Lameth*, 362; 11 juil. 1845, *Pruvost*, 385; 24 juillet 1845, *Devienne*, 397; 22 nov. 1851, *Canal de la Sambre à l'Oise*, 692; 29 nov. 1851, *Comp. de la navig. du Drot*, 709.)

301. — Les ventes nationales équivalent à un titre

régulier d'établissement, non-seulement quant à l'existence même de l'usine, mais aussi quant à la force motrice utilisée au moment de la vente. C'est à ce moment qu'il faut se reporter, par exemple, lorsqu'il s'agit de fixer l'indemnité de suppression ou de diminution de force motrice. Ainsi, lorsque avant la vente nationale la force motrice avait été augmentée sans autorisation, la vente a pour effet de donner un caractère légal à cette usurpation, l'administration n'a le droit de critiquer que les augmentations postérieures à la vente. (19 janv. 1854, *Roussille*, 39.)

302. — Les usines construites depuis 1790 n'ont d'existence légale que dans le cas où elles ont été régulièrement autorisées par l'administration. La possession seule ne suffit pas pour justifier les demandes d'indemnité : l'usinier doit produire un titre, et ce titre ne peut être qu'un acte administratif émané des autorités compétentes.

Mais quelles sont ces autorités?

303. — Il paraît certain que, dans le principe, les administrations centrales des départements avaient reçu de la loi le droit d'autoriser l'établissement des usines sur les cours d'eau non navigables. La loi du 20 août 1790 leur enjoignit, en effet, de rechercher et d'indiquer les moyens de procurer le libre cours des eaux, d'empêcher que les prairies ne fussent submergées par la trop grande élévation des écluses des moulins et par les autres ouvrages d'art établis sur les rivières, de diriger enfin, autant qu'il serait possible, toutes les eaux de leur territoire vers un but d'utilité générale. — L'article 16 de la loi des 28 septembre-6 octobre 1791 sur la police rurale précisa avec plus de soin encore ces attributions. On lit dans son article 16 : « Les proprié-
« taires ou fermiers des moulins et usines construits ou

« *à construire* seront garants de tous dommages que les
« eaux pourraient causer aux chemins ou aux autres
« propriétés voisines par la trop grande élévation du
« déversoir ou autrement ; ils seront forcés de tenir les
« eaux à une hauteur qui ne nuise à personne et *qui sera*
« *fixée par l'administration* de département, d'après
« l'avis de l'administration de district. »

Ces textes ne semblent laisser aucun doute sur l'attribution conférée aux directoires de département. Toutefois le pouvoir central ne tarda pas à en revendiquer
l'exercice. Plusieurs actes d'administration parmi lesquels on remarque un arrêté du 13 nivose an V, l'instruction en date du 24 pluviôse de la même année, et
surtout l'arrêté directorial du 19 ventôse an VI adressèrent aux administrations centrales la prohibition d'autoriser les usines sans l'agrément préalable de l'autorité
supérieure, et proclamèrent en même temps la nullité
des autorisations précédemment délivrées sans l'accomplissement de cette formalité. A partir de cette époque,
les dispositions de la loi de 1791 tombèrent dans une
complète désuétude, et le gouvernement seul délivra les
autorisations. Mais il peut s'élever des difficultés en ce
qui concerne l'époque intermédiaire de 1791 à l'an VI.
Bornons-nous à constater que le Conseil d'État a jugé
qu'à aucune époque, depuis la Révolution, le pouvoir
central n'avait perdu le droit d'autoriser l'établissement des usines. (Voy. 18 août 1849, *Truelle-Mullet*,
510.)

Le décret du 25 mars 1852 a rendu cette attribution
à l'autorité locale représentée par le préfet. On a conclu
de là que ce fonctionnaire peut même modifier les anciennes ordonnances portant règlement d'eau. (26 juillet
1855, *Uliers et consorts*, 558.)

304. — Pour terminer ce qui nous reste à dire en

ce moment des usines situées sur les cours d'eau non navigables, nous devons parler d'une réserve qu'on trouve souvent insérée dans les actes portant concession de nouvelles usines, ou accordant à des usines anciennement établies l'autorisation d'y faire des modifications déterminées. Assimilant à tort l'autorisation nécessaire aux riverains des cours d'eau non navigables à la concession des eaux ou des pentes des rivières navigables, l'administration a cru, à diverses époques, pouvoir la subordonner à cette condition, que l'usine serait démolie sans indemnité, si l'utilité publique l'exigeait. — La clause qui contient cette réserve est ordinairement conçue dans les termes suivants :

« Les permissionnaires ou leurs ayants cause ne pour-
« ront prétendre aucune indemnité ni dédommage-
« ment quelconque, si, à quelque époque que ce soit,
« l'administration, dans l'intérêt de la navigation, du
« commerce ou de l'industrie, juge convenable de faire
« des dispositions qui les privent, en tout ou en partie,
« *des avantages résultant de la présente autorisation ;* et,
« dans ces cas, ils seront tenus de détruire à leurs frais,
« à la première réquisition, les ouvrages qu'ils auront
« exécutés en vertu de ladite autorisation, *tous droits*
« *antérieurs réservés.* »

305. — La clause de suppression sans indemnité a son origine dans un arrêté du Directoire du 19 ventôse an VI, applicable seulement aux cours d'eau navigables et flottables et aux canaux d'irrigation et de dessèchement, mais dont les dispositions furent étendues par une instruction ministérielle de la même année aux cours d'eau non navigables. Cette instruction portait « qu'il
« n'y aurait pas d'indemnité due par l'État toutes les
« fois que l'administration jugerait à propos de faire
« des dispositions pour l'avantage de la navigation, du

« commerce et de l'industrie, sur les cours d'eau, *sans*
« *distinction.* » La loi du 16 sept. 1807 sembla donner
quelque autorité à ces prescriptions jusqu'alors dépour-
vues de toute sanction législative. L'art. 48, après avoir
reconnu le droit des propriétaires d'usines à une indemnité dans le cas de suppression ou de diminution de la
force motrice, subordonne néanmoins ce droit à une
condition. Il veut qu'il soit « d'abord examiné si le titre
« d'établissement ne soumet pas les propriétaires à voir
« démolir leurs établissements sans indemnité si l'uti-
« lité publique le requiert. »

La loi de 1807 n'était pas assez explicite pour avoir la
portée que l'administration s'empressa de lui prêter.
L'art. 48 trouve en effet son application dans le cas où
une usine située sur un cours navigable est supprimée,
et la vérification qu'il impose aux Conseils de préfecture
puise sa raison d'être dans le droit spécial à ces cours
d'eau, sans qu'il soit nécessaire de supposer que le législateur a considéré comme valable la clause de non-indemnité insérée dans les actes d'autorisation relatifs aux
dérivations ou aux usines situées sur les cours d'eau non
navigables.

Nous avons vu qu'en ce qui concerne les usines situées sur les cours d'eau navigables, celles dont l'existence est antérieure à l'ordonnance de 1556, c'est-à-dire
à une époque où le domaine de la couronne était aliénable, constituent des propriétés ordinaires, aussi invio-
lables que toutes autres propriétés, et qui ne peuvent
être détruites par conséquent sans indemnité.

Il était donc indispensable d'imposer aux Conseils de
préfecture, dans le cas de dommages causés à ces usines,
l'obligation de rechercher à quelle époque l'établissement
a été autorisé; car, si le titre d'établissement est postérieur
à 1566, il ne constitue (au moins en principe) qu'une

concession essentiellement précaire et révocable, et soumet par cela même le propriétaire à voir supprimer la force motrice sans indemnité si l'utilité publique l'exige. Tel est l'objet de l'art. 48 de la loi du 16 sept. 1807, qui, ne parlant pas expressément des usines situées sur les cours d'eau non navigables, ne peut être étendu à une matière régie par les principes du droit commun.

Même en ce qui concerne les usines situées sur les cours d'eau non navigables, l'art. 48 trouve son application dans certaines circonstances en dehors du cas pour lequel on prétendait qu'il avait été édicté. Il arrive souvent, en effet, qu'au moment d'une vente nationale l'État impose à l'acquéreur l'obligation de supporter la suppression sans indemnité pour cause d'utilité publique. C'est en vue de cette clause parfaitement valable, parce qu'elle est la condition d'un contrat à titre onéreux, et non pas en vue de réserves à tort contenues dans les autorisations où l'État se borne à exercer ses pouvoirs de police, que l'art. 48 impose aux juridictions administratives l'examen préalable de la légalité de l'usine.

Quoi qu'il en soit, l'administration vit, dans cette disposition, la confirmation de son droit, et la clause de non-indemnité continua à être insérée dans les actes d'autorisation. On la retrouve dans presque toutes les permissions accordées à cette époque. Deux décisions ministérielles, la première de M. de Montalivet, en date du 21 août 1810, la seconde de M. Laisné, en date du 11 novembre 1817, semblèrent même en avoir consacré définitivement l'usage, lorsqu'en 1829 l'administration cessa de l'imposer aux riverains des cours d'eau non navigables ni flottables. Quel fut le motif de ce retour subit aux véritables principes? Il est difficile de le savoir. On ne trouve nulle part la trace d'une délibération prise à ce sujet : on constate seulement qu'en fait, l'usage constamment suivi jusque-là fut à ce moment abandonné. Il est même remarquable que l'administration active eut à lutter pour le maintien de cette mesure favorable à la propriété. En 1834, une demande d'autorisation d'usine ayant été soumise au Conseil d'État, celui-ci remarqua dans le projet soumis à son examen l'absence de la clause. Des observations furent soumises au ministre, afin d'obtenir la réparation de cette omission. Mais ces observations ne furent pas écoutées : le ministre de l'intérieur, M. Thiers, décida qu'on se passerait de l'approbation du Conseil d'État, et l'autorisation fut accordée sans réserve.

306. — Les choses en étaient là, lorsque M. Teste, prenant, en 1842, le portefeuille des travaux publics, jugea convenable de revenir aux traditions interrompues en 1829, et prescrivit de nouveau l'insertion de la clause de démolition sans indemnité dans les actes d'autorisation. Les propriétaires d'usines sur les cours d'eau non navigables s'émurent. A la Chambre des pairs, M. le comte d'Argout, se faisant l'organe de leurs plaintes, protesta avec énergie. Dans un discours plein de faits, et remarquable par une grande vigueur d'argumentation, l'honorable pair démontra que la clause de démolition sans indemnité constituait une illégalité, qu'il était de l'intérêt aussi bien que du devoir de l'administration de faire cesser.

« S'il est vrai, disait-il, comme le soutient aujour-
« d'hui l'administration des travaux publics, que le
« droit d'accorder des autorisations implique le droit
« d'y insérer toutes les clauses qu'on veut, même la
« clause fiscale de suppression sans indemnité, pourquoi
« n'insérerait-elle pas cette clause dans les permissions
« relatives à l'établissement des usines insalubres et
« incommodes, des établissements métallurgiques et de

« toutes les manufactures qui ont besoin d'une autori-
« sation? — Pourquoi n'appliquerait-on pas aussi cette
« clause aux propriétés urbaines, qui ne peuvent être
« construites sans une permission d'alignement » ? (*Moniteur* du 10 juin 1842.)

Entrant dans le cœur même de la difficulté, M. le
comte d'Argout s'attacha à démontrer : 1° que les lois
ont accordé aux riverains des cours d'eau non navigables
tous les droits de propriété que cette nature de biens
comporte ; 2° qu'en admettant que les lois n'aient pas
donné aux riverains la propriété absolue de ces cours
d'eau, elles leur ont donné du moins des droits d'usage,
des droits réels, des droits utiles qui sont des démem-
brements de la propriété, dont ils ne peuvent être dépossédés sans indemnité: 3° qu'enfin, l'administration
eût-elle le droit d'insérer dans les autorisations la clause
de non-indemnité, il y avait profit pour elle à ne pas
user de ce droit.

Cette dernière proposition qui, au premier aperçu,
peut sembler paradoxale, fut justifiée par M. le comte
d'Argout de la manière suivante : « Quant aux avantages,
« ils se bornent à un seul, savoir : un avantage fiscal,
« c'est-à-dire que l'administration n'aura pas d'indem-
« nité à payer lorsqu'elle aura à supprimer une usine
« sur un cours d'eau non navigable; mais combien de
« fois cela arrivera-t-il? M. le ministre l'a déclaré : une
« fois sur cent ou une fois sur mille. Si l'on suppose
« que la valeur des usines passibles de l'expropriation
« sans indemnité représente 1 milliard, l'économie
« pour le Trésor sera de 10 millions à 1 million, ou
« en moyenne de 5 millions. — Mais à côté de cet
« avantage fiscal il y a un dommage fiscal, car cette ins-
« tabilité de la propriété en réduit la valeur vénale et
« par conséquent la perception des droits d'enregistre-

« ment sur les ventes et les successions. En effet, quel
« est le capitaliste qui donnerait un prix aussi élevé
« pour une usine supprimable sans indemnité que le
« prix qu'il donnerait pour une usine qui ne pourrait
« être supprimée qu'avec indemnité? — Il y aura donc
« dépréciation du montant du capital. A combien vou-
« lez-vous que cette dépréciation s'élève? à moitié? à un
« quart? à un huitième seulement? Eh bien, si la dé-
« préciation est de moitié, le Trésor perdra 20 millions
« quand l'administration des travaux publics en écono-
« misera 5. Si la dépréciation est d'un quart, le Trésor
« perdra 10 millions, et si elle est d'un huitième, le
« Trésor perdra 5 millions, pendant que les travaux
« publics économiseront pareille somme. Vous voyez
« donc que, même sous le rapport fiscal, la mesure est
« dommageable. »

M. Teste répondit à M. le comte d'Argout. Mais son
discours ne contient pas une réfutation directe des principes rappelés par le précédent orateur. — Le ministre
se borna à faire un historique assez exact, du reste, de
la question : il rappela l'usage antérieurement suivi
comme une règle qu'on devait continuer à suivre : il
invoqua, pour ainsi dire, une sorte de prescription et
réussit à faire écarter la motion de M. d'Argout par
l'ordre du jour. Depuis lors, la clause de non-indemnité
n'a pas cessé d'être insérée dans les autorisations et sa
légalité a été proclamée maintes fois par le Conseil
d'État. (Voy. 26 nov. 1846, *Courtès-Bringon*, 504;
15 déc. 1846, *Jouvin*, 550; 30 janvier 1847, *Lambot
de Fougères*, 75; 27 mai 1847, *Vittecoq*, 332; 8 juin
1850, *Quenisset*, 560; 6 mai 1853, *Couleaux*, 502.)

307. — Cependant les protestations n'avaient pas
cessé de se faire entendre. Au sein du Conseil d'État,
une minorité convaincue ne laissait passer aucune oc-

casion de réclamer en faveur des principes méconnus et devait finir par triompher. Un décret récent, en date 13 juin 1860, rendu conformément aux conclusions de M. Leviez, vient, en effet, d'apporter à la clause de démolition sans indemnité une limitation qui concilie assez heureusement les droits des riverains avec l'intérêt public.

D'après cet arrêt, il y a lieu de faire une distinction entre le cas où le dommage causé à l'usinier provient de mesures prises dans un intérêt de police, et le cas où le dommage résulte de l'exécution de travaux d'utilité publique. Dans le premier cas, aucune indemnité n'est due ; dans le second, au contraire, le riverain a droit à la réparation du dommage qu'il éprouve.

308. — Cette distinction est fondée sur les considérations suivantes. Lorsque l'administration, agissant en vertu de ses pouvoirs de police, dans l'intérêt de la salubrité ou de la sûreté publique, juge à propos soit de supprimer, soit de modifier les obstacles aux cours des eaux ou les dérivations dont elle a antérieurement autorisé l'établissement, il est juste que l'intérêt du permissionnaire s'efface devant le droit supérieur de l'administration que l'autorisation accordée n'a pu amoindrir. On dit qu'il n'y a point de droit contre le droit : il n'y en a point contre la salubrité ou la sécurité publiques. Tous les intérêts et tous les droits privés leur sont subordonnés ; l'administration ne peut jamais aliéner, à leur préjudice, sa liberté d'action. Si l'obligation imposée au riverain de demander une autorisation ne prouve pas le droit de propriété de l'État sur les cours d'eau non navigables et ne justifie pas en thèse générale la clause de démolition sans indemnité, en revanche, l'autorisation n'a pas pour effet de créer au profit du riverain un droit dont il puisse s'armer contre l'administration,

lorsqu'elle vient rétracter dans un intérêt supérieur de police et de sécurité publique la permission qu'elle avait cru devoir accorder. En un mot, le droit du riverain est soumis, *ab initio*, quant à son exercice, à la condition de ne pas devenir une cause de calamité publique : s'il est démontré que les constructions autorisées ont une telle conséquence, le propriétaire ne peut évidemment se plaindre du tort que leur suppression lui cause.

S'agit-il, au contraire, de dommages causés aux propriétaires riverains par suite de l'exécution de travaux publics, l'intérêt qui est en jeu commande sans doute le sacrifice du droit privé, en ce sens que la constatation de l'utilité publique aura pour conséquence de rendre légitime l'atteinte portée aux droits acquis. — Mais l'utilité publique a des degrés ; et si, lorsqu'il s'agit de la salubrité, le permissionnaire est exposé à se voir priver sans indemnité des avantages dont il a joui jusqu'alors, il serait souverainement inique d'appliquer la même règle au cas de dommages provenant de travaux publics. Alors les particuliers ne se trouvent pas en face d'un intérêt de police, de sûreté ou de santé publiques ; il y a un intérêt assez puissant pour justifier le sacrifice du droit privé, mais qui ne fait pas que ce droit n'a pas existé antérieurement dans toute sa plénitude. La réparation du préjudice causé est donc alors indispensable, et les clauses insérées dans les actes d'autorisation ne peuvent pas y mettre obstacle. Car, encore une fois, l'État, ne concédant rien qui n'appartînt déjà au permissionnaire, et se bornant à régulariser l'exercice de son droit, ne peut lui imposer des conditions qui ne trouvent pas leur justification dans la mission qui lui est confiée.

« La base du droit de l'arrosant et de l'usinier, disait M. Leviez dans ses conclusions à l'audience publique, n'est pas en effet dans la permission qu'il obtient : elle est dans sa qualité de riverain. C'est ce qu'on doit reconnaître sous peine d'effacer toute distinction entre les cours d'eau navigables et les cours d'eau non navigables; c'est ce qu'admettent les auteurs, quel que soit d'ailleurs leur système sur la propriété des eaux. Droit de propriété ou droit d'usage, sous un nom ou sous un autre, il existe entre les mains des riverains des cours d'eau non navigables autre chose qu'une pure éventualité, qu'une pure aptitude à recevoir des concessions discrétionnaires. C'est, disait M. Rauter en 1835, « un droit réel, positif, une espèce de servitude active, une espèce de démembrement de la propriété même. » L'exercice de cette servitude active est subordonné au contrôle de l'administration : l'administration est appelée à déclarer si, oui ou non, il peut se concilier avec les intérêts de la salubrité et de la police; mais cette déclaration ne peut être grevée de conditions fiscales, sous le prétexte que ces conditions fiscales sont en définitive moins onéreuses que ne le serait un refus. Un tel raisonnement légitimerait l'imposition d'une taxe, et tout le monde reconnaît que les taxes annuelles, signes de la précarité, ne peuvent être imposées qu'aux personnes qui utilisent les eaux du domaine public. »

« L'État, avait dit auparavant M. de Cormenin, n'a-
« git pas ici comme propriétaire, il agit comme gou-
« vernement; il ne concède pas une faveur, il fait un
« acte de police; il intervient comme tuteur, comme
« arbitre, comme homme de l'art, dans l'intérêt com-
« mun des riverains, pour l'usage des eaux, dans l'inté-
« rêt public de la salubrité et du libre écoulement des
« eaux, pour la hauteur des déversoirs, des construc-
« tions et des communications; les autres clauses qu'il
« ajoute sont surérogatoires; elles sortent de sa compé-
« tence, parce qu'elles sont en dehors de la compétence

« administrative, et les tribunaux, dans l'examen de
« l'indemnité, ne s'y arrêteraient pas... » (Voy. *Quest.
de dr. adm.*, 4e édit., t. 2, p. 300 ; M. Daviel, *Tr. des
cours d'eau*, no 191 ; Isambert, *Tr. de Voirie*, t. 2,
p. 219 ; Garnier, *Rég. des eaux*, no 193.)

309. — C'est à cette doctrine parfaitement juridique
que le décret précité du 19 juin 1861 a rendu hom-
mage : il est trop important pour que nous n'en don-
nions pas ici le texte complet.

« En ce qui touche la disposition de l'arrêté attaqué
qui porte que le permissionnaire ne pourra prétendre
à aucune indemnité dans le cas où, pour l'exécution de
travaux dont l'utilité publique aura été légalement constatée, l'administration reconnaîtrait nécessaire de prendre des mesures qui le priveraient en tout ou en partie
des avantages résultant de la permission ;

« Considérant qu'il résulte de ce qui précède que la
rivière le Rouloir n'est ni navigable ni flottable ;

« Considérant qu'en autorisant le duc de Clermont-
Tonnerre à établir une prise d'eau en vue de l'irrigation de prairies qui bordent cette rivière, l'administration n'a fait qu'user du pouvoir de police des eaux
qui lui appartient à l'égard des cours d'eau non navigables ni flottables ; que si, en accordant cette autorisation, elle pouvait stipuler que dans le cas où elle prendrait, pour la police et la répartition des eaux du Rouloir, de nouvelles mesures qui priveraient en tout ou
en partie le duc de Clermont-Tonnerre du bénéfice de
cette permission, il n'aurait droit à aucune indemnité,
elle ne pouvait lui imposer la même condition d'une
manière absolue pour le cas où la jouissance des eaux
lui serait retirée en totalité ou en partie, par suite de
l'exécution de travaux quelconques dont l'utilité publique aurait été légalement constatée ;

« Art. 1ᵉʳ. Sont annulés : 1° l'article 4 de l'arrêté du préfet de l'Eure, du 8 mars 1859, qui impose au duc de Clermont-Tonnerre l'obligation de payer une redevance annuelle au profit de l'État; 2° l'article 10 du même arrêté en tant qu'il impose au duc de Clermont-Tonnerre la condition de ne pouvoir réclamer une indemnité dans le cas où il serait privé temporairement ou définitivement de sa prise d'eau par des travaux publics, autres que ceux qui seraient nécessaires pour la police et la répartition des eaux du Rouloir... » (Voy. 13 juin 1860, *Bouillant-Dupont*, 458.)

Ainsi interprétée, la clause de suppression sans indemnité cesse d'être une menace et une cause de dépréciation permanente pour les établissements situés sur les cours d'eau non navigables, et c'est là, on ne saurait le méconnaître, un avantage inappréciable. « Alors même que le droit serait douteux, disait fort « justement M. le comte d'Argout, mieux vaut cent fois « créer, consolider la propriété là où elle n'existe pas, « que de l'attaquer là où elle existe réellement. »

310. — Bien que le décret du 13 juin 1860 ait enlevé à la jurisprudence relative à la clause de démolition sans indemnité l'intérêt qu'elle présentait, il ne sera pas inutile de faire connaître la portée que la jurisprudence lui avait assignée. Ainsi, des derniers mots de la clause, tous droits antérieurs réservés, on avait conclu que lorsque la permission n'était relative qu'à des augmentations à une usine ancienne, on ne devait, en cas de suppression, refuser l'indemnité que pour ce qui faisait l'objet de la nouvelle concession. — Il eût été souverainement injuste, en effet, d'accorder à l'administration la faculté de soumettre à une stipulation aussi exorbitante un droit antérieurement acquis sans condition, et l'on ne faisait pas de difficulté de reconnaître que la force mo-

trice accordée par la nouvelle autorisation était seule soumise à l'application de la clause de non-indemnité. M. Becquey, directeur général des ponts et chaussées écrivait à ce sujet le 11 mai 1829 à M. le préfet de la Vendée.

« J'ajoute, au surplus, que la clause qui donne lieu « à ces réclamations ne porte éventuellement que sur les « établissements de nouvelle création, et que s'il s'agis- « sait d'une usine ancienne à laquelle ces augmentations « ou améliorations quelconques auraient été faites, l'ar- « ticle de l'ordonnance contenant des réserves faites « dans l'intérêt général est rédigé de manière à ne faire « porter l'obligation imposée que sur les augmentations « ou améliorations, c'est-à-dire que le gouvernement « se réserve le droit de faire rétablir, sans donner ou- « verture à aucune demande en indemnité, les choses « dans leur ancien état. » (*Moniteur* du 10 juin 1842.)

Il a été jugé en ce sens que la clause de non indem- nité est spéciale « au cas où l'administration retirerait au permissionnaire ou à ses ayants cause les avantages concédés par la nouvelle autorisation et ne fait pas obs- tacle à ce que, dans le cas de suppression totale ou par- tielle de l'usine pour cause d'utilité publique, l'usinier fasse valoir les droits qu'il pourrait avoir antérieurement à cette autorisation. » (6 mai 1848, *Houdelière*, 257 ; 8 juin 1850, *Quenisset*, 560 ; 22 mars 1851, *Noë*, 215.)

311. — Lorsque l'existence de l'usine est légalement établie, et lorsqu'on ne peut opposer à l'usinier aucune clause restrictive du droit commun, il doit lui être tenu compte de tous les dommages directs et matériels résul- tant de l'exécution de travaux publics. Il nous paraît in- utile d'entrer ici dans plus de détails à cet égard. Ce que nous avons dit en parlant des usines situées sur les cours d'eau du domaine public, soit quant aux diverses causes

à raison desquelles une indemnité est due, soit quant
aux exceptions qui peuvent être opposées à la demande,
soit quant au mode d'évaluation de l'indemnité de suppression ou de chômage, trouve ici son application.
Nous nous bornerons donc, afin d'éviter des répétitions
inutiles, à renvoyer le lecteur au chapitre précédent.
Il fera aisément la part, dans les solutions que nous y
avons données, de l'influence que peut exercer sur quelques-unes d'entre elles la nature différente des cours
d'eau dont il s'agit dans l'un et l'autre chapitre. (Voy.
suprà, nos 28 et suiv.)

TITRE VI

DE L'ACTION EN INDEMNITÉ.

312. — Objet de ce titre.

312. — Nous avons dans les chapitres précédents fait connaître les règles diverses auxquelles le droit à l'indemnité en matière de dommages est subordonné. Il faut maintenant rechercher : 1° à qui appartient le droit d'en demander la réparation ; 2° contre qui l'action en indemnité peut être dirigée ; 3° quelles sont les exceptions qu'on peut lui opposer. Cette étude va faire l'objet de trois chapitres distincts.

CHAPITRE PREMIER

A QUI APPARTIENT L'ACTION EN INDEMNITÉ.

313. — L'action appartient à celui qui a éprouvé le dommage.
314. — En première ligne, le propriétaire a qualité pour agir.
315. — L'État, comme tout autre, peut réclamer une indemnité aux entrepreneurs ou concessionnaires qui ont pris à leur charge la réparation des dommages causés par les travaux.
316. — Droits de l'acquéreur, à raison de dommages antérieurs à la vente. — Double action contre son vendeur ou contre l'administration.
317. — Recours du vendeur contre l'administration.
318. — A quel moment ce recours peut être exercé.
319. — Action des fermiers ou locataires. La jurisprudence déclare recevable l'action qu'ils dirigent en leur nom personnel contre les auteurs des dommages qui leur sont causés.

313. — En principe, l'action en indemnité n'appartient qu'à celui qui a éprouvé le dommage; tout autre est sans qualité pour agir.

Ce principe est tellement élémentaire qu'il semble inutile de le rappeler : cependant le Conseil d'État a eu quelquefois à en faire l'application dans des circonstances où les faits en avaient sans doute obscurci la clarté. C'est ainsi qu'il a décidé que des propriétaires lésés par l'exécution de travaux publics n'avaient qualité pour attaquer devant le Conseil d'État l'arrêté du Conseil de préfecture que chacun en ce qui le concernait, et qu'ils n'étaient pas recevables à en demander la réformation au profit des autres propriétaires qui n'avaient pas formé de pourvoi. (24 juillet 1847, *Métral et Marthouret*, 492.)

314. — Parmi les ayants droit à l'indemnité, celui qui se présente en première ligne est le propriétaire, soit qu'il agisse personnellement, soit que l'action soit in-

tentée par ses représentants légaux, tuteurs, maris, etc. (28 fév. 1845, *Marmagnan*, 95.)

Il suffit au propriétaire de justifier de sa qualité (15 mai 1836, *Desflassieux*, 367). Si une contestation s'élevait à ce sujet, le débat constituerait une question préjudicielle de la compétence des tribunaux ordinaires.

315. — L'État, comme tout autre propriétaire, a le droit, dans le cas où le domaine éprouve une atteinte directe et matérielle, de réclamer une indemnité soit au concessionnaire, soit à l'entrepreneur, lorsque par une clause particulière des cahiers des charges la réparation des dommages de toute nature, temporaires et permanents, leur a été imposée. (Voy. 15 mars 1855, *Société du canal de la Sambre à l'Oise*, 200.) Il s'agissait dans cette affaire de dommages causés aux fortifications de la place de Landrecies par l'exécution du canal de la Sambre. L'État réclama et obtint une indemnité.

316. — L'acquéreur, troublé dans sa jouissance par un fait dont l'origine est antérieure à la vente, peut, à son choix, exercer une action en garantie contre son vendeur, ou bien demander à l'administration la réparation du préjudice causé. L'action en garantie prend sa source dans le contrat, et le vendeur, pour y échapper, est tenu de prouver que le vice dont se plaint l'acheteur était apparent au moment de la vente (article 1642, C. Nap.). Quant au recours de l'acquéreur contre l'administration il se justifie également bien, puisqu'il est l'ayant cause du vendeur et peut exercer tous ses droits. (28 juin 1837, *Papault*, 274 ; 20 nov. 1840, *Maillard*, 402 ; 30 nov. 1854, *Mignot*, 919.)

317. — Le vendeur assigné en garantie par son acheteur a lui-même un recours contre l'administration. Seulement ce recours s'exerce devant les tribunaux ad-

ministratifs, tandis que l'action en garantie suit son cours devant les tribunaux civils.

318. — Mais à quel moment l'action du vendeur contre l'administration peut-elle être mise en mouvement? Suffit-il qu'il ait été assigné par son acheteur, ou bien est-il nécessaire que, sur cette assignation, il ait été statué définitivement, et que les droits de l'acquéreur aient été reconnus et leur quotité déterminée?

Dans son traité de la vente (n° 431) M. le premier président Troplong décide que ce n'est pas seulement le cas d'éviction qui donne lieu à garantie. Suivant lui, la responsabilité du vendeur est encore engagée lorsqu'il y a simple trouble dans la personne de l'acheteur. « On « appelle trouble, ajoute-t-il, les demandes qui sont « données contre l'acheteur par un tiers qui prétend « avoir droit de se faire délaisser l'héritage vendu..... « en un mot, tout ce qui ébranle le droit de l'acheteur, « tout ce qui le met en question, soit pour le tout, soit « pour partie, tout ce qui constitue une prétention me- « naçante et une collision contraire aux promesses du « contrat. »

M. Troplong ne donne cette solution que pour le cas où il s'agit de l'éviction totale ou partielle de l'acheteur. Mais il nous paraît certain qu'on doit l'étendre au cas où il s'agit de la garantie pour vices cachés. Dès que ces vices se sont manifestés, l'action en garantie peut être exercée contre le vendeur, et par conséquent celui-ci est, dès ce moment, autorisé à réagir contre les tiers qui en sont responsables. Ainsi, je suppose qu'avant la vente, l'administration ait fait exécuter des travaux qui ont eu pour résultat de déchausser un mur. Elle a été condamnée à refaire ce mur ; mais la reconstruction a été incomplète et contraire aux règles de l'art. Le mur s'écroule après la vente. L'acheteur assigne son vendeur en garantie et celui-ci, sans attendre le jugement du procès engagé, ajourne de son côté l'administration devant le Conseil de préfecture pour obtenir une indemnité destinée à le couvrir contre l'éventualité dont il est menacé. Ce recours ne peut pas être repoussé comme prématuré. Il est justifié par la poursuite à laquelle le vendeur doit répondre. L'autorité administrative, complétement indépendante de l'autorité judiciaire, n'a pas à se préoccuper de la décision à intervenir entre l'acheteur et le vendeur. Elle a uniquement à résoudre la question de savoir si une indemnité est due au réclamant à raison du fait dont il se plaint et quel en doit être le chiffre. De son côté, le tribunal saisi de l'action en garantie formée par l'acheteur ne peut pas être arrêté par l'exercice du recours dirigé contre l'administration, et il doit se borner à appliquer les règles du droit civil dans leur rapport avec la cause dont il est saisi. Sans doute, il pourra se faire que les deux décisions soient contradictoires, en ce que, par exemple, le vendeur condamné par le tribunal civil à payer une indemnité à l'acheteur, aura déjà vu sa propre réclamation repoussée par la juridiction administrative. Mais cet inconvénient est inévitable, de quelque manière qu'on procède, et il pourrait tout aussi bien se produire dans le cas où le Conseil de préfecture se bornerait à surseoir jusqu'après la décision des tribunaux civils. C'est là une conséquence de la séparation et de l'indépendance absolue des pouvoirs.

319. — En matière d'expropriation pour cause d'utilité publique, il est depuis longtemps admis que le locataire a droit à une indemnité distincte de celle qui est allouée au propriétaire. L'article 21 de la loi du 3 mai 1841 enjoint au propriétaire de faire connaître à l'administration ses fermiers et locataires; mais il donne en même temps à ceux-ci le droit de se faire connaître

et de se présenter personnellement devant le jury. L'article 39 corrobore cette disposition, assez claire par elle-même pour ne laisser aucun doute sur le droit du preneur, en exigeant que le jury prononce des indemnités distinctes en faveur des parties qui les réclament à des titres différents, comme fermiers, locataires, etc., etc.

Les mêmes règles sont applicables en matière de dommages. L'article 1749 du C. Nap. impose, il est vrai, au propriétaire l'obligation de faire jouir paisiblement le preneur, et l'on aurait pu soutenir que ce dernier trouve, dans le recours que la loi lui accorde contre son bailleur, une garantie suffisante qui exclut toute action contre l'administration ; mais les art. 1725 et suiv. viennent à cet égard enlever tout prétexte à la discussion en consacrant expressément le droit d'action directe des locataires contre les tiers qui les troublent dans leur jouissance. (Cass. 31 mai 1842, *Assoc. de la Corrèze*, Dal., v° Trav. publ., n° 1036) La jurisprudence administrative s'est prononcée dans le même sens et n'a jamais repoussé les réclamations des locataires qui réclament personnellement l'indemnité à laquelle ils peuvent avoir droit. (15 sept. 1843, *Gaudin*, 539 ; 18 août 1849, *Mouth et Mévolhon*, 528 ; 14 septembre 1852, *Tremery*, 422 ; 30 mars 1854, *Nègre et Merme*, 265 ; 7 fév. 1856, *Garnier*, 126.)

320. — Bien plus, le Conseil d'État a plusieurs fois déclaré non recevable l'action dirigée par le propriétaire au nom et pour le compte de ses locataires. Il n'admet point que le bailleur se fasse allouer, même pour leur en tenir compte, l'indemnité à laquelle ils peuvent prétendre. Il est possible, en effet, d'une part, que le locataire n'ait pas l'intention de se plaindre, soit qu'il ait considéré le dommage comme compensé par les avantages résultant de la nouvelle situation des lieux, soit que par tout autre

motif dont il entend rester juge il ait intérêt à ne pas engager la lutte. Dans tous les cas, l'administration est fondée à dire au propriétaire qu'il n'est pas le représentant légal de ses locataires et à repousser par une fin de non-recevoir les prétentions soulevées par lui en leur nom.

Un arrêté du Conseil de préfecture du département de l'Allier, en date du 28 déc. 1855, en statuant sur les demandes d'indemnité formées par le sieur Grangier, fermier, et le sieur Hutteau-d'Origny, son propriétaire, à raison des dommages qui leur avaient été causés par suite de l'occupation, par les entrepreneurs du chemin de fer du centre, de diverses parcelles de terre faisant partie de la ferme de la Chaize, avait rejeté, comme non recevable, la réclamation formée par le sieur Grangier en sa qualité de fermier, et alloué au sieur Hutteau-d'Origny une indemnité pour la privation de jouissance de ses terres pendant la durée de l'occupation et une autre indemnité pour la dépréciation du terrain, en déclarant que c'était à ce propriétaire à tenir compte à son fermier des indemnités auxquelles ce dernier pouvait avoit droit.

Le sieur Grangier se pourvut contre cette décision, et le Conseil d'État annula l'arrêté par les motifs ci-après :

« Sur le moyen tiré de ce que le Conseil de préfecture aurait refusé à tort d'accorder *directement* au requérant l'indemnité qu'il réclamait à raison des dommages causés à plusieurs parcelles de terre qu'il tenait à ferme du sieur Hutteau-d'Origny;

« Considérant qu'il résulte de l'instruction et que d'ailleurs il n'est pas contesté que ces parcelles de terre ont été occupées pendant trois années par la compagnie du chemin de fer du centre et rendues ensuite à leur propriétaire recouvertes d'une masse de déblais de 3 mètres environ de hauteur;

« Considérant que, pendant cette occupation, le sieur Grangier a été privé de ses récoltes ; que de plus, par suite de l'existence des déblais relevés en cavaliers sur ses terres, il a supporté, après la cessation de l'occupation, la dépréciation qui en a été la conséquence ; que, sous ce double rapport, ce fermier a éprouvé un préjudice direct dont il était fondé à réclamer personnellement la réparation ; qu'*ainsi c'est à tort que le Conseil de préfecture a décidé que c'était au sieur Hutteau-d'Origny à tenir compte au fermier de l'indemnité qui pouvait lui être due.* (7 janvier 1858, *Grangier*, 40 ; 18 novembre 1858, *Moreaux*, 657.)

« Considérant, porte un autre arrêt, que les sieur et dame Marmagnant n'ont justifié d'aucun pouvoir de leur ancien fermier, ni d'aucun acte qui les subrogeât à ses droits ; qu'ils étaient, dès lors, sans qualité pour réclamer l'indemnité des pertes éprouvées par celui-ci ; qu'ainsi, c'est à tort que le Conseil de préfecture a accordé à la dame veuve Marmagnant la somme de 450 fr. au compte du sieur Lenevaux, sauf recours de ce dernier contre elle... » (28 fév. 1845, *Marmagnant*, 95 ; Voy. enc. 24 janv. 1861, *Carré*, 58 ; 7 mars 1861, *De la Grange*, 167.)

321. — L'administration peut d'autant mieux repousser l'action du propriétaire par une fin de non-recevoir, qu'elle resterait, dans le cas où il serait insolvable, exposée au danger de payer deux fois la même indemnité.

Le Conseil d'État a jugé, il est vrai, que lorsqu'un propriétaire a successivement porté devant le Conseil de préfecture et devant le Conseil d'État une demande en indemnité pour le dommage causé à sa propriété, et lorsqu'il a été définitivement statué sur cette demande par décret qui lui accorde la réparation de la totalité du dommage, les locataires qui ne sont pas intervenus dans ces instances ne sont pas recevables à réclamer ultérieurement l'allocation, à leur profit, d'une indemnité particulière, à raison de la portion de préjudice qu'ils prétendent avoir éprouvé personnellement, sauf à eux à exercer devant qui de droit, s'ils s'y croient fondés, leur recours contre leur bailleur. (15 juillet 1853, *Colladon*, 706.)

Mais la doctrine de cet arrêt est difficile à concilier avec la jurisprudence, qui accorde au locataire le droit d'agir directement contre l'administration pour la réparation du dommage qu'il a éprouvé. Et, en effet, puisque le preneur peut agir par action directe contre l'auteur du trouble, le propriétaire qui réclame au nom du locataire n'a pas qualité pour le représenter en justice. Le propriétaire n'étant pas garant du trouble de fait éprouvé par le locataire (voy. *infrà*, nos 315 et suiv.), la demande qu'il fait d'une indemnité pour les dommages afférents à la jouissance est, en elle-même, absolument irrecevable, et l'administration peut la repousser par voie d'exception. Si elle n'oppose pas cette exception au propriétaire, et si elle laisse fixer l'indemnité due pour la privation de jouissance, est-ce que cette circonstance peut avoir pour effet de faire disparaître le droit exercé plus tard par le locataire ? Est-ce que celui-ci ne peut pas dire qu'il est étranger à la première instance et que ce qui a été jugé est, en ce qui le concerne, *res inter alios judicata ?* Il avait le droit d'agir directement contre les tiers qui l'ont troublé dans sa jouissance, et ce droit, il l'a encore, parce qu'il n'y a pas renoncé. Lui réserver un simple recours en répétition contre le propriétaire, c'est déclarer opposable à son respect une décision à laquelle il n'a été ni partie, ni représenté. C'est lui faire courir, d'ailleurs, la chance de perdre le montant de l'indemnité qui a été allouée au propriétaire, si ce dernier est insolvable. Il ne me paraît donc pas que le décret du 15 juillet 1853 soit appelé à faire jurisprudence.

322. — Les conventions passées entre l'administration et le propriétaire, sans que les locataires aient été appelés, ne sont pas non plus opposables à ceux-ci. Si donc, le propriétaire est convenu d'un chiffre d'indemnité pour dommages quelconques, cette stipulation ne peut porter atteinte à la faculté qui appartient personnellement aux locataires de faire valoir leurs droits contre l'administration. (7 fév. 1856, *Garnier*, 126.) Exceptons, bien entendu, le cas où il y aurait eu collusion entre le propriétaire et le locataire.

323. — Le locataire, au lieu de s'adresser à l'administration, ne pourrait-il pas diriger une action contre son bailleur, qui, aux termes de l'art. 1719 du C. Nap., est obligé, par la nature du contrat, et sans qu'il soit besoin d'aucune stipulation particulière, de le faire jouir paisiblement de la chose louée pendant la durée du bail?

Pour se soustraire à l'obligation qui résulte de cette disposition, le propriétaire invoque l'article 1725 du Code Nap., suivant lequel « le bailleur n'est pas tenu de « garantir le preneur du trouble que des tiers apportent « par voie de fait à sa jouissance, sans prétendre, d'ail- « leurs, à aucun droit sur la chose louée, sauf au pre- « neur à les poursuivre en son nom personnel. » La question est donc de savoir si le trouble à la jouissance du locataire qui résulte de l'exécution de travaux publics constitue une *voie de fait* dans le sens de l'art. 1725. Les voies de fait dont parle cet article doivent-elles avoir un caractère délictueux? Doivent-elles nécessairement, pour que le preneur perde l'action en garantie contre son bailleur, résulter d'entreprises illicites au point de vue pénal? Ou, au contraire, ne suffit-il pas, pour que ce recours lui fasse défaut, que les atteintes portées par des tiers à ses droits, aient pour effet, quel qu'en soit du reste le caractère, de troubler sa jouissance?

Il nous semble que c'est dans ce sens que l'art. 1725 doit être entendu. Les voies de fait dont il parle sont prises dans une acception générale, abstraction faite de tout caractère délictueux, et ce qui le prouve, c'est qu'aux *voies de fait* de l'article 1725 émanant de tiers qui ne prétendent aucun droit sur la chose louée, l'article 1727 oppose les *voies de fait* provenant de tiers qui prétendent, au contraire, exercer un droit. L'emploi des mêmes expressions dans ces textes voisins l'un de l'autre pour caractériser des actes si différents au point de vue de l'intention de leurs auteurs, prouve avec évidence que la loi a entendu parler dans l'article 1725 de toute atteinte portée à la jouissance du preneur, quel qu'en soit du reste le caractère, à la seule condition qu'elles proviennent de tiers ne prétendant aucun droit sur la chose louée.

Rien, en effet, n'autorise ici, lorsqu'on se reporte à la pensée même de la loi, cette distinction entre les voies de fait qui ont un caractère délictueux et les actes de trouble dont la répression ne pourrait être demandée devant la justice répressive. — Si l'article 1725 refuse exceptionnellement au locataire le droit d'agir contre son bailleur, c'est parce que les actes dont il s'occupe, émanant de tiers qui ne prétendent aucun droit sur la chose, il lui est facile d'obtenir, sans l'assistance du bailleur, la réparation du préjudice causé; et que, d'un autre côté, le trouble n'ayant sa cause que dans un acte arbitraire, le bailleur n'en saurait être, sans injustice, considéré comme responsable. — Or, lorsque l'administration exécute des travaux qui ont pour résultat de troubler le locataire dans sa jouissance, elle ne prétend évidemment aucun droit sur la chose louée : elle n'entend nullement (en dehors du cas d'expropriation dont nous n'avons pas à nous préoccuper) avoir droit soit à la propriété, soit à la jouissance de l'immeuble atteint par les travaux. — C'est un simple trouble de fait, pour la réparation duquel le preneur peut agir efficacement, et dont le bailleur ne saurait être déclaré responsable, puisqu'il provient d'une cause à laquelle il est absolument étranger. — Il n'y a pas là, enfin, un de ces cas de force majeure pour lesquels on admet généralement l'inapplicabilité de l'article 1725 : les travaux publics ou leurs conséquences ne peuvent, à coup sûr, être assimilés à une inondation, à une invasion de malfaiteurs, à des ravages de guerre. Le locataire n'a donc à leur occasion aucun recours à exercer contre son bailleur : c'est à l'administration seule qu'il doit s'adresser pour obtenir la réparation à laquelle il croit avoir droit.

324. — Un arrêt de la Cour impériale de Paris (24 nov. 1858, *Ardoin*, S.V. 58, 2, 349), et un autre arrêt de la Cour de cassation, rendu dans la même affaire (17 août 1859, S. V. 59. 1, 453), ont consacré la doctrine contraire. Il s'agissait de travaux exécutés sur une voie publique par la ville de Paris, et qui avaient eu pour résultat, par suite de l'abaissement du sol au-devant d'une maison louée à la Compagnie du chemin de fer de Lyon, de rendre très-difficile l'accès de cette maison, occupée par un bureau d'omnibus et de messageries. — Le locataire ayant assigné son bailleur afin de l'obliger à faire les réparations nécessaires au rétablissement des lieux dans leur état primitif, on proposa pour celui-ci l'exception tirée de l'article 1725, mais cette exception fut repoussée. L'unique motif donné par la Cour de cassation, c'est « qu'il n'est pas

permis de considérer comme une voie de fait que le preneur serait en droit de réprimer les travaux que fait exécuter la ville de Paris sur la voie publique. » — Ce motif laconique trouve, du reste, son commentaire dans le rapport de M. le conseiller Hardoin, dont les conclusions ont été adoptées par l'arrêt. — Peut-on soutenir, disait ce magistrat, que « lorsque la ville de Paris, dans l'intérêt de la viabilité, juge à propos d'abaisser le niveau d'une rue, d'un boulevard, elle commette une voie de fait? Elle use évidemment du droit le plus légitime et le plus respectable, puisqu'il est fondé sur l'intérêt de tous. Ce qui prouve que l'article 1725 attache à cette expression de *voie de fait* le sens d'un acte violent ou illicite, ou du moins attentatoire au droit d'autrui, c'est qu'elle reconnaît au locataire qui en souffre le droit d'en *poursuivre* les auteurs. N'est-il pas manifeste dès lors que le locataire ne peut poursuivre la ville de Paris pour faire cesser un pareil trouble qui n'est que la conséquence éloignée, indirecte d'une mesure générale et qui rentre dans les pouvoirs de l'administration municipale? » — Ces considérations ne nous semblent pas sans réplique.

D'abord, la preuve que l'article 1725 aurait employé les mots « voies de fait » dans le sens d'un acte violent et délictueux ne résulte pas de ce que cet article autorise le locataire à en *poursuivre* les auteurs. Cette expression est souvent employée par la loi en matière civile. On poursuit un débiteur en payement, un tiers-détenteur en délaissement, on poursuit la réparation d'un dommage. — L'argument de texte que l'on invoque n'a donc rien de décisif.

D'un autre côté, il est bien vrai que l'administration qui exécute un travail d'utilité publique ne commet pas, par cela seul, une voie de fait. Il serait absurde de le prétendre. — Mais qui pourrait soutenir que l'exercice de ce droit ne donne pas lieu à des abus et ne porte pas atteinte à des droits respectables? — C'est comme si l'on disait que le propriétaire qui bâtit sur son terrain ne peut causer un dommage à son voisin parce qu'il n'a fait qu'user de son droit en élevant ses constructions. — Une entreprise licite en elle-même peut avoir des conséquences dommageables pour autrui, et donner naissance à des empiétements et à des voies de fait. Et l'administration, il faut bien le reconnaître, n'est pas plus que les particuliers à l'abri de ces fautes et de ces abus. L'espèce dans laquelle l'arrêt a été rendu en présente un exemple fréquent. L'abaissement des voies publiques rentre à coup sûr dans les pouvoirs de l'autorité municipale. Mais personne ne s'est avisé d'en conclure que les tiers lésés par les travaux ne peuvent obtenir la réparation des dommages qu'ils éprouvent. Le déchaussement des murs, la diminution des facilités d'accès, la stagnation ou l'infiltration des eaux autorisent les intéressés à réclamer des indemnités, parce que ces divers dommages, bien que résultant d'entreprises nonseulement licites, mais essentiellement utiles, sont néanmoins, vis-à-vis de celui qui en souffre, des troubles de fait à la réparation desquels il peut prétendre. On ne peut donc soutenir que, parce que l'administration use de son droit, l'article 1725 est sans application à l'espèce. Les atteintes à la propriété privée qui sont la conséquence des travaux entrepris n'en constituent pas moins des voies de fait dans le sens de cet article. Car il y a trouble à la possession de la part d'un tiers qui ne prétend aucun droit sur la chose. Exiger en outre que l'acte dommageable ait un principe délictueux, pour que le locataire cesse d'avoir un recours contre son bailleur, c'est étendre la responsabilité de celui-ci au delà des termes mêmes de la loi : c'est surtout en méconnaître essentiellement l'esprit.

325. — L'état de la jurisprudence sur cette question donne naissance à une autre difficulté. — Le propriétaire qui, sur l'action du locataire, a été condamné à l'indemniser, est subrogé aux droits de ce locataire contre l'administration ou ses ayants cause. Il a payé leur dette et il peut en exiger le remboursement. (20 juillet 1854, *de Montessuy*, 717.) Mais devra-t-il toujours, et dans tous les cas, obtenir une indemnité égale à celle qu'il a payée? L'équité semble l'exiger ; mais la décision qui l'a condamné n'est pas opposable à l'administration ; elle n'a l'autorité de la chose jugée qu'au regard du bailleur et du preneur. L'appréciation faite par les tribunaux qui l'ont rendue ne s'impose donc pas d'une manière absolue aux juges administratifs. Elle ne peut être invoquée qu'à titre de renseignement, et ne doit même pas empêcher le Conseil de préfecture de faire procéder à l'expertise suivant les formes de la loi du 16 septembre 1807. Il y a lieu à une nouvelle instruction dont les résultats peuvent être très-différents de l'instruction faite devant les juges civils. Il pourra se faire que l'indemnité allouée au propriétaire soit inférieure à celle qu'il a déjà payée. Cette conséquence rigoureuse fournit un nouvel argument contre la jurisprudence, qui accorde dans ce cas au locataire un recours en garantie contre son bailleur ; mais le principe étant une fois admis, elle en dérive nécessairement.

326. — Les solutions que nous venons d'indiquer ne doivent-elles pas être différentes lorsqu'il s'agit du trouble subi par le locataire d'une carrière, à l'occasion de l'exercice, par l'administration, du droit que lui confère la loi du 16 septembre 1807? On n'en saurait dou-

ter. — Ici, en effet, l'administration ou l'entrepreneur qui opèrent, en vertu d'une désignation régulière, des extractions de matériaux dans une propriété privée, ou qui occupent temporairement un terrain pour l'exécution d'un travail public, exercent un droit incontestable sur la propriété, une servitude d'utilité générale, créée et organisée par la loi. Or, d'après les articles 1726 et 1727 du Code Napoléon, le preneur troublé dans sa jouissance par des tiers « qui prétendent avoir quelque droit sur la chose louée, » ou qui est cité pour se voir condamner « à souffrir l'exercice de quelque servitude, » doit appeler le bailleur en garantie. — Ce recours en garantie, accordé dans cette hypothèse au preneur, ne lui permet pas d'exercer contre l'administration une action directe. D'un autre côté, l'article 55 de la loi du 16 septembre 1807 accorde expressément au propriétaire le droit de réclamer une indemnité pour les terrains occupés; mais il ne parle pas du locataire. Il semble naturel d'en conclure que la loi a réservé au propriétaire seul le droit d'agir contre l'administration, sauf le recours du locataire contre son bailleur. — Il a été décidé plusieurs fois en ce sens, qu'aux termes de l'article 55 de la loi du 16 septembre 1807, c'est aux propriétaires des terrains occupés que les indemnités doivent être allouées, sauf au locataire à faire valoir, s'il s'y croit fondé, devant les tribunaux ordinaires, les droits qu'il prétendrait résulter de son bail. (30 juillet 1846, *Coulongnon*, 436; 8 décembre 1853, *Montbrun*, 1046; 22 juin 1854, *Micé*, 612.)

327. — En toute circonstance, soit qu'il s'agisse de dommages simples, soit qu'il s'agisse d'extractions de matériaux, les usagers, usufruitiers, créanciers de servitudes ont une action directe en réparation du dommage qui leur est causé. Leurs droits, en effet, sont des

droits réels, reposant sur la chose elle-même et tout à fait distincts des droits du propriétaire. Aucun texte ne limite ces droits, comme celui du locataire dans certains cas, à un recours contre le propriétaire.

328. Quelle que soit la qualité de celui qui agit, il n'est pas nécessaire, pour que son action soit recevable, que le préjudice soit éprouvé au moment même où elle est exercée.

Il arrive quelquefois, en effet, que le fait, dont le préjudice dépend éventuellement, est consommé sans que le préjudice lui-même soit consommé. — Dans ce cas, celui qui redoute les conséquences des travaux entrepris a le droit de faire prendre à l'avance les mesures nécessaires pour prévenir les dommages prévus, et dans le cas où ces dommages seraient inévitables, il peut demander dès actuellement une indemnité pour la dépréciation subie par sa propriété. « Il suffit que le fait duquel dépend éventuellement le dommage soit consommé, pour que les tiers qui en sont menacés soient recevables à en poursuivre la réparation. La perpétration du fait est alors par elle-même une atteinte portée à leurs droits. » (Voy. M. Larombière, t. 5, p. 717, et *supra*, nos 215 et suiv.)

329. — Il nous reste à examiner une dernière question. — Nous ne nous sommes préoccupés jusqu'ici que des réclamations dirigées contre l'administration par ceux qui ont subi le dommage. Mais s'ils gardaient le silence, soit parce qu'ils ne trouvent pas le moment opportun pour agir, soit parce qu'ils ne veulent pas se jeter dans les lenteurs et les ennuis d'une procédure administrative, celle-ci aurait-elle le droit de saisir elle-même le Conseil de préfecture?

Il s'agit là d'une de ces actions connues en droit sous le nom d'actions *in futurum* et dont les lois romaines

autorisaient l'exercice. (L. 5 C. *de ingenuis et manumis.*
— L. 4 C. *de usuris pupillaribus.* — L. 3, § 7, Dig. *de re
militari.*) Nos anciens auteurs étaient en désaccord sur
l'applicabilité de ces lois. Le président Fabre, Henrys,
Duperrier la répudient expressément; mais elle était admise par Bretonnier, Autonne, Boyer, Merlin (Répert.,
t. 3, p. 693, v° Diffamari). Deux arrêts du parlement de
Dijon avaient également jugé que « l'on peut assigner
« celui qui se dit créancier d'un autre, pour faire appa-
« roir dans certain temps de l'obligation et instrument en
« vertu duquel il se prétend créancier ; à faute de quoi
« faire le prétendu créancier en demeurerait déchu. »

La législation actuelle ne nous semble pas autoriser
de semblables actions. Tout au moins il nous paraît
qu'il n'y peut y avoir lieu dans le cas dont nous nous
occupons. M. Chauveau Adolphe, qui admet l'action
in futurum. (Voy. *Journal des avoués,* t. 74, p. 177),
la subordonne à trois conditions. Suivant l'éminent auteur, il faut 1° que la certitude des prétentions de l'adversaire soit acquise ; 2° que cet adversaire ne puise
dans aucune loi la faculté de réfléchir sur les moyens
de faire valoir ses droits pendant un temps déterminé ;
3° que l'incertitude du temps, des événements puisse
compromettre les moyens de défense de celui qui veut
obtenir une sorte de déclaration judiciaire. Or, dans
l'espèce, il est évident que la première et la troisième
condition ne se rencontrent pas. D'une part, en effet,
rien ne prouve à l'administration que le propriétaire
ait l'intention de réclamer, et, d'un autre côté, il importe beaucoup plus au propriétaire qu'à celle-ci de
faire juger l'affaire sans délai. C'est lui qui doit faire la
preuve du dommage dont le temps fait le plus souvent
disparaître les éléments d'appréciation. Comment donc
l'administration se plaindrait-elle d'un silence qui ne

peut tourner qu'à son avantage ? N'a-t-il pas le droit de renoncer à exiger l'indemnité qui lui est due, ou, s'il n'y renonce pas, d'attendre le moment le plus favorable à ses intérêts ? On ne concevrait pas que l'administration, changeant les rôles et se faisant demanderesse, pût le contraindre à faire statuer sur les droits qu'elle lui suppose et dont il n'entend pas, au moins quant à présent, se prévaloir. (21 fév. 1856, *de Galiffet*, 156.) Ce mode de procéder pourrait sans doute, dans certains cas, être utile à l'administration, en lui permettant d'apprécier l'étendue des dommages causés, de reconnaître s'ils ne sont pas disproportionnés avec les avantages qui doivent résulter des travaux, et dans ce cas, de modifier ses plans. Mais l'intérêt que l'administration peut avoir à devancer la réclamation des intéressés ne suffit pas pour justifier sa demande. C'est à elle d'évaluer, avant l'exécution des travaux et par les moyens dont elle dispose, les dommages qu'ils doivent entraîner et à leur donner, en conséquence, la direction la plus conforme à l'intérêt public et à celui du trésor. Mais elle n'a pas le droit, pour atteindre ce but, de contraindre à plaider contre elle les propriétaires qui ne se plaignent pas et ne se plaindront peut-être jamais.

CHAPITRE II

CONTRE QUI L'ACTION DOIT ÊTRE DIRIGÉE.

330. — En principe, la responsabilité des faits dommageables incombe à l'administration. C'est elle qui fait
exécuter les travaux; c'est elle qui cause le préjudice et
qui, par conséquent, doit le réparer. L'État et les départements, dans la personne du préfet, leur représentant légal, les communes, dans la personne de leur
maire, doivent donc être mis en cause, suivant qu'il s'a-
git de travaux généraux, ou départementaux, ou communaux.

331. — Il n'y a qu'un cas où l'application de cette
règle présente quelque difficulté; car il est assez aisé
de reconnaître le caractère général, départemental ou

communal des travaux. Mais quand il s'agit de travaux défensifs, exécutés en vertu de la loi du 5 juin 1858, une certaine hésitation est permise. Est-ce contre l'État, est-ce, au contraire, contre les départements, les communes ou les associations de propriétaires intéressés que l'action doit être dirigée ?

Lors de la discussion de la loi, un député, M. Millet, demanda à la charge de qui seraient les indemnités dues aux propriétaires de digues supprimées. Le commissaire du gouvernement, M. de Franqueville, répondit que l'indemnité serait payée « soit par l'État, soit par les syndicats de propriétaires qu'intéresserait la destruction de l'ouvrage reconnu nuisible. » Mais cette réponse était inexacte ; car, ainsi que M. Duvergier l'a fait remarquer dans ses annotations sur la loi de 1858, l'indemnité « étant une partie des dépenses des travaux, elle doit être supportée par tous ceux à la charge de qui sont ces dépenses, » et il y a lieu, dès lors, d'y faire contribuer non-seulement l'État ou les propriétaires syndiqués, mais encore les communes ou les départements intéressés.

Mais suit-il de là que l'action doive être dirigée contre tous ceux à la charge de qui les indemnités sont mises, et ne suffit-il pas de mettre en cause l'État qui exécute les travaux, cause du dommage ?

La mise en cause des autres intéressés n'est pas en effet nécessaire. Les travaux défensifs, bien qu'exécutés à l'aide des fonds des communes ou des départements, ou des associations syndicales, ont un caractère d'utilité générale sur lequel il est impossible de se méprendre. L'État y contribue nécessairement, et c'est lui qui en conserve la direction suprême. Le concours des administrations ou des intérêts locaux a pour unique résultat de diminuer la charge qui autrement pèserait tout en-

tière sur lui : il ne modifie la nature même de l'entreprise, et dès lors les propriétaires qui ont à souffrir de
l'exécution des travaux doivent s'adresser à l'Etat pour
obtenir la réparation des dommages causés.

332. — Lorsque les travaux sont exécutés par un concessionnaire ou adjugés à un entrepreneur, l'administration cesse-t-elle d'être responsable? Les particuliers
qui ont éprouvé un dommage doivent-ils, dans tous les
cas, s'adresser à l'entrepreneur, ou au contraire ont-ils
une action contre l'administration qui l'a mis en son
lieu et place et dont il n'est que l'ayant cause?

Nous croyons qu'il faut faire une distinction fondée
sur le texte de la loi du 28 pluviôse an VIII. D'après
l'article 4 de cette loi, les Conseils de préfecture prononcent sur les réclamations des particuliers qui se plaignent des torts et dommages procédant du *fait personnel
des entrepreneurs*, et non du fait de l'administration. Ce
texte laconique qui a donné lieu à tant de difficultés reconnaît, comme on le voit, l'existence de deux sortes de
dommages; d'un côté, les dommages qui proviennent
du fait personnel des entrepreneurs, et d'un autre côté,
les dommages qui proviennent du fait de l'administration. Or cette distinction est conforme à la nature des
choses et on en reconnaît aisément la réalité dans la
pratique. Il y a des dommages qui ne résultent que du
fait ou de la faute de l'entrepreneur, et qui peuvent être
évités avec de la prudence. Il y en a d'autres dont la
cause première se trouve dans les plans adoptés et qui
existent en germe, si l'on peut s'exprimer ainsi, dès que
les travaux sont ordonnés. Par exemple, un mur s'écroule
parce que l'entrepreneur a négligé de l'étayer; voilà un
dommage provenant de son fait. Au contraire, un passage est intercepté par l'exécution d'un remblai prévu
par le cahier des charges. Voilà un dommage dont le

principe est dans la mesure prise par l'administration. L'exécution imprudente des travaux est la cause du premier; le second provient, avant tout, des dispositions adoptées dans les plans, tels que l'administration les a approuvés, et abstraction faite de toute faute commise par l'entrepreneur.

333. — Ces deux sortes de dommages ainsi caractérisées, qui en est responsable? Les premiers sont évidemment à la charge de l'entrepreneur; lui seul peut et doit être actionné, car l'administration est étrangère aux faits qui leur donnent naissance.

Vainement on voudrait appliquer à cette hypothèse l'art. 1384 du C. Nap., aux termes duquel le commettant répond de son préposé. Il est difficile, en effet, de considérer l'entrepreneur comme un préposé dans le sens de cet article. L'entrepreneur tient ses droits de l'adjudication, et s'il est subordonné aux ingénieurs pour l'exécution des travaux, conformément au devis et au cahier des charges, il en est indépendant, au moins dans une certaine mesure, quant aux voies et moyens. Il a une sphère d'action où il se meut librement et où, tant qu'il s'y maintient, il n'a d'ordres à recevoir de qui que ce soit. Aux termes du cahier des charges il est mis au lieu et place de l'administration; il est son représentant, son ayant cause: mais l'État n'est pas son commettant; car cette qualité suppose des rapports de subordination qu'on ne rencontre pas ici. (M. Sourdat, *Tr. de la resp.*, n° 1053.)

334. — Toutefois une double exception à cette règle a été consacrée par la jurisprudence. Ainsi on admet que l'administration est responsable des dommages résultant du fait personnel de l'entrepreneur, lorsque cet entrepreneur est insolvable. Il serait contre la justice que les tiers pussent avoir à souffrir de faits de cette nature, et que l'administration pût, en adoptant un

mode particulier d'exécution, se soustraire à la réparation des dommages qui sont la conséquence des travaux. Elle est en faute de s'être substitué un agent dé-
pourvu des ressources nécessaires pour faire face aux
obligations qu'il contracte à l'égard des tiers, par suite
d'actes de négligence ou d'imprudence. (27 mai 1839,
Meriet, 306 : M. Sourdat, ibid.)

335. — D'un autre côté, l'État peut être appelé en
garantie s'il est constant que le dommage est dû en partie au défaut de surveillance de ses agents.

La thèse contraire a été soutenue par le ministre des
travaux publics, en 1839.

« En décidant, disait-il, que les particuliers s'adres-
« seront aux conseils de préfecture pour obtenir la ré-
« paration des torts et dommages provenant du fait
« personnel des entrepreneurs et non du fait de l'admi-
« nistration, l'article 4 de la loi du 28 pluviôse an VIII
« a certainement entendu que l'administration reste-
« rait hors de cause et que l'entrepreneur serait seul
« responsable du préjudice éprouvé. Elle a ouvert aux
« particuliers une action directe contre lui, établissant
« ainsi deux responsabilités distinctes et qui ne peu-
« vent jamais se confondre : l'une attachée exclusive-
« ment à la personne de l'entrepreneur, lorsque le
« dommage résulte *de son fait privé ;* l'autre attribuée à
« l'administration, lorsque ce dommage résulte des dis-
« positions qu'elle a fait exécuter elle-même par ses
« propres agents et sans le concours d'un entrepre-
« neur. »

Mais ce système a été écarté par le Conseil d'État.

En fait, le sieur Meriet se plaignait de dommages
causés par l'éboulement d'un mur de soutènement de
la route stratégique de Saumur à la Rochelle, travaux
dont le sieur Bouteron était adjudicataire. — Il était

établi que la chute de ce mur provenait de malfaçons du fait de l'entrepreneur; mais il résultait en même temps des circonstances de l'affaire, que l'accident devait également être attribué à un défaut de surveillance de la part des agents de l'administration. Le Conseil d'État pensa que cela suffisait, encore bien que l'État n'eût point exécuté les travaux, pour qu'il fût déclaré responsable des dommages causés au réclamant (27 mai 1839, *Meriet*, 306). —¡ Il est vrai que dans l'espèce jugée par cet arrêt, l'entrepreneur était reconnu insolvable, et que cette circonstance seule était de nature à justifier l'action directement exercée contre l'administration. Mais nous croyons que, dans le cas même où l'entrepreneur pourrait être utilement mis en cause, il suffit que les agents de l'administration, chargés de la direction et de la surveillance de travaux, soient en faute, pour que le recours dirigé contre celle-ci soit recevable, sauf à elle à se pourvoir, si elle le juge convenable, contre l'entrepreneur.

336. — Quant aux dommages qui sont la conséquence forcée de l'exécution des plans arrêtés par l'administration et qui se produisent indépendamment de toute faute personnelle imputable à l'entrepreneur ou au concessionnaire, il en est autrement, et elle est seule responsable au regard des tiers du préjudice qui leur est causé. Comment l'entrepreneur pourrait-il être actionné, puisque le dommage provient de la direction générale donnée aux travaux et des plans auxquels il devait se conformer? Comment admettre qu'il a entendu engager sa responsabilité personnelle pour des faits qu'il a pu prévoir sans doute, mais qu'il lui était impossible d'éviter? Suivant le droit commun, on n'est responsable du fait d'autrui que quand on a puissance et autorité sur l'auteur du dommage : pour

renverser les rôles et attribuer à l'agent la responsabilité qui remonte naturellement à celui qui lui donne des ordres, il faut une dérogation explicite et formelle aux règles ordinaires, dérogation qu'on ne rencontre pas ici. La responsabilité de l'entrepreneur, soit vis-à-vis des tiers, soit vis-à-vis de l'administration, doit donc être restreinte à ses faits personnels. (Voy. 17 janv. 1861, *Avril*, 33, et t. 1er, nos 292 et suiv.)

« Le dommage, a dit M. Sourdat, est le fait même « de l'administration lorsqu'il s'agit d'accidents arri- « vés par suite des vices du plan, et l'entrepreneur est « à l'abri de toute poursuite personnelle, parce qu'il « n'a joué que le rôle passif d'agent de l'administration « exécutant des ordres supérieurs, de la convenance « desquels il n'est pas le juge. L'entrepreneur est tenu « d'accepter et de suivre les plans et devis de l'admi- « nistration, sans pouvoir, de lui-même et sous aucun « prétexte, apporter le plus léger changement au pro- « jet et au devis (art. 7, Cl. et cond. génér.). Il est, au « contraire, obligé de se conformer à tous les change- « ments qui lui sont ordonnés, soit au moment de l'ho- « mologation de l'adjudication (art. 3), soit dans le « cours du travail (art. 6). Si donc le plan ou le mode « d'exécution prescrits par le devis sont vicieux et qu'il « en résulte des accidents, l'État est responsable. » (*De la responsabil.* t. 2, no 1052.)

C'est aussi en ce sens que la jurisprudence adminis- trative s'est prononcée.

L'administration avait fait construire sur la route d'Angers, aux Sables d'Olonne, des ponts en pierre pour le passage des eaux de la rivière l'Hyrône et d'un canal de dérivation. A la suite d'un orage, les arches de ces ponts, à peine achevées et qui étaient encore garnies de leurs cintres en bois, n'offrirent qu'un passage insuffisant aux eaux qui s'amoncelèrent devant l'obstacle qu'elles rencontraient, passèrent au-dessus de la route et envahirent avec une violence irrésistible la propriété d'un sieur Martin. Ce propriétaire réclama une indemnité et mit en cause l'administration et l'entrepreneur des travaux. Mais le recours dirigé contre ce dernier fut déclaré mal fondé, parce qu'il fut reconnu qu'en fait le dommage ne provenait pas d'une imprudence ou d'une faute qui lui fussent personnelles, et qu'il n'avait fait qu'obéir à des ordres supérieurs. (3 sept. 1844, *Martin*, 566.)

337. — L'administration opposerait en vain aux tiers les clauses particulières insérées dans les actes de concession ou les cahiers des charges, en vertu desquelles le concessionnaire ou l'entrepreneur aurait pris exclusivement à sa charge le payement des indemnités de dommages. — Ces stipulations sont étrangères aux parties lésées par l'exécution des travaux, et ne sont pas obligatoires pour elles. (art. 1165 du C. Nap.) — Que l'administration ait un recours contre le concessionnaire ou l'entrepreneur, ou contre la partie qui, à un titre quelconque, est intéressée aux travaux et s'est mise, en ce qui concerne le payement des indemnités, au lieu et place de l'administration, rien n'est plus certain. Mais la garantie que celle-ci a le droit d'exercer et qui forme l'une des conditions du contrat passé pour l'exécution des travaux, n'a pas pour conséquence de priver les particuliers de l'action directe qui lui appartient contre elle.

C'est ce que le Conseil d'État a jugé dans l'espèce suivante.

Un arrêté du conseil de préfecture de l'Ardèche avait rejeté la demande en indemnité formée par le sieur Garnier, maître d'hôtel à Privas, à raison des dommages qu'avait causés à son établissement la rectification de la route départementale, n° 2. — Le Conseil avait déclaré la réclamation non recevable, parce qu'elle n'avait pas été formée contre la ville de Privas, à la charge de laquelle les indemnités, devant résulter de l'exécution des travaux, avaient été mises par une délibération du Conseil général, comme condition de la participation du département aux travaux.

Le sieur Garnier se pourvut contre cet arrêté, et la fin de non-recevoir qu'on lui opposait fut écartée par les motifs ci-après :

« Considérant qu'il s'agit, dans l'espèce, d'un dom-
« mage qui aurait été causé au sieur Garnier par les
« travaux de rectification d'une route départementale;
« que dès lors, à raison de la nature desdits travaux, sa
« demande en indemnité devait être formée contre le
« département de l'Ardèche; que si le Conseil général,
« en approuvant le tracé de la route, a mis à la charge
« de la ville les indemnités auxquelles son exécution
« pourrait donner ouverture, cette stipulation n'a pu
« priver le sieur Garnier de son action contre le dépar-
« tement, sauf audit département à exercer son recours,
« s'il s'y croit fondé, contre la ville de Privas... »
(7 fév. 1856, *Garnier*, 126.)

338. — La question devient très-délicate lorsque l'acte de concession ou le cahier des charges qui mettent les indemnités de dommages à la charge soit des compagnies concessionnaires, soit d'une commune ou d'un département intéressés à l'exécution des travaux, ont été approuvés par une loi. Cette stipulation ne prend-elle pas alors le caractère de la loi elle-même, et ne devient-elle pas obligatoire pour les tiers? Si l'État ne peut pas, en contractant avec un entrepreneur, s'exonérer de toutes les conséquences des travaux, parce que

le contrat qui intervient entre eux conserve le caractère d'une stipulation inopposable aux tiers, n'en est-il pas autrement lorsque le contrat a été approuvé par l'autorité législative, les Chambres ayant incontestablement le droit de restreindre la responsabilité qui, d'après le droit commun, retomberait sur l'État [1]?

Les dames Belle et Doazan avaient à se plaindre de la suppression de droits de vue et d'accès résultant de l'exécution du chemin de fer de Paris à Auteuil. Elles traduisirent l'État devant le Conseil de préfecture de la Seine, afin d'obtenir une indemnité. Mais leur demande fut déclarée non recevable, par les motifs suivants :

« Considérant qu'il résulte du décret du 18 août 1852, qui déclare d'utilité publique l'établissement du chemin de fer d'Auteuil, de la convention provisoire et du cahier des charges sus-visés, que les indemnités à payer aux propriétaires expropriés pour l'ouverture du chemin de fer d'Auteuil et celles qui seraient dues pour dommages *quelconques* résultant des travaux, ont été mises à la charge de la compagnie concessionnaire ; considérant que, dès lors, c'est avec raison que le Conseil de préfecture de la Seine a rejeté la demande en indemnité formée contre l'État par les dames Belle et Doazan, à raison des dommages qu'elles prétendent avoir subis par suite de l'établissement du chemin de fer d'Auteuil et les a renvoyées à se pourvoir ainsi qu'elles aviseraient contre qui de droit. » (29 nov. 1855, *Belle*, 698.)

M. Lebon dit, à l'occasion de cet arrêt : « La décision « nous semblerait pouvoir être différente s'il s'agissait,

---

1. Cette question ne peut se présenter à l'égard des cahiers des charges des entreprises concédées depuis le sénatus-consulte du 25 décembre 1852, qui a, comme on le sait, attribué à l'empereur le droit de décréter tous les travaux d'utilité publique sans exception.

« non d'un concessionnaire de chemin de fer dont les
« obligations résultant d'une loi ou d'un décret impé-
« rial, peuvent être supposées légalement connues de
« tous, mais d'un simple entrepreneur de travaux pu-
« blics dont le traité avec l'État ne serait approuvé ni
« par une loi spéciale, ni par un décret impérial. Dans
« ce cas, l'action contre l'État nous semblerait rece-
« vable, sauf à l'État à appeler en garantie l'entrepre-
« neur. »

La raison donnée par M. Lebon pour justifier la
distinction que consacre cet arrêt entre les entrepreneurs ordinaires et les concessionnaires dont le contrat
avec l'administratration a reçu une publicité plus considérable, me paraît difficilement acceptable. — Que
les obligations du concessionnaire puissent ou non être
réputées connues de tous, cela ne change rien à la question de savoir sur qui doit retomber la responsabilité
du dommage au regard des tiers. Le contrat qui lie l'État
avec le concessionnaire pour être connu de tout le
monde, ne cesse pas d'être un contrat privé qui n'a
aucune influence sur les droits de ceux qui n'y ont pas
figuré. D'un autre côté, les concessionnaires de chemin
de fer sont, ainsi que nous l'avons dit souvent, de véritables entrepreneurs de travaux publics. Au lieu de
recevoir une somme à forfait, une redevance fixe, ils
stipulent un droit d'exploitation à terme; voilà toute
la différence entre eux. Au fond, leurs droits et leurs
obligations sont les mêmes vis-à-vis des particuliers.
Pourquoi donc ne les soumettrait-on pas aux mêmes
règles? Craint-on de mettre à la charge de l'État le payement d'indemnités considérables? Mais cette éventualité est prise en considération au moment où le contrat
de concession est débattu, et c'est précisément en vue
des indemnités à payer à raison de l'exécution des tra-

vaux que les cahiers des charges contiennent, au profit de l'administration, une stipulation qui met ces indemnités à la charge des compagnies. Or, il dépend de l'Etat, en traitant avec un concessionnaire solvable, d'éviter toutes chances de pertes. Mais il ne dépend pas de lui, en se substituant un tiers pour l'exécution des travaux, d'éviter la responsabilité. Ce tiers, quel qu'il soit, ne prend son lieu et place que comme le mandataire prend la place du mandant, sans le faire disparaître et sans que les parties lésées étrangères au contrat perdent l'action directe que les principes du droit commun leur donnent contre l'administration.

Ces observations répondent à l'objection tirée de l'approbation donnée par les chambres aux actes de concession, approbation qui attribuerait le caractère de la loi aux dispositions du cahier des charges relatives à la responsabilité des compagnies, et ne permettrait pas dès lors aux particuliers de s'adresser directement à l'administration, afin d'obtenir la réparation des dommages à eux causés. La loi, en effet, peut déroger aux règles ordinaires et limiter à l'égard des tiers la responsabilité de l'administration. Mais qu'on lise les clauses auxquelles on fait allusion ! Il en ressort nettement que la pensée des contractants, approuvée et sanctionnée par les Chambres, n'a jamais dépassé le cercle des intérêts en présence, et que les stipulations relatives au payement des indemnités ont eu pour but unique de régir les rapports du gouvernement avec les compagnies. Comment donc les déclarerait-on opposables aux particuliers qui, ayant éprouvé un dommage, s'adressent directement à lui? Une telle conclusion est trop ouvertement contraire à l'esprit qui a présidé à la rédaction des cahiers des charges, pour qu'elle puisse définitivement prévaloir.

339. — En résumé, les particuliers lésés par l'exécution des travaux doivent s'adresser directement aux entrepreneurs quand il s'agit de dommages qui procèdent de leurs faits personnels, de l'exécution inintelligente ou imprudente du contrat par eux passé avec l'administration. Et il n'y a d'exceptions à cette règle que dans le cas où celle-ci peut se reprocher une faute grave, soit parce qu'elle a sciemment choisi un entrepreneur insolvable, soit parce que ses propres agents n'ont pas surveillé avec l'attention convenable l'exécution des travaux concédés ou adjugés.

S'agit-il, au contraire, de dommages qui ont leur cause, non pas dans des faits d'exécution, mais dans le système adopté, dans les dispositions prescrites par l'autorité? l'entrepreneur ou le concessionnaire ne doivent pas être directement mis en cause par les particuliers lésés. C'est à l'administration qu'ils doivent s'adresser, sauf le recours de celle-ci contre les intermédiaires qu'elle a choisis, et son action en garantie à raison des stipulations contenues dans les contrats qu'elle a passés avec eux.

340. — Quelquefois l'auteur du dommage n'est pas unique et le propriétaire se trouve en présence soit de deux concessionnaires, soit de l'administration et d'un concessionnaire qui ont pris part, dans des proportions différentes, à l'exécution des travaux et ont l'un et l'autre, dans ces mêmes proportions, causé le préjudice dont la réparation est demandée. En pareil cas, il y a lieu de rechercher à qui incombe la responsabilité et contre qui l'action doit être dirigée.

C'est un principe certain, en matière de quasi-délits, que les coauteurs sont tenus solidairement et pour le tout lorsqu'il est impossible de déterminer la part qui revient à chacun dans la perpétration du fait dommageable. Si donc il n'était pas possible de fixer la proportion dans laquelle les concessionnaires et l'administration ont contribué au préjudice causé, les intéressés seraient recevables à s'adresser aux uns ou aux autres indifféremment, à n'en mettre qu'un seul en cause, ou au contraire à les actionner tous.

Dans le cas contraire, la responsabilité se divise et l'action doit se partager entre tous les auteurs du dommage, sous peine d'être repoussée par une fin de non-recevoir, si elle est dirigée pour le tout contre l'un d'eux. L'arrêt suivant montre clairement l'importance de cette distinction.

« Considérant que, depuis l'exécution des travaux à la charge de la Compagnie et après la réception desdits travaux, les remblais sur la rue de la Barre ont été exhaussés par les ordres et pour le compte du département de la Seine et que cet exhaussement a contribué pour un quart à causer le dommage éprouvé par les bâtiments du sieur Pinart, situés sur la rue de la Barre et à l'angle du quai ; considérant que la compagnie qui est restée étrangère à cet exhaussement ne peut être tenue d'en supporter les conséquences ; que dès lors il y a lieu de la décharger de la somme de 2,125 fr., formant le quart de celle susénoncée de 8,000 fr., sauf au sieur Pinart à se pourvoir contre le département de la Seine, s'il s'y croit fondé, pour obtenir le payement de la portion à la charge dudit département... » (8 déc. 1853, *Ruillé*, 1038.)

341. — Les entrepreneurs ou les compagnies concessionnaires peuvent être directement mis en cause lorsqu'il s'agit de dommages causés par les ouvriers qu'ils emploient. Aux termes de l'article 1384, C. Nap.,

on est responsable non-seulement du dommage que l'on cause par son propre fait, mais encore de celui qui est causé par le fait des personnes dont on doit répondre. Il a été jugé qu'une compagnie de chemin de fer est tenue d'exercer sur ses chantiers une surveillance qui prévienne le danger résultant pour les propriétés riveraines de l'agglomération d'un grand nombre d'ouvriers; si elle néglige de le faire, elle doit réparer les dégâts survenus. (13 sept. 1855, *Chemin de Lyon à la Méditerran.*, 726; voy. aussi : 10 oct. 1825, *Magne,* 602; 22 nov. 1826, *Daverton*, 728; M. Dufour, *De l'exprop.*, nº 266, et *suprà*, nº 220.)

342. — Mais les compagnies ne sont pas responsables des ouvriers employés par les entrepreneurs auxquels elles confient la totalité ou une partie de la confection des ouvrages. L'article 1384, en imposant aux maîtres la responsabilité du dommage causé par leurs domestiques ou préposés, peut, à coup sûr, être invoqué contre l'entrepreneur par ceux qui ont à souffrir du fait de ces derniers. Mais la responsabilité s'arrête là et ne remonte pas jusqu'à la compagnie concessionnaire. La Cour de cassation a fait remarquer qu'en autorisant le recours des parties lésées contre les commettants, la loi ne prend pas seulement en considération le fait seul du mandat confié par ceux-ci, mais qu'elle suppose, en outre, chez eux, le droit de donner des ordres et des instructions sur la manière dont leurs fonctions doivent être remplies ou les travaux exécutés. Or cette autorité, sans laquelle il n'y a pas de commettants, fait absolument défaut dans les rapports des compagnies concessionnaires avec les entrepreneurs qu'elles emploient. Elles ne peuvent donc être déclarées responsables de leurs faits personnels ou de ceux de leurs agents. (Voy. : Paris, 24 nov. 1842, *Chem. de fer de Paris à*

Rouen, J. du P., 1843, p. 263 ; Cass., 20 août 1847, *Chem. de fer du Havre*, S. V. 47, 1, 855.)

343. — Lorsque les travaux ont été exécutés par une association syndicale, l'action doit être dirigée contre les représentants légaux de l'association, contre ceux qui tiennent du contrat sanctionné par l'administration le soin de surveiller et d'administrer les intérêts communs. Cela ne peut faire aucun doute en ce qui concerne les associations créées sous l'empire des lois modernes. L'approbation administrative, nécessaire pour les constituer, leur donne une existence civile et leur permet d'agir en justice par l'intermédiaire des personnes expressément chargées par les statuts de les représenter devant les tribunaux. Aussi a-t-il été décidé que des propriétaires compris dans le périmètre d'une association défensive, qui attaquent une décision de la commision spéciale, doivent diriger leur action contre le syndicat : les propriétaires non syndics qui sont assignés peuvent demander leur mise hors de cause avec dépens. (27 nov. 1856, *Archambault*, 688.)

Quant aux associations établies sous l'ancien régime, à une époque où leur création était dépourvue de règles fixes et précises, il faut tenir pour certain que l'intervention des agents de l'autorité qui, à un titre quelconque, ont homologué les statuts, suffit pour leur donner un caractère légal. Il a été jugé, par exemple, qu'il suffit que l'association, connue sous le nom d'Œuvre de Craponne, ait été approuvée par le parlement de Provence dans les formes alors usitées pour qu'elle puisse être considérée comme ayant une existence civile, et par suite comme pouvant agir en justice par ses syndics. (Aix, 22 mai 1850, *Surian*, D. P. 50, 2, 185.) C'est donc également contre les syndics que devrait être poursuivie la réparation des dommages causés par les travaux de l'association.

Ajoutons que l'administration n'est jamais responsable des dommages causés par l'exécution des travaux entrepris par les associations syndicales qui, agissant en dehors d'elle et avec leurs ressources propres, procèdent avec une indépendance sinon absolue, au moins suffisante pour qu'on ne les confonde pas avec elle. (Voy. *suprà*, n° 259.)

344. — En aucun cas, les ingénieurs, conducteurs des ponts et chaussées, et autres agents de l'administration, ne peuvent être poursuivis personnellement : l'administration ou les entrepreneurs, suivant les circonstances, sont seuls responsables de leurs faits; quant à eux, sous aucun prétexte ils ne doivent être mis en cause.

« Considérant, porte un arrêt, que le pont de Bor-
« deaux étant construit par entreprise, c'est à tort que
« le sieur Rosier a intenté une action contre les ingé-
« nieurs et conducteurs des ponts et chaussées, qui ne
« sont que les agents de l'administration ; que c'est
« aux entrepreneurs seuls à répondre des faits de la
« construction qu'ils exécutent, sauf leur recours con-
« tre qui de droit, si le dommage provient d'ordres
« supérieurs à eux donnés... » (Voy. 8 juillet 1818,
Rosier, Rec. Roche et Lebon, t. 2, p. 384.)

CHAPITRE III

DES EXCEPTIONS CONTRE L'ACTION.

345. — Nous venons, dans les chapitres qui précèdent, de rechercher à qui appartient l'action en indemnité et contre qui elle peut être dirigée. Notre travail ne serait pas complet si nous ne parlions pas des diverses exceptions qui peuvent être opposées aux réclamations

des propriétaires lésés. Ces exceptions sont ordinairement fondées : 1° sur ce que le dommage allégué, alors même que l'existence en serait reconnue, ne réunit pas les caractères nécessaires pour servir de base à la demande ; 2° ou sur la renonciation du réclamant ou de ses auteurs à une indemnité ; 3° ou sur la déchéance ou la prescription acquises.

346. — Après les explications auxquelles nous nous sommes livré (*suprà*, nos 194 et suiv.), nous n'avons que peu de choses à dire de la première exception. Lorsque l'administration ou le concessionnaire prétendent que le dommage n'est ni direct, ni matériel, une expertise est indispensable pour fournir au Conseil de préfecture des éléments de décision, à moins que les allégations du réclamant lui-même ne laissent aucun doute sur la nature et le caractère du préjudice dont il se plaint.

347. — Dans tous les cas, l'administration n'est pas recevable à se prévaloir du caractère indirect des dommages lorsqu'elle a pris spontanément les mesures nécessaires pour le réparer ou le faire cesser.

La Compagnie du chemin de fer de l'Est avait déféré au Conseil d'Etat un arrêté du 10 avril 1860 par lequel le Conseil de préfecture du Haut-Rhin avait mis à sa charge le rétablissement en bon état de service des lavoirs de la commune de Montreux-Vieux, dont les sources avaient été supprimées par l'effet de travaux exécutés pour la construction du chemin de fer de Mulhouse. Elle prétendait qu'en fouillant le sol dépendant de sa concession, elle n'avait fait qu'user du droit appartenant à tout propriétaire, et que dès lors on ne pouvait la rendre responsable des conséquences indirectes de ce travail.

La commune se borna à opposer à ce recours une fin de non-recevoir tirée de ce que la commune avait reconnu, en construisant elle-même de nouveaux lavoirs, qu'elle était obligée à réparer le dommage qui lui avait été causé par la suppression des sources qui les alimentaient. Le Conseil d'Etat fit droit à cette prétention, et considérant que la réparation du dommage ne serait complète qu'autant que les nouveaux lavoirs seraient pourvus des eaux indispensables à leur usage, décida que c'était avec raison que le Conseil de préfecture avait prescrit une expertise afin de constater les travaux complémentaires restant à faire pour mettre les lavoirs en bon état de service et évaluer le montant des indemnités dues à la commune pour l'exécution de ces travaux, dans le cas où la compagnie refuserait ou négligerait de les faire exécuter elle-même. (17 juillet 1861, *Chem. de fer de l'Est*, 631.)

348. — L'action en indemnité cesse d'être recevable lorsque l'administration est en mesure d'opposer au réclamant un acte de renonciation, par voie de transaction ou autrement, prouvant son intention de ne pas exiger l'indemnité à laquelle il pouvait prétendre.

349. — Quant à la renonciation tacite, l'administration semble admettre qu'on peut l'induire des circonstances, telles que le temps écoulé depuis le jour où le dommage a eu lieu, les conditions dans lesquelles il s'est produit, les mutations diverses dont la propriété a été depuis l'objet, la situation personnelle de ses détenteurs successifs, la connaissance qu'ils avaient de leurs droits, en un mot de tous les faits qui ont accompagné ou suivi la perpétration du dommage et qui indiquent plus ou moins nettement l'intention antérieure du réclamant de renoncer à l'exercice de ses droits.

Il est impossible, on le comprend, de présenter à cet égard un système d'ensemble et qui permette de se diriger à coup sûr au milieu des divergences de chaque es-

pèce. Le mieux est de citer quelques applications de la
jurisprudence.

Des travaux furent exécutés en 1837, à la demande
des propriétaires riverains, sur le chemin vicinal de Fré-
mur. L'un d'eux, la dame veuve Delabarre, fit réparer
à ses frais les dégradations qui avaient été causées aux
bâtiments de sa ferme par suite de l'exécution des travaux et décéda, plusieurs années après avoir fait ces
réparations, sans avoir réclamé aucune indemnité. Cependant le sieur Clémenceau, son héritier, voulut obtenir la réparation du dommage et présenta requête au
Conseil de préfecture de Maine-et-Loire, qui déclara
sa demande non recevable : le Conseil d'Etat pensa de
même qu'il résultait des faits que la veuve Delabarre
avait tacitement renoncé à toute indemnité. (2 août
1848, *Clémenceau*, 483.)

Mais il ne faudrait pas attribuer à la décision que nous
venons de rapporter une portée doctrinale qu'elle ne
comporte pas. C'est évidemment une décision d'espèce.
On comprend, en effet, que la réparation immédiate du
dommage est quelquefois nécessaire, et que le propriétaire, exposé, s'il ne fait pas des travaux indispensables,
à voir le préjudice qu'il éprouve s'aggraver considérablement, soit forcé d'exécuter lui-même ces travaux,
sauf à en réclamer plus tard le prix à l'administration,
avec des dommages-intérêts pour les pertes qu'il a pu
subir. L'arrêt suivant montre qu'en pareille circonstance le Conseil d'Etat ne se refuse pas à lui allouer l'indemnité à laquelle il a droit.

Le sieur Marloux avait dirigé contre le département
de la Nièvre une demande à l'effet d'obtenir une indemnité pour le dommage qu'avaient causé à sa maison les
travaux d'exhaussement exécutés par l'administration
des ponts et chaussées sur la route départementale n° 2.

Cette demande fut repoussée par le Conseil de préfecture, qui se fondait sur ce qu'en reconstruisant sa maison sans avoir mis l'administration en demeure de faire constater contradictoirement le dommage dont il se plaignait, le sieur Marloux avait fait disparaître tout moyen d'en reconnaître l'existence et avait accepté les modifications apportées à sa maison par les travaux d'exhaussement.

Mais le Conseil d'État jugea ces raisons insuffisantes et annula l'arrêté par les motifs suivants :

« Considérant qu'aucune disposition de loi ou de règlement n'obligeait le sieur Marloux à mettre l'administration en demeure de faire constater le dommage qu'il prétendait avoir été causé à sa maison par des travaux d'exhaussement exécutés sur la route départementale n° 2 ;

« Considérant que si le sieur Marloux a laissé passer plusieurs années sans réclamer une indemnité, et s'il a démoli et reconstruit une partie de sa maison, ces circonstances ne peuvent avoir pour effet que de mettre à sa charge la preuve du dommage qui lui a été causé... » (22 fév. 1855, *Marloux*, 180.)

350. — Le propriétaire d'un terrain exproprié pour cause d'utilité publique, et qui a fait fixer par le jury l'indemnité à laquelle il a droit pour sa dépossession, peut-il réclamer une autre indemnité à raison des dommages antérieurs à l'expropriation? Le conseil d'État s'est, à plusieurs reprises, prononcé pour la négative.

Les époux Lemaire avaient été expropriés en 1844, pour l'achèvement de la rue de Sèze, de terrains dont ils étaient propriétaires et pour lesquels ils reçurent alors une indemnité. Postérieurement, ils introduisirent devant le Conseil de préfecture une demande tendante à obtenir une autre indemnité à raison du préjudice que

leur avaient fait éprouver l'écoulement sur leur propriété des eaux provenant de la voie publique surélevée,
les travaux qu'ils avaient faits pour s'en préserver, et
enfin le trouble apporté à leur jouissance par un arrêté du préfet, qui leur avait interdit, dans le principe
et avant l'expropriation, de construire sur les terrains
dont la ville voulait faire l'acquisition.

Cette demande, rejetée d'abord par le Conseil de préfecture, fut également repoussée par le Conseil d'État,
qui en donna ce motif, que l'indemnité reçue par les
réclamants avait *nécessairement* compris les dommages
qui pouvaient résulter des faits antérieurs de l'administration et du trouble apporté par elle à leur jouissance.
(Voy. 22 juillet 1848, *Lemaire*, 443.)

Même décision le 29 juillet 1856 (*Palous*, 556), dans
l'espèce suivante.

Des fouilles et sondages avaient été pratiqués en 1855
dans des terrains dont le sieur Palous fut plus tard exproprié et pour lesquels il reçut une indemnité de dépossession.

Il demanda ensuite devant la juridiction administrative une indemnité, à raison des dommages antérieurs
à l'expropriation. Mais le Conseil d'État repoussa sa requête par les motifs suivants :

« En ce qui touche l'indemnité réclamée pour fouilles
et sondages pratiqués en 1855, dans des terrains dont le
sieur Palous a été ensuite exproprié : — Considérant
que, par décision du 16 janvier 1856, le jury d'expropriation pour cause d'utilité publique a fixé à la somme
de 1,500 fr. l'indemnité due au sieur Palous, à raison de
l'expropriation des terrains d'une contenance de 34 ares
86 centiares, nécessaires pour le rétablissement d'un
ancien aqueduc destiné à conduire dans la ville de
Rhodez les eaux de diverses sources;

« Considérant que le sieur Palous, postérieurement à cette décision, a réclamé devant le Conseil de préfecture, et réclame aujourd'hui devant nous une indemnité pour dommages résultant des fouilles et sondages opérés dans ces terrains avant l'expropriation ;

« Considérant que ces dommages, au sujet desquels le sieur Palous n'a fait aucune réserve, ont été *nécessairement* compris dans l'indemnité allouée par le jury d'expropriation ; que dès lors c'est avec raison que le Conseil de préfecture a refusé d'allouer l'indemnité pour dommages réclamés par le requérant... » (Voy. encore 7 mai 1857, *Valette*, 358.)

351. — La doctrine de ces arrêts nous semble difficile à concilier avec les véritables principes de la matière. Lorsque avant l'expropriation d'un terrain il y a eu occupation de ce terrain pour extraction de matériaux ou dans tout autre but d'utilité publique, le propriétaire a droit, au moment où le jury est appelé à statuer en ce qui le concerne, à une double indemnité : 1° pour la valeur du terrain qui lui est pris ; 2° pour la privation de jouissance ou les dommages qui lui ont été causés antérieurement à l'expropriation. Mais suit-il de là *nécessairement*, comme le décide le Conseil d'État, que le jury, en fixant l'indemnité d'expropriation, y comprenne l'indemnité de dommage? Cette conséquence n'est rien moins que nécessaire. Le jury, en fixant l'indemnité d'expropriation, peut fort bien ne pas se préoccuper des préjudices antérieurs résultant du trouble apporté à la jouissance, des voies de fait commises par l'administration, des fouilles ou d'extractions de matériaux. — Cela paraît d'autant plus vraisemblable que l'incompétence du jury, pour apprécier ces sortes de réclamations, est certaine. Le Conseil d'État a plusieurs fois jugé que les Conseils de préfecture saisis de de-

mandes d'indemnités, pour dommages causés à des terrains qui doivent être un jour expropriés, sont seuls compétents pour en fixer le chiffre (22 avril 1858, *Gilet*), et la compétence ne varie pas par cela seul que le propriétaire a attendu le moment de la réunion du jury, sans réclamer des tribunaux administratifs la fixation de l'indemnité qui lui est due pour des causes antérieures à l'expropriation. Mais si le jury est incompétent *ratione materiæ*, comment supposer qu'il a nécessairement compris dans ses évaluations un litige sur lequel il n'avait pas mission de statuer? C'est là une supposition purement gratuite, et qui n'aurait de raison d'être sérieuse que dans le cas où des conclusions expresses auraient été prises devant lui. Quand il n'en a pas été ainsi et quand la décision ne porte pas en elle-même la preuve que le jury a voulu statuer sur une réclamation que l'intéressé ne formulait pas, il est impossible de prétendre, avec quelque vraisemblance, que l'indemnité fixée comprend le préjudice antérieur à l'expropriation.

Le Conseil d'État reproche au réclamant de ne pas avoir fait de réserves devant le jury! Mais on comprend des réserves devant un juge qui pourrait connaître de la demande à réserver : on ne les comprend pas devant une juridiction qui, à aucun titre, n'a qualité pour la juger. L'absence de réserves ne prouve rien contre le réclamant; car elles sont inutiles en droit, et, en fait, elles ne sont nécessaires que dans le cas où l'administration exprime la volonté de soumettre au jury les dommages antérieurs à l'expropriation. Si les offres faites et les conclusions prises sont uniquement relatives à la valeur du terrain exproprié, on se demande dans quel but le propriétaire prendrait des conclusions tendant à réserver des droits que personne ne conteste, et sur lesquels le jury n'est pas mis en demeure de se prononcer !

Nous croyons donc que les Conseils de préfecture ne doivent repousser par une fin de non-recevoir les demandes d'indemnités, à raison des dommages antérieurs à l'expropriation, que dans le cas où il résulte évidemment des pièces produites que le jury a entendu les comprendre dans l'indemnité. Mais, encore une fois, l'absence de réserves ne prouve ni que le jury a statué, ni que le réclamant a renoncé à ses droits. — Ajoutons que si la décision du jury n'est pas claire et s'il s'élève des doutes sur sa portée, la solution de ces questions ne peut être demandée qu'aux tribunaux ordinaires.

352. — Les mêmes difficultés se présentent lorsqu'il s'agit de dommages postérieurs à la décision du jury d'expropriation, mais qui pouvaient être prévus au moment où il a statué. L'administration a tenté, dans plus d'une circonstance, de faire repousser, par l'exception de chose jugée, les réclamations fondées sur ces dommages. Les observations que nous venons de présenter s'appliquent ici à fortiori. Pour que la fin de non-recevoir ait des chances de succès, « il faut, a dit « un auteur, que les dommages dont le jury a fixé la « réparation aient été spécialement prévus par lui, et « l'on ne doit pas présumer facilement que l'indemnité « accordée les comprend, car leur existence est éventuelle et leur étendue difficilement appréciable. » (Voy. M. de la Monnaye, Lois de l'expropr., p. 294; contrà, 12 mai 1853, de Niort, 521.)

Dans tous les cas, si des réserves avaient été faites expressément devant le jury par l'exproprié, relativement à une indemnité pour les dommages à résulter des travaux projetés, on ne serait pas fondé à prétendre qu'il en a été tenu compte dans le règlement de l'indemnité

accordée. (14 fév. 1861, *Chemin de fer du Midi*, 113.) —
Il en serait de même si le dommage était la conséquence,
non de l'exécution des travaux, mais de l'exploitation,
par exemple, de l'ébranlement causé par le passage des
trains sur une voie ferrée (21 mars 1861, *Chemin de fer*
du Midi, 213), ou enfin dans le cas où le jury aurait subordonné le payement de l'indemnité pour dommages à
une condition qui ne se serait pas réalisée. L'attribution
éventuelle accordée par le jury cesse alors de produire
son effet. (15 juin 1861, *Gouley*, 521.)

353. — Les offres faites par des particuliers de contribuer à la dépense nécessitée par l'exécution de travaux publics projetés ne supposent, à elles seules, aucune renonciation au droit à l'indemnité pour dommages
directs et matériels résultant de ces travaux. (9 février
1854, *Lavallée*, 86.) Il en est de même des réclamations adressées au Conseil municipal d'une commune
par les habitants riverains d'une place, pour obtenir le
nivellement et l'abaissement du sol de cette place.
(58 juillet 1852, *Com. de Maule*, 328.)

354. — Lorsque le dommage a été éprouvé pendant
plusieurs années consécutives, il importe que la réclamation comprenne toutes les années. Si le propriétaire
réclamait seulement pour les dernières, il pourrait difficilement, après qu'il aurait été statué sur sa demande,
en présenter une nouvelle pour les années précédentes.
L'administration serait fondée à dire qu'il a renoncé implicitement à exiger la réparation du dommage souffert
antérieurement à l'époque pour laquelle il a déjà obtenu satisfaction. (M. Féraud-Giraud, *des Dom.* p. 83.)

Le sieur Morin et ses fermiers avaient touché en 1811
diverses indemnités pour des dommages éprouvés en
1809 et 1810, sans faire réserve de leurs droits pour
les années antérieures. Plus tard, ils réclamèrent de

nouvelles indemnités à raison de dommages qu'ils prétendaient avoir éprouvés en 1806, 1807 et 1808. Mais leurs réclamations furent repoussées aux deux degrés de juridiction comme non recevables. (20 juillet 1836, *Morin*, 367.)

355. — L'acceptation même sans réserves d'une indemnité pour les dommages éprouvés au moment du règlement de cette indemnité, n'élève pas une fin de non-recevoir contre la réclamation à raison de dommages ultérieurs. On lit dans une ordonnance du 10 nov. 1840 (*Maillard*, 402) :

« Sur la fin de non-recevoir tirée de l'acceptation sans réserves par le sieur Maillard de l'indemnité à lui accordée pour le dommage causé à ses propriétés et à celle de la dame son épouse pendant l'année 1833 ;

« Considérant que le règlement d'indemnité dont il s'agit n'est relatif qu'aux dommages éprouvés par les sieur et dame Maillard dans leurs propriétés pendant l'année 1833 ; que, dès lors, le fait de leur acceptation sans réserves de ladite indemnité ne les rend pas non recevables à en réclamer de nouvelles pour les dommages ultérieurs... »

356. — Les contestations qui s'élèvent entre l'administration et les propriétaires, à l'occasion de dommages causés par l'exécution de travaux publics, peuvent, comme tout autre débat, être l'objet de transactions soumises, pour leur validité, à l'approbation de l'autorité supérieure.

Ces transactions ne sont pas aussi fréquentes qu'on pourrait le désirer. L'une des causes qui les entravent est la crainte qu'ont souvent les propriétaires de se voir opposer devant la juridiction contentieuse, dans le cas où les propositions d'arrangement n'aboutiraient pas, les chiffres auxquels ils consentent, pour en finir, à réduire leurs demandes. Cette crainte n'est pas fondée. Les propositions faites de part et d'autre, dans un but de transaction, restent en dehors du débat porté devant les tribunaux administratifs, et on ne peut s'en servir pour ou contre la demande d'une indemnité supérieure. (Voy. 13 janv. 1859, *Parissot*, 33.)

357. — L'action en réparation du dommage causé par l'exécution des travaux publics est soumise, en ce qui concerne la prescription, à des règles diverses.

S'agit-il de dommages résultant de travaux entrepris par les départements, les communes ou les entrepreneurs et les concessionnaires de ces travaux, l'article 2262 aux termes duquel toutes les actions, tant réelles que personnelles, se prescrivent par 30 ans, est applicable; aucune loi n'a fixé ici un délai particulier, et il est, dès lors, nécessaire de recourir aux règles du droit commun, en ce qui concerne la durée de l'action.

La prescription de trente ans commence à courir du jour où le dommage a eu lieu. Ainsi, lorsque l'action a pour objet la réparation de dommages divers et successifs, et comprend, dès lors, plusieurs chefs de réclamations distinctes, le délai de la prescription, si elle peut être opposée à tout ou partie de la demande, doit être calculé séparément pour chacun des faits dommageables et à partir du jour où chacun d'eux s'est produit. (24 av. 1854, *Société du canal de Crillon*, 348.) La demande ne doit comprendre, à peine d'être déclarée non recevable en partie, que ceux qui remontent à moins de trente ans. (19 juillet 1855, *le Bourdois*, 550.)

Au surplus, il n'y a aucune raison de s'écarter ici des principes du droit commun et de ne pas appliquer en matière de dommages toutes les dispositions du C. Nap., relatives à la prescription, soit au profit, soit au détriment des entrepreneurs, des communes et des départements. Ainsi, la demande portée devant un tribunal, même incompétent, interrompt la prescription. (26 juin 1852, *Canal de Beaucaire*, 271; 5 déc. 1860, *Canal de Crillon*, 725.) Ainsi encore, la prescription ne court point contre les mineurs et les interdits. (Art. 2252, C. Nap.)

358. — Des principes différents régissent les rapports des particuliers avec l'Etat. Lorsqu'il s'agit de dommages causés par l'exécution de travaux entrepris par lui et dirigés par ses agents, il est le débiteur direct et immédiat des indemnités. Ne doit-on pas alors faire l'application des règles qui, dans l'intérêt de la comptabilité publique, ont réduit à cinq ans le délai pendant lequel les créanciers de l'Etat sont recevables à demander le payement de leurs créances? L'affirmative n'est pas douteuse : aucune disposition particulière n'a soustrait les créances en matière de dommages aux dispositions générales de l'art. 9 de la loi du 29 janv. 1831, qui déclare prescrites et définitivement éteintes au profit de l'Etat toutes créances qui, n'ayant pas été acquittées *avant la clôture des crédits de l'exercice auquel elles appartiennent*, n'auraient pu, à défaut de justifications suffisantes, être liquidées, ordonnancées et payées dans un délai de cinq années à partir de l'ouverture de l'exercice, et de six années pour les créanciers résidant hors du territoire européen.

359. — Mais une difficulté grave naît ici des termes assez vagues employés par cet article lorsqu'il fixe le point de départ de la déchéance. Ce point de départ, nous venons de le dire, c'est l'ouverture de l'exercice auquel la créance appartient. Mais à quel exercice une créance d'indemnité pour dommages appartient-elle? Est-ce à l'exercice pendant lequel elle a pris naissance? Est-ce seulement à l'exercice pendant lequel elle a

été reconnue par l'administration ou liquidée judiciairement par le Conseil de préfecture ou le Conseil d'Etat?

L'interprétation qui fait remonter la déchéance à l'époque seulement où le droit a été constaté et reconnu nous paraît la plus conforme aux termes et à l'esprit de la loi. En prononçant la déchéance contre les créances qui n'ont pas été « acquittées avant la clôture des crédits de l'exercice auquel elles appartiennent, » la loi a voulu parler des créances spécialement prévues au budget d'un exercice déterminé. Elle a prononcé une peine contre les créanciers négligents qui, ayant un titre en main, et pouvant en justifier auprès de l'administration, laissent écouler cinq ans sans réclamer les sommes qu'une ouverture de crédit avait mises à leur disposition. Mais pour les créances qui ne sont ni reconnues ni constatées et dont le principe seul existe, l'art. 9 de la loi de 1831 ne cesse-t-il pas forcément d'être applicable? Sur quelles bases pourrait reposer la demande qui en serait faite au ministre? Quelles pièces justificatives pourraient être produites? En l'absence d'une instruction préalable et contradictoire, le ministre ne pourrait ni accueillir, ni rejeter la demande qui ne serait rien autre chose que l'accomplissement d'une vaine formalité. Pour que la déchéance commence à courir, il faut donc que l'indemnité ait été fixée dans son *quantum*, déduction faite des compensations auxquelles sont soumises les créances de cette nature. Jusque-là, c'est-à-dire jusqu'à la décision contentieuse ou l'accord amiable qui détermine le chiffre de l'indemnité, le réclamant voit son droit soumis aux règles communes : il a trente ans pour faire reconnaître et constater sa créance.

Voilà, suivant nous, dans quel sens la loi de 1831 doit être interprétée et appliquée en matière de dommages.

Mais cette interprétation ne paraît pas destinée à prévaloir devant le Conseil d'Etat. Citons, à titre d'exemple, un décret du 21 juillet 1853 (*Jucqueau-Galbrun*, 755), qui bien que rendu à l'occasion de difficultés d'un autre genre pose un principe que l'administration ne manquerait pas d'invoquer le cas échéant.

Par ordonnance royale en date du 31 juillet 1833, les sieurs Jucqueau-Galbrun et Steineau avaient été autorisés à faire procéder à leurs frais aux études d'un projet de chemin de fer à établir de Nantes à Orléans. L'ordonnance stipulait que si le projet par eux présenté servait de base à la concession du chemin, et s'ils n'en étaient pas eux-mêmes déclarés adjudicataires, ils auraient droit au remboursement de leurs dépenses.

En 1845, la concession du chemin de fer en question fut adjugée à des compagnies formées en dehors de la participation des sieurs Jucqueau-Galbrun et Steineau, qui ne réclamèrent l'indemnité à laquelle ils avaient droit qu'en 1851.

Mais cette demande, repoussée d'abord par le ministre, n'eut pas un meilleur sort devant le Conseil d'Etat.

« Considérant, porte le décret, que le sieur Jucqueau-Galbrun fonde sa demande sur ce que l'ordonnance ci-dessus visée, du 31 juillet 1833, lui avait garanti le remboursement des dépenses par lui faites pour la rédaction d'un projet de chemin de fer d'Orléans à Nantes, dans le cas où il ne serait pas déclaré concessionnaire dudit chemin et où son projet servirait de base à la concession ;

« Considérant que la concession des chemins de fer d'Orléans à Tours et de Tours à Nantes a été adjugée, les 9 octobre 1844 et 25 novembre 1845, à des compagnies formées en dehors de la participation du sieur

Jucqueau-Galbrun ; qu'en admettant le droit de ce dernier à l'indemnité qu'il réclame, *ce droit eût été ouvert à son profit du jour de ces adjudications ;*

« Considérant qu'aux termes de l'article 9 de la loi du 29 janvier 1831, sont prescrites et définitivement éteintes au profit de l'État toutes créances qui, n'ayant pas été acquittées avant la clôture de l'exercice auquel elles appartiennent, n'auraient pu, à défaut de justifications suffisantes, être liquidées, ordonnancées et payées dans un délai de cinq ans, à partir de l'ouverture dudit exercice ;

« Considérant qu'il résulte de l'instruction que le sieur Jucqueau-Galbrun n'a formé sa demande que le 22 février 1851, par conséquent plus de cinq ans après l'ouverture de l'exercice auquel remontait sa créance ; que, dès lors, il a encouru la déchéance prononcée par la loi du 29 janvier 1831..... »

360. — En présence de cet arrêt, les particuliers qui ont à faire fixer une créance d'indemnité, à raison de dommages résultant de travaux publics, font bien de porter sans retard leurs réclamations devant l'autorité compétente pour en connaître, c'est-à-dire, en premier lieu, devant le Conseil de préfecture, et en appel devant le Conseil d'État ; quelque laps de temps qui s'écoule avant le jugement, la déchéance est interrompue et ne peut plus être opposée. L'article 10 de la loi du 29 janvier 1831 porte, en effet, que la déchéance n'a pas lieu lorsque l'ordonnancement ou le payement n'ont pu être effectués dans les délais déterminés par le fait de l'administration ou par suite de pourvois portés devant le Conseil d'État. Mais elle reprend son cours après la décision définitive, et le créancier est tenu de réclamer dans les cinq années à partir de cette décision.

Quant aux demandes formées devant l'administration active, elles ont également pour effet de protéger le droit du réclamant. Ces demandes contiennent mise en demeure, et si l'administration n'entend pas payer la somme réclamée, c'est désormais à elle qu'il appartient, en présence de la prétention qui se manifeste, de saisir le Conseil de préfecture. « Tout créancier, porte l'art. 10, a le droit de se faire délivrer par le ministre compétent un bulletin énonçant la date de sa demande et les pièces produites à l'appui. » La loi attache donc aux réclamations portées directement devant l'administration le même effet qu'aux demandes intentées par la voie contentieuse. (Voy. t. 1er, no 508.)

En ce qui concerne les actions portées devant un tribunal essentiellement incompétent, il n'en est pas de même. A plusieurs reprises, le Conseil d'État a jugé que la demande formée devant un tribunal incompétent n'interrompt pas la déchéance, contrairement à ce qui a lieu en matière de prescription ordinaire. (23 juin 1848, *Fleurot*, 420, 19 mars 1853, *Touillet*, 535, et t. 1er, no 509.)

361. — Le Conseil de préfecture n'a jamais le droit de prononcer la déchéance, aucune disposition législative ne lui conférant la connaissance des questions que cette exception soulève. Seuls les ministres compétents peuvent l'opposer aux créanciers de l'État, lorsqu'ils réclament l'ordonnancement de leurs créances, sauf leur recours au Conseil d'État contre les décisions ministérielles. (12 août 1854, *Reig*, 784; 10 janv. 1850, *Thiboust*, 36.) Il est en outre de règle constante que les décisions soit administratives, soit judiciaires, lors même qu'elles sont passées en force de chose jugée, ne font nul obstacle à ce que la déchéance soit opposée au moment de la demande en payement; d'où il suit que les

ministres ne sont pas recevables à se pourvoir contre les arrêtés des Conseils de préfecture, pour violation de la loi de 1831. (8 mars 1851, *Rivron*, 172.)

Nous n'insisterons pas plus longuement sur cette matière de la déchéance que nous avons déjà eu l'occasion d'examiner en parlant du contrat d'adjudication. Pour les questions que nous laissons à l'écart, le lecteur voudra bien se reporter à notre premier volume, nos 493 et suiv.)

362. — Nous avons dit que la prescription ordinaire de trente ans était seule applicable aux réclamations, à raison des dommages causés par l'exécution des travaux entrepris par les départements et les communes. — Il y a, à cette règle, une exception particulière relative aux indemnités dues pour les extractions de matériaux destinés à la construction ou à l'entretien des chemins vicinaux. Suivant l'article 18 de la loi du 21 mai 1836, « l'action en indemnité des propriétaires pour les terrains qui auront servi à la confection des chemins vicinaux, et pour extraction de matériaux, sera prescrite par le laps de deux ans. »

Cette prescription ne commence à courir que du jour où les extractions ont cessé, ou du jour où le préfet, saisi de la demande en indemnité, a refusé d'y faire droit.

363. — M. Dumay prétend que l'action en payement de l'indemnité réglée amiablement ou judiciairement se prescrit par deux ans comme l'action en indemnité elle-même. C'est oublier le fondement même de cette prescription. Si la loi a fixé un aussi court délai, cela tient uniquement à ce qu'il est fort difficile, après un plus long laps de temps, d'apprécier d'une manière exacte le préjudice causé. Elle a voulu écarter des réclamations tardives qui seraient d'une instruction pres-

que impossible et que le silence prolongé du propriétaire rend peu favorables. Mais quand l'indemnité a été
réglée ou quand les parties en ont fixé le chiffre, il est
évident que l'action en payement est soumise aux règles
ordinaires : il ne s'agit plus que de l'exécution d'un jugement ou d'un contrat ; l'application de l'art. 18 de la
loi de 1836 ne se justifierait plus.

364. — Les tribunaux administratifs sont-ils compétents pour apprécier l'exception de prescription? L'auteur d'un excellent traité sur la voirie vicinale, M. Herman, est d'avis que ce débat est de la compétence de
l'autorité judiciaire. Mais c'est là une erreur. S'il est
certain que les contestations relatives à la prescription
sont en général du domaine des tribunaux, cela tient à
ce que les questions de cette nature ne s'agitent le plus
souvent qu'à l'occasion de débats sur la possession ou la
propriété. Mais quand la question de prescription s'élève
en dehors de contestations de ce genre et en matière
purement administrative, il n'y a aucune raison de
scinder le procès et de renvoyer aux tribunaux civils la
connaissance d'une exception que les tribunaux administratifs peuvent juger sans sortir de leurs attributions.

TITRE VII

DE L'INDEMNITÉ.

365. — C'est une maxime certaine de notre droit public que l'État ne peut réclamer l'abandon d'une propriété pour cause d'utilité générale, sans acquitter l'indemnité préalablement à la prise de possession. Cette règle, fondée sur la justice et la raison, est d'une application facile en matière d'expropriation ; mais elle ne pourrait être suivie, en matière de dommages, sans les plus graves inconvénients. Comment, en effet, serait-il possible de déterminer à l'avance la quotité de la réparation, lorsque le dommage n'existe pas encore et lorsque l'on ne sait même pas s'il existera ? L'exécution des travaux les plus urgents et les plus indispensables serait à chaque instant entravée, si les propriétaires avaient le droit de réclamer et d'obtenir la consignation des sommes qui seraient jugées nécessaires pour les indem-

niser des torts éventuels auxquels ils sont exposés.
(Cons. 18 mai 1837, *Cavaignac*, 202; M. Serrigny, *de
la Compét.*, n° 603.)

Telle est, disons-nous, la règle générale. Elle comporte, toutefois, quelques exceptions.

366. — La première se trouve dans la loi du 21 avril
1810, sur les mines. Aux termes de l'art. 11 de cette
loi, « nul ne peut faire des recherches pour découvrir
« des mines, enfoncer des sondes ou tarières sur un
« terrain qui ne lui appartient pas, que du consente-
« ment du propriétaire de la surface, ou avec l'autori-
« sation du gouvernement donnée après avoir consulté
« l'administration des mines, *à la charge* d'une *préa-
« lable indemnité* envers le propriétaire, et après qu'il
« aura été entendu. »

On remarquera que ce texte n'est relatif qu'aux dommages résultant de travaux de recherche antérieurs à la
concession. Quant aux travaux postérieurs et aux dommages qui peuvent en provenir, ils sont régis par les
art. 43, 44 et 45, qui n'imposent pas au concessionnaire l'obligation d'indemniser le propriétaire avant la
prise de possession ou l'exécution des travaux dommageables.

367. — L'art. 48 de la loi du 16 septembre 1807 présente une autre dérogation à la règle ci-dessus posée.
Anx termes de cet article, lorsque les travaux qui ont
pour résultat la suppression de moulins et usines, le
déplacement, la modification ou la réduction de la hauteur des eaux, sont entrepris par des concessionnaires,
« le prix de l'estimation sera payé *avant* qu'ils puissent
« faire cesser le travail des moulins et usines. » Il suit
de là que l'obligation de payer l'indemnité préalablement à la prise de possession n'existe pas lorsque l'État
fait exécuter lui-même les travaux : la loi a eu, dans

cette occasion, comme toujours, confiance dans la sol-
vabilité du trésor et s'est souvenue de l'adage : *Fiscus semper dives.*

368. — Mais doit-on étendre cette faveur aux travaux départementaux et communaux, ou, au contraire, exiger des départements et des communes le payement prélable des indemnités?

Il est à remarquer que l'article 48 ne parle que de l'État : c'est à l'État seul qu'il accorde la faculté de déposséder les propriétaires d'usines sans acquitter préalablement l'indemnité de dépossession. Donc, à s'en tenir là, il faudrait en conclure que les autres administrations publiques seraient, au contraire, soumises à cette obligation.

Mais, d'un autre côté, l'art. 48 ne met en regard de l'État que les concessionnaires ; c'est aux concessionnaires seuls qu'il impose le payement préalable de l'indemnité ; de sorte qu'en réalité, l'art. 48 ne peut être invoqué ni pour, ni contre les départements et les communes. C'est un texte tout spécial, contenant des dispositions incomplètes, et qui, ne s'étant pas occupé des administrations locales, les a nécessairement laissées, en ce qui concerne notre question, sous l'empire des principes généraux.

Or, quelle est la règle générale? C'est, avons-nous dit, le payement après et non pas avant le dommage.

Vainement objecterait-on que la diminution ou la suppression de la force motrice d'une usine présente les caractères de l'expropriation. Cette objection repose sur une erreur que nous avons plusieurs fois combattue. La loi du 3 mai 1841 n'a eu en vue que la transmission forcée au domaine public des propriétés immobilières, et tant que la jurisprudence décidera que la suppression de la force motrice d'une usine ne constitue qu'un dommage, il faudra bien appliquer au payement de l'indemnité les règles auxquelles sont soumises ces atteintes aux droits privés.

369. — On décide, au contraire, comme en matière d'expropriation, que les indemnités de dommages doivent être acquittés exclusivement en argent. Les Conseils de préfecture, de même que le jury spécial, n'ont, en effet, qu'une compétence restreinte à l'évaluation de l'indemnité (Loi du 28 pluviôse an VIII, art. 4). Aucune loi ne les autorise à y faire entrer des matériaux, des terrains ou des valeurs quelconques. Il a été jugé qu'un Conseil de préfecture ne peut pas, lors même qu'il y aurait accord entre l'administration et le réclamant, relativement à la cession, au profit de ce dernier, de certains terrains, en fixer le prix et le faire entrer en compte dans le règlement de l'indemnité.

Le Conseil de préfecture de la Vienne, en statuant sur l'indemnité due au sieur Velluet, à raison de l'extraction de matériaux, avait décidé qu'il y avait lieu d'en déduire le prix de talus sis le long de sa propriété, qui avaient été l'objet d'une expropriation pour cause d'utilité publique et dont l'administration lui offrait la rétrocession. — Le ministre des travaux publics attaqua cet arrêté. « Sans doute, disait-il, aux termes de l'art. 60, « de la loi du 3 mai 1841, le sieur Velluet a droit d'ob- « tenir la rétrocession des terrains qui n'ont pas reçu « la destination en vue de laquelle l'État en avait pour- « suivi l'expropriation. Mais les tribunaux administra- « tifs n'ont pas qualité pour trancher cette question de « rétrocession, non plus que pour déterminer la valeur « du terrain rétrocédé. Si l'administration des travaux « publics reconnait qu'en effet le terrain dont il s'agit « est inutile au service de la viabilité publique, remise « en sera faite par elle à l'administration des domaines,

« qui seule a qualité pour en effectuer la rétrocession,
« en en fixant la valeur amiablement avec le proprié-
« taire, ou à défaut d'accord, en portant ce règlement
« devant le jury spécial institué par la loi du 3 mai
« 1841. » C'est ce qui fut décidé (25 janvier 1855,
Velluet, 68).

De même, le Conseil de préfecture ne peut pas condamner un entrepreneur à faire l'acquisition des parcelles de terrain encombrées par les débris de l'exploitation, et en fixer lui-même le prix. (3 mai 1850,
Debrousse, 426.)

370. — Très-souvent, afin de prévenir le retour
des dommages, ou de réparer le préjudice causé, les
Conseils de préfecture croient pouvoir ordonner la construction des travaux nécessaires pour obtenir ce résultat; mais en cela ils excèdent les limites de leurs
attributions. L'administration active a seule la direction
des travaux publics, parce qu'elle seule est bien placée
pour apprécier les besoins auxquels ils doivent répondre.
S'il était permis à la juridiction contentieuse de prendre
des mesures particulières dans l'intérêt des réclamants
lésés par suite de l'exécution des travaux, ces mesures
pourraient avoir pour conséquence la modification de
l'ensemble des ouvrages auxquels elles se rattacheraient.
La mission des Conseils de préfecture se renferme donc
nécessairement dans l'allocation d'une indemnité pour
la réparation du dommage souffert et de la dépréciation
subie par la propriété. Ils peuvent aussi réserver, pour
l'avenir, au réclamant tous ses droits, pour le cas où
l'administration ne ferait pas cesser les causes du préjudice dont il se plaint. Mais, encore une fois, il y aurait des inconvénients graves à les autoriser, en l'absence d'un texte formel, à ordonner et à déterminer
les travaux nécessaires pour obtenir ce résultat, et à

empiéter ainsi sur les attributions exclusivement réservées à l'administration active.

371. — Le conseil d'État ne manque jamais de rappeler aux Conseils de préfecture, lorsque l'occasion s'en présente, l'observation de cette règle essentielle, qui n'est qu'une application particulière du principe général de la séparation des pouvoirs.

On lit dans un décret du 31 janvier 1848 (*Comp. des chemins de fer du Gard*, 62) :

« Considérant que si le Conseil de préfecture était compétent pour décider, ainsi qu'il l'a fait avec raison, par application du cahier des charges, que la Compagnie des chemins de fer du Gard était tenue d'établir à ses frais des moyens sûrs et faciles de traverser le chemin de fer dans les endroits où les communications précédemment existantes sur le territoire de la commune de Ners se trouvaient coupées par ledit chemin, il n'appartenait qu'à l'administration de déterminer et de prescrire les travaux à faire pour l'accomplissement de ladite obligation ;

« Art. 1er. L'arrêté du Conseil de préfecture du Gard du 24 novembre 1843 est réformé dans les dispositions par lesquelles il a ordonné que la Compagnie serait tenue de prolonger jusqu'à la route royale, avec une pente de 0,06 par mètres, le chemin latéral indiqué sur le plan par les lettres A B... — Art. 2. Les parties sont renvoyées devant le préfet, et, s'il y a lieu, devant notre ministre des travaux publics, pour faire déterminer par eux la nature des travaux à faire par la Compagnie, afin de rétablir les communications précédemment existantes... »

Un autre décret du 4 juin 1857 (*Com. d'Osne le Val*, 458) porte ce qui suit :

« Considérant que le Conseil de préfecture était com-

pétent, d'après les dispositions de la loi du 28 pluviôse
an VIII, pour statuer sur l'indemnité à allouer au sieur
Demogeot-Piault à raison du dommage causé à sa propriété, mais qu'aucune disposition législative ne l'autorisait à imposer à la commune d'Osne le Val l'obligation
d'exécuter des travaux pour faire cesser ce dommage ;
que, dès lors, en prescrivant à ladite commune l'exécution desdits travaux, le Conseil de préfecture du département de la Haute-Marne a commis un excès de pouvoirs. »

Citons encore un décret du 6 juillet 1858 (*Com. de
Varennes*, 633), ainsi conçu :

« En ce qui touche les travaux dont l'exécution a été
ordonnée par le Conseil de préfecture pour assurer l'é-
coulement des eaux ;

« Considérant que si le Conseil de préfecture était
compétent pour statuer sur l'indemnité à allouer au
sieur Paul Robert, à raison des dommages causés à son
bâtiment et à ses prés, il ne pouvait lui appartenir de
prescrire à l'administration l'exécution des travaux nécessaires pour prévenir les dommages de cette nature ;
que, dans l'espèce, ce Conseil de préfecture devait se
borner à réserver, pour l'avenir, au sieur Paul Robert
tous ses droits à un supplément d'indemnité au cas où
la commune de Varennes ne ferait pas cesser les causes
du préjudice éprouvé par lui... » (Voy. encore 18 nov.
1845, *Com. de Saint-Paul en Jarret*, 514 ; 28 mai 1852,
Babelard, 195 ; 21 juillet 1853, *Deprats*, 773 ; 13 janv.
1853, *chemin de fer de Montereau à Troyes*, 704 ; 14 fév.
1854, *com. de Dammery*, 107 ; 19 avril 1855, *Comp. du
canal du Midi*, 285 ; 11 fév. 1858, *Comp. du chemin de
fer de Lyon*, 144.)

372. — L'excès de pouvoirs n'est pas moins certain
dans le cas même où la juridiction contentieuse se borne

à ordonner l'exécution de travaux prescrits par les cahiers des charges ou conformes à des ordres particuliers de l'administration active. Celle-ci doit, en effet, rester toujours libre de modifier, suivant les exigences de l'intérêt public, les mesures qu'à un moment donné elle a jugé convenable de prendre et que, plus tard, mieux éclairée sur les besoins généraux ou sur les nécessités locales, elle peut considérer comme inutiles ou inopportunes. Il ne faut pas que sa liberté d'action soit enchaînée par l'autorité de la chose jugée.

Le Conseil d'État l'a ainsi décidé par l'arrêt suivant :

« En ce qui touche les dispositions de l'arrêté du Conseil de préfecture, qui décide que la Compagnie des chemins de fer de l'Ouest sera tenue d'établir, dans la tranchée longeant le passage appelé rue de Naples, un mur de soutènement tel qu'il a été prescrit par l'arrêté du préfet de la Seine, du 18 fév. 1848, et que, faute par elle d'exécuter ce travail dans le délai de six mois, à dater de la notification de l'arrêté, elle payera aux héritiers Mignon une somme de 100 fr. par chaque jour de retard :

« Considérant que la demande des héritiers Mignon tendait, en premier lieu, à faire ordonner, par le Conseil de préfecture, l'exécution des travaux que la Compagnie du chemin de fer de Paris à Saint-Germain avait été mise en demeure, par un arrêté du préfet de la Seine du 18 février 1848, d'exécuter dans le délai de deux mois, et, en second lieu, à obtenir une indemnité pour le préjudice qu'ils auraient subi par suite de la non-exécution des travaux ; que le Conseil de préfecture a sursis à statuer sur ce chef de demande jusqu'à ce qu'il eût été fait état par les héritiers Mignon des dommages-intérêts qu'ils réclamaient ; qu'il a ordonné l'exécution d'un mur de soutènement dans la tranchée longeant le passage appelé rue de Naples ;

« Considérant qu'il n'appartenait pas au Conseil de préfecture de prescrire à la Compagnie, en ajoutant une sanction pénale à ses prescriptions, d'exécuter les travaux que le préfet de la Seine leur avait enjoint de faire par l'arrêté du 28 février 1848, dans lequel il disposait que, faute par la Compagnie de les avoir achevés dans le délai de deux mois, il y serait pourvu d'office à ses frais ; que, par la disposition précitée de son arrêté, le Conseil de préfecture a excédé ses pouvoirs... » (29 mars 1860, *Comp. des chemins de fer de l'Ouest*, 274 ; 29 mars 1860, *héritiers Hagermann*, 278.)

373. — Est-ce à dire que dans toute circonstance l'administration devra être condamnée à payer une indemnité au réclamant, et qu'elle ne pourra pas s'exonérer envers lui par l'exécution des travaux nécessaires pour faire cesser le dommage ?

Une pareille conclusion serait erronée. Comme c'est dans l'intérêt de l'administration ou pour mieux dire dans l'intérêt public qu'il est interdit aux tribunaux administratifs de prescrire les mesures à prendre pour la réparation du préjudice causé, les particuliers voudraient à tort se prévaloir d'une faveur qui n'a pas été établie pour eux. L'administration a donc le choix entre l'exécution à ses frais, risques et périls des travaux destinés à la réparation du dommage, et le payement de l'indemnité due pour le cas où elle ne juge pas à propos de les entreprendre. Cette faculté d'option, les Conseils de préfecture ne peuvent pas l'exercer pour elle. Mais si elle offre elle-même de réparer le dommage, il ne reste plus à la juridiction contentieuse qu'à faire l'appréciation du préjudice souffert dans le passé, sauf au réclamant à présenter de nouvelles demandes si les travaux exécutés sont insuffisants. (22 fév. 1855, *Laporte de Belviala*, 176 ; 5 fév. 1857, *de Lafon-Boulary*, 102 ; 16 fév. 1860, *Chem. de fer de Paris à Lyon*, 132.)

374. — Ces observations toutefois cesseraient d'être justes si les travaux offerts par l'administration devaient être exécutés sur la propriété du réclamant. Le Conseil de préfecture devrait se borner à allouer une indemnité, à moins que le propriétaire ne consentît formellement à autoriser l'entrée dans sa propriété des agents de l'administration. Aucune loi ne donne, en effet, à celle-ci, dans cette hypothèse, le droit de pénétrer dans les propriétés privées pour y faire des travaux. L'occupation temporaire des propriétés particulières n'est autorisée par la loi que dans l'intérêt des travaux publics : elle ne peut pas être prescrite pour cet objet spécial et tout différent et quand il s'agit seulement de réparer les dommages résultant de leur exécution. Le consentement du propriétaire est alors indispensable. (Voy. Cass. 31 déc. 1838, *Cherrin*, S. V. 39, 1, 19.)

375. — Par une conséquence naturelle des principes consacrés par cette jurisprudence, les Conseils de préfecture ne peuvent pas mettre à la charge du réclamant, lorsqu'il s'y refuse, l'exécution des travaux nécessaires pour faire cesser le dommage, même en lui allouant une indemnité jugée équivalente à la dépense. En effet, ou les travaux à effectuer se rattacheraient aux ouvrages qui ont causé le dommage, c'est-à-dire à des dépendances du domaine public ; et alors se représenteraient tous les inconvénients que les arrêts ci-dessus cités ont voulu éviter ; car si l'administration active ne peut-être contrainte d'obéir sous ce rapport aux injonctions de la juridiction contentieuse, à plus forte raison ne peut-elle être tenue de subir l'exécution de travaux faits par des particuliers ;

Ou bien, les travaux de réparation devraient être faits sur la propriété même du réclamant. Mais, d'une part, aucune loi n'autorise les Conseils de préfecture à enjoindre aux particuliers l'exécution de pareils travaux. Tout propriétaire est maître chez lui, et il n'appartient pas aux tribunaux administratifs de régler, sous aucun prétexte, la gestion des fortunes privées. Ce qui est dû au propriétaire lésé par l'exécution d'un travail d'utilité publique, c'est l'indemnité du préjudice souffert. Cette indemnité, il est libre d'en faire tel usage que bon lui semble, et s'il ne lui convient pas de la consacrer à la réparation du dommage, il doit pouvoir en user à sa guise. D'un autre côté, mettre à la charge du réclamant les travaux de réparation présenterait cet inconvénient grave que, si le dommage se renouvelait, on ne manquerait pas de soutenir ou que la somme allouée n'a pas été employée tout entière, ou que les travaux ont été mal conçus et mal dirigés, et l'on puiserait là une fin de non-recevoir contre la demande ultérieure d'un supplément d'indemnité. (22 fév. 1855, *Laporte de Belviala*, 176.)

376. — La loi a laissé aux tribunaux administratifs un pouvoir absolu quant à l'appréciation du dommage et à l'évaluation de l'indemnité. Elle s'en rapporte entièrement à leurs lumières et à leur conscience. La seule garantie qu'elle ait exigée dans l'intérêt de la propriété consiste dans l'expertise qui doit nécessairement précéder leurs décisions. Mais le juge n'est pas tenu d'adopter les conclusions des rapports qui sont placés sous ses yeux et qui n'ont que le caractère de documents propres à l'éclairer.

377. — Dans l'exercice souverain de cette mission délicate, les tribunaux administratifs doivent constamment oublier les parties qui plaident devant eux et se

rappeler seulement qu'ils ont à mesurer la réparation due suivant l'étendue du préjudice. L'intérêt public, si puissant qu'il soit ailleurs, ne jouit pas ici de priviléges particuliers, et le juge auquel est remis le soin de déterminer le chiffre de l'indemnité doit écarter toute préoccupation qui tendrait à faire pencher la balance de son côté.

Tel n'est pas le sentiment de M. Cotelle. Suivant l'estimable auteur, l'administration, en face des intérêts privés qui luttent pour obtenir la réparation du dommage souffert, est dans une situation exceptionnellement favorable dont le juge doit tenir compte au moment où il est appelé à fixer le chiffre de l'indemnité. « Dans le « droit commun, dit-il, toute atteinte au droit d'autrui « est une faute, un quasi-délit qui appelle une double « réparation. A la réparation matérielle de justice com- « mutative comblant la perte subie, s'ajoute souvent « une réparation morale, une sorte de peine qui est de « justice distributive. Le juge accorde encore au plai- « gnant une indemnité du trouble moral, du dérange- « ment qui lui a été causé et l'a mis dans la nécessité « de se faire rendre justice. C'est ce qu'on désigne en « droit sous le titre de dommages-intérêts, comprenant « non-seulement la perte subie, mais jusqu'au gain dont « on a pu être privé. (C. Nap., art. 1119.)

« Dans les torts et dommages résultant des travaux « publics, l'administration étant commise par la loi « pour prescrire et faire exécuter tout ce qu'exige l'in- « térêt général, elle n'est pas en faute et ne doit à la « partie lésée que la juste indemnité de la perte qu'elle « a pu éprouver. Il n'y a pas de sa part *damnum injuria* « (*sine jure datum*), l'évaluation de cette indemnité n'a « dès lors rien de pénal, et dans le langage de la juri- « diction administrative l'expression de dommages-in-

« térêts n'est point admise, du moins vis-à-vis de l'État.
« Ainsi elle ne prendra pas en considération le gain
« dont le réclamant pourra dire qu'il a été privé. Quoi-
« que ayant pu porter atteinte à la propriété, l'autorité
« administrative n'en aura pas moins fait son devoir et
« usé de son droit ; de là une modération dans le règle-
« ment de l'indemnité qu'il eût été difficile d'obtenir
« des tribunaux judiciaires. » (*Droit adm.*, t. 2, p. 5
et 6.)

Cette doctrine repose sur une confusion. L'État doit
être assimilé aux propriétaires qui en usant de leur droit
nuisent aux droits d'autrui et se soumettent ainsi à des
dommages-intérêts. Toute voie de fait, tout dommage
doit être réparé et réparé de la même manière, quel
qu'en soit l'auteur. On ne s'expliquerait pas que la loi
eût fait une exception pour l'État. L'utilité des travaux
qu'il entreprend rend sa situation favorable, mais ne
diminue en rien le droit des particuliers lésés par leur
exécution ; il n'en change ni la nature, ni les caractères,
ni l'étendue. C'est, dans toute hypothèse, un droit à la
réparation du préjudice causé. Que l'on appelle le fruit
de leur action indemnité ou dommages-intérêts, on
n'aura réussi qu'à trouver deux noms pour une seule et
même chose. Pour nous, nous avouons ne point pouvoir
comprendre que l'atteinte au droit d'autrui n'est une
faute, un quasi-délit, que lorsqu'elle est commise par
un particulier et que l'administration puisse échapper,
dans une mesure quelconque, à raison de sa qualité, à la
responsabilité qui pèse en général sur ceux qui nuisent
à l'exercice des droits des tiers. Ne doit-elle pas, plus
que qui que ce soit, l'exemple du respect de ces droits?
N'en est-elle pas la gardienne naturelle, chargée de la mission spéciale de veiller à leur sauvegarde et de maintenir leur intégrité? Qu'importe que le mal soit néces-

saire, qu'il soit la conséquence inévitable de l'exécution
de travaux d'utilité générale? Qu'importe que l'atteinte
à la propriété ait lieu dans l'intérêt public, non dans un
intérêt privé? La nécessité, j'allais dire l'inévitabilité, du
préjudice causé peut se retrouver aussi bien dans l'exercice des droits qui appartiennent aux particuliers : et
l'intérêt public n'excuse pas mieux que l'intérêt privé
l'atteinte portée au droit qui de sa nature s'exerce d'une
manière universelle et à l'encontre de tout agresseur,
quelque haut placé qu'il soit et quelque respectables
qu'aient été ses mobiles. Si les droits privés disparais-
saient devant l'intérêt général, l'indemnité d'expropriation n'aurait pas de raison d'être : si, sans s'effacer
complétement, les droits privés devaient subir, en face
de l'administration, des atténuations particulières, l'indemnité d'expropriation ne devrait pas comprendre la
valeur intégrale de l'immeuble. On sait, au contraire,
qu'il en est autrement. L'indemnité est due, et de l'aveu
de tout le monde elle est due pour la totalité du préjudice causé. Pourquoi en serait-il autrement en matière
de dommages? La propriété doit être dans tous les cas et
en toute circonstance également respectée. Les sacrifices qu'elle est obligée de faire à l'utilité publique ont
pour cause des exigences dont la nature est toujours la
même : il n'y a donc aucune raison pour que l'indemnité se règle, dans l'une ou l'autre hypothèse, suivant
des règles différentes.

378. — Telle est, nous le croyons, la pensée qui doit
préoccuper les juges chargés de fixer les indemnités de
dommages. Leur mission consiste, dès que le droit à la
réparation du préjudice a été reconnu, à comprendre
dans l'indemnité toutes les pertes qui sont la conséquence certaine de l'exécution des travaux. Mais il y
aurait peu d'utilité à se maintenir sur le terrain des

généralités : arrivons maintenant à quelques applications particulières.

Puisque l'indemnité doit comprendre *tout* le préjudice causé, il faut qu'elle s'élève à un chiffre suffisant pour permettre au réclamant de remettre sa propriété dans l'état où elle se trouvait avant les travaux, et de manière que la jouissance en puisse avoir lieu comme par le passé et dans les mêmes conditions.

L'administration ne serait certainement pas quitte par le payement de la dépréciation subie, si la somme payée à ce titre était insuffisante pour réparer le dommage. Je m'explique.

Des travaux publics ont pour conséquence d'ébranler les fondations d'une maison dont la valeur antérieurement aux travaux était, je suppose, de 50,000 fr. Pour réparer le dommage, il faudra dépenser 20,000 fr. L'administration pourra-t-elle dire au propriétaire : « Votre maison valait 50,000 fr. Aujourd'hui elle a subi une dépréciation qui en a réduit la valeur à 40,000 fr. Voici 10,000 fr.; nous sommes quittes. »

Une pareille prétention ne devra pas être admise. Ce à quoi le propriétaire a droit, en effet, c'est la réparation du dommage : ce qu'il peut exiger, c'est que les choses soient remises dans l'état où elles étaient avant les travaux. Or, payer seulement la dépréciation subie par l'immeuble, ce n'est pas réparer le dommage, puisqu'on le laisse subsister et qu'on ne donne pas au propriétaire le moyen de le faire disparaître. Sans doute, celui-ci en recevant une indemnité égale à la dépréciation subie par l'immeuble ne fait pas une perte sèche, puisqu'il retrouve dans l'indemnité l'équivalent de la diminution de valeur. Mais ce n'est là qu'une satisfaction insuffisante. La propriété est le droit de jouir et de disposer. Considérée sous ces divers aspects, elle doit être respectée également. Or la jouissance d'une propriété qui a subi une détérioration matérielle considérable ne trouve pas de compensation dans l'indemnité de dépréciation. C'est au droit de jouissance qu'il a été porté atteinte : la jouissance doit être rétablie, s'il est possible, dans les conditions mêmes où elle s'exerçait avant les travaux.

Aussi ne voit-on jamais le Conseil d'État refuser d'allouer la somme nécessaire pour réparer matériellement le dommage causé, sans se préoccuper de la dépréciation subie par l'immeuble. Il n'y a lieu de prendre la dépréciation en considération que lorsque la réparation matérielle est impossible.

Une question analogue s'est présentée en matière d'occupation de terrains, et nous avons vu que d'après la jurisprudence du Conseil d'État, il faut ajouter à l'indemnité due pour la privation de jouissance les frais nécessaires pour remettre les lieux dans leur état primitif. Or ces frais dépassent souvent de beaucoup la valeur du terrain fouillé. (Voy. *suprà*, n° 171.)

379.—L'indemnité due pour le dommage direct causé aux propriétés bâties, ne doit pas comprendre seulement les réparations matérielles à faire à l'immeuble. Le propriétaire doit être indemnisé en outre de la perte des loyers ou de la privation de jouissance qu'il a éprouvée. De plus, on doit comprendre dans l'indemnité les frais de procès dans lesquels il s'est trouvé engagé par suite de l'exécution des travaux.—Le Conseil d'État l'a ainsi décidé par décret, en date du 24 janvier 1855 (*Wallaërt*, 30), ainsi conçu : — « Considérant qu'un « jugement du tribunal de Lille a accordé aux locataires « des requérants une réduction de loyer de 1,600 fr., « par suite des réparations que les sieurs Wallaërt et « consorts avaient été obligés de faire à leur maison;

« que, dans les circonstances de l'affaire, il y a lieu de
« tenir compte aux sieurs Wallaërt et consorts de cette
« somme de 1,600 fr., et en outre des frais et dépens
« de l'instance dans laquelle le jugement précité est
« intervenu, lesquels s'élèvent à 397 fr. 30 c... »

Enfin, il a été jugé qu'un propriétaire qui, par suite
de l'abaissement du sol d'une rue, a été obligé d'acquitter une partie des dépenses de reconstruction du mur
mitoyen entre sa maison et la propriété voisine, lequel
mur ne se trouvait plus assez fort pour supporter les
constructions que le voisin voulait y appuyer, a le droit
de demander à l'administration le remboursement de
la somme payée par lui. (24 fév. 1860, *Lasseraye*,
150.)

380. — L'indemnité due aux locataires troublés dans
leur jouissance et qui ont eu à souffrir de l'exécution
des travaux dans l'exercice de leur industrie, doit comprendre : 1° les dépenses faites pour l'appropriation
de nouveaux locaux ; 2° les frais de déménagement
et de remménagement ; 3° le trouble apporté à l'industrie par suite du déplacement des magasins ou de
la fabrique ; 4° enfin le remboursement du loyer de
l'ancien local pendant tout le temps de l'installation
provisoire. (Voy. 20 juin 1861, *Degousse*, 537.)

381. — L'indemnité doit-elle comprendre les améliorations faites en vue des travaux publics qui devaient
rendre leur suppression nécessaire, et dans le but d'obtenir une augmentation d'indemnité ?

L'art. 52 de la loi du 3 mai 1841 sur l'expropriation
a prévu cette hypothèse et décide que les constructions,
plantations et améliorations ne donneront lieu à aucune
indemnité, lorsque, à raison de l'époque où elles auront été faites, ou de toutes autres circonstances dont
l'appréciation lui est abandonnée, le jury acquiert la

conviction qu'elles ont été faites dans la vue d'obtenir une indemnité plus élevée.

Mais on ne trouve en matière de dommages aucune disposition de ce genre. En conclurons-nous qu'il y a lieu de tenir compte des améliorations faites en vue de l'indemnité à régler? Oui, sans doute. En droit strict, et en l'absence d'un texte restrictif de l'indépendance absolue qui est l'apanage de la propriété, il n'y a pas à s'occuper de l'intention et du but que l'on s'est proposé. *Qui suo jure utitur, alii nullum damnum facit.* Quant à espérer quelque indulgence de la part des tribunaux administratifs pour ces sortes d'accommodements qui trouvent plus d'appui dans le droit rigoureux que dans la conscience, nous n'engageons personne à courir une pareille chance. (Voy. 23 avril 1857, *Herrenschmidt*, 321.)

382. — Une question fort grave est celle de savoir si, pour fixer l'indemnité, on doit prendre en considération la plus-value qui résulte de l'exécution des travaux, et si cette plus-value peut entrer en compensation partielle ou totale avec le montant de l'indemnité.

Il semble, de prime abord, que la solution de cette question soit facile. A ne l'envisager, en effet, qu'au point de vue de l'équité, on est tenté de décider que l'indemnité doit comprendre seulement le préjudice restant, déduction faite de l'augmentation de valeur acquise par la propriété. — Les particuliers lésés par l'exécution des travaux publics, ne doivent pas s'enrichir aux dépens du Trésor, c'est-à-dire au détriment des autres particuliers. En rendant le réclamant indemne, l'administration s'acquitte envers lui; mais « si « elle le rendait plus riche, comme c'est toujours le « public qui paye, il y aurait une faveur faite au parti- « culier aux frais du public, par conséquent une injus-

« tice commise envers le public. » (M. Delalleau, *Traité de l'expropriation*, t. 1, p. 281.)

Ces idées ont entraîné la jurisprudence qui les applique journellement. Mais cette application présente des inconvénients graves, et il est certain que le principe qui inspire en cette occasion les juridictions administratives, bien que vrai et juste en soi, conduit souvent à des résultats inconciliables avec l'équité. La raison en est fort simple. — Rien n'est plus difficile à constater que la plus-value : rien n'est plus difficile à apprécier avec exactitude ; ses éléments sont le plus souvent incertains et problématiques. Ainsi que l'a fait remarquer M. Lebon (Notes sur un décret du 30 juillet 1857, *Laugée*, 625), « il y a toujours dans l'estimation d'une plus-value produite par des travaux publics quelque chose d'arbitraire, d'hypothétique ; on est là sur un terrain où les esprits les plus justes, les plus solides sont exposés, au moins dans une certaine mesure, à prendre des illusions pour des réalités. » (Voy. aussi le *Moniteur* du 10 mai 1840, p. 990, 991, Discours de MM. le comte Portalis, le président Boyer, Villemain.) Le caractère conjectural de la plus-value expose le juge à des erreurs fâcheuses : or, s'il est regrettable de voir l'intérêt général sacrifié à l'intérêt privé, il est plus fâcheux encore, au point de vue d'une bonne justice, que la fortune publique s'augmente au détriment des particuliers. Il ne faut donc pas exagérer outre mesure l'importance du principe d'équité sur lequel se fonde la compensation de la plus-value, et si l'on ne trouve pas, dans les lois de la matière, des textes précis qui organisent et sanctionnent ce principe, il faut en repousser l'application à cause des dangers inévitables qu'elle présente dans la pratique.

D'un autre côté, dans l'état actuel de la jurisprudence en matière de dommages et en présence de ce principe chaque jour proclamé, qu'il n'y a pas lieu de réparer les préjudices qui résultent indirectement de l'exécution des travaux, l'application de la plus-value est d'une injustice frappante. Car, ici, le juge n'est limité par aucune règle; il peut compenser avec les dommages directs la plus-value indirecte, de sorte qu'en face d'un préjudice matériel et considérable, la propriété se trouve absolument désarmée. A diverses reprises, il est vrai, les commissaires du gouvernement ont déclaré aux audiences publiques de la section du contentieux, que le Conseil d'État entendait distinguer en matière de plus-value, entre les avantages directs et immédiats et les avantages indirects et généraux, et ne tenir compte que des premiers dans l'évaluation de la plus-value. Mais cette doctrine séduisante, plus hautement proclamée que fidèlement suivie, n'offre que des déceptions dans la pratique. Il y a donc toujours un intérêt considérable à rechercher si les principes du droit commun ou les lois spéciales justifient les errements de la jurisprudence.

383. — Je n'hésite pas à dire que les principes du droit commun repoussent l'application de la plus-value. C'est une règle certaine, en effet, dans le droit civil, que le propriétaire dont un tiers a amélioré la chose ne doit rien à celui-ci, si le tiers a agi dans son intérêt personnel et non pas dans l'intérêt de son voisin. « Le quasi-contrat de gestion d'affaires (a dit à ce sujet M. Dalloz, qui expose en termes excellents la doctrine universelle), et par conséquent l'action *negotiorum gestorum* ne peut être exercée qu'autant que celui dont on prétend avoir géré l'affaire par des travaux entrepris et exécutés à son insu, en retire une utilité directe et non occasionnelle. Il faut, en un mot, que le gérant

ait agi dans l'intérêt et au profit particulier du maître
de la chose. Si avant tout il n'a géré qu'en vue de son
propre intérêt et pour lui-même, il n'est pas fondé à
exercer l'action *negotiorum gestorum*. On conçoit en
effet que si mon voisin a démoli sa maison pour con-
vertir en jardin d'agrément le terrain sur lequel elle
était élevée, il ne pourra pas, sous le prétexte qu'il a
procuré à la mienne une vue plus agréable et plus étendue, se constituer mon gérant à cet égard, et réclamer
de moi, à ce titre, une indemnité quelconque. Les
avantages que je retire de cette démolition ne sont pas
le résultat d'une entreprise faite sur ma chose dans mon
propre intérêt, mais bien pour l'utilité privée de mon
voisin. Ce n'est donc qu'occasionnellement que j'en profite. De même, si un tiers dont la propriété borde ma
rivière a construit sur son propre terrain une digue
pour le protéger contre l'impétuosité des flots, sera-t-il
recevable, ce tiers, à venir me dire : « J'ai garanti ma
propriété des débordements de la rivière par mes constructions, et comme j'ai par là préservé la vôtre en
même temps, vous devez me considérer comme ayant
géré votre affaire personnelle, et vous êtes tenu de me
rembourser mes dépenses dans la proportion de l'avantage que vous retirez de mes travaux? » Évidemment je
pourrai lui répondre : « Il ne suffit pas qu'en faisant
votre propre affaire vous m'ayez procuré quelque
profit pour qu'il se soit formé entre nous un quasi-contrat, et que vous soyez fondé à exercer des répétitions
contre moi, en vertu de l'art. 1375 du C. Nap.; il faut
encore, il faut surtout qu'il soit établi que vous avez
agi sans autre mobile que mon intérêt privé, et sans
vous préoccuper exclusivement du vôtre. Or, il n'est
pas douteux qu'en construisant la digue sur votre
propre fonds et non sur le mien, vous n'avez eu en vue

que l'amélioration de votre chose, il n'existe donc de ma part aucun lien de droit envers vous. » Cette conséquence est irrésistible. En un mot, celui qui dans son intérêt exclusif fait une chose dont d'autres tirent occasionnellement profit, n'est pas fondé à exercer contre ces derniers, en qualité de *negotiorum gestor*, une action en indemnité ; il a fait sa propre affaire, il n'a pas fait la leur. » (Voy. Dall., Rép. v° *Obligat.*, n° 5402 ; M. Zachariæ, édit. Massé et Vergé, t. 4, p. 5, note 3 ; Larombière, *Obligat.* sur les art. 1372 et 1373, n° 8.)

Voilà le droit commun. L'administration peut-elle s'en prévaloir ? Non, certainement. Car lorsqu'elle entreprend une œuvre d'utilité générale, elle n'agit pas dans l'intérêt immédiat des propriétaires dont les terrains subissent des altérations ou des dommages. Elle poursuit un but plus étendu, plus élevé : elle ne cherche pas l'amélioration de quelques propriétés privées qui ne profitent des travaux entrepris que d'une manière accidentelle, occasionnelle. A ce point de vue, l'application de la plus-value est donc contraire à la loi. Est-elle légitimée par les dispositions particulières des lois administratives ? C'est ce qui nous reste à rechercher.

384. — Il faut d'abord écarter les articles 30 et suivants de la loi du 16 septembre 1807 qui prévoient le cas où, par suite de l'exécution de travaux publics, des propriétés privées auraient acquis une notable augmentation de valeur, et qui organisent le payement de cette plus-value, ses conditions d'évaluation et les garanties assurées aux parties intéressées. Il s'agit ici, en effet, de la plus-value par action directe, qui n'est due que dans le cas spécial où il a été rendu un décret dans la forme des règlements d'administration publique. Or, lorsque la garantie que la propriété trouve dans le décret qui ordonne l'application de la plus-value fait dé-

faut, il serait inique de lui demander les sacrifices que la loi elle-même a subordonnés à cette garantie.

L'art. 54 de la même loi a été quelquefois invoqué comme pouvant servir de base, dans notre situation, aux prétentions de l'administration. Cet article est ainsi conçu : « Lorsqu'il y aura lieu, en même temps, à payer « une indemnité à un propriétaire, pour terrains occu- « pés, et à *recevoir* de lui une plus-value, pour des « avantages acquis à ses propriétés restantes, il y aura « compensation jusqu'à due concurrence, et le surplus « seulement, selon les résultats, sera payé au proprié- « taire ou *acquitté* par lui. » Mais les termes mêmes de cette disposition prouvent qu'elle renferme seulement une application particulière des art. 30, 31 et 32, et qu'elle est soumise, par conséquent, aux mêmes condi- tions et aux mêmes garanties. Elle parle du cas où le propriétaire est appelé à *acquitter* la plus-value ; or, il n'y a lieu au payement effectif de l'indemnité de plus- value que dans l'hypothèse prévue par ces articles, c'est- à-dire lorsque le recouvrement de cette indemnité et son mode d'évaluation ont été l'objet d'un règlement d'administration publique. L'art. 54 s'occupe donc en- core uniquement de la plus-value par action directe, et non du cas où des experts sont commis en vertu de l'ar- ticle 56 pour évaluer une indemnité de dommages. Voir autre chose dans l'article 54, c'est méconnaître le sens évident de cette disposition.

Les lois sur l'expropriation pour cause d'utilité pu- blique fournissent-elles une base plus solide au pré- tendu droit de l'administration? Nous ne le croyons pas. D'après l'art. 51 de la loi du 7 juillet 1833, l'augmenta- tion de valeur pouvait être prise en considération dans l'évaluation de l'indemnité. L'article 51 de la loi du 3 mai 1841 a imposé au jury ce qui n'était auparavant qu'une simple faculté ; il veut que cette augmentation soit toujours prise en considération ; mais la question à résoudre est celle de savoir si on peut appliquer cette disposition en matière de dommages.

C'est le sentiment de M. Lebon. « Il y a ici, dit-il, un « argument à *fortiori* tellement net, tellement péremp- « toire, que nous n'hésitons pas à considérer l'article « dont il s'agit comme susceptible d'application aux « indemnités pour dommages ou occupation tempo- « raire. L'État exproprie, c'est-à-dire s'empare pour « toujours d'une portion d'une propriété. La loi déclare « que la plus-value résultant des travaux pour le reste « de la propriété, sera prise en considération dans le « règlement d'indemnité. Comment cette plus-value ne « serait-elle pas prise en considération, dans le cas « d'indemnité, pour occupation partielle ou tempo- « raire, c'est-à-dire dans le cas d'une lésion moindre ? « Cela serait dénué de toute raison. » (Voy. *loc. citat.*)

Cet argument à *fortiori* est d'une justesse contes- table. Qu'importe, en effet, l'importance de la lésion ? L'importance du préjudice causé est tout à fait indiffé- rente à la solution de la question que nous examinons, et qui se réduit au point de savoir si l'art. 51 de la loi du 3 mai 1841 peut être appliqué au cas de dommages résultant de l'exécution de travaux publics. Qu'en thèse générale l'expropriation soit chose plus grave qu'un dommage, personne ne le conteste ; mais est-ce une rai- son suffisante pour décider que les règles de l'expro- priation, appartenant à une matière spéciale, peuvent être transportées dans une autre matière spéciale, pour laquelle elles n'ont pas été faites ? L'application par ana- logie des textes n'est possible que dans les matières du droit commun ; autrement on arriverait au bouleversement et à la confusion des principes les plus stables et des règles les plus essentielles du droit administratif.

Mais, à cette raison générale fondée sur les données élémentaires de l'interprétation juridique , combien d'autres motifs s'ajoutent pour repousser l'extension de l'art. 51 à la matière des dommages! La loi, en organisant l'expropriation pour cause d'utilité publique, a accumulé les formalités les plus minutieuses, et déployé, dans l'intérêt de la propriété, un luxe de protection qu'on chercherait vainement ici. Ici, en effet, ce n'est pas le jury qui fixe l'indemnité : c'est aux tribunaux administratifs que son évaluation est confiée : inconvénient d'autant plus grave que l'instruction qui précède leurs décisions est au dernier point défectueuse. Une expertise dont les opérations sont confiées à des agents de l'administration (deux sur trois), voilà le document où ces tribunaux puisent leurs raisons de décider. Voilà les garanties sur lesquelles la propriété peut compter. Et l'on veut que ces tribunaux, et l'on veut que ces experts, que toutes leurs tendances portent à diminuer le dommage, soient appelés à apprécier la plus-value, par application d'une loi qui confie cette appréciation délicate à un jury choisi parmi les défenseurs naturels de la propriété ! En vérité, l'assimilation qu'on propose, disons-le à notre tour, est dénuée de toute raison.

Il faut donc écarter l'art. 51 de la loi du 3 mai 1841, comme tous les autres textes sur lesquels on a voulu fonder le droit de l'administration et reconnaître qu'il existe une lacune dans la loi. Quant à combler cette lacune par le pouvoir discrétionnaire du juge et à lui donner le droit de reconnaître, d'apprécier et de fixer à son gré la plus-value, j'avoue que cela me paraît trop dangereux. La loi de 1807 veut qu'il ne soit tenu compte que de la moitié des avantages ; les lois sur l'expropriation font entrer en compensation l'augmentation intégrale, pourvu qu'elle soit *immédiate et spéciale*. Quelle règle, en matière de dommages, le juge suivra-t-il au milieu de ces divergences ? Compensera-t-il la moitié de la plus-value ou la plus-value tout entière ? S'il tient compte des avantages même indirects, devra-t-il les mettre en balance avec les dommages directs [1] ? N'obéira-t-il, en un mot, qu'aux inspirations de sa conscience ? Il faut le reconnaître, il n'y a ici qu'incertitude, arbitraire et confusion.

385. — Telle est sur cette grave question l'opinion du Conseil des bâtiments civils. Consulté en 1858, à l'occasion d'une affaire pendante au Conseil d'État entre la ville de Paris et le sieur Moreaux, propriétaire d'une maison située rue Vieille-du-Temple, ce Conseil émit l'avis que cette propriété, par suite de l'exécution des travaux de la rue de Rivoli, avait acquis une plus-value, mais il déclara en même temps que, dans son opinion, on ne pouvait pas la compenser dans une mesure quelconque avec le préjudice causé. « En effet, disait-il, il « ne serait pas juste que l'administration municipale « fît payer à un propriétaire en particulier les avan- « tages qui résultent pour lui des travaux qu'elle exé- « cute dans un intérêt général. Ferait-on payer une co- « tisation quelconque à un propriétaire voisin dans la « même position que M. Moreaux et profitant comme « lui des avantages du prolongement de la rue de Ri- « voli, mais qui n'aurait pas eu de travaux à faire et « par conséquent ne réclamerait pas d'indemnité ? Ou « bien, si la plus-value résultant pour une propriété des

---

1. Voy. les conclusions de M. le commissaire du gouvernement Robert. (7 mars 1861, *de la Grange*, 167.)

« travaux exécutés par la ville était supérieure à la dé-
« pense que le propriétaire aurait été obligé de faire
« par suite des travaux de la ville, lui ferait-on verser
« la différence à la caisse municipale ?

« Selon nous, l'administration n'a pas le droit de faire
« contribuer personnellement un propriétaire quel-
« conque dans la dépense des travaux exécutés par elle
« au profit de tous. Or retenir à M. Moreaux une partie
« de la somme qu'on reconnaît lui devoir, c'est le faire
« contribuer de son argent, c'est le faire payer. Nous
« pensons donc que l'indemnité qui lui est due pour
« les travaux qu'il a été obligé d'exécuter dans sa mai-
« son ne doit supporter aucune défalcation. » (Voy.
18 nov. 1858, *Moreaux*, 657.)

386. — Malheureusement, la jurisprudence ne semble
pas disposée à entrer dans une voie aussi favorable aux
intérêts de la propriété, et des décisions fréquentes prennent soin, dans l'évaluation de l'indemnité, de tenir
compte de la plus-value acquise par l'immeuble endommagé, même pour la totalité du préjudice causé. « Con-
« sidérant, porte l'un de ces arrêts, qu'en admettant
« même que les travaux effectués en 1842 par l'admi-
« nistration des ponts et chaussées sur la rive gauche de
« la Garonne, aient pu être de nature à causer à l'île
« Saint-Macaire un dommage direct et matériel, il ré-
« sulte de l'instruction que les travaux de défense exé-
« cutés en 1844 et 1845, par ladite administration sur
« la rive droite de ce fleuve, devant l'île dont il s'agit,
« ont donné à cette propriété une plus-value qui com-
« pense et au delà ce dommage..... » (27 janv. 1853,
Berniard, 159.) Le Conseil d'État a même décidé qu'on
peut opposer la plus-value résultant de travaux exécutés plusieurs années avant ceux qui ont causé le dommage. (26 août 1858, *Bullot*, 607.) Enfin, il juge que

la plus-value doit être déterminée par l'ensemble des avantages dont profite la totalité de la propriété et non pas seulement à raison de ceux qui ne profitent qu'à telle ou telle de ses parties. (9 fév. 1850, *Ville de la Guillotière*, 129; Consult. 24 mars 1849, *Daube*, 172; 7 déc. 1850, *Labille*, 919; 28 déc. 1854, *Malliavin*, 1034; 1er fév. 1855, *Denailly*, 95; 26 juil. 1855, *Hédouin*, 564; 10 sept. 1855, *Canel*, 638; 7 janv. 1858, *Osterrieth*, 39; 22 déc. 1859, *Grandjean*, 774; 10 mai 1860, *Caillé*, 402; 12 déc. 1860, *Vanel*, 766.)

387. — On doit noter toutefois comme un indice favorable, les déclarations faites aux audiences publiques du Conseil d'État par les commissaires du gouvernement, déclarations d'après lesquelles il faudrait limiter l'application de la plus-value aux avantages directs résultant des travaux. Dans une affaire jugée le 1er sept. 1860 (*Baudin*, 711), l'administration opposait comme compensation au préjudice causé un certain nombre d'avantages indirects, tels que l'établissement, à proximité de la maison endommagée, d'une gare de voyageurs, le comblement de fossés anciens, la régularisation et la plantation aux frais de la ville de promenades substituées à ces fossés, etc., etc. Le Conseil de préfecture avait admis toutes ces causes de compensation.

M. Robert, commissaire du gouvernement, exprima au contraire l'avis « que les causes de plus-value alléguées étaient indépendantes de l'abaissement de la route impériale et ne se rattachaient pas au travail public qui avait occasionné le dommage; que de même qu'on exige, pour allouer une indemnité, que le dommage soit direct, de même on devait exiger que la plus-value, pour être opposable, fût le résultat direct du travail exécuté. » (Voy. Leb., 1860, p. 711.)

Depuis, et dans une affaire où le Conseil de préfecture avait retranché du montant de l'indemnité allouée
une somme de 28,717 fr. pour la plus-value résultant
des travaux exécutés dans le voisinage de la propriété
endommagée, M. Robert a encore émis l'opinion qu'il
n'y avait pas lieu de tenir compte, ainsi que l'avait fait le
Conseil de préfecture, des avantages indirects dont les
premiers juges s'étaient à tort préoccupés. « Il faut, di-
« sait-il, que la plus-value opposée à une demande en
« indemnité pour dommage direct et matériel résulte
« directement des travaux qui causent le dommage. Il
« y a une corrélation nécessaire entre le dommage di-
« rect et matériel et une plus-value directe et matérielle.
« On ne peut compenser un dommage direct et maté-
« riel avec une plus-value indirecte.

« De quoi s'agit-il dans l'espèce ? Une maison a été
« déchaussée par abaissement de la rue. Voilà un dom-
« mage direct. Où est la plus-value ? Est-ce une plus-
« value directe ? non ; au contraire, il y avait vue sur
« le promenoir de Chaillot et sur l'avenue des Champs-
« Elysées ; aujourd'hui la vue ne porte plus que sur
« les communs et les dépendances des hôtels en façade
« sur cette avenue. Quelle est donc la plus-value qu'on
« oppose ? Une plus-value indirecte, la transformation
« du quartier, les travaux généraux de voirie qui atti-
« rent la population et augmentent la valeur de l'im-
« meuble. Mais les dommages indirects ne donnent
« pas droit à indemnité ; les plus-values indirectes ne
« doivent pas enlever le droit à indemnité résultant
« d'un dommage direct..... »

On chercherait vainement dans l'arrêt qui a suivi
ces conclusions une déclaration formelle de principe :
mais pour qui connaît le laconisme ordinaire des décisions du Conseil, il est impossible de se méprendre

sur la portée de cet arrêt, qui, conformément aux conclusions du commissaire du gouvernement, porte annulation de l'arrêté attaqué. (Voy. 24 janv. 1861, *Carré*, 58;
7 mai 1861, *de la Grange*, 167; 8 mai 1861, *Berger*, 361.)

388. — De même, on ne doit pas faire entrer dans la
compensation du dommage causé, la plus-value résultant de travaux d'entretien, de réparation ou de reconstruction, dont l'unique résultat est de maintenir
aux propriétés voisines des avantages antérieurement
acquis.

Le sieur Levêque, propriétaire de moulins, avait
formé devant le Conseil de préfecture de Saône-et-
Loire une demande tendant à obtenir une indemnité à
raison de ce que ses moulins avaient été mis en chômage pour faciliter la reconstruction d'un pont, emporté par une crue en 1856. Le Conseil de préfecture
ayant rejeté cette demande sous le prétexte que la reconstruction du pont avait procuré aux usines du réclamant des avantages supérieurs au préjudice éprouvé,
le sieur Levêque se pourvut au Conseil d'État, qui statua
dans les termes suivants :

« Considérant que le moulin du sieur Levêque a été
mis en chômage pour faciliter la reconstruction d'un
pont sur la Frette, dépendant du chemin de grande
communication n° 6, et qui avait été emporté par une
crue en 1856; que ces travaux n'ont eu pour objet et
pour résultat que de rétablir le passage sur le chemin
de grande communication n° 6, tel qu'il existait avant la
crue de 1856, que, *dès lors*, ils n'ont procuré aucune
plus-value aux moulins du sieur Levêque... » (8 mars
1860, *Levêque*, 205.)

389. — L'indemnité de dommages est susceptible
de produire des intérêts. Mais à partir de quel moment ces intérêts courent-ils? On admet généralement

que les intérêts peuvent être accordés à partir d'une époque antérieure à la demande, lorsqu'il s'agit d'intérêts compensatoires formant un tout avec la condamnation principale. Ainsi, en matière de dommages-intérêts, dus à raison d'un fait préjudiciable, la jurisprudence civile reconnaît que les intérêts doivent être accordés du jour du préjudice souffert. (Cass., 5 nov. 1834, *Goubert*, S. V., 34. 1. 691; 23 juillet 1835, *Rochoux*, S. V. 35. 1. 493; 18 déc. 1835, *Gémond*, S. V., 36. 1. 327.) Les tribunaux administratifs sont entrés dans une voie tout opposée. Le Conseil d'État a jugé maintes fois que les intérêts de l'indemnité en matière de dommages ne courent que du jour où ils ont été l'objet d'une demande spéciale. (23 fév. 1844, *Bayard de la Vingtrie*, 108; 10 août 1844, *d'Argout*, 495; 22 fév. 1851, *Tronchon*, 128; 11 mai 1854, *Comp. du chemin de fer du Nord*, 426; 28 déc. 1854, *Comp. du chemin de Paris à Lyon*, 1035; 1er fév. 1855, *Denailly*, 95; 6 juin 1856, *Picard*, 406; 7 janvier 1858, *Grangier*, 40; 27 janv. 1861, *Carré*, 58.) Encore faut-il que la demande ait été régulièrement faite. Le Conseil ne tient aucun compte, par exemple, de celle qui a été portée devant un tribunal incompétent. (Voy. 26 juin 1852, *Balagnier*, 271; 24 mai 1854, *Duval*, 487.)

Même dans le cas d'extraction de matériaux, les intérêts ne sont dus qu'à partir du jour de la demande, et non à partir de l'époque où les fouilles ont été opérées, qu'il s'agisse ou non de carrières en exploitation. (21 décembre 1849, *De Rély*, 698; 13 août 1852, *Bourdin*, 389; 24 mars 1853, *Hunebelle*, 390; 20 juillet 1854, *Pouplin*, 681; 22 déc. 1859, *De Viart*, 770.)

Les réclamants doivent donc prendre soin de dater le mémoire dans lequel ils demandent les intérêts de l'indemnité qui leur est due, ou retirer de la préfecture un accusé de réception constatant le jour du dépôt.

390. — Toutefois, il est à remarquer que le Conseil d'Etat apporte quelquefois à cette règle une dérogation importante, lorsque le dommage dont se plaint le réclamant consiste dans la privation de jouissance d'une propriété productive de revenus. Les intérêts de l'indemnité sont alors accordés comme représentant la perte de la jouissance, non pas seulement à dater du jour de la demande, mais à partir du moment où le dommage a été causé. Ainsi, en matière d'occupation temporaire, l'indemnité correspondante à la dépréciation de la propriété, ne couvrant pas la privation de jouissance qui ne se confond pas avec elle, les intérêts de l'indemnité sont dus à partir du jour où l'occupation a commencé. (25 avril 1839, *Delorme-Chauvet*, 248; 20 janvier 1853, *Gaudaire*, 154.)

Ainsi encore, lorsque la force motrice d'une usine est diminuée ou supprimée, l'usinier a droit aux intérêts à partir de la suppression, parce que, à partir de ce moment, il a cessé de tirer de sa propriété le revenu qu'il en pouvait espérer. (27 août 1857, *De Nicolaï*, 691; 27 août 1857, *Aurenque*, 692; Id., *Perrault*, 700; Id., *Journeil*, 701.)

Somme toute, la doctrine du Conseil d'État est celle-ci : les intérêts de l'indemnité ne sont pas dus avant la demande quand le dommage ne porte aucune atteinte à la jouissance et quand le propriétaire lésé se plaint seulement d'une détérioration qui n'a pas pour conséquence une diminution correspondante de ses revenus. Les intérêts sont dus dans le cas contraire. Telle est, ce nous semble, la doctrine des nombreux arrêts que nous venons de citer, doctrine à laquelle le Conseil, il faut le dire, ne se montre pas toujours fidèle.

391. — En principe, avons-nous dit, les intérêts sont dus à partir du jour de la demande ; soit que cette demande ait été faite devant le Conseil de préfecture, soit qu'elle ait été présentée pour la première fois au Conseil d'État, elle doit être accueillie. — Les intérêts n'étant que l'accessoire de la demande principale, on ne peut voir dans la réclamation qui se produit devant le juge d'appel une demande nouvelle régie par la disposition de l'art. 464 du C. de pr. civ., et conséquemment non recevable.

Mais les intérêts sont-ils dus, s'ils n'ont été demandés pour la première fois que devant le Conseil d'État, et si le pourvoi du réclamant sur le fond du débat est rejeté ? Le Conseil d'État a d'abord jugé que les retards apportés au payement de l'indemnité allouée au réclamant par le premier juge lui sont imputables, et que la demande des intérêts doit, en conséquence, être repoussée, puisque c'est par son fait qu'il ne touche pas plus tôt la somme à laquelle il est reconnu avoir droit. (10 mai 1851, *Mourrat*, 336 ; 5 juin 1851, *Michaud*, 497.) Mais, antérieurement, il avait été décidé au contraire que les intérêts sont dus à partir de la demande faite pour la première fois devant le Conseil d'État. (16 avril 1851, *Mazier*, 283.) Et depuis, un grand nombre d'arrêts ont consacré la même solution. L'appel, en effet, est un droit essentiel dont l'exercice ne peut avoir pour résultat de porter préjudice à celui qui en use. Vainement dit-on que le retard éprouvé provient uniquement de son fait ; il provient aussi de la résistance de l'administration, qui peut éviter le payement des intérêts, en faisant, après la décision du Conseil de préfecture, des offres réelles. L'absence de ces offres permet au réclamant de poursuivre l'instance à tous les degrés de juridiction et de réclamer les intérêts avec le principal que l'administration n'a pas encore mis à sa disposition, et qu'il ne pourrait lui demander sans acquiescer à un arrêté qu'il considère comme mal rendu. (Voy. les déc. cités aux n°s 384 et suiv.)

392. — Les intérêts des intérêts peuvent aussi être accordés, par application de l'art. 1154 du C. Nap., aux termes duquel les intérêts échus des capitaux produisent intérêt, pourvu que, dans la demande, il s'agisse d'intérêts dus pour une année entière. (Voy. 24 février 1860, *Lasseraye*, 150; 24 mars 1861, *Chem. de fer du Midi*, 213).

393. — M. Serrigny s'est demandé si l'indemnité de dommage appartient aux créanciers hypothécaires, ou si au contraire elle doit se distribuer mobilièrement sans distinction des créances hypothécaires ou cédulaires. Il est d'avis que, bien que l'indemnité soit essentiellement mobilière, et que l'art. 2119 du C. Nap. déclare que les meubles n'ont pas de suite par hypothèque, cet article reconnaît implicitement un droit de préférence aux créanciers hypothécaires. (Voy. *Quest. et trait. de droit admin.*, p. 625 et suiv.)

Cette opinion ne nous semble pas destinée à prévaloir. L'indemnité de dommages ne représente jamais en effet une fraction déterminée de l'immeuble affecté à l'hypothèque. C'est la représentation d'un avantage disparu, d'une dépréciation subie. Ce n'est jamais le prix d'une portion du sol. Les créanciers hypothécaires n'ont par conséquent aucun droit de suite contre l'administration qui, n'ayant rien pris à la propriété endommagée pour le réunir au domaine public, peut payer le propriétaire sans s'exposer à payer deux fois. Comment donc reconnaîtrait-on aux créanciers hypothécaires un droit de préférence, corollaire essentiel du droit de suite qui n'existe pas ici?

394. — La question a été examinée, à l'occasion des dommages causés aux usines, par M. Ch. Bonne dans un excellent article publié par la *Revue pratique* (1861, t. 12, p. 132 et suiv.), et elle a été résolue dans le même sens. L'eau courante et la force motrice qui en résulte n'ont, en effet, aucun caractère immobilier. L'usinier n'a sur elle que des droits d'usage ; il utilise l'eau à son passage, mais, par sa nature, elle échappe à toute empreinte hypothécaire et au droit de suite qui caractérise et constitue vraiment l'hypothèque. « Soit (dit M. Bonne, dont nous ne pouvons mieux faire que de reproduire quelques arguments) que l'on considère la masse d'eau qui traverse une propriété comme étant l'accessoire de cette propriété, comme participant de sa nature immobilière pendant qu'elle est contenue dans les limites du canal privé qui la contient ; soit qu'on admette, avec la doctrine et la jurisprudence la mieux établie, que les riverains n'ont sur cette masse d'eau, considérée comme force motrice, qu'un droit d'usage ; l'indemnité allouée par l'État pour la quantité d'eau dont il s'empare ne peut en aucun cas être considérée comme le prix d'une vente ; les créanciers qui ont hypothèque sur l'usine et sur les terrains qui en dépendent n'ont donc pas un droit de préférence sur cette indemnité ; ils sont dans la position des créanciers qui ont une hypothèque sur les biens à venir de leur débiteur et qui profitent des acquisitions faites par ce dernier, sans pouvoir se plaindre des circonstances qui le privent des espérances les plus légitimes...

« Nous irons même plus loin, et nous dirons qu'en considérant l'usinier comme ayant un droit immobilier sur le cours d'eau, et en admettant que ce cours d'eau soit, comme accessoire de l'usine, atteint par l'hypothèque qui la grève, l'indemnité allouée dans le cas où

l'État prendrait l'eau sous le biez même de l'usine,
alors qu'elle est en quelque sorte acquise à l'usinier,
n'appartiendrait pas exclusivement aux créanciers hypothécaires.

« En effet, l'hypothèque s'éteint quand l'immeuble
sur lequel elle repose vient à disparaître, sans qu'il soit
possible au créancier d'exercer son droit de suite, qui
est un des éléments essentiels de l'hypothèque (Troplong,
117 *bis*, 889).

« Or, quand l'État s'empare d'une partie des eaux d'une
rivière, il n'est pas possible aux créanciers de suivre
leur gage entre les mains du nouveau possesseur, parce
que ce gage est modifié, fusionné avec d'autres eaux.
L'indemnité payée par l'État n'est donc pas un prix de
vente, mais bien la réparation d'un dommage, et, par
conséquent, elle ne représente pas une fraction spéciale
de l'immeuble. Ne voit-on pas qu'il y a une analogie
parfaite entre ce cas et la démolition d'une maison ou
la coupe d'un bois? Les matériaux et les arbres, devenus
meubles dès qu'ils sont détachés du sol, n'ont pas de
suite par hypothèque (art. 2119)... Il en est de même
de l'eau : dès l'instant qu'elle est séparée de l'immeuble
dont elle était l'accessoire, en s'écoulant sous la roue ou
les vannes de l'usine, elle n'a plus aucune suite par hypothèque... »

TITRE VIII

DE L'OPPOSITION A L'EXÉCUTION DES TRAVAUX PUBLICS.

395. — Avant de laisser de côté l'étude des rapports de l'administration ou des entrepreneurs avec les particuliers, il est indispensable de dire quelques mots des oppositions que l'exécution des travaux rencontre parfois, et des conflits qu'elles suscitent.

Les propriétaires sur les terrains desquels s'exécutent des travaux publics n'ont jamais le droit de s'y opposer par des voies de fait. Les actes de violence sont au plus haut point répréhensibles et tombent sous le coup de l'art. 438 du C. pénal, qui punit les délinquants d'un emprisonnement de trois mois à deux ans et d'une amende qui ne peut excéder le quart des dommages-intérêts ni être au-dessous de seize francs. Les *moteurs* sont condamnés au maximum de la peine.

396. — L'art. 438 est-il applicable dans le cas où les voies de fait ont été dirigées contre des travaux entrepris pour les départements et les communes? MM. Chauveau et Hélie ont émis l'opinion que cette disposition a été établie uniquement dans l'intérêt des travaux de l'État. Ils se fondent surtout sur les expressions du texte qui parle des *travaux autorisés par le gouvernement*. Mais c'est donner à ces expressions une signification trop restreinte. Elles embrassent les travaux exécutés sous le contrôle et avec l'autorisation des agents du gouvernement, tels que les préfets et les maires, dont le pouvoir émane du gouvernement lui-même et qui exercent une partie de sa puissance. Le mot « gouvernement, » employé par l'art. 438, comprend aussi bien les administrations locales que le pouvoir central. (Voy. Cass., 3 mai 1834, *Bertrand*, S. V., 34, 1. 574; Aix, 8 juil. 1858, *habit. de Moriès*, S. V., 59, 2. 447.)

397. — Un arrêt de la Cour de Toulouse, en date du 10 mars 1834, a décidé que l'art. 438 ne punit pas l'opposition, par voie de fait, à l'extraction des matériaux, même régulièrement autorisée. Suivant cet arrêt, les dispositions du Code pénal ne répriment « que les voies « de fait par lesquelles on s'oppose aux travaux auto- « risés par le gouvernement, ce qui suppose que ce sont « les travaux eux-mêmes dont on arrête la confection, « et que c'est sur les lieux eux-mêmes où les travaux « s'exécutent que le délit est commis. » Cette doctrine erronée se réfute par ses propres arguments. N'est-il pas évident que c'est arrêter les travaux et s'opposer à leur exécution, que d'empêcher l'extraction des matériaux, sans lesquels on ne pourrait pas les faire? Peut-on, sans ajouter à la loi, qui n'a pas imposé cette condition, exiger que l'opposition se produise sur les lieux mêmes où les matériaux extraits sont mis en œuvre?

D'ailleurs, comment ne pas voir que l'extraction des matériaux est une partie essentielle de l'exécution des travaux autorisés par le gouvernement, et qu'elle participe dès lors à la protection qui entoure ceux-ci ? (Voy. M. Féraud-Giraud, *des Dommages*, p. 67.)

398. — L'article 438 du Code pénal s'applique donc indistinctement à tous les travaux publics. Mais protége-t-il également les travaux qui, bien qu'ayant une destination publique, sont entrepris par des agents dépourvus de mandat ou en vertu d'ordres irréguliers ou incomplets?

D'après la jurisprudence, l'opposition par voie de fait n'est pas excusable, dans le cas même où il serait établi que dans l'exécution des travaux on aurait dépassé la limite tracée par les actes de l'administration. Le tort des agents en pareille circonstance ne saurait légitimer une répression violente. (Cass., 3 mai 1834, *Bertrand*, S. V., 34, 1. 574.) De même l'art. 438, C. pén., n'admet pas, comme faisant disparaître le délit, la circonstance que l'auteur des voies de fait se prétendrait propriétaire du terrain sur lequel auraient lieu les travaux et qu'ainsi les travaux auraient été ordonnés sans expropriation préalable légalement consommée. «Une pareille distinction dans l'application de l'art. 438 pourrait entraîner des inconvénients graves pour l'ordre public et pour l'intérêt national ; des travaux urgents pour la navigation, pour la viabilité ou pour tout autre objet d'utilité publique du ressort du gouvernement seraient suspendus ou empêchés, au gré de ceux qui prétendraient avoir à exercer un droit en opposition aux actes du gouvernement. Celui qui est lésé par des travaux ainsi ordonnés peut invoquer les lois protectrices de la propriété, en recourant aux voies légales, soit pour arrêter le cours ultérieur de ces travaux,

soit pour obtenir la réparation du préjudice qui lui est
causé. » (Cass., 6 juil. 1844, *Ballias*, S. V., 44, 1, 864;
5 juin 1856, *Delart*, D. P., 56, 1. 309 ; 22 mai 1857,
Chanonat, D. P., 57, 1. 315; 26 janv. 1860, *Parer*,
D. P., 60, 1. 56.)

Nous avons de la peine à accepter ces solutions. On
comprend fort bien que les travaux exécutés par les
agents du gouvernement dans les limites précises fixées
par les actes administratifs soient protégés d'une manière
toute spéciale contre la résistance des particuliers. Mais
lorsque l'entrepreneur ou tout autre représentant de
l'administration s'introduit sur une propriété particulière qui n'a pas été expropriée, ou bien exécute des
travaux qui ne sont pas régulièrement autorisés, la condition à laquelle le délit est subordonné fait absolument
défaut. Pour qu'en effet il y ait lieu à l'application de
l'article 438, il faut qu'il s'agisse de travaux publics
dûment ordonnés, et non pas seulement de travaux
exécutés par des agents ayant des ordres plus ou moins
précis. Qu'importe que ces agents soient autorisés à
agir si l'administration n'avait pas le droit de leur donner les ordres qu'ils ont reçus? Comment, par exemple,
accordera-t-on la protection de l'art. 438 à des travaux
exécutés sur une propriété qui n'appartient pas au domaine public en vertu d'une transmission régulière ?
Comment le propriétaire légitime, dont les titres sont
certains et indiscutables, ne pourrait-il pas s'opposer à
la continuation de pareilles entreprises? Sans doute, si
cette opposition se traduit par des violences aux personnes, il pourra y avoir lieu à l'application des dispositions pénales qui punissent les coups et blessures. Mais
s'il se borne à apporter des obstacles matériels, à combler des tranchées, à renverser des murs, il n'aura fait
que repousser, en état de légitime défense, une voie de

fait par d'autres voies de fait, et on ne comprendrait pas que l'agresseur pût se placer sous la protection de l'article 438 qui suppose des travaux publics régulièrement prescrits.

De même, s'il s'agit de travaux qui ne sont pas prévus par les devis, comment pourrait-on appliquer cette disposition ? Il ne s'agit pas alors de travaux publics : car les travaux entrepris par les agents du gouvernement en dehors des ordres de l'autorité compétente n'ont pas ce caractère. Il a été jugé maintes fois, en pareille circonstance, que le règlement de l'indemnité due aux propriétaires dont les terrains ont été fouillés sans autorisation appartient à l'autorité judiciaire. Il y a lieu de subordonner à la même condition l'application des peines édictées par le C. pén. On ne rencontre plus la condition essentielle du délit, et, dès lors, le propriétaire qui met obstacle à de pareilles entreprises n'est pas justiciable de la police correctionnelle.

Lors donc que, devant la juridiction correctionnelle, le prévenu invoque une des circonstances ci-dessus rappelées, il y a lieu de résoudre une question préjudicielle qui doit être renvoyée à l'examen, soit des tribunaux civils, s'il s'agit d'une exception de propriété, soit des tribunaux administratifs, s'il y a lieu à l'interprétation du devis ou d'un acte de l'administration.

399. — Remarquons seulement qu'en matière d'extraction de matériaux, le défaut d'autorisation et le défaut de notification de l'arrêté portant désignation des terrains ont des effets très-différents.

Le défaut de notification est beaucoup moins grave que l'absence même d'autorisation. Ainsi il ne prive pas l'entrepreneur du bénéfice de la juridiction administrative, parce que les travaux d'extraction, dans le cas même où le propriétaire n'a pas été officiellement et régulièrement averti, s'effectuant en vertu des ordres formels de l'administration, conservent néanmoins le caractère de travaux publics. (Voy. 15 mars 1849, *D^{lle} Bideault*, 151 : Cass., 25 fév. 1850, *de Villages*, D. P., 50, 1. 180.) L'art. 438 du C. pén. serait donc, par les mêmes raisons, applicable au propriétaire qui s'opposerait par voies de fait à l'extraction, sous le prétexte qu'il n'a pas reçu la notification prescrite par la loi de 1790, tandis qu'il ne protégerait pas les extractions faites sans autorisation régulière.

400. — Si les dispositions du C. pén. ne sont faites que pour le cas où il s'agit de travaux publics autorisés, à plus forte raison en sera-t-il ainsi lorsque les voies de fait auront été dirigées contre des travaux dont le caractère est exclusivement privé, bien que leur exécution ait dû être précédée d'une autorisation administrative. Ainsi, l'opposition par voie de fait à l'exécution de travaux autorisés par arrêtés du préfet et exécutés sur un cours d'eau non navigable par un particulier pour l'irrigation de ses propriétés, ne constitue pas le délit prévu par l'art. 438. (Voy. Cass., 29 déc. 1859, *Glace*, D. P., 60, 1. 54.) L'autorisation administrative ne change pas la nature des travaux entrepris dans un intérêt particulier, et ne leur donne pas droit à la protection due seulement aux travaux publics.

401. — Nous n'avons pas besoin de dire que si, dans notre opinion, l'opposition par voie de fait à des travaux non autorisés ne constitue pas le délit prévu et puni par la loi, nous n'entendons nullement encourager ces réactions violentes contre des agressions illégales. Le propriétaire a toujours le droit, et il est désirable qu'il en use, au lieu de se livrer lui-même à des actes de nature à engendrer des conflits déplorables,

de recourir aux voies légales, afin d'obtenir la discontinuation des travaux.

Mais quelles sont les voies dont l'usage est permis?
Comment le propriétaire dont les terrains ont été
indûment envahis par les agents de l'administration,
fera-t-il respecter ses droits méconnus sans recourir à
la violence? Est-ce à l'autorité administrative, est-ce
aux tribunaux qu'il doit s'adresser? Peut-il, par exemple, présenter requête au président du tribunal civil statuant en référé, et demander qu'il soit sursis à l'exécution des travaux commencés?

Il est incontestable que le préfet a toujours le droit
d'ordonner la cessation du trouble dont le propriétaire
se plaint. Il appartient, en toute circonstance, à ce fonctionnaire d'arrêter les envahissements des agents de
l'administration ou de l'entrepreneur et de mettre un
terme aux empiétements dont les particuliers sont
victimes. Mais le recours à l'autorité préfectorale est
le plus souvent infructueux. La plupart du temps, le
préfet n'est pas sur les lieux; il ne lui est pas possible de juger si les plaintes sont réellement fondées. D'un autre côté, le préfet ne peut pas prendre
de mesures provisoires avant d'avoir fait faire une instruction et de s'être fait remettre des rapports. Pendant
ce temps, les travaux continuent et le dommage se consomme irrévocablement.

Cependant, la propriété privée a droit à la protection
de l'autorité. Si les voies de fait sont interdites aux propriétaires lésés, il faut, de toute nécessité, que la loi leur
ait assuré un moyen prompt et efficace d'obtenir justice. A qui s'adresseront-ils?

Le recours à l'autorité judiciaire me paraît naturellement indiqué, sinon comme le seul possible, au moins
comme le seul réellement praticable dans tous les cas

où les particuliers se plaignent d'un envahissement illégal ou d'un trouble commis par des agents non autorisés. Les tribunaux ordinaires puisent dans leurs attributions le droit de faire respecter la propriété privée
à l'encontre de tout agresseur, quelle que soit sa qualité. Sans doute, ce droit trouve des limites dans les
pouvoirs de l'administration. Les tribunaux ne peuvent,
en général, ni ordonner la destruction des travaux commencés, ni prescrire la remise en possession du propriétaire, car ce serait autoriser indirectement la destruction
des ouvrages par le propriétaire réintégré. Ils ne peuvent
même pas ordonner la discontinuation des travaux, à titre
provisoire et jusqu'à ce qu'il ait été statué définitivement par l'autorité administrative. Mais la défense faite
aux juridictions ordinaires de s'immiscer dans la sphère
réservée à celle-ci ne s'applique que lorsqu'il s'agit de
travaux dûment autorisés. Lorsqu'au contraire, les
tribunaux sont saisis de réclamations relatives à des
actes commis par des agents sans mandat, par des entrepreneurs qui ne se sont pas munis préalablement des
autorisations imposées par les lois et règlements, les
particuliers ne se trouvant plus en présence de l'administration, la justice n'a plus qu'à réprimer des voies de
fait, et elle puise, je le répète, dans la loi de son institution, le pouvoir de le faire.

Quand une question de cette nature se présente, c'est-
à-dire lorsqu'un particulier défère aux tribunaux ordinaires, par la voie du référé ou autrement, des actes de
trouble qu'il prétend illégaux, les tribunaux doivent en
examiner la nature; et s'ils reconnaissent qu'effectivement ces actes n'ont pas reçu la sanction de l'autorité
administrative, ils ne doivent pas hésiter à prendre des
mesures pour sauvegarder le droit violé.

Cet examen sera d'ordinaire assez facile. Toutefois,

s'il s'élevait des difficultés sérieuses sur l'interprétation des clauses et conditions de l'entreprise ou des autres actes administratifs à l'abri desquels les agents voudraient se placer, la solution de ces questions préjudicielles devrait être renvoyée à l'administration. Mais il ne suffira pas aux agents mis en cause d'invoquer leur qualité et des ordres dont ils ne justifieraient pas. Ces ordres devront être produits, et s'ils ne le sont pas ou si leur teneur est contraire aux prétentions de ceux qui les invoquent, les tribunaux pourront passer outre. D'après une jurisprudence constante, en effet, l'autorité judiciaire est compétente pour appliquer les actes administratifs; elle n'est tenue de s'arrêter qu'autant que les difficultés soulevées en exigent l'interprétation.

Telle est la mission des tribunaux : voilà ce qu'ils ont le droit incontestable de faire. Ils peuvent ainsi pourvoir aux justes exigences des intérêts privés rapidement et sans danger pour l'intérêt public. (Voy. *infrà*, 5ᵉ part., tit. 5.)

CINQUIÈME PARTIE

DE LA COMPÉTENCE ET DE LA PROCÉDURE EN MATIÈRE DE TRAVAUX PUBLICS.

---

402. — « C'est un triste spectacle, a dit Bacon, que « de voir les tribunaux chargés de mettre la paix « entre les justiciables, se livrer entre eux des combats « sans fin. » — « *Pessimi enim exempli res est, ut curiæ* « *quæ pacem subditis præstant, inter se duella exer-* « *ceant.* » Malheureusement ces conflits, quoique plus rares que du temps de l'illustre chancelier, sont encore aujourd'hui inévitables, et l'étude des questions de compétence reste l'une des plus difficiles et des plus compliquées de la science du droit. En matière administrative, ces questions présentent ce caractère particulier qu'elles mettent le plus souvent en présence, non pas seulement deux tribunaux, mais deux tribunaux appartenant à des ordres différents. La lutte n'existe pas entre des juridictions du même genre, mais entre les tribunaux judiciaires et les tribunaux administratifs. — Le conflit prend alors un caractère plus marqué ; il exige une solution rapide, et l'erreur est d'autant plus à

redouter qu'elle entraîne nécessairement la confusion des pouvoirs que nos lois constitutionnelles tendent essentiellement à séparer. On ne saurait donc, dans l'examen des difficultés de cette nature, apporter trop de soin et veiller avec trop de précaution à l'observation des principes.

403. — La nature des contestations qui s'élèvent en matière de travaux publics, a depuis longtemps inspiré l'idée d'en confier le jugement à des tribunaux spéciaux. C'est ainsi que sous l'ancien régime, on avait attribué au bureau des finances les difficultés relatives à l'exécution du marché des entrepreneurs de l'entretien du pavé pour la Généralité de Paris. Une clause du cahier des charges soumettait expressément l'entrepreneur à cette juridiction chargée, en général, de statuer sur les matières contentieuses de la voirie, et le Conseil d'État en maintenait avec rigueur l'application. (Arrêts du Conseil des 21 avril 1667, 6 sept. 1704, 4 août 1705, 11 fév. 1710, et 26 juil. 1775.)

Les lois des 7-11 sept. 1790 (art. 3, 4 et 5) et plus tard celle du 28 pluviôse an VIII, n'ont fait que généraliser le principe contenu en germe dans ces arrêts. Voici le texte de ces lois, en commençant par la loi de 1790 :

« Art. 3. Les entrepreneurs de travaux publics seront tenus de se pourvoir sur les difficultés qui pourraient s'élever en interprétation ou dans l'exécution des clauses de leurs marchés, d'abord par voie de conciliation, devant le directoire du district, et dans les cas où l'affaire ne pourrait être conciliée, elle sera portée au directoire de département, et décidée par lui en dernier ressort, après avoir vu l'avis motivé du directoire du district.

« Art. 4. Les demandes et contestations sur le règlement des indemnités dues aux particuliers, à raison des terrains pris ou fouillés pour la confection des chemins, canaux ou autres ouvrages publics, seront portées de même, par voie de conciliation, devant le directoire de district, et pourront l'être ensuite au directoire de département, lequel les terminera en dernier ressort, conformément à l'estimation qui en sera faite par le juge de paix et ses assesseurs.

« Art. 5. Les particuliers qui se plaindront de torts et dommages procédant du fait personnel des entrepreneurs et non du fait de l'administration, se pourvoiront contre les entrepreneurs, d'abord devant la municipalité du lieu où les dommages auront été commis, et ensuite devant le directoire du district, qui statueront en dernier ressort, lorsque la municipalité n'aura pu concilier l'affaire. »

La loi du 28 pluviôse an VIII a remplacé ces dispositions par des dispositions analogues :

« Art. 4. Le conseil de préfecture prononcera... sur les difficultés qui pourraient s'élever entre les entrepreneurs et l'administration, concernant le sens et l'exécution des clauses de leurs marchés ; sur les réclamations des particuliers qui se plaindraient de torts et dommages provenant du fait personnel des entrepreneurs et non du fait de l'administration ; sur les demandes et contestations concernant les indemnités dues aux particuliers à raison des terrains pris ou fouillés pour la confection des chemins, canaux et autres ouvrages publics. »

404. — Nous allons étudier les applications diverses qui ont été faites de ces textes, en traitant séparément de la compétence en matière de marchés d'entreprise, de concession, d'extraction de matériaux et de dommages. Le plan que nous avons adopté a l'inconvénient, au point de vue théorique, de nous exposer à des

redites en séparant les diverses applications des principes essentiellement généraux qui dominent la matière tout entière, et se retrouvent conséquemment partout avec le même caractère et la même portée. C'est ainsi, pour n'en citer qu'un exemple, qu'il nous suffirait de constater, une fois pour toutes, que la compétence des Conseils de préfecture est d'ordre public, pour n'avoir pas à revenir sur ce sujet dans chacun des chapitres qui vont suivre et à propos, soit des marchés d'entreprise, soit des concessions, soit des torts et dommages, etc., etc. Mais nous avons préféré le côté essentiellement pratique de notre division, qui rassemble dans des cadres distincts, où les recherches du lecteur sont plus faciles, les solutions de la jurisprudence sur chaque sujet.

TITRE PREMIER

ATTRIBUTIONS ET COMPÉTENCE DES COMMISSIONS SPÉCIALES.

405. — Dans la première partie de cet ouvrage, nous

avons étudié l'organisation des commissions spéciales qui remplissent, dans des circonstances déterminées, des fonctions à la fois administratives et juridictionnelles. C'est dans la loi du 16 septembre 1807 que se trouvent les textes relatifs aux attributions qui ont été confiées à ces commissions pour statuer sur les contestations en matière de desséchement de marais ou de travaux défensifs. Les autres travaux publics, sauf ce qui concerne le règlement de la plus-value, ne sont pas soumis à cette juridiction exceptionnelle, et les conseils de préfecture connaissent seuls des litiges qui s'y rattachent.

406. — A une certaine époque, on a vivement attaqué l'institution des commissions spéciales. L'article 53 de la Charte de 1830, aux termes duquel « nul ne peut être distrait de ses juges naturels, » et l'art. 54 qui prohibe la création de tribunaux ou commissions extraordinaires, fournissaient des arguments aux adversaires de cette juridiction exceptionnelle. On invoquait aussi les lois de 1810 et de 1833 sur l'expropriation pour cause d'utilité publique qui ont consacré, comme chacun sait, en cette matière, l'intervention des tribunaux et du jury dans la fixation de l'indemnité, et l'on prétendait que depuis la promulgation de ces lois, la réunion des commissions spéciales dans le but de fixer, même pour un objet particulier, des indemnités de dépossession, constituait une flagrante illégalité. Un débat important s'éleva à ce sujet à la Chambre des députés en 1838, à l'occasion d'une proposition relative aux alluvions des rivières non navigables. M. Boudet attaqua le système de la loi de 1807 et prétendit qu'il avait été abrogé implicitement par les lois nouvelles.

« Quand il y a, disait-il, un respect aussi certain pour « le droit de propriété; quand on voit qu'en 1838 il est « impossible de faire régler ce droit autrement que par

« les tribunaux ou un jury, on voudrait maintenir en-
« core une commission composée de sept membres
« nommés par l'administration, par l'administration
« seule ? Je dis que cela est impossible. Je ne dis pas
« que, dans certains cas, une commission administra-
« tive ne soit utile ; je ne nie pas le droit de l'adminis-
« tration d'en nommer une pour quelques cas ; mais il
« est impossible qu'elle puisse exister avec toutes les
« attributions qui lui sont données par la loi de 1807.
« Aussi... toutes les fois qu'on s'est occupé d'examiner,
« sous ce point de vue un peu général, la question des
« syndicats établis par cette loi, on a senti la nécessité
« de les organiser. »

M. Legrand, directeur général des ponts et chaussées,
protesta vivement contre l'abrogation prétendue d'une
législation appliquée tous les jours.

« Les lois de 1810 et de 1833 n'ont en vue, dit-il, que
« les règlements des indemnités de terrains qu'on acquiert
« par voie d'expropriation, et si vous voulez prendre
« la peine de lire, au titre X de la loi du 16 sept. 1807,
« les attributions des commissaires spéciaux, vous ver-
« rez qu'elles s'appliquent à une foule d'autres objets
« que les règlements d'indemnité de terrain. — Je le
« répète, messieurs, la loi de 1807 subsiste dans les dis-
« positions qu'on veut considérer comme abrogées :
« tous les jours nous l'appliquons ; tous les jours nous
« organisons des commissions syndicales et des com-
« missions spéciales, et le plus grand désordre régnerait
« dans l'administration, si nous ne pouvions pas recou-
« rir à la loi de 1807, pendant tout le temps, du moins,
« qu'une nouvelle législation ne sera pas venue la rem-
« placer. » (Ch. des dép., séance du 8 fév. 1838, le Moniteur du 9, p. 258.)

407. — Cette discussion, qui s'écartait un peu de l'ob-

jet précis des délibérations de la Chambre, n'eut pas de suites, et depuis cette époque, l'administration n'a jamais cessé de créer des associations syndicales et des commissions spéciales. Elle jugea convenable, toutefois, de consulter le Conseil d'État sur la légalité de ces actes, et le Conseil émit, le 23 avril 1843, un avis qui dissipa tous les doutes et dont il nous paraît utile de donner le texte :

« Vu les ordonnances royales des 8 septembre 1819, « 5 août 1831 et 1er juin 1836, rendues dans la forme « contentieuse ;

« Considérant que les lois sus-visées, en établissant, « pour apprécier les indemnités à accorder aux pro- « priétaires dépossédés, un autre système que celui qui « résultait de la loi du 16 septembre 1807, n'ont eu « pour objet que de déterminer comment serait fixée la « valeur des propriétés dont l'abandon serait nécessaire « pour des travaux d'utilité publique ;

« Que ces lois n'ont porté aucune atteinte aux dispo- « sitions de la loi du 16 septembre 1807 qui n'étaient « pas relatives aux cas sur lesquels elles statuaient ;

« Que, par conséquent, c'est encore aux commissions « spéciales instituées par le titre 10 de la loi du 10 sep- « tembre 1807, qu'il appartient de fixer les indemnités « de plus-value qui pourraient être exigées en vertu de « l'art. 30 de ladite loi ;

« Considérant que l'art. 24 de la loi du 16 septembre « 1807 n'a donné à l'administration le droit de con- « traindre les propriétaires à abandonner leurs pro- « priétés que lorsqu'il serait impossible de parvenir, « par d'autres moyens, au desséchement des marais ;

« Que ce droit tout exceptionnel donné à l'administra- « tion pour effectuer le desséchement des marais, ne « peut s'étendre au delà du cas particulier qui a été prévu;

« Que, d'ailleurs, l'art. 21, ainsi qu'il vient d'être
« expliqué, a défini les modes suivant lesquels il serait
« possible de recouvrer l'indemnité de plus-value, et
« qu'il n'y a pas compris la faculté de préemption de
« la part de l'administration ;

« Considérant qu'en examinant la nature et les attri-
« butions des commissions spéciales, on reconnaît,
« comme l'ont fait les ordonnances royales sus-visées,
« que ces commissions ont le même caractère que les
« Conseils de préfecture ;

« Que, dès lors, leurs décisions doivent, sur la ma-
« tière, avoir les mêmes effets et recevoir la même exé-
« cution que la décision de ces Conseils ;

« Est d'avis que ce n'est pas au jury institué par les
« lois des 7 juillet 1833 et 3 mai 1841, mais à une
« commission spéciale, telle qu'elle est établie par la
« loi du 16 septembre 1807, qu'il appartient de statuer
« sur les indemnités de plus-value ; que, sur la matière,
« les décisions de cette commission spéciale ont la même
« autorité et doivent recevoir la même exécution que
« celles des Conseils de préfecture. »

408. — La légalité des commissions spéciales instituées en exécution de la loi de 1807 ne nous paraît pas
plus douteuse qu'à l'administration et au Conseil d'État.
La difficulté soulevée à cet égard provenait, à vrai dire,
d'un malentendu et de ce qu'on ne s'était pas suffisamment attaché à rechercher dans quelle mesure leurs
attributions peuvent être exercées aujourd'hui, M. Boudet
était parfaitement dans le vrai lorsqu'il invoquait les lois
sur l'expropriation pour cause d'utilité publique comme
abrogeant implicitement la loi de 1807 dans celles de ses
dispositions qui étaient relatives aux dépossessions d'immeubles, et comme enlevant, par suite, aux commissions spéciales, l'évaluation des indemnités de terrains.

Mais il résultait de là seulement que ces lois avaient rétréci le cercle des attributions conférées aux commissions spéciales, attributions qui, embrassant un grand nombre d'autres objets, sont restées intactes pour tout ce qui n'est pas régi par les lois nouvelles. Aussi la section du contentieux du Conseil d'État n'a-t-elle, à aucune époque, fait difficulté de reconnaître leur compétence à cet égard, quand elle a eu à connaître des recours formés contre leurs décisions. Enfin, les décrets sur la décentralisation et la loi du 28 mai 1858 sur les travaux destinés à préserver les villes des inondations dont l'article 5, en ce qui concerne les formes à observer pour la répartition des frais entre les intéressés, renvoie aux dispositions de la loi du 16 sept. 1807, ont donné une consécration définitive à l'institution des commissions spéciales.

Il importe donc aujourd'hui, autant qu'à toute autre époque, de rechercher quelle est l'étendue et quelles sont les limites de leur compétence.

409. — C'est dans l'article 46 que leurs attributions sont définies. Cet article est ainsi conçu :

« Les commissions spéciales connaîtront de tout ce
« qui est relatif au classement des diverses propriétés,
« avant ou après le desséchement des marais, à leur
« estimation, à la vérification de l'exactitude des plans
« cadastraux, à l'exécution des clauses des actes de con-
« cession relatifs à la jouissance, par les concession-
« naires, d'une portion des produits, à la vérification et
« à la réception des travaux de desséchement, à la for-
« mation et à la vérification du rôle de plus-value des
« terres après le desséchement ; elles donneront leur
« avis sur l'organisation du mode d'entretien des tra-
« vaux de desséchement ; elles arrêteront les estima-
« tions dans les cas prévus par l'art. 24, où le gouver-

« nement aurait à déposséder tous les propriétaires
« d'un marais ; elles connaîtront des mêmes objets,
« lorsqu'il s'agira de fixer la valeur des propriétés
« avant l'exécution des travaux d'un autre genre, comme
« routes, canaux, quais, digues, ponts, rues, et après
« l'exécution desdits travaux, et lorsqu'il sera question
« de fixer la plus-value. »

410. — Cet article ne régit pas seulement les travaux de desséchement : il embrasse dans les attributions de la commission spéciale, tous ceux qui sont
l'objet des prévisions de la loi. Ces attributions sont
les mêmes, soit lorsqu'il y a lieu d'exiger la plus-
value dans le cas prévu par les articles 30 et suiv.,
soit lorsqu'il y a lieu de fixer la part contributoire à la
charge des propriétés qui profitent de l'exécution des
travaux défensifs. Là, comme en matière de desséchement, la commission spéciale statue sur toutes les contestations relatives à la détermination du périmètre, à
l'évaluation de la plus-value, à la rédaction du rôle, à la
réception des travaux, aux rapports du concessionnaire
avec les propriétaires voisins, etc., etc.

Les limites de la compétence des commissions spéciales sont également les mêmes dans ces diverses circonstances. Ces limites fixées par l'art. 47 de la loi de
1807, ou par les principes généraux qu'on trouve dans
nos lois organiques, n'ont pas besoin d'être indiquées
d'une manière particulière à chaque nature de travaux. Ce que nous avons à dire des travaux de desséchement s'applique nécessairement aux travaux défensifs
ou à ceux, quels qu'en soient la nature et l'objet, à
l'occasion desquels une plus-value peut être exigée.
Nous pouvons donc ne pas les séparer dans l'étude
que nous nous proposons de faire, et ce que nous
dirons de la compétence de la commission en matière

de desséchement s'appliquera sans difficulté, sauf les différences ressortant de la nature même des choses, aux autres travaux sur lesquels elle peut être appelée à statuer. Nous allons donc reprendre, en essayant de la généraliser, l'énumération contenue dans l'article 46.

411. — La première et la plus importante des attributions confiée aux Commissions spéciales, est, à coup sûr, celle qui a trait à la fixation du périmètre des terrains à comprendre dans le desséchement ou l'association. On sait comment il doit être procédé à cette opération, dont les résultats sont décisifs sur le sort des intérêts engagés dans l'exécution des travaux. Quand il s'agit de déterminer le périmètre des terrains intéressés, c'est-à-dire de ceux qui sont supposés profiter de l'entreprise projetée, il est procédé tout d'abord à une expertise. Les syndicats présentent un expert ; les concessionnaires en choisissent un autre ; le préfet désigne un tiers expert. Les experts divisent le terrain en classes, formées d'après le degré d'inondation et d'intérêt aux travaux, de manière à ce que toutes les terres de même valeur présumée soient mises dans la même classe. Le périmètre des diverses classes est tracé sur le plan cadastral qui sert de base à l'entreprise. Le plan ainsi préparé est soumis à l'approbation du préfet et reste déposé à la préfecture pendant un mois à la disposition des intéressés, qui sont invités à en prendre connaissance, et à présenter leurs observations. Le préfet recueille ces observations ; il les soumet au concessionnaire, ordonne les vérifications qu'il juge convenable, et si un propriétaire fait entendre des plaintes, la commission spéciale est saisie du litige. Nous employons ce mot à dessein, car il s'agit bien ici d'un débat contentieux, et la commission, en le décidant,

fait office de juge. Elle seule, du reste, a qualité pour apprécier l'opération des experts, et fixer, soit l'étendue du périmètre, soit la classe à laquelle appartiennent les terrains contestés. (13 juillet 1828, *dé l'Aubépin*.) Il va de soi qu'elle né peut statuer d'office, et avant qu'aucune réclamation ait été portée devant elle. Elle ne peut davantage rectifier son travail, et se réformer elle-même quand elle a statuéaprès débat contradictoire. (26 août 1824, *Dubuc*, 582.)

412. — Des décisions de la Commission spéciale dépendent les limites du syndicat, par suite son importance et sa force. Pour les propriétaires compris dans ces limites, une charge nouvelle et considérable vient s'ajouter aux charges ordinaires de la propriété. Il importe donc à tous ceux qui se trouvent à tort indiqués dans les projets auxquels la Commission est appelée à donner un caractère irrévocable, à porter d'abord leurs réclamations devant elle par voie d'opposition (5 janv. 1850, *de Matha et cons.*, 32; 22 juin 1854, *Buisson et cons.*, 610), et, en cas d'échec, devant le Conseil d'État. C'est pour eux le seul moyen légal d'échapper aux conséquences onéreuses de l'association. Car une fois que la décision de la commission a acquis l'autorité de la chose jugée, tout propriétaire compris dans le périmètre qu'elle a fixé, cesse d'être recevable à prétendre qu'il doit en être éliminé. (Voy. 4 fév. 1836, *Com. de Saint-Joachim*, 64; 22 nov. 1836, *Associat. du Trélou*, 510; 26 mai 1853, *Associat. des vidanges d'Arles*, 559.)

413. — La commission compétente pour connaître des demandes en descente de classe, d'extension ou de diminution du périmètre, est par là même investie du droit d'ordonner les mesures qui lui paraissent indispensables pour former son jugement. Si l'instruction

II.   27

administrative à laquelle il a été procédé avant qu'elle fût saisie, ne lui semble pas complète, elle a incontestablement la faculté d'ordonner tels errements qu'elle juge utiles à la solution des réclamations. Elle peut de même refuser d'obtempérer aux demandes tendantes à un supplément d'instruction lorsqu'elle trouve dans l'expertise tous les renseignements nécessaires à sa décision. (13 juil. 1828, *de l'Aubépin*, 549.)

En aucun cas, la commission n'est fondée à refuser de statuer sur les demandes portées devant elle sous le prétexte que ces demandes n'auraient pas été soumises aux experts chargés de procéder aux opérations nécessaires pour arriver à la fixation du périmètre. Elle peut seulement, avant de prononcer, si elle n'est pas suffisamment éclairée, les renvoyer préalablement à leur examen. (11 mai 1854, *de Cambis, Farjon et consorts*, 418.)

414. — Par cela même que la commission a reçu de la loi la mission de juger les contestations qui portent sur un point aussi essentiel, il lui est interdit de prendre part aux opérations que la loi a confiées aux experts chargés de tracer le périmètre. Ces experts choisis d'un côté par l'administration, de l'autre par les propriétaires, représentent des intérêts opposés entre lesquels la commission est appelée à prononcer. L'impartialité dont elle doit faire preuve, et avec elle la garantie que la loi a voulu assurer à ses justiciables, cesseraient d'exister si, avant d'être saisie comme juge, la commission, dirigeant le travail des experts, avait émis son opinion sur l'étendue du périmètre et les limites qu'il convient de fixer. Aussi le Conseil d'État a-t-il annulé plusieurs décisions d'une commission spéciale qui étaient intervenues dans des circonstances où il était

craindre que son opinion ne fût formée avant le jugement des contestations dont elle était saisie. Cet arrêt,
qui porte la date du 27 nov. 1856 (*Archambaud*, 856),
doit être cité textuellement.

« Considérant qu'aux termes des art. 8, 9, 10, 12,
et 13 de la loi du 16 sept. 1807, il doit être procédé
par des experts, assistés par les ingénieurs, au tracé du
périmètre, au classement et à l'estimation des terrains
à comprendre dans l'association syndicale ; que le travail des experts doit être soumis, au moyen d'une enquête, au contrôle de tous les intéressés ; que ce n'est
qu'après que les réclamations des particuliers ont pu se
produire et contredire les propositions des ingénieurs
et des experts, que la commission spéciale est appelée
à prendre connaissance de ces propositions et à arrêter
l'étendue du périmètre, le classement et l'estimation
des divers terrains ; que, dans l'espèce, les ingénieurs
n'ont pas été appelés à assister l'expert nommé par le
syndicat ; que, de plus, il est reconnu par l'expert, dans
son rapport du 25 sept. 1850, et par la commission
spéciale, dans sa décision du 5 sept. 1852, que la commission spéciale a concouru à tous les travaux de l'expertise ; que, par cette immixtion prématurée dans les
opérations du tracé du périmètre et du classement, la
commission spéciale a engagé son opinion avant que les
réclamations des particuliers eussent pu se produire et
a ainsi privé les parties des garanties que l'ensemble
des dispositions de la loi a pour but de leur assurer ;
que, dans ces circonstances, il y a lieu d'annuler la décision de la commission spéciale du 5 sept. 1852, et
d'ordonner que, par un autre expert, assisté des ingénieurs, il sera procédé de nouveau au tracé du périmètre, au classement et à l'estimation des terres protégées par les digues de la Barraque et des Fontaines... »

(Voy. enc. 7 juil. 1853, *de Lamure*, 689; 2 déc. 1858, *de Lamure*, 685.)

415. — Les commissions spéciales connaissent des contestations qui s'élèvent entre les propriétaires et les concessionnaires de desséchements de marais, relative-ment à la portion de produits qui leur a été concédée.— L'article 16 porte en effet : « Lorsque, d'après l'étendue « des marais ou la difficulté des travaux, le desséchement « ne pourra être opéré dans trois ans, l'acte de conces-« sion pourra attribuer aux entrepreneurs de desséche-« ment une portion en deniers du produit des fonds qui « auront les premiers profité des travaux de desséche-« ment. Les contestations relatives à l'exécution de cette « clause seront portées devant la commission. »

L'article 46 a reproduit la partie finale de cette dis-position. La compétence de la commission se trouve ainsi doublement consacrée.

416. — L'article 24, prévoyant le cas où le dessé-chement ne pourrait être opéré par les moyens organi-sés par la loi de 1807, autorise le gouvernement à dé-posséder les propriétaires sur estimation, dans les formes prescrites par les articles 7 et suivants. Le même article ajoute que « cette estimation sera soumise au jugement « et à l'homologation d'une commission formée à cet « effet, et la cession sera ordonnée sur le rapport du « ministre de l'intérieur par un règlement d'adminis-« tration publique. »

Cette disposition est-elle encore en vigueur? — Les auteurs sont très-partagés sur cette question. D'un côté, MM. Serrigny (n° 1193), Cotelle (t. 2, n°s 289 et suiv.), Dumay sur Proudhon (n° 1661), pensent que les lois re-latives à l'expropriation pour cause d'utilité publique des 8 mars 1810, 7 juillet 1833 et 3 mai 1841, en subs-tituant les tribunaux à un jury spécial pour l'évaluation des indemnités d'expropriation, n'ont pas modifié les formes établies par la loi du 16 septembre 1807 pour les desséchements des marais. Mais leur opinion est combattue par Toullier (t. 3, n° 286), Proudhon (*Dom. pub.*, t. 4, p. 693 et suiv.), Delalleau (*De l'expropr.*, n°s 857 et suiv.), Husson (*Traité des trav. publ.*, p. 674), Foucart (t. 1, p. 228), Garnier (n° 930), et c'est de ce côté, suivant nous, que se trouve la solution la plus juridique. Vainement on invoque le principe *per generalia specialibus non derogatur*. Cette maxime, qui n'est écrite nulle part dans la loi, qui n'a et ne peut avoir conséquemment qu'une autorité purement doctrinale, n'a point d'application dans les matières qui touchent à la constitution politique et où l'ordre public se trouve engagé de manière à ne point autoriser d'exceptions. Comment admettre que l'attribution aux commissions spéciales de l'évaluation des indemnités de terrains, dans certains cas déterminés, attribution qui était conforme au principe général en vigueur en 1807, et n'offrait, à vrai dire, qu'un exemple du régime purement administratif auquel la propriété était alors soumise sous le rapport de l'expropriation, ait survécu à ce régime ? Les lois de 1810, de 1833 et de 1841, en substituant la juridiction des tribunaux ou celle du jury à la juridiction administrative, ont assuré à la propriété une garantie qu'elle peut revendiquer aujourd'hui dans toute circonstance, parce que cette garantie, inscrite dans la loi fondamentale, fait partie constitutive du pacte politique, et ne comporte exceptionnellement aucun retour à un système désormais aboli. Sous ce rapport, l'application de la maxime *specialibus per generalia non derogatur*, manque même ici d'une condition essentielle ; car l'attribution confiée à la commission spéciale se rattachant à un système général, a nécessairement disparu quand il a été remplacé par un système assis sur des bases différentes. Le jury d'expropriation est donc seul chargé aujourd'hui des estimations de terrains nécessaires aux opérations de desséchement, ou autres entreprises dans lesquelles il y a encore lieu de nommer une commission spéciale. (V. *suprà*, nos 405 et suiv.)

417. — Mais c'est à cette commission qu'il appartient de statuer sur les difficultés que fait naître l'évaluation de la plus-value des terres après le desséchement. Il ne s'agit pas d'opérations destinées à fixer un prix d'expropriation. Les terrains améliorés restent entre les mains de leurs détenteurs, et il y a lieu seulement de fixer définitivement l'augmentation de valeur que les travaux leur ont donnée. La commission est juge des questions que cette évaluation fait naître. (Art. 46.)

Elle en connaît aussi, porte le même article, lorsqu'il s'agit de fixer la valeur des propriétés avant l'exécution des travaux d'un autre genre, comme routes, canaux, etc., et après l'exécution desdits travaux, et lorsqu'il est question de fixer la plus-value. Ceci concerne les travaux auxquels un décret d'administration publique ordonne d'appliquer les dispositions de la loi du 16 septembre 1807 relatives à la plus-value. Pour ces travaux, comme pour ceux de desséchement, on doit constituer une commission spéciale qui se trouve naturellement investie du droit de procéder, avant et après l'exécution des travaux, et dans les conditions que nous avons fait connaître, à l'évaluation des propriétés qui profitent de ces travaux. (Voy. *suprà*, t. 2, nos 35 et suiv.)

418. — La plus-value une fois fixée, il faut en obtenir le payement de la part des propriétaires qui sont assujettis à cette contribution. C'est la commission qui dresse le rôle des indemnités dues aux concessionnaires. L'opération est en elle-même purement administra-

tive, et dans le cas où la commission refuse de s'en occuper, il appartient au préfet d'y pourvoir. (18 août
1833, *Marais de l'Authie*, 498.)

Quant aux contestations relatives au recouvrement
des taxes, ces débats doivent être portés devant le Conseil
de préfecture. (Voy. *suprà*, n° 26.)

419. — Les commissions spéciales sont des tribunaux exceptionnels, et à ce titre il ne leur appartient pas de connaître des questions de propriété. L'article 47 contient à cet égard une disposition formelle.
« Elles ne pourront, dans aucun cas, dit cet article,
« juger les questions de propriété sur lesquelles il sera
« prononcé par les tribunaux ordinaires, sans que, dans
« aucun cas, les opérations relatives aux travaux ou
« l'exécution des décisions de la commission puissent
« être retardées ou suspendues. »

Le Conseil d'État a eu rarement à rappeler les commissions spéciales à l'observation de cette disposition.
Les questions de propriété ont un caractère fort net,
facile d'ordinaire à saisir et l'art. 47 est assez clair pour
ne point permettre aux commissions de conserver à cet
égard aucune hésitation sur leurs devoirs. Nous citerons cependant comme ayant appliqué le principe qu'il
consacre, deux arrêts en date des 20 juil. 1850 (*Allonneau*, 699), et 4 fév. 1858 (*de Lubières*, 118), qui, dans
des circonstances diverses, ont déclaré que, soit la question de savoir à quelle époque remontait un droit de
propriété, soit l'interprétation d'une décision judiciaire,
sont du ressort exclusif des tribunaux civils et qu'en
statuant sur ces objets, les commissions spéciales excèdent les limites de leurs pouvoirs.

420. — Une autre restriction aux pouvoirs de la
commission spéciale résulte du caractère extraordinaire et exceptionnel de leur institution. Bien qu'elles

soient des tribunaux de l'ordre administratif, il ne leur
est pas permis d'interpréter les actes de l'autorité sou-
veraine produits devant elles et dont le sens serait obscur et contesté. Elles doivent, en conséquence, surseoir
jusqu'à ce qu'il ait été statué par qui de droit sur le sens
des actes invoqués. C'est ce qui a été jugé, par exemple,
sur la réclamation des sieurs Rouaud et consorts qui
fondaient une demande en exemption de l'indemnité
de plus-value, réclamée par une compagnie concessionnaire, sur un arrêt du Conseil du 4 janv. 1779 et des
ordonnances des 2 juil. 1817 et 2 sept. 1836. Les effets
de ces actes, dont l'interprétation était nécessaire pour
la solution du débat, étaient contestés par la compagnie
devant la commission qui lui donna gain de cause.
Mais sa décision fut annulée sur ce chef par le Conseil
d'État. (12 août 1845, *Rouaud et cons.*, 419.) Il ne
leur appartient pas davantage d'interpréter les actes
émanés des autorités inférieures. Il a été jugé, par
exemple, qu'elles sont incompétentes pour apprécier le
sens et les effets des actes ou contrats administratifs
desquels les propriétaires poursuivis en payement de
l'indemnité de plus-value prétendent faire résulter la
renonciation de l'auteur des travaux à exiger aucune
indemnité à raison de ces travaux (20 avril 1854, *Sœurs
de la Provid.*, 325) ; ou pour apprécier les conditions de
l'engagement pris par des propriétaires envers une ville
de payer diverses sommes à titre de souscription pour
le prolongement d'une rue (26 déc. 1856, *Morel et
Bertin*, 734); ou pour donner l'interprétation d'ordonnances royales portant concession d'un dessèchement et
déterminant le mode de formation du syndicat des propriétaires intéressés. (25 nov. 1852, *Allonneau*, 500;
12 janv. 1853, *Id.*, 97.)

421. — A plus forte raison doivent-elles s'abstenir

de vider les contestations dont la solution dépend de l'interprétation de conventions purement privées. C'est ce que le Conseil d'État a jugé par l'arrêt suivant :

« Considérant, à l'égard du moyen tiré de ce que le Conseil municipal de Champagnier aurait, au nom des habitants ayant pris part au partage des biens communaux, contracté l'engagement de supporter la dépense du prolongement de la digue, que les commissions spéciales, qui, aux termes des art. 46 et 47 de la loi du 16 sept. 1807, doivent connaître de tout ce qui est relatif au classement et à l'estimation des propriétés comprises dans le périmètre des associations syndicales, ne sont pas compétentes pour apprécier la valeur et les effets des conventions particulières ou des engagements que les propriétaires ou les parties intéressées peuvent prendre entre eux ; que, dès lors, c'est avec raison que, dans l'espèce, la commission spéciale a refusé de statuer sur la validité et les conséquences de l'engagement qui aurait été contracté par le Conseil municipal de Champagnier... » (1er mars 1851, *Durand, Mathieu et cons.*, 153.)

422. — Enfin, les commissions spéciales, dans les cas où elles sont appelées à exercer une juridiction contentieuse, doivent éviter tout ce qui pourrait être considéré comme un empiétement sur les attributions réservées à l'autorité administrative. Dans le règlement des contestations qui leur sont soumises, elles sont tenues de statuer d'après les principes rigoureux du droit et ne peuvent que repousser toute mesure de conciliation ou de transaction qui ne serait pas acceptée par les deux parties. Les termes du contrat de concession, et à leur défaut les dispositions de la loi, telle doit être leur règle unique. Elles ne peuvent, sous aucun prétexte, dispenser le concessionnaire de remplir ses engagements ou accorder aux propriétaires en lutte avec lui des avan-

tages auxquels la loi ou le contrat ne leur donnent pas un droit strict. De pareilles transactions sont du domaine exclusif de l'administration active : la commission spéciale n'est pas juge de leur utilité ou de leur convenance. Il a été jugé que, « aux termes de l'article 25 de la loi du 16 sept. 1807, le concessionnaire d'un desséchement demeurant chargé de l'entretien de ses travaux jusqu'à leur réception, et la commission, reconnaissant de plus que des travaux supplémentaires restaient encore à exécuter, ladite commission n'a pu, sans excès de pouvoir, dispenser la compagnie, moyennant le payement d'une certaine somme, de l'obligation d'exécuter ces travaux supplémentaires et de livrer en bon état les ouvrages par elle effectués. » (Voy. 9 janv. 1846, *Marais de Pleurs*, 11.)

423. — Les difficultés relatives à des travaux qui n'ont pas été régulièrement approuvés, soit parce qu'ils ont été effectués à une époque où l'association syndicale n'était pas encore organisée administrativement, soit parce que le syndicat ne s'est pas muni pour les exécuter d'une autorisation préfectorale, échappent également à la compétence des commissions spéciales; leur mission est naturellement circonscrite dans les limites qu'ont tracées à l'association elle-même les actes qui l'ont constituée. Il a été jugé en ce sens : 1° que la commission est incompétente pour connaître d'une demande tendant à lui soumettre l'appréciation de travaux non approuvés par l'administration à exécuter dans le périmètre de l'association, et qu'elle a seulement le pouvoir, après l'approbation régulière de ces travaux, de modifier, s'il y a lieu, le périmètre primitif en vue des nouveaux travaux à effectuer (20 juil. 1850, *Dalignac*, 701); 2° qu'il y a lieu d'annuler pour incompétence la décision par laquelle une commission spéciale a réparti entre des

propriétaires les dépenses de construction d'une digue, si cette décision a été rendue sans l'accomplissement des formalités prescrites par l'article 11 de la loi du 16 sept. 1807 (7 juil. 1853, *de Lamure*, 689); 3° que, lorsque des ouvrages n'ont pas été compris aux projets primitifs annexés à la concession et que la compagnie ne justifie pas qu'ils aient reçu ultérieurement l'approbation de l'autorité administrative, la commission spéciale ne peut ni les recevoir, ni en déclarer l'entretien à la charge des propriétaires tant que cette approbation n'a pas été donnée. (9 janv. 1846, *Marais de Pleurs*, 11.)

424. — Enfin, la compétence des commissions spéciales s'arrête aux limites du périmètre des travaux et ne s'étend pas au delà des propriétés qui y sont comprises.

On lit dans un arrêt du 9 janv. 1846 (*Jallaguier*, 14) :

« Considérant qu'en autorisant la compagnie requérante à soumissionner, conformément à la loi du 5 janv. 1791, le desséchement des marais situés entre Beaucaire et Aigues-Mortes qui ne seraient pas l'objet de conventions particulières, le traité de concession passé entre l'État et ladite compagnie pour l'achèvement du canal de Beaucaire, n'a conféré à celle-ci qu'une simple faculté dont elle était libre de faire ou de ne pas faire usage ; que les dispositions de l'ordonnance du 19 juil. 1820 qui attribuent à la commission spéciale la connaissance des questions de plus ou de moins-values ne sont applicables qu'à ceux desdits marais dont la compagnie aurait soumissionné le desséchement ; que le sieur Jallaguier ne justifie pas que sa propriété soit dans ce cas et que, dès lors, le dommage que ce propriétaire allègue avoir éprouvé, ne résultant que d'une entreprise de travaux publics, c'était au Conseil de préfecture, aux termes de l'art. 4 de la loi du 28 pluviôse an VIII, qu'il appartenait de statuer sur sa demande en indemnité... »

Un autre décret a décidé que si la circonscription d'un syndicat a été restreinte, par l'acte qui l'établit, au territoire d'une commune, la commission spéciale ne peut, sans excès de pouvoir, comprendre dans le périmètre de l'association des propriétés situées en dehors des limites de cette commune. (26 juil. 1854, *Aubert et cons.*, 710.)

425. — Le recours contre les décisions des commissions spéciales est porté devant le Conseil d'État

Le syndicat qui veut se pourvoir contre une décision de la commission spéciale doit préalablement se faire autoriser par le préfet. (26 juil. 1854, *le syndicat de Saint-Julien de Peyrolas*, 711.)

Mais le syndicat n'a pas seul qualité pour attaquer les actes de la commission : tout propriétaire intéressé est recevable à agir en son nom personnel et dans son intérêt particulier (13 mars 1856, *Imbert et cons.*, 199). Il peut porter devant elle toutes sortes de réclamations relatives à la détermination du périmètre ou à la classification des terrains, et il n'est pas nécessaire que ces réclamations aient été préalablement soumises aux experts (11 mai 1854, *de Cambis et cons.*, 711). La seule condition exigée, c'est que le réclamant soit actuellement, c'est-à-dire au moment de sa demande, propriétaire des terrains à l'occasion desquels un débat s'élève. (18 août 1857, *OEuvre du canal de Crapponne*, 655.)

TITRE II

DE LA COMPÉTENCE EN MATIÈRE D'ADJUDICATION.

426. — Interprétation et application du marché. — Compétence du Conseil de préfecture.

427. — Les contestations doivent être portées devant le Conseil de préfecture de la situation des travaux, sauf stipulation contraire.

428. — Conditions auxquelles la compétence administrative est subordonnée. — Il faut qu'il s'agisse de difficultés sur le sens et l'exécution d'un marché de travaux publics.

429. — La forme du marché est sans influence sur l'attribution réservée aux Conseils de préfecture.

430. — Compétence en matière de travaux ordonnés par des particuliers même dans un intérêt public.

431. — Travaux supplémentaires.

432. — La compétence du Conseil de préfecture est d'ordre public. — Conventions qui attribuent aux tribunaux civils ou à des arbitres la connaissance des contestations.

433. — L'incompétence des tribunaux civils peut être proposée en tout état de cause.

434. — Les Conseils de préfecture ont la plénitude de la juridiction en matière de marchés. — Conséquence.

435. — Les décisions ministérielles ne font pas obstacle à ce que l'entrepreneur saisisse le Conseil de préfecture.

436. — L'application de ce principe trouve une limite dans le droit qui appartient à l'administration active de prescrire les mesures que commande l'intérêt public.

437. — Contestations de l'entrepreneur avec des sous-traitants ou des tiers étrangers au marché. — Compétence de l'autorité judiciaire.

438. — *Quid*, si la solution de ces contestations intéresse directement ou indirectement l'administration ?

439. — Demandes en règlement du compte de l'entreprise formées par des créanciers de l'entrepreneur.

440. — Difficultés étrangères au marché.

441. — Contestations qui surgissent après la réception des travaux. — Questions relatives à la responsabilité décennale.

426. — Nous avons vu que l'art. 4, § 2, de la loi du
28 pluviôse an VIII donne aux Conseils de préfecture le
droit de prononcer « sur les difficultés qui pourraient
« s'élever entre les entrepreneurs de travaux publics et
« l'administration, concernant le sens ou l'exécution
« des clauses de leurs marchés. » L'art. 42 des conditions générales pour les travaux des ponts et chaussées reproduit presque littéralement cette disposition;
mais il n'ajoute rien et ne pouvait rien ajouter à la
force obligatoire de la loi du 28 pluviôse an VIII.
Le but de son insertion dans les marchés, c'est d'a-
vertir les entrepreneurs et de leur indiquer la juridiction devant laquelle ils doivent se pourvoir, le cas
échéant.

427. — Cette juridiction est celle du Conseil de préfecture du département dans lequel les travaux s'exécutent. C'est devant lui que l'entrepreneur doit porter
ses réclamations. (Voy. 26 nov. 1846, hérit. Jardin,
510.) C'est devant ce Conseil aussi que l'administration
doit l'appeler ; car les cahiers des charges contiennent
toujours élection de domicile dans le lieu d'exécution
des travaux. Quelquefois, mais rarement, on stipule une
attribution spéciale à un Conseil de préfecture différent;
cette stipulation, qui touche seulement à la compétence
ratione loci, est parfaitement valable. (20 août 1847,
Labrillantais, 585.)

428. — La première condition à laquelle la compétence de la juridiction administrative est soumise, c'est

qu'il s'agisse de difficultés sur le sens et l'exécution de marchés de travaux publics.

Nous avons indiqué les caractères auxquels on reconnaît ces sortes de marchés. (Voy. t. 1er, nos 1 à 25.) Il est inutile de revenir ici sur ce sujet. Rappelons seulement que tous les travaux qui intéressent le domaine public de l'État, des départements, des communes, ont le caractère de travaux publics ; mais qu'on doit, au contraire, considérer comme rentrant dans le cercle des conventions privées, les marchés qui ont pour objet l'aménagement ou l'amélioration du domaine productif des administrations ou des établissements publics.

429. — Au surplus, il n'est pas nécessaire que les contestations s'élèvent à l'occasion de travaux qui ont été l'objet d'adjudications régulièrement faites dans les formes prescrites par les ordonnances. Les marchés de gré à gré ou les contrats, quelle qu'en puisse être la qualification légale, qui ont pour objet l'exécution de travaux publics, rentrent à ce titre seul dans le contentieux administratif. Il en est ainsi, par exemple, des contestations qui s'élèvent entre une ville et des particuliers autorisés à ouvrir une nouvelle rue à leurs frais, sur le sens et l'exécution des clauses de leur traité, et spécialement sur l'obligation qui leur a été imposée de fournir le matériel de l'éclairage. (Voy. Paris, 15 nov. 1850, *André*, D. P., 54, 5, 762.)

430. — Mais l'autorité judiciaire devrait, au contraire, connaître des contestations élevées à l'occasion de travaux qui n'auraient pas été ordonnés par une autorité compétente. Quelle que soit la destination des travaux, si ceux qui les ont commandés n'avaient pas capacité pour le faire, ils conservent un caractère essentiellement privé, et le marché qui intervient entre eux

et l'entrepreneur n'étant pas obligatoire pour l'administration, ne jouit pas, en ce qui concerne la compétence, des priviléges assurés aux marchés de travaux
publics. Ainsi, la loi du 28 pluviôse an VIII n'attribuant au Conseil de préfecture que le jugement des
difficultés qui pourraient s'élever entre les entrepreneurs de travaux publics et l'administration, concernant
le sens ou l'exécution de leurs marchés, les tribunaux
seuls peuvent statuer sur la demande formée par un
entrepreneur contre un curé, pour travaux faits aux
bâtiments d'un ancien ordre religieux. (6 mars 1816,
Pittance et *Duclos*, Rec. Leb. et Roche, p. 23.)

431. — Gardons-nous de confondre toutefois avec
les travaux commandés par des particuliers, même dans
l'intérêt public, ceux qui sont ordonnés indûment et
en dehors des approbations régulières, par des agents
de l'autorité. Que, par exemple, en cours d'exercice,
un maire commande à l'entrepreneur des travaux supplémentaires non prévus par le devis, et que le Conseil
municipal ou le préfet n'ont pas régulièrement votés et
approuvés; ou bien que l'entrepreneur lui-même, sans
ordre des ingénieurs ou de l'architecte, juge à propos
de se livrer à des dépenses que le cahier des charges ne
l'autorisait pas à faire, les difficultés qui s'élèveront
au moment du décompte, à l'occasion de ces travaux,
rentreront néanmoins dans le contentieux administratif. Il s'agit alors, en effet, et quel que soit le sort qui
leur soit réservé, de contestations relatives à l'exécution de travaux publics : il s'agit toujours d'apprécier le
sens des clauses de l'adjudication et du cahier des charges, de rechercher si ces clauses permettaient l'exécution des ouvrages dont le payement est réclamé. Or, la
juridiction administrative a seule qualité pour fixer le
sens et la portée des actes et des contrats sur lesquels

les parties sont en désaccord. Aussi le Conseil d'État n'hésite-t-il pas à proclamer la compétence des Conseils de préfecture pour connaître des difficultés relatives aux travaux supplémentaires non prévus par le devis (8 mai 1861, *Commarmond*, 352), ou de celles qui s'élèvent sur le sens ou l'exécution des clauses d'une seconde soumission faite par extension d'une soumission précédente, lors même que cette seconde soumission n'aurait pas été préalablement approuvée par l'autorité administrative. (3 mai 1839, *Dumoulin*, 269.)

432. — L'attribution au Conseil de préfecture des contestations relatives au sens et à l'exécution des marchés de travaux publics, dérivant de la nature même de ces contestations et des conditions particulières dans lesquelles elles se produisent, présente au plus haut degré un caractère d'ordre public. Il n'est pas permis, quelles que soient les circonstances, de déroger sous ce rapport aux dispositions de la loi du 28 pluviôse an VIII. On doit considérer comme nulle et non avenue toute renonciation de la part de l'entrepreneur à porter devant les tribunaux compétents les contestations qui peuvent s'élever entre lui et l'administration. Ainsi la mention portée au devis que les règlements de compte seront arrêtés par l'architecte directeur des travaux, et que l'entrepreneur sera tenu de s'y soumettre et de renoncer à toute voie judiciaire ou d'arbitrage, ne fait pas obstacle à ce que les contestations qui s'élèvent soient portées devant le Conseil de préfecture. (31 août 1849, *Com. de Vicq*, 594.) De même, la clause d'un marché qui soumet à des arbitres les contestations qui pourraient s'élever entre l'administration et l'entrepreneur doit être réputée non écrite. (11 janv. 1833, *de Taverne*, 29.) — Le Conseil d'État a considéré éga-

lement comme nulles des conventions portant soumission expresse à la juridiction civile (18 juin 1852, *Chapot*, 244), ou attribuant juridiction en premier ressort au ministre, sauf recours au Conseil d'État. (17 mai 1855, *Klotz*, 356.) — La décision du ministre constitue un simple refus, qui ne fait pas obstacle à ce qu'il soit prononcé par le Conseil de préfecture saisi de la contestation. (Même arrêt. Voy. enc. 30 oct. 1834, *Desgronschamps*, 696.)

433. — La compétence du Conseil de préfecture étant d'ordre public, *ratione materiæ*, il suit de là 1° que l'exception tirée de l'incompétence des tribunaux civils peut être proposée en tout état de cause, même pour la première fois devant la cour de cassation (voy. Cass., 27 août 1839, *Brame*, D. P., 39, 1. 346); 2° que le juge, lors même qu'elle n'est pas proposée, est tenu de la suppléer d'office et de se dessaisir du litige.

434. — A côté de ce principe vient s'en placer un autre non moins essentiel et non moins absolu. Quoiqu'elle soit exceptionnelle par rapport à la juridiction civile, la juridiction des Conseils de préfecture est ordinaire si on la considère en elle-même. Les Conseils de préfecture ont dans les affaires qui leur sont attribuées la plénitude de juridiction. Sous aucun prétexte, il n'est permis, soit aux tribunaux civils, soit aux agents de l'administration, de porter atteinte à leur autorité en restreignant la sphère dans laquelle s'exercent leurs attributions. Un tribunal civil, saisi d'une question de la compétence du Conseil de préfecture, ne pourrait, par exemple, retenir la cause au fond sous le prétexte « qu'il ne peut appartenir qu'à l'autorité judiciaire de délivrer à l'entrepreneur un titre, à l'aide duquel il pourrait contraindre la commune à lui payer le prix de ses travaux, » et, avant faire droit, renvoyer les parties

devant l'autorité administrative, pour faire statuer sur les contestations qui s'élèvent entre elles. (23 nov. 1854, *Audebert Bernard*, 890.)

« Considérant, porte cet arrêt, que la demande portée par le sieur Audebert Bernard devant le tribunal civil de l'arrondissement de Châteauroux avait pour objet de faire condamner la commune d'Argy à lui payer une somme de 7,599 fr. 99 c. pour solde du prix des travaux de construction de l'église de ladite commune, entrepris et exécutés par lui ;

« Considérant que, pour repousser cette demande, la commune se fondait sur ce que les travaux ne seraient pas terminés, qu'ils contenaient des malfaçons, et que, dans tous les cas, le prix réclamé par l'entrepreneur serait exagéré ; que, sur le déclinatoire proposé par le Préfet du département de l'Indre, le tribunal a retenu la cause au fond, par le motif qu'il ne peut appartenir qu'à l'autorité judiciaire de délivrer à l'entrepreneur un titre à l'aide duquel il pourrait contraindre la commune à lui payer le prix de ses travaux, et, avant faire droit, a renvoyé les parties devant l'autorité administrative pour faire statuer sur les contestations élevées par la commune contre l'exécution des travaux de l'église d'Argy, soit quant aux malfaçons prétendues, soit quant au défaut de réception définitive, et pour faire déterminer la somme due à l'entrepreneur.

« Considérant que l'article 4 de la loi du 28 pluviôse an VIII, en chargeant les Conseils de préfecture de prononcer sur les difficultés qui s'élèvent entre les entrepreneurs de travaux publics et l'administration, concernant le sens et l'exécution des clauses de leurs marchés, a attribué à ces Conseils une pleine juridiction, et que leurs décisions ont par elles-mêmes force exécutoire : que, dès lors, c'est à tort que le tribunal de Châteauroux, sur le déclinatoire du Préfet, ne s'est pas dessaisi complétement du jugement de la contestation... »

435. — Au regard de l'administration active l'indépendance des Conseils de préfecture n'est pas moins complète. Le principe de la séparation des pouvoirs exige que leurs attributions soient respectées aussi bien par les agents administratifs que par les tribunaux civils. Aussi ne peut-on considérer comme ayant un caractère contentieux les décisions des ministres qui statuent sur les difficultés élevées à l'occasion des travaux. Elles ne font aucun obstacle à ce que l'entrepreneur saisisse le Conseil de préfecture des questions qu'elles ont eu pour objet de résoudre.

Il a été décidé que les Conseils de préfecture étant seuls compétents pour connaître des difficultés qui s'élèvent à l'occasion des travaux publics, l'arrêté préfectoral et la décision ministérielle, qui, par application d'une disposition du cahier des charges soumettent un entrepreneur à faire certains travaux, ne constituent que de simples mises en demeure et ne font pas obstacle à ce que la contestation soit portée devant le Conseil du préfecture, seul compétent pour statuer sur la difficulté (18 juillet 1844, *Canal de la Sambre à l'Oise*, 436); que la décision ministérielle qui ordonne à la Compagnie concessionnaire d'un canal d'exécuter certains travaux destinés à prévenir des inondations ne peut être déférée au Conseil d'État par la voie contentieuse (6 décembre 1844, *id.*, 617); que le refus du ministre de comprendre dans le règlement des travaux exécutés par un entrepreneur, une allocation pour fournitures, ne faisant pas obstacle à ce qu'il soit prononcé par le Conseil de préfecture sur sa réclamation, ne peut pas être attaqué par la voie contentieuse (17 sept. 1844, *Giraud*, 587); qu'un Conseil de préfecture méconnaît l'étendue de ses pouvoirs, lorsque, saisi par l'entrepreneur d'une demande en payement de travaux, il se déclare incompétent par le motif qu'il existe une décision ministérielle portant rejet de la réclamation (22 fév. 1855, *Lebrun*, 662); que si, nonobstant la proposition faite par un préfet, des décisions ministérielles ont été prises portant refus d'ordonnancer un payement, ces décisions ne sont que des actes d'administration pure qui ne font pas obstacle à ce que l'affaire soit portée devant le Conseil de préfecture. (31 août 1830, *Darlas et Guichemé*, 398.)

De même enfin, lorsqu'un arrêté préfectoral fondé sur ce que l'entrepreneur aurait fourni des matériaux qui n'ont ni la qualité ni les dimensions exigées par le devis, le met en demeure de démonter entièrement ses travaux et de remplacer les matériaux défectueux, et ordonne que faute par lui de le faire, dans un délai de quinze jours, il y sera procédé d'office et à ses frais, l'entrepreneur conserve le droit de se pourvoir devant le Conseil de préfecture. Et ce tribunal est compétent pour statuer sur l'opposition formée par l'entrepreneur, qui prétend que les matériaux par lui fournis sont conformes aux prescriptions du devis, et demande en conséquence que ses travaux soient maintenus et reçus, et que le prix lui en soit payé suivant les conditions et aux époques fixées par son marché. (29 mars 1855, *Rambaux-Brielman*, 237. Voy. enc. 16 mai 1827, *Vessiot*, 284; *id.*, *Bourdon*, 285; 22 avril 1831, *Desjars*, 164; 21 juin 1833, *Puyoo*, 348; 27 fév. 1836, *Charageat*, 107; 6 avril 1836, *Quénot*, 164; 8 avril 1842, *Bayard de la Vingtrie*, 176; 16 avril 1856, *Bellisson*, 40.)

436. — Toute la difficulté, en pareille matière, consiste dans l'appréciation du caractère de la décision ad-

ministrative opposée à l'entrepreneur. Touche-t-elle à des droits qui dérivent de l'adjudication, ou constitue-t-elle seulement l'exercice de ceux qui ont été réservés aux pouvoirs administratifs? telle est la question à résoudre. — Dans le premier cas, ainsi que nous venons de le voir, l'entrepreneur, froissé dans ses intérêts, est fondé à se prévaloir des clauses du contrat devant la juridiction chargée par la loi d'en assurer l'exacte interprétation. Dans le second, au contraire, il n'appartient pas aux Conseils de préfecture d'intervenir dans le débat. Car le principe qui veut que l'administration active ne gêne pas la liberté d'action du pouvoir administratif contentieux, est limité et contenu par cet autre principe de la liberté de l'administration active elle-même. La séparation doit être aussi complète entre les pouvoirs administratifs qu'entre ceux-ci et l'autorité judiciaire. Les Conseils de préfecture doivent donc éviter avec soin d'entreprendre sur la sphère réservée à l'administration. Pour nous faire mieux saisir, nous allons reprendre quelques-uns des exemples que nous venons de donner et en citer quelques autres.

Lorsque l'entrepreneur se plaint d'une décision quelconque de l'autorité administrative, qui contient la violation des conventions intervenues entre elle et lui, lorsque, par exemple, le ministre refuse le payement d'un travail exécuté conformément au devis (22 nov. 1855, *Lebrun*, 662), ou l'indemnité à laquelle l'entrepreneur a droit dans un cas de résiliation prévu (27 nov. 1836, *Charageat*, 107), ce serait en vain qu'on essayerait de se prévaloir contre lui des actes administratifs qui n'ont pas tenu compte des stipulations du marché. Mais, dans un grand nombre d'autres circonstances, l'administration active doit rester seule juge des déterminations qu'il lui convient de prendre. Ses droits à cet égard ne peuvent être limités que par le contrat, et quel que soit l'intérêt de l'entrepreneur, quel que soit même le préjudice qu'il éprouve, le débat, en ce qui concerne la révocation ou le maintien de la mesure prise par l'administration, ne saurait prendre un caractère contentieux. Ainsi, nous avons vu qu'il appartient à l'autorité administrative de prononcer la résiliation du marché, ou de mettre les travaux en régie. Ses décisions à cet égard ne sont pas susceptibles d'être réformées par les tribunaux administratifs. Pourquoi? c'est parce que ses actes, quelles qu'en soient les conséquences pour les tiers, rentrent alors dans l'exercice indiscutable et souverain de ses attributions; c'est qu'en un mot, si elle lèse des intérêts, elle ne froisse pas des droits acquis; l'intérêt public dont elle est seule juge lui permet de n'en pas tenir compte, et il n'appartient conséquemment à aucun autre pouvoir de rapporter ses décisions et de les réformer. Sans doute, même alors, l'entrepreneur qui en souffre, pourra réclamer par la voie contentieuse la juste réparation du dommage qui lui est causé. Car l'administration n'échappe point à l'application de la règle générale consacrée par les articles 1382 et 1383 du C. Nap. Mais ce droit à une indemnité n'emporte pas celui d'obtenir la réformation de la décision qui cause ce dommage, et les juges administratifs compétents pour en apprécier les conséquences excèdent leurs pouvoirs lorsqu'ils les rapportent ou lorsqu'ils en défendent l'exécution. (Voy. t. 1er, nos 358, 546 et suiv.)

437. — Le Conseil de préfecture n'est appelé à connaître que des difficultés qui s'élèvent, à l'occasion du marché, *entre les entrepreneurs et l'administration.* (Art. 4, § 2, loi du 28 pluv. an VIII.) Ces expressions indiquent que toute contestation entre l'entrepreneur et

des tiers qui ne figurent pas au marché, doit être jugée
par les tribunaux civils, alors même qu'elle aurait pour
origine le contrat d'adjudication. La loi du 28 pluviôse
ne régit pas les transactions intervenues arrière de l'administration. L'appréciation de ces contrats, de leur
portée et de leur validité, leur application entre ceux
qui y ont pris part, sont indifférentes à l'administration,
qui n'a aucun intérêt à ce que les contestations auxquelles ils donnent lieu soient vidées dans un sens ou
dans un autre. Les tribunaux seuls ont donc qualité
pour décider comment les intéressés doivent opérer le
règlement de leurs droits respectifs sur les payements à
faire à l'entrepreneur. (Voy. 12 août 1818, *Roland et
cons.*, Roche et Leb., t. 2, p. 399.)

Il a été fait bien souvent application de cette règle
dans les procès qui s'élèvent entre l'entrepreneur et des
sous-traitants ; soit qu'il s'agisse de comptes à régler
entre l'entrepreneur et son associé (2 fév. 1854, *Révolte*,
71); soit qu'il s'agisse d'avances faites par des tiers dans
le cours de l'exécution des travaux (19 janv. 1854,
Fœlder, 38), ou du payement de fournitures faisant
partie de l'entreprise (7 mai 1857, *Lépaulle*, 380), ou
des réclamations d'un agent salarié pour les services
qu'il a pu rendre à l'entrepreneur et les avances qu'il
a faites dans l'intérêt de l'entreprise (17 mars 1859,
Barrier, 216), quel que soit, en un mot, l'objet du débat, les tribunaux civils seuls peuvent en connaître.
(Voy. enc. : 12 avril 1832, *Pont-Henry*, 173; 10 juin
1835, *Comp. du pont d'Aucfer*, 402; 22 juin 1850, *Escarraguel*, 601.)

433. — C'est seulement dans le cas où la solution du
débat pourrait réagir contre l'administration qu'il devrait être porté devant le Conseil de préfecture. Il a été
jugé avec raison, par exemple, que quand, sur l'offre

du concessionnaire d'un pont à péage, le passage gratuit a été accordé à un entrepreneur de travaux publics et porté comme clause de son adjudication, les contestations élevées à l'occasion de ce passage sont du ressort de l'autorité administrative. (15 août 1839, *Ruiz*, 437.) Que de même, le Conseil de préfecture est compétent pour statuer sur le débat élevé entre l'entrepreneur rentrant et l'entrepreneur sortant, relativement aux matériaux laissés par le premier et employés par le second. « Il ne s'agit pas dans l'espèce, a dit le Conseil d'État, « de statuer sur une convention privée entre deux « entrepreneurs, mais d'interpréter les marchés faits « par chacun d'eux avec l'administration. » C'est donc au Conseil de préfecture qu'il appartient de faire exécuter les obligations qui sont imposées à l'un et à l'autre. (26 juin 1822, *Fourdinier*, 596.) Enfin, il a été jugé dans le même ordre d'idées que le jugement des questions d'intérêt privé auxquelles un acte d'association peut donner lieu entre l'entrepreneur et son associé appartient à l'autorité judiciaire, mais que celle-ci excède les limites de sa compétence en interprétant le marché et en déclarant que l'entrepreneur était tenu de convenir avec ledit associé de l'ordre des travaux, marchés, entreprises à donner, gens à employer pour l'exécution des ouvrages. (Voy. 7 août 1810, *Depaw*, Dal., v° Trav. pub., n° 404, 1°.)

439. — Du principe que les tribunaux civils peuvent seuls connaître des difficultés qui s'élèvent entre les entrepreneurs et les tiers étrangers au marché, faut-il conclure que la juridiction administrative ne doit jamais admettre les sous-traitants à plaider devant elle, et qu'elle est tenue de se déclarer incompétente toutes les fois qu'elle est saisie de réclamations élevées à l'occasion du marché par des personnes autres que

l'entrepreneur? Je suppose qu'il néglige ses intérêts les plus évidents et par conséquent ceux de ses créanciers, et que ceux-ci agissent contre l'administration pour obtenir le règlement du compte et le payement de ce qui lui est dû, les tribunaux administratifs pourront-ils connaître de la contestation?

La solution de cette question dépend, on le comprend, du point de savoir si, devant la justice administrative, les créanciers de l'entrepreneur peuvent être admis, comme en matière civile, à user du bénéfice des art. 1166 et 1167 du C. Nap. Nous avons résolu cette question affirmativement. (Voy. t. 1, p. 385 et suiv.) Ce point admis, la compétence du Conseil de préfecture est indiscutable. Car si la loi de pluviôse ne parle expressément que des entrepreneurs, il est bien clair cependant qu'elle peut être invoquée par ceux qui, exerçant leurs droits, sont leurs représentants et leurs ayants cause. (Voy. 19 nov. 1852, *Rémy*, 491; 15 avril 1857, *Velut*, 276.)

440. — Même entre l'administration et l'entrepreneur, l'art. 4, § 2, de la loi du 28 pluviôse an VIII, n'attribue au Conseil de préfecture que les questions qui s'élèvent sur le sens et l'exécution des clauses des marchés. Toutes les difficultés étrangères à l'interprétation des clauses du contrat sont de la compétence des tribunaux ordinaires. Ainsi, il n'appartient pas aux Conseils de préfecture de statuer sur la demande d'un entrepreneur, tendant à obtenir une indemnité pour le tort que lui auraient causé les agents de l'administration, en portant, par leurs propos, atteinte à son crédit. (24 fév. 1853, *Vernay*, 277.)

441. — Mais, dès que la contestation réunit les conditions que nous venons de faire connaître, l'attribution au Conseil de préfecture est indiscutable, et il n'y a pas

à se préoccuper du moment où elle s'élève. Qu'elle soit antérieure ou postérieure à la réception des travaux, il suffit qu'elle surgisse entre l'administration et l'entrepreneur, et qu'elle soit relative à l'exécution du marché.

Toutefois, on s'est demandé si les Conseils de préfecture étaient compétents, à l'exclusion des tribunaux civils, pour statuer sur l'action en responsabilité dirigée contre l'entrepreneur ou l'architecte, en vertu des articles 1792 et 2270 du C. Nap.

D'un côté, on a soutenu que les questions touchant à la responsabilité décennale ne constituent pas, dans le sens de la loi du 28 pluviôse an VIII, des difficultés sur le sens et l'exécution des clauses des marchés. Quand les travaux ont été régulièrement et définitivement reçus, le contrat a pris fin par son exécution même, et il ne reste plus à régler, le cas échéant, que les débats qui peuvent naître, à la suite d'accidents ou de détériorations exceptionnelles, entre l'administration et l'entrepreneur. Or, de quoi s'agit-il alors, si ce n'est de l'application des règles du droit commun formulées par l'article 1792 du C. Nap., et en quoi l'administration peut-elle avoir intérêt à dessaisir les tribunaux civils, juges naturels des questions de cette espèce? (Voy. en ce sens : 17 déc. 1827, *Costain*, 612 ; 13 juil. 1828, *Pambet*, 557; Bourges, 26 nov. 1856, Rec. Leb., 1857, 190.)

On répond qu'il s'agit bien au contraire d'un débat relatif à l'exécution d'un travail d'utilité publique. C'est parce que l'exécution a été défectueuse que des vices se sont manifestés et que les accidents se sont produits. L'action en responsabilité tend donc à obtenir, soit de l'entrepreneur, soit de l'architecte, l'accomplissement définitif de leurs obligations. Ces obligations dérivent du marché, et le débat qui s'élève rentre par suite

dans les difficultés dont parle la loi du 28 pluv. an VIII.
Vainement veut-on soutenir que la réception des travaux ayant eu lieu, le contrat a pris fin : c'est là une
erreur grave; le contrat dure autant que les obligations
de l'entrepreneur ou de l'architecte : or la réception ne
met pas fin à tous ces engagements, parmi lesquels
figure la garantie que l'art. 1792 prolonge pendant dix
années après la réception ; la juridiction chargée d'assurer l'exécution du marché avant cette époque doit
donc rester chargée des mêmes attributions, quand il
s'agit de procurer l'exécution de celle des obligations
qui est le complément et le couronnement de toutes les
autres.

La jurisprudence a définitivement consacré cette opinion qui nous paraît la plus conforme au texte et à l'esprit de la loi. (Voy. : 30 oct. 1834, *Desgrandschamps,*
695 ; 8 janv. 1840, *Com. de Crotenay,* 1 ; 23 mars 1845,
Delettre, 136 : 26 juil. 1846, *Ville de Gien,* 415 ; 8 janv.
1847, *Com. de Chauffour,* 24 ; 13 août 1850, *Dubois,* 759 ;
18 juin 1852, *Chapot,* 244 ; 18 nov. 1852, *Dép. de la
Haute-Garonne,* 462 ; 19 janv. 1854, *Fœlder,* 38 ; 16 mars
1857, *Com. de Corbigny,* 190.)

442. — Les difficultés qui s'élèvent à l'occasion des
honoraires dus aux architectes, soit pour la rédaction
des plans et devis, soit pour la surveillance et la direction des travaux, sont aussi de la compétence des Conseils de préfecture. Ces honoraires sont, en effet, un
accessoire obligé des dépenses que nécessitent la construction des ouvrages, et les travaux pour lesquels ils
sont réclamés participent à la nature de ceux qu'ils ont
pour but de préparer. (Voy. : 22 nov. 1851, *Lauvernay,* 685 ; 21 déc. 1854, *Dubois et Pinchon,* 1001 ;
14 déc. 1859, *Lottero,* 719 ; 1er mars 1860, *Bonnard,*
180.)

Les travaux d'arpentage, de bornage, de levée des plans des chemins publics d'une commune, ayant, par leur nature, et indépendamment de toute espèce de marché intervenu entre la commune et les entrepreneurs, le caractère de travaux publics, c'est aussi, devant le Conseil de préfecture, que la demande de l'architecte, en payement de ses honoraires, devrait être portée. (9 janv. 1849, *Molicart*, 21.)

Mais il faut se garder de confondre les travaux publics communaux avec ceux qui ont pour objet l'utilité de son domaine privé. Ainsi, le Conseil de préfecture ne peut connaître de l'action formée par un architecte contre une commune à l'effet d'obtenir le payement d'honoraires qui lui sont dus pour rédaction du plan et du projet de morcellement de terrains communaux destinés à être vendus, ou pour la rédaction du projet de creusement d'un ruisseau, alors que ce travail a été commandé, non dans un intérêt de salubrité publique, mais dans l'unique but de faciliter l'exploitation des propriétés communales inondées par les eaux de ce ruisseau. (8 nov. 1851, *Brun*, 654.)

Les mêmes règles sont exactement applicables au cas où il s'agit de réclamations relatives aux honoraires des ingénieurs. (1er déc. *Perpignan*, 686.)

443. — Il s'élève assez fréquemment, à l'occasion des débats engagés entre l'administration et les entrepreneurs de travaux publics, des questions préjudicielles dont la connaissance doit être renvoyée aux tribunaux ordinaires. Les Conseils de préfecture ne peuvent connaître des questions de propriété, ou des contestations qui prennent leur source dans les dispositions du pur droit civil. Il en est ainsi soit que la solution de ces questions ait un rapport direct avec le règlement du décompte, soit qu'elle intéresse des tiers étrangers

au règlement de l'entreprise et qui n'ont pas qualité pour y intervenir. C'est ce qui arrive, par exemple, lorsque l'entrepreneur étant tombé en faillite, il s'agit de savoir, si, pour se rembourser des sommes qui lui sont dues par lui, l'État peut toucher, par préférence aux autres créanciers de la faillite, celles dont il est créancier sur un tiers. Il y a là une question de privilége qui ne peut être jugée que par les tribunaux ordinaires. (15 avril 1858, *Sarrat*, 307.)

444. — Appartient-il aux Conseils de préfecture, lorsque l'action en règlement du compte a été d'abord portée devant les tribunaux civils, de statuer définitivement sur les frais faits devant cette juridiction?

Il nous semble que la question doit se résoudre par une distinction. Ou bien la justice civile a statué sur les dépens, et sa décision n'a pas été sur ce point l'objet d'un recours, et alors l'autorité de la chose jugée ne permet pas à la juridiction administrative de remettre en question un chef de demande définitivement vidé. Ou bien, au contraire, il n'y a pas sur les dépens de décision civile ayant un caractère irrévocable, comme dans le cas où, par suite d'un conflit, le chef principal annulé fait tomber les dispositions accessoires et, par conséquent, celle relative aux dépens, et alors il nous semble que les tribunaux administratifs ont le droit de statuer même sur les frais faits devant la juridiction incompétente. Les dépens, en effet, sont la peine du plaideur téméraire, et l'accessoire nécessaire de la condamnation principale. Le tribunal compétent pour statuer sur le principal est donc nécessairement appelé à statuer sur les questions qui s'y rattachent d'une manière intime. Il est impossible de séparer les dépens faits devant l'une ou l'autre juridiction : ils forment une masse tout entière sur laquelle le tribunal compétent pour connaître du fond exerce le pouvoir à peu près discrétionnaire qu'il -tient de la loi pour la répartition des frais de la procédure. (Voy. : 23 fév. 1844, *Dufour*, 109; cons. 15 juin 1812, *Masseau-Duffier;* 13 nov. 1835, *Musnier*, 619.)

TITRE III

DE LA COMPÉTENCE EN MATIÈRE DE CONCESSION.

445. — En principe, il appartient aux Conseils de

préfecture de statuer sur toutes les contestations qui s'é-
lèvent entre l'administration et les concessionnaires de
travaux publics, relativement à l'exécution des obligations contractées par ceux-ci. La loi du 28 pluviôse
an VIII, en parlant des entrepreneurs, a compris les
concessionnaires sous cette dénomination générale. Le
contrat de concession a, en effet, la plus grande analogie
avec le contrat d'entreprise. L'un et l'autre ont pour
objet l'exécution des travaux publics : les conditions
seules diffèrent, en ce que le prix de l'adjudication consiste en une somme fixe une fois payée, tandis que le
concessionnaire trouve le remboursement de ses avances
dans la perception d'un péage temporaire. Mais, ainsi
que l'a fait justement observer M. Serrigny, « cette diffé-
« rence dans le mode de payement n'en produit aucune
« dans la nature des ouvrages entrepris et dans celle du
« contrat passé entre l'administration et les concession-
« naires. » (De la Compét., t. 1er, p. 575; M. Dufour,
t. VII, n° 289.) Le Conseil d'État a de même proclamé
à plusieurs reprises que les compagnies qui se chargent
de la construction d'un travail d'utilité publique, moyennant un prix déterminé ou le droit de percevoir un
péage, sont de véritables entrepreneurs de travaux publics. (Voy. 24 juin 1840, Hindenlang, 176.) C'est donc
à la juridiction chargée par la loi du 28 pluviôse an VIII
de statuer sur les contestations en matière de travaux
publics, qu'il appartient de connaître des débats relatifs
à l'exécution du contrat de concession. (14 juillet 1830,
Dubourdier, 359 ; 8 nov. 1833, Comp. des Ponts de Paris, 621 ; 3 mars, 1837, Liébaut, 67 ; 12 avril 1838,
Comp. du pont de Milhau, 215 ; 16 juillet 1840, Miozé,
221 ; Comp. des canaux d'Orléans et du Loing, 962 ;
31 janvier 1848, Chemin de fer du Gard, 62 ; 17 février
1853, Escarraguel, 252.)

446. — Tous les arrêts que nous venons de citer sont relatifs à des difficultés dont la solution exigeait l'interprétation du contrat de concession. Il s'agissait de savoir, par exemple, si l'État était garant de l'exécution des engagements pris par des communes envers le concessionnaire, ou si une compagnie était tenue d'établir à ses frais des moyens sûrs et commodes de traverser un chemin de fer dans les endroits où les communications antérieures avaient été coupées, etc., etc. ; c'est-à-dire de questions dont l'examen reposait avant tout sur le contrat intervenu entre l'administration et le concessionnaire, acte essentiellement administratif qui ne peut pas être interprété par les tribunaux ordinaires.

Mais que faut-il décider lorsqu'il s'agit non plus de difficultés relatives à l'exécution des obligations prises par le concessionnaire, mais des réclamations élevées par lui, dans le cas, par exemple, où la concession lui serait retirée avant le terme fixé ou serait amoindrie par le fait de l'administration ? Ici encore le Conseil de préfecture est compétent pour connaître du différend.

En effet, ou le droit en vertu duquel l'administration a pris sur elle de porter atteinte au contrat est contesté, ou il est reconnu par le concessionnaire. Dans le premier cas, il faut nécessairement recourir aux clauses du contrat et rechercher si les stipulations qu'il contient autorisaient la mesure qu'elle a prise. Or, cette recherche exige une interprétation qui est encore du ressort exclusif de l'autorité administrative. Dans le second, il n'y a plus qu'à régler les conséquences du retrait de la concession ou de l'atteinte portée aux droits en résultant. Mais, ainsi que nous l'avons fait remarquer en étudiant la nature et le caractère du contrat de concession, il ne s'agit pas ici de droits réels immobiliers, de droits de propriété, à l'égard desquels il faille procéder comme en matière d'expropriation dont la suppression ou la diminution procédant du fait de l'administration ne puisse donner lieu, conséquemment, à des débats devant l'autorité judiciaire.

Le 24 octobre 1859, la Compagnie du canal Saint-Martin assigna le préfet de la Seine, comme représentant la ville de Paris, devant le président du tribunal civil jugeant en référé, pour qu'il lui fût fait défense, jusqu'à l'accomplissement des formalités prescrites par les lois sur l'expropriation, d'exécuter aucuns travaux sur le canal ou ses dépendances, sous la réserve des droits de la Compagnie requérante et notamment des dommages-intérêts qui pourraient être demandés contre la ville à raison du préjudice devant résulter pour elle de la mise en chômage du canal.

Après divers incidents qu'il est inutile de rappeler, le préfet éleva le conflit, «attendu que les travaux entrepris par la ville, ayant pour objet d'abaisser le plan d'eau d'un canal de navigation, ne pouvaient, vis-à-vis des concessionnaires du canal, constituer une expropriation; que ceux-ci avaient reçu la jouissance du canal pour prix des travaux de construction de ce canal dont ils étaient adjudicataires; que l'acte portant cette concession de jouissance était un acte administratif et même un marché de travaux publics; que c'était donc à l'autorité administrative qu'il appartenait de connaître, soit de l'interprétation, soit de l'exécution des clauses et conditions de la concession; que si les travaux dont il s'agit avaient pour objet de modifier la jouissance des concessionnaires, l'appréciation du dommage qui pourrait en résulter pour eux était de la compétence de l'autorité administrative, d'autant plus que la contestation s'élevait entre les concessionnaires et la ville de Paris, qui leur avait concédé cette jouissance pour prix de l'exécution des travaux entrepris par eux. »

Cet arrêté fut confirmé par le décret suivant :

« Vu les lois du 27 décembre 1789, sect. 3, art. 7,
« 16-24 août 1790, titre 2, art. 13 ; vu l'arrêté du Di-
« rectoire exécutif du 16 fruct. 1807 ; vu la loi du
« 3 mai 1841 ; vu les ordonnances des 1er juin 1828 et
« 16 mars 1831 ;

« Considérant que la demande portée devant l'auto-
« rité judiciaire par les concessionnaires du canal Saint-
« Martin tend à faire défendre au préfet de la Seine,
« jusqu'à ce qu'il ait été procédé vis-à-vis d'eux, sui-
« vant les formes prescrites par la loi du 3 mai 1841,
« d'entreprendre aucun travail sur le canal et ses dé-
« pendances ; que, pour retenir la cause, notre Cour
« de Paris s'est fondée sur ce que l'acte d'adjudication
« en date du 12 nov. 1821 aurait constitué, au profit
« des concessionnaires du travail, un droit de propriété
« dont ils ne sauraient être privés sans l'accomplisse-
« ment des formalités exigées par la loi du 3 mai 1841 ;

« Considérant, d'une part, que les demandeurs ont
« été déclarés adjudicataires des travaux à entreprendre
« pour la construction du canal Saint-Martin, moyen-
« nant le payement d'une somme de 5,470,000 fr. fixée
« à forfait, et la concession, pendant quatre-vingt-dix-
« neuf ans, de la jouissance du canal ; que cette con-
« vention avait un double objet : 1° l'exécution d'un
« travail public ; 2° la concession de la jouissance d'une
« voie publique de navigation ; que, sous ce double
« rapport, l'autorité administrative est seule compé-
« tente pour déterminer le sens et la portée des clauses
« de l'acte, ainsi que la nature et l'étendue des droits
« qui ont été conférés aux concessionnaires ;

« Considérant, d'autre part, que les travaux entre-
« pris par la ville de Paris ont seulement pour objet de
« modifier l'état du canal Saint-Martin, en vue des né-

« cessités du service public ; que ces travaux auront
« pour résultat, non pas de priver les concessionnaires
« d'une manière définitive et absolue du droit qui fait
« l'objet de la concession, mais seulement de modifier
« l'exercice de ce droit et de changer les conditions de
« leur jouissance ; qu'il suit de là que l'exécution de
« ces travaux ne saurait constituer vis-à-vis d'eux
« qu'un dommage dont il appartient à l'autorité admi-
« nistrative de connaître, aux termes des lois ci-dessus
« visées... » (Voy. 1er mars 1860, *Comp. du canal
Saint-Martin,* 182.)

447. — De même qu'en matière d'adjudication, les
décisions ministérielles relatives aux obligations des concessionnaires, ou ayant pour objet de prescrire des mesures de nature à leur porter préjudice, n'ont aucun caractère contentieux. Elles constituent de simples mises
en demeure contre lesquelles le recours direct au Conseil d'État est interdit avant que le débat ait été porté
préalablement devant le juge du premier degré, c'est-à-
dire devant le Conseil de préfecture.

Par arrêté du 28 mai 1857 le préfet du Gard mit la
Compagnie concessionnaire des canaux de Beaucaire et
de la Radelle en demeure de construire immédiatement,
au lieu dit le Bac de Soulier, un pont en pierre pour
le passage du chemin de la Pinède.

Le ministre des travaux publics ayant, le 15 juin 1859,
approuvé cet arrêté, la Compagnie se pourvut au Conseil
d'État contre sa décision, et soutint qu'aux termes du
cahier des charges de la concession, elle n'était pas tenue
de construire un pont au lieu indiqué, et qu'en supposant qu'elle fût dans l'origine soumise à cette obligation, elle en avait été exonérée par des décisions administratives et par le fait de la réception de ses travaux
en 1828.

Mais ce pourvoi fut déclaré non recevable. Le Conseil d'État décida « qu'aux termes de l'article 4 de la loi du 28 pluviôse an VIII, c'est aux Conseils de préfecture qu'il appartient de statuer sur les difficultés qui s'élèvent entre l'administration et les entrepreneurs de travaux publics sur le sens et l'exécution des clauses de leurs marchés ; que la décision attaquée se borne à confirmer l'arrêté du préfet du Gard, du 28 mai 1857, qui met la Compagnie des canaux de Beaucaire et de la Radelle en demeure de construire un pont au lieu dit le Bac de Soulier ; que cet arrêté et la décision qui l'a confirmé ne peuvent être attaqués devant nous par la voie contentieuse *et ne fait d'ailleurs pas obstacle à ce que la Compagnie des canaux de Beaucaire et de la Radelle fasse valoir ses droits, si elle s'y croit fondée, devant le Conseil de préfecture.* » (16 août 1861, *Canaux de Beaucaire et de la Radelle*, 673.)

Autre exemple. La Compagnie du pont de Cubzac s'était pourvue au Conseil d'État contre une décision du ministre des travaux publics, par laquelle il refusait de lui accorder une indemnité à raison de la construction, dans le voisinage de ce pont, du chemin de fer de Paris à Bordeaux. Le Conseil d'État vit dans le débat une contestation sur le sens et l'exécution des clauses du cahier des charges, et la requête de la compagnie fut rejetée, sauf à elle à se pourvoir devant le juge ordinaire en matière de travaux publics, c'est-à-dire devant le Conseil de préfecture. (30 juil. 1857, *Pont de Cubzac*, 630.)

Il a été jugé dans le même sens que la lettre par laquelle le ministre des travaux publics déclare qu'il ne sera procédé à la réception d'un pont construit par une compagnie de chemin de fer que lorsque cette compagnie aura effectué certains travaux conformément au plan annexé à l'ordonnance approbative de la concession ; ou

la décision qui fixe la largeur à donner à une voie publique au devant de l'embarcadère d'un chemin de fer;
ou celle qui met une ville et une compagnie, comme
y étant seules intéressées, en demeure de se concerter
afin de pourvoir à frais communs à l'entretien d'un
chemin d'accès, constituent de simples actes administratifs qui, ne faisant pas obstacle au recours contentieux, ne peuvent être attaqués directement devant le
Conseil d'État. (Voy. : 12 mars 1846, *Canal de Roanne
à Digoin*, 148 ; 18 août 1849, *Comp. du chem. de fer de
Saint-Étienne*, 536 ; 29 déc. 1853, *Comp. du chem. de
fer de Dieppe*, 1129; 9 déc. 1852, *Ville de Valenciennes*,
590; 20 juillet 1854, *Comp. du chem. de fer d'Orléans*,
675.)

448. — L'attribution au Conseil de préfecture des
contestations relatives aux concessions de travaux publics a le même caractère d'ordre public que nous lui
avons reconnu en parlant de la compétence en matière
de marchés. Toute clause dérogatoire, toute renonciation antérieure ou postérieure à la naissance du débat,
sont nulles et non avenues. L'approbation par l'autorité
administrative du cahier des charges qui contient cette
dérogation n'y ajoute aucune force; l'administration et
le concessionnaire peuvent toujours et en tout état de
cause réclamer la juridiction établie par la loi. (24 juin
1840, *Hindenlang*, 176.) « Il ne suffirait pas, dit M. Dufour, que le cahier des charges eût été homologué par
un décret; il faudrait qu'il eût été revêtu de la sanction
législative. » (Voy. t. 7, n° 290.)

449. — Mais la stipulation qui se borne à attribuer
juridiction à un Conseil de préfecture déterminé est valable; car elle n'a trait qu'à la compétence *ratione loci*
et ne touche, par conséquent, à aucun principe d'ordre
public. « Une stipulation de ce genre, dit fort exacte-

ment M. Dufour, se réduit à une élection de domicile pour l'exécution du contrat. » (Loc. cit.)

Les cahiers des charges des compagnies de chemins de fer qui ont leur point de départ à Paris portent que les contestations qui s'élèveraient entre la compagnie et l'administration, au sujet de l'exécution et de l'interprétation de la concession, seront jugées administrativement par le Conseil de préfecture du département de la Seine.

Une attribution semblable a été stipulée pour le Conseil de préfecture de Lyon, dans le cahier des charges du chemin de fer de Lyon à la Méditerranée.

Il est bon de remarquer, d'ailleurs, que ces stipulations régissent uniquement les rapports des compagnies avec le gouvernement, et que les contestations de celles-ci avec les particuliers échappent à leur empire.

450. — A quelles règles ces contestations sont-elles soumises sous le rapport des juridictions qui doivent en connaître?

A cet égard les attributions sont diverses : il faut, pour ne pas s'égarer, tenir compte de la nature même du débat. Tantôt le Conseil de préfecture est compétent; tantôt, au contraire, il faut porter la contestation devant l'autorité judiciaire. Essayons de fixer les principes de la matière.

451. — Tout d'abord, se présentent les contestations qui s'élèvent entre les concessionnaires et les propriétaires voisins, à raison des dommages résultant de l'exécution des travaux. Ces contestations doivent être soumises au Conseil de préfecture en vertu de l'art. 4, § 4, de la loi du 28 pluviôse an VIII. Les concessionnaires, étant, comme nous l'avons dit, des entrepreneurs de travaux publics, revendiquent à bon droit, comme pour les difficultés qui s'élèvent entre eux et l'administra-

tion, le bénéfice de la juridiction administrative. (11 fév. 1849, *Pont de Rognonas*, 91.) L'instruction est également soumise aux mêmes règles, et le Conseil de préfecture ne peut statuer sans ordonner au préalable une expertise contradictoire dans la forme prescrite par l'art. 56 de la loi du 16 sept. 1807. (Voy. *infrà*, titres 3 et 5, et Dal., v° Trav. pub., n° 1146.)

452. — Les dommages causés aux ouvrages faisant partie de la concession par des particuliers ou par d'autres concessionnaires, doivent, au contraire, être appréciés par l'autorité judiciaire. Il ne s'agit plus ici de l'exécution d'un acte ou d'un marché administratif et des conséquences de cette exécution ; l'administration n'a aucun intérêt au débat, qui peut sans inconvénients se vider arrière d'elle devant les tribunaux ordinaires. Disons seulement que l'action dirigée par le concessionnaire contre l'auteur du dommage ne fait pas obstacle à l'exercice de l'action répressive, lorsque l'atteinte portée aux travaux constitue, soit une contravention de grande voirie, soit un délit. Mais l'administration seule a qualité pour poursuivre la répression de ces contraventions ; le concessionnaire ne peut pas les déférer personnellement au Conseil de préfecture (25 juin 1857, *Coste*, 523), sauf, en cas de poursuite par l'autorité compétente, à intervenir dans l'instance afin d'obtenir la réparation du préjudice qui lui a été causé. (M. Delvincourt, p. 324.)

453. — Le concessionnaire n'a pas davantage le droit de soumettre au Conseil de préfecture les contestations qui s'élèvent entre lui et ses sous-traitants. L'administration n'a contracté qu'avec lui seul ; elle ne connaît pas ceux avec lesquels il passe des marchés pour la fourniture des matériaux ou l'exécution partielle des travaux. (10 juin 1835, *Comp. du pont d'Aucfer*, 402.

M. Dufour, t. 7, n° 291.) De pareils débats ont un caractère essentiellement judiciaire.

A plus forte raison en est-il ainsi lorsque des débats
s'élèvent entre les sous-traitants eux-mêmes. (Cass. rej.,
31 janv. 1859, *Savalète*, S. V., 59, 1, 740.)

454. — Après l'exécution des travaux, l'application
des tarifs dressés pour la perception des taxes de passage
ou de transport donné naissance à de nouvelles difficultés. Quelle est l'autorité chargée d'en connaître?

Entre le concessionnaire et les particuliers qui prétendent s'affranchir des taxes imposées ou en obtenir la
réduction, le débat présente le caractère d'une contestation privée : il s'agit uniquement d'appliquer les dispositions du cahier des charges qui constituent, à l'é-
gard des tiers, des droits particuliers et des obligations
légales. Comment l'autorité administrative serait-elle
appelée à statuer entre ces intérêts opposés qui s'agitent
dans une sphère où elle peut s'abstenir de descendre,
puisqu'elle reste toujours maîtresse, dans les limites
fixées par l'acte de concession, de modifier les tarifs ou
d'imposer à la compagnie les conditions qu'elle s'est réservé le droit de mettre à sa charge? Soit donc que l'on
considère les taxes fixées par les tarifs comme constituant uniquement le prix d'un service rendu par une
entreprise de transports, soit, au contraire, qu'on leur
attribue le caractère d'une contribution indirecte, l'autorité judiciaire est seule compétente pour connaître des
difficultés qui s'élèvent au moment de leur perception.
Dans le premier cas, en effet, on ne voit en présence
que des intérêts auxquels l'administration est et doit
rester étrangère. Dans le second, le contrôle de l'autorité judiciaire est assuré par les principes généraux en
matière d'impôts à tous ceux qui prétendent se soustraire
à l'application des tarifs. « Toutes les fois, a dit M. Vi-

vien, qu'un citoyen soutient qu'une contribution réclamée n'est pas autorisée par la loi, il a le droit de déférer la question à l'autorité judiciaire. Il doit d'abord
s'exécuter : le provisoire, comme de raison, appartient
à l'administration ; mais ensuite il peut toujours se pourvoir en restitution devant les tribunaux, c'est-à-dire les
constituer juges de la question de légalité. C'est le principe consacré par la disposition finale de toutes les lois
de finances, principe essentiel sans lequel l'article 40
de la Charte pourrait être éludé et anéanti.

« L'administration ne peut éviter le contrôle des tribunaux en excipant de ses actes, quand même, en matière ordinaire, ils seraient de nature à échapper à leur
appréciation. Le droit des tribunaux est absolu, entier
et illimité. Sans doute, si la légalité même de la perception est accordée, ils ne peuvent s'immiscer dans les
actes administratifs ; ainsi, pour ce qui concerne les
contributions directes, ils ne pourront entrer dans les
débats que soulèvent les tarifs, l'assiette, l'établissement
des cotes, etc.; mais sur la légalité en elle-même, ils
exercent une pleine juridiction..... » (Voy. 10 mars
1843, *Chantier*, 111.) Mais, ne dût-on pas aller jusque-
là, et en refusant même aux tribunaux le droit de se
prononcer sur la légalité des taxes établies, il paraît
constant qu'il leur reste celui d'apprécier et d'interpréter
les tarifs en vertu desquels on veut les exiger. (Voy.
5 fév. 1841, *Pont de Rabastens*, 52 ; 23 déc. 1845,
Hingray et cons., 582 ; 9 mai 1851, *Astugue*, 330 ;
21 avril 1853, *Comp. du chem. de fer de l'Ouest*, 485 ;
29 mars 1855, *Pointurier*, 249 ; 17 mai 1855, *Mahé*,
355 ; 14 juillet 1858, *Séguin*, 521.)

455. — L'autorité judiciaire est de même compétente
pour connaître des contestations qui s'élèvent entre
deux concessionnaires à raison du préjudice que causent

à l'un d'eux les réductions de tarifs faites par l'autre
dans un but de concurrence, et encore bien que l'on
invoquerait les stipulations insérées dans les cahiers des
charges approuvés par le gouvernement.

« Considérant, porte un arrêt du 3 janv. 1851 (*Chem.*
« *de fer d'Amiens*, 1), que la demande de la compagnie
« du chemin de fer d'Amiens à Boulogne tendait : 1° à
« obtenir des dommages-intérêts pour réparation du
« préjudice prétendu causé par des réductions de tarifs
« sur la ligne de Paris à Calais, non consenties en faveur
« des voyageurs et marchandises sur la ligne de Paris
« à Boulogne ; 2° à contraindre également, sous peine
« de dommages-intérêts, la compagnie du chemin de
« fer du Nord à proposer et soumettre à l'homologation
« des tarifs de Paris à Amiens sur Boulogne en concor-
« dance avec la perception réellement faite de Paris à
« Calais, au moyen d'une réduction de prix de Paris à
« Boulogne, d'une somme égale aux prix réduits sur
« Calais ;

« Considérant que la compagnie demanderesse fonde
« ses prétentions sur l'art. 41 *bis* du cahier des charges
« annexé à la loi du 15 juillet 1845, portant autorisa-
« tion de concéder le chemin de fer de Paris à la fron-
« tière de Belgique, avec embranchements de Lille sur
« Calais et Dunkerque ;

« Considérant qu'elle soutient que cet article a con-
« sacré des droits à son profit et imposé envers elle à la
« compagnie du chemin de fer du Nord des obligations
« que celle-ci aurait méconnues par le passé, et qu'elle
« doit à l'avenir être tenue d'exécuter ;

« Considérant que l'interprétation et l'application de
« cette disposition législative, invoquée comme consti-
« tuant des droits particuliers et des obligations déter-
« minées, appartiennent au pouvoir judiciaire, seul

« compétent pour statuer sur les demandes en dom-
« mages-intérêts réclamés à raison de l'atteinte pré-
« tendue portée pour le passé ou qui serait portée à
« l'avenir à ces droits particuliers par l'inexécution d'o-
« bligations légales ;

« Considérant, d'ailleurs, que l'homologation des ta-
« rifs réduits de Paris à Calais, sur la demande expresse
« de la Compagnie du chemin de fer du Nord, n'a eu
« lieu que sous la réserve des droits des tiers ; que,
« pour l'avenir, la demande n'a pas pour objet de
« contester le droit d'homologation des tarifs, réservé
« par la loi à l'administration ; qu'ainsi l'autorité ju-
« diciaire, dans l'exercice de sa compétence, ne ren-
« contre aucun obstacle tiré de l'existence d'actes ad-
« ministratifs qu'il s'agirait d'apprécier ;

« Art. 1er. L'arrêté de conflit pris par le préfet de
« la Seine, le 15 juillet 1850, est annulé. »

456. — Il faut remarquer que dans l'espèce du débat
jugé par cet arrêt, la Compagnie du chemin de fer d'A-
miens à Boulogne se plaignait d'une réduction de tarifs
que le cahier des charges de la Compagnie du Nord in-
terdisait formellement. Elle invoquait les droits résultant
pour elle de ces stipulations, et dès lors on comprend
très-bien que l'autorité judiciaire était seule compétente
pour statuer sur la demande en dommages-intérêts fondée sur l'inexécution de ces obligations. Le débat s'a-
gitait entre les deux Compagnies tout à fait en dehors
des intérêts administratifs : à aucun titre le Conseil de
préfecture ne pouvait être saisi.

Mais il en serait tout autrement si la demande en
dommages-intérêts était fondée sur une réduction approuvée par l'autorité compétente, en vue de l'intérêt
général et en dehors de toute obligation particulière
résultant du cahier des charges au profit du réclamant.

Ainsi, bien que l'autorité judiciaire soit compétente pour connaître des difficultés qui s'élèvent entre les Compagnies concessionnaires et les redevables sur l'application des tarifs, il ne lui appartient pas de connaître d'une action intentée par des entrepreneurs de messageries à une Compagnie de chemin de fer, à raison du préjudice que cette Compagnie aurait causé à leur industrie par l'établissement de tarifs réduits. Aux termes des articles 44 et suiv. de l'ordonnance royale du 15 nov. 1846, rendue en exécution de la loi du 15 juillet 1845, et portant règlement d'administration publique sur la police, la sûreté et l'exploitation des chemins de fer, c'est à l'administration qu'il appartient, sur l'initiative des Compagnies et après que le public a été informé, par des affiches, des changements demandés, d'approuver, en vue de l'intérêt général, dans les limites du maximum autorisé par le cahier des charges, ou de rejeter les modifications proposées au tarif des perceptions. L'autorité judiciaire, sous le prétexte d'un dommage prétendu causé par ces modifications à des intérêts privés, ne peut donc, sans méconnaître les principes de la séparation des pouvoirs, s'immiscer directement dans l'appréciation d'actes de cette nature et en arrêter l'exécution. (21 avril 1853, *Dupont et Comp.*, 485.)

457. — Nous avons dit que les débats qui s'élèvent entre les concessionnaires et les particuliers, en ce qui concerne l'application qui leur est faite des tarifs, doivent être portés devant l'autorité judiciaire. (*Suprà*, n° 439.) Mais devant quel tribunal le recours doit-il être formé?

Il faut faire une distinction. S'agit-il de contestations relatives à la perception des taxes de péage sur les ponts, le juge de paix est compétent pour en connaître. La loi des 6-11 sept. 1790 attribuait, il est vrai, aux juges de districts la connaissance des difficultés relatives à la perception des impôts indirects. Mais cette attribution a été modifiée, en ce qui concerne les taxes d'octroi, par les lois du 2 vendémiaire an VIII et 27 frimaire an XIII, qui ont donné aux juges de paix, en premier ressort, la connaissance de ces contestations. Or, une loi spéciale du 5 août 1821 a assimilé les taxes de passage sur les ponts aux taxes d'octroi, en décidant que l'application du tarif entre le concessionnaire et les particuliers serait jugée comme en matière d'octroi. (Voy. 10 août 1809, *habit. de Rocroi;* 10 mars 1843, *Chartier,* 111 ; 23 déc. 1845, *Hingray,* 582.)

Quant aux taxes de transport perçues par les Compagnies de chemins de fer, aucune loi particulière ne les ayant assimilées aux taxes d'octroi, c'est devant les tribunaux civils (auxquels sont attribuées les contestations relatives à la perception des contributions indirectes) que les contestations doivent être portées. (Voy. 3 janv. 1851, *Chemin de fer d'Amiens,* 1.)

458. — Entre l'administration et le concessionnaire, les débats que font naître les dispositions obscures du tarif présentent le caractère de difficultés relatives à l'exécution d'un marché de travaux publics. Le droit de percevoir les taxes fixées par ces tarifs forme, en effet, la rémunération des dépenses faites par le concessionnaire : c'est le prix du marché. Les débats qui s'élèvent à leur sujet rentrent essentiellement dans les termes comme dans l'esprit de l'art. 4 de la loi du 18 pluviôse an VIII, et c'est, par conséquent, devant le Conseil de préfecture qu'elles doivent être portées. — « L'administration intervient au point de vue de l'utilité commune dont elle est gardienne, et conteste au concessionnaire l'usage et l'application qu'il fait de son tarif d'une façon qui lui paraît excéder les droits qu'elle lui a concédés ;

ou bien, dans un intérêt plus restreint, elle soutient que le concessionnaire exige à tort le péage de certains agents qu'elle a entendu comprendre dans les exceptions.

« Or, ici, on sort du cas prévu par la loi des 6-11 sept. 1790 et celle du 27 frimaire an VIII et de la compétence que ces lois déterminent, pour rentrer dans l'application du principe qui veut que l'autorité administrative connaisse des litiges qui s'élèvent sur les contrats administratifs.

« En effet, quelle que soit la nature des taxes de péage, quelle que soit l'origine du droit en vertu duquel l'administration établit des péages sur les ponts, il est incontestable que l'acte par lequel l'administration concède à un entrepreneur le droit de percevoir le péage en son lieu et place, moyennant certaines obligations dudit entrepreneur envers elle et envers le public, est un contrat administratif, au point de vue des rapports que cet acte établit entre elle et le concessionnaire.

« Eh bien, si l'administration soutient que ces obligations sont méconnues, que l'entrepreneur viole le contrat, qu'il exige du public ou de ses agents des taxes qui ne sont pas dues, elle intervient pour faire exécuter le contrat passé avec elle, et c'est, d'après les principes, au juge des contrats administratifs qu'elle doit s'adresser. » Observat. de M. Cornudet, comm. du gouvern., sur l'arrêt du 9 mai 1851. (Voy. en ce sens : 8 août 1834, *Maurette et comp.*; 14 janv. 1839, *Lyonnet*, 35; 30 juillet 1840, *Pont d'Ébreuil*, 278 ; 3 mai 1844, *Passerelle sur la Nive*, 270 ; 30 mars 1854, *Giraudel*, 264.)

TITRE IV

DE LA COMPÉTENCE EN MATIÈRE D'EXTRACTION DE MATÉRIAUX.

II.   30

459. — La loi du 28 pluviôse an VIII contient une disposition expresse qui soumet à la juridiction administrative les contestations relatives aux fouilles et extractions de matériaux. D'après le § 4 de l'article 4, les Conseils de préfecture prononceront « sur les demandes « et contestations concernant les indemnités dues aux « particuliers, à raison des terrains pris ou fouillés « pour la confection des chemins, canaux, et autres ou- « vrages publics. »

460. — Le principe établi par cette disposition a été appliqué dans les circonstances les plus diverses. Il est universellement reconnu que c'est aux Conseils de préfecture qu'il appartient de connaître des questions relatives aux fouilles et extractions de matériaux, à l'exclusion, soit des tribunaux civils (Cass. 1er août 1837, *Gilquin*, S.-V., 37, 1, 849), soit des tribunaux de simple police ou de police correctionnelle, soit des juges de paix jugeant civilement (Cass. 2 déc. 1839, *Pradelle*, D. P., 40, 1, 79), soit de l'administration active (29 nov. 1848, *Rolland*, 650). A cet égard, les décisions sont si nombreuses, qu'il est véritablement superflu de donner de plus amples indications. Du moment que la qualité de l'entrepreneur est reconnue et que les ordres en vertu desquels il a agi ne sont pas méconnus, la compétence du Conseil de préfecture, à l'exclusion de toute autre juridiction, est certaine et ne peut être aujourd'hui sérieusement contestée.

461. — Il n'est même pas nécessaire que les fouilles ou extractions aient été pratiquées par l'entrepreneur lui-même ou par ses ouvriers. Les sous-traitants auxquels il cède une partie de son entreprise sont investis des mêmes privilèges que lui. Au regard de l'administration, bien qu'elle ne reconnaisse pas les sous-traités et qu'elle entende rester étrangère aux stipulations qu'ils contiennent, les sous-traitants représentent l'entrepreneur lui-même ; ils en sont les agents et les ayants cause. Au regard des tiers, leur situation est la même. Qu'importe pour ceux-ci que l'extraction soit faite par l'entrepreneur directement ou par intermédiaire, du moment que les conditions de l'autorisation sont observées et que les fouilles sont circonscrites dans les terrains désignés, du moment enfin que les produits des carrières sont consacrés à l'exécution des travaux pour lesquels elles ont été indiquées? Comment se plaindraient-ils de la tolérance de l'administration à l'égard des sous-traités, tant que ces contrats n'ont pas pour effet et pour résultat d'aggraver les charges auxquelles leur propriété est soumise? Leurs réclamations seraient évidemment non recevables pour défaut absolu d'intérêt. (Cass. crim. rej. 18 août 1860, *Pruvost*, D. P., 61, 1, 94.)

462. — Compétents pour connaître des contestations relatives aux fouilles et extractions, les Conseils de préfecture sont aussi compétents pour connaître des torts et dommages qui en sont la conséquence. Cette solution est commandée non pas seulement par le principe *accessorium sequitur principale*, dont l'application est souvent contestable dans les matières qui touchent à l'ordre des juridictions, mais surtout par les dispositions de la loi du 28 pluviôse an VIII, qui, en attribuant à la juridiction administrative la connaissance des dom-

mages résultant de l'exécution des travaux publics, y a nécessairement compris ceux qui sont la conséquence des mesures préparatoires ou concomitantes qui tendent à en faciliter l'achèvement. (Voy. 15 mars 1826, *Allezard*, 703.)

463. — Toutefois, si le dommage causé était la conséquence non de l'exploitation en elle-même, mais d'un mode particulier adopté par les entrepreneurs, sans ordre ou autorisation spéciale de l'administration, les tribunaux ordinaires pourraient être régulièrement saisis; car il n'y a lieu alors à l'interprétation ni du devis, ni du cahier des charges, ni de l'acte de désignation. On se trouve en face d'un fait d'imprudence et de négligence exclusivement imputable à l'entrepreneur, de sorte que l'administration se trouve entièrement désintéressée dans le débat. Il a été jugé en ce sens que lorsque l'adjudicataire de la fourniture de matériaux destinés à des travaux publics a, dans l'exploitation de ces carrières, causé un préjudice par l'explosion d'une mine, et que, à raison de ce fait, une demande en dommages-intérêts est formée contre lui devant le tribunal civil, c'est à tort que le préfet élève le conflit d'attributions, s'il est reconnu par l'administration que le cahier des charges se borne à indiquer les carrières desquelles les pierres devaient être extraites, sans imposer aux adjudicataires aucun mode particulier d'exploitation, si d'ailleurs ils n'étaient soumis à cet égard à aucune surveillance administrative, et si enfin ils ne justifient d'aucun ordre ni d'aucun acte émané de l'administration, et dont l'interprétation préalable serait nécessaire pour l'appréciation du fait qui motive l'action en indemnité. (Voy. 2 juil. 1851, *Vᶜ Amy*, 481 ; 29 juil. 1851, *Vᶜ Serre*, 552.)

464. — Il n'y a pas non plus à considérer, en ce qui

touche la compétence, l'espèce particulière des travaux pour lesquels l'extraction a lieu, du moment qu'elle se rattache à une entreprise de travaux publics. Qu'il s'agisse de travaux d'un intérêt général ou départemental, ou simplement communal, cela est indifférent : dans toute hypothèse, le Conseil de préfecture en premier ressort, et le Conseil d'État sur l'appel, sont appelés à résoudre les questions que fait naître la désignation. Toute distinction entre les diverses espèces d'entreprises est repoussée par le texte formel de la loi.

465. — Mais la qualité d'entrepreneur de travaux publics n'est pas à elle seule suffisante pour justifier le renvoi des parties devant les tribunaux administratifs. L'exercice de la servitude d'extraction a été entouré par la loi de certaines garanties protectrices de la propriété, en l'absence desquelles l'entrepreneur cesse de pouvoir revendiquer le bénéfice de la juridiction exceptionnelle à laquelle il a droit, quand il a pris soin de se conformer exactement aux conditions que la loi lui impose. A cet égard, la jurisprudence a depuis longtemps posé comme règle essentielle que l'entrepreneur qui agit sans autorisation préalable, ou qui excède les limites de l'autorisation accordée, doit être assigné devant les tribunaux civils, le privilége dont il jouit ne pouvant s'étendre au delà des termes précis de l'autorisation et des limites de l'entreprise. Dès qu'il dépasse ces limites, il n'agit plus que comme simple particulier ; les travaux auxquels il se livre sur les propriétés privées prennent le caractère de voies de fait, et tombent à ce titre sous l'empire des dispositions du droit commun.

Cette solution, si satisfaisante au point de vue de la saine application des principes constitutifs de la propriété dont les tribunaux civils sont les protecteurs na-

turels, a eu cependant à lutter, avant de prévaloir dans
la pratique, contre la résistance combinée des juridictions civiles et administratives. Un grand nombre d'arrêts, émanés des cours impériales et du Conseil d'État,
ont pendant longtemps décidé qu'il n'y avait aucune distinction à faire, au point de vue de la compétence,
entre le cas où l'entrepreneur agit en vertu d'une autorisation régulière et qu'il ne dépasse pas, et celui où il envahit, sans désignation préalable, une propriété privée.
(Voy. 23 juin 1824, *Pernel* et *Roussel*, 360; 5 juill.
1833, *Letellier*, 352; 4 déc. 1837, *Devars*, 95; 30 juill.
1840, *Jeannolle*, 280; J. du P., 32, 1, 138; Cass.,
9 juin 1841, *Clermont-Tonnerre*, D. P., 41, 280.)

Cette jurisprudence était entachée d'erreur. On invoquait, en effet, l'article 4, § 3, de la loi du 28 pluviôse
an VIII, d'après lequel les Conseils de préfecture ont la
connaissance des réclamations des particuliers qui se
plaignent du *fait personnel* des entrepreneurs et non du
fait de l'administration. Or, disait-on, loin d'exiger, pour
que la compétence administrative soit établie, que le
lieu où le dommage se produit ait été désigné préalablement, la loi ne déclare-t-elle pas expressément qu'il
suffit que ce dommage résulte du fait personnel des entrepreneurs? Donc tout dommage qui est la suite et le
résultat d'extractions non autorisées, étant le fait personnel de l'entrepreneur et se produisant à l'occasion
d'un travail d'utilité publique, appartient nécessairement à la juridiction administrative.

Mais qui ne voit que ce raisonnement pèche par la
base? L'article 4 de la loi du 28 pluviôse an VIII attribue
d'abord au Conseil de préfecture, dans son paragraphe 3,
la connaissance des contestations relatives aux terrains
pris ou fouillés; mais comme l'extraction des matériaux
a été soumise à des règles précises et à la nécessité d'une

autorisation préalable, il est bien certain, pour peu qu'on remonte à la pensée du législateur, que cette attribution exceptionnelle n'a été établie qu'en faveur des contestations qui s'élèvent après l'accomplissement normal et régulier des formalités prescrites. Comment admettre que la loi ait voulu assurer les mêmes priviléges à l'entrepreneur qui remplit exactement les conditions auxquelles l'exercice de la servitude est subordonné, et à celui qui viole les propriétés où il pénètre sans autorisation?

Qu'oppose-t-on à ces raisons concluantes? Le paragraphe 4 de la loi de pluviôse, qui attribue compétence au Conseil de préfecture, à raison des dommages résultant du fait personnel des entrepreneurs, dommages parmi lesquels on fait rentrer les extractions non autorisées. Mais c'est confondre des choses que la loi a parfaitement distinguées en s'en occupant dans deux paragraphes distincts. Les dommages dont parle le paragraphe 4 sont en effet ces préjudices de toute espèce auxquels la loi n'a pas donné d'autre dénomination particulière, parce qu'ils résultent des causes les plus complexes, mais dont le caractère commun c'est d'être accidentels et inopinés. Comme il est impossible de les prévoir, et par suite d'assujettir l'entrepreneur à une autorisation préalable, on comprend que, dans toute circonstance, à la seule condition qu'ils résultent de l'exécution des travaux, les contestations qu'ils font surgir soient soumises à la compétence de l'autorité administrative, sans qu'il y ait lieu de rechercher si l'entrepreneur n'a fait qu'user de son droit ou a commis une imprudence répréhensible. — Mais, encore une fois, quand il s'agit des fouilles et extractions, c'est-à-dire de cette servitude dont l'exercice toujours prévu à l'avance est soumis à des conditions rigoureuses

et subordonné à des règles précises, comment les assimi-
lerait-on, sous le rapport de la compétence, aux autres
dommages dus le plus souvent à des circonstances complétement en dehors de la volonté ou de la négligence
de l'entrepreneur ?

La jurisprudence ne tarda pas, en effet, à remarquer
qu'elle avait fait fausse route, et de nombreuses décisions ont, dans les circonstances les plus diverses, jugé
qu'il n'y a lieu à la compétence de l'autorité administrative que dans le cas seulement où les fouilles ont été
faites dans des terrains préalablement désignés par l'autorité compétente.

Le sieur Oury s'était rendu adjudicataire, en 1834,
de la construction d'une route dont les matériaux devaient être pris dans une carrière ouverte au Mont
de Plémont. Contrairement à cette indication précise,
Oury fit extraire des pierres dans une terre où il
n'existait pas de carrière ouverte. De là un débat élevé
par le propriétaire du terrain, débat qui, après divers incidents, fut porté devant le Conseil d'État et
tranché de la manière suivante relativement à la compétence.

« Considérant que la loi du 28 pluviôse an VIII, qui
« attribue à l'autorité administrative la connaissance
« des réclamations élevées contre les entrepreneurs de
« travaux publics à raison de terrains pris ou fouillés,
« n'est applicable que lorsque lesdits entrepreneurs
« se sont renfermés dans les limites à eux tracées
« par le devis des travaux ou par les arrêtés préfec-
« toraux ;

« Considérant qu'il résulte de l'instruction que le
« sieur Oury, en faisant ouvrir une carrière d'exploita-
« tion sur le terrain du sieur Béguery, ne s'est pas con-
« formé aux désignations de son devis qui lui indi-

« quaient une autre carrière; que, dès lors, soit en
« fouillant ledit terrain, soit en le traversant avec ses
« voitures, le sieur Oury a commis des voies de fait
« dont la connaissance appartient à l'autorité judi-
« ciaire. » (Voy. 30 août 1842, *Béguery*, 440, et aussi :
21 sept. 1827, *Rousseau*, 504; 5 nov. 1828, *Ducroc-
Bernard*, 770; 18 fév. 1829, *Astier*, 63; 4 sept. 1841,
Mairot, 500; 10 juin 1847, *Rigault*, 396; 18 juin 1848,
Biscuit, 398; 15 mai 1856, *Galet*, 364; 23 mai 1861,
Chem. de fer d'Orléans, 411; Cass. 16 avril 1836, *Guy*,
D. P., 36, 1, 338; 3 août 1837, *Grevin*, D. P., 37, 1,
533; 1ᵉʳ oct. 1841, *Delicourt*, D. P., 41, 1, 136; 1ᵉʳ juil.
1843, *Liétot*, J. du P., 44, 1, 11; 30 mars 1860, *Men-
diondo*, D. P., 60, 1, 196.)

466. — L'autorisation administrative qui vient couvrir une situation irrégulière n'a pas pour résultat d'enlever aux tribunaux ordinaires l'appréciation des faits
antérieurs au moment où elle a été obtenue. L'occupation devient légitime : mais le passé reste soumis aux
règles du droit commun; c'est par la juridiction civile
que doit être réglée l'indemnité, et que les dommages-
intérêts pour le préjudice causé doivent être fixés conformément aux principes du C. Nap. (Voy. Bordeaux,
20 juin 1850, *Desbrousses*, D. P., 50, 2, 160.)

467. — L'autorité judiciaire cesse-t-elle d'être compétente lorsqu'au moment où la réclamation se produit
l'occupation des terrains a cessé et lorsqu'il s'agit uniquement, non d'obtenir la cessation de l'exploitation,
mais une indemnité, à raison du préjudice causé?

Le Conseil d'État a jugé « qu'à l'époque où le sieur Fénélons s'est plaint que son terrain eut été occupé, sans
autorisation de l'administration, par le sieur Boussageon
pour y établir un chantier et y déposer des matériaux,
cette occupation avait cessé; que sa demande n'avait

donc pas pour objet la reprise de possession de ce terrain et ne tendait qu'à obtenir la réparation d'un dommage résultant de ce qu'il avait été privé, pendant un certain temps, de la jouissance de sa propriété, et de ce que le sieur Boussageon, après son travail terminé, avait négligé d'enlever les débris des matériaux par lui employés; que dans ces circonstances l'action exercée par le sieur Fénélons rentrait dans la catégorie des demandes qui peuvent être présentées devant l'autorité administrative, à raison de torts et dommages provenant du fait personnel des entrepreneurs aux termes de l'article 4 de la loi du 28 pluviôse an VIII..... » (Voy. 4 juin 1858, *Fénélons*, 412.)

Cet arrêt a été justement critiqué par M. Dalloz. (Rép. v° Trav. publ., n° 1229.) « Du moment où il ne « s'agit pas de statuer sur les conséquences d'un fait « administratif régulier, mais bien sur un quasi-délit, « on ne voit pas en quoi la cessation de l'état de choses « préjudiciable et irrégulier peut réagir sur le carac- « tère du dommage et faire attribuer à l'autorité ad- « ministrative une compétence qu'elle n'avait pas à « l'origine. D'ailleurs, dans l'espèce, la voie de fait con- « tinuait par cela seul que des débris de matériaux en- « combraient encore le terrain du réclamant; car cette « situation fait naître, comme l'occupation elle-même, « le droit à une indemnité. » Qu'importe, en effet, que l'occupation ait cessé au moment de la demande? N'a-t-elle pas eu à l'origine le caractère d'une voie de fait, et ce caractère que ne lui aurait pas fait perdre, au moins pour le passé, une désignation régulière du terrain, elle ne l'a pas perdu par suite de l'abandon des carrières? Qu'importe aussi que le propriétaire n'ait pas à demander aux tribunaux la cessation de la prise de possession, mais seulement une indemnité à raison

du préjudice causé? Il suffit que l'occupation ait été illégale pour que l'entrepreneur ait perdu, pour toutes
les contestations qui s'élèvent, le bénéfice de la compétence administrative. L'arrêt objecte en vain qu'il
ne s'agit plus que de régler l'indemnité due pour
un dommage provenant du fait personnel de l'entrepreneur et régi, dès lors, par l'article 4, § 4, de la
loi du 28 pluviôse an VIII. Mais il y a là une confusion que nous avons déjà signalée (Voy. *suprà*, n° 450)
et contre laquelle tout proteste. Non, encore une fois,
l'occupation irrégulière d'une propriété privée pour y
extraire des matériaux ne constitue jamais l'un de ces
dommages dont parle le § 4 de l'article 4 de la loi du
28 pluviôse. Les faits personnels de l'entrepreneur dont
ce paragraphe s'occupe, la loi ne suppose pas qu'ils
puissent être intentionnels et volontaires, qu'ils puissent
constituer une agression injuste, illégale et réfléchie
contre la propriété ; ce n'est pas à des actes de cette
nature qu'elle accorde le bénéfice de la juridiction administrative. Non, elle veut protéger l'entrepreneur ou
plutôt l'entreprise contre les attaques des tiers à raison
de faits qui sont la conséquence inévitable de l'exécution
des travaux dûment autorisés : mais quand le travail qui
donne lieu aux dommages est lui-même un acte illégal
et arbitraire, quand il a lieu en dehors des formalités
prescrites, il ne faut plus y voir un dommage résultant de l'exécution des travaux publics dans le sens de
la loi, mais un fait que l'autorisation administrative ne
couvre plus et qui tombe dès lors sous l'appréciation
et le contrôle des tribunaux ordinaires. (Voy. *infrà*,
tit. suiv.)

468. — L'absence de désignation régulière et le défaut de signification des actes administratifs qui contiennent la désignation ont, au point de vue de la com-

pétence, des conséquences bien différentes. Tandis que l'absence de désignation a pour résultat nécessaire de donner le caractère de voies de fait aux travaux de l'entrepreneur, et de lui retirer le bénéfice de la compétence exceptionnelle à laquelle il a droit lorsqu'il agit dans les limites de son devis comme substitué aux droits de l'administration, il en est tout autrement lorsqu'il y a eu simplement inobservation des formalités prescrites avant la prise de possession des terrains désignés. Le défaut de notification préalable ne fait pas, d'après la jurisprudence, que les fouilles ou extractions régulièrement autorisées dégénèrent en actes privés, et l'entrepreneur qui s'y livre agit encore comme entrepreneur, comme agent et représentant de l'administration. C'est donc aux Conseils de préfecture qu'il appartient de connaître des demandes formées par les propriétaires ou locataires des carrières mises en exploitation sans avertissement préalable. (Voy. 10 mars 1843, *Armelin*, 113 ; 14 mars 1849, *D^{lle} Bideault*, 151 ; 30 nov. 1850, *Micé*, 897.)

Mais comme l'entrepreneur qui, bien que dûment autorisé à pénétrer sur les propriétés désignées dans les actes administratifs, est en faute lorsque avant la prise de possession il ne fait pas connaître la qualité en vertu de laquelle il procède et le titre dont il est armé, les tribunaux civils ou correctionnels, devant lesquels il est traduit et produit tardivement l'autorisation, sont compétents pour le condamner à des dommages-intérêts, si le silence qu'il a gardé a causé un préjudice à son adversaire. Il ne s'agit pas ici de l'appréciation de faits se rattachant à l'exécution de travaux publics, mais d'une faute indépendante de cette exécution. (Voy. Cass. rej., 28 juin 1853, *Bertrand*, D. P., 53, 1, 296.)

469. — Dès qu'il y a désaccord sur le point de savoir

si l'entrepreneur a excédé les termes du devis, il s'élève une question préjudicielle que la juridiction civile doit renvoyer à l'examen de l'autorité administrative. Le devis ou l'arrêté préfectoral désignant les terrains sont des actes administratifs dont l'interprétation ne peut pas être donnée par les tribunaux ordinaires.

Le devis du sieur Blanchet, adjudicataire des travaux de construction d'un avant-pont à Chouzé, l'autorisait à faire les remblais au moyen des sables dragués dans le lit mineur de la Loire, aux abords de ce village, mais lui défendait de prendre ces sables en dehors et près des digues submersibles construites dans cette partie du fleuve.

Bientôt une difficulté s'éleva entre Blanchet et des propriétaires voisins de ces digues, les héritiers Tevena, qui prétendirent que des sables avaient été enlevés, contrairement aux prescriptions du devis, sur la partie sud de la digue, aux endroits interdits par le devis. Le juge de paix et le tribunal civil se déclarèrent successivement compétents pour connaître de l'instance. Voici les motifs du jugement qui posent nettement la question.

« En ce qui touche la question de savoir s'il n'y a pas lieu de renvoyer devant le Conseil de préfecture, pour faire interpréter le devis de l'adjudication du sieur Blanchet et pour faire décider s'il a agi ou non en dehors de son devis ;

« Considérant qu'il n'y a lieu de renvoyer devant l'autorité administrative, pour interpréter un acte émané de l'administration que lorsqu'il y a ambiguïté et, par suite, obscurité dans les termes de cet acte ; mais que les tribunaux civils peuvent et doivent retenir et juger la cause, lorsque les termes de cet acte sont clairs et précis et ne laissent aucun doute sur son véritable sens,

alors même que l'une des parties prétend qu'il y a lieu
à interprétation, parce que, dans ce cas, il ne s'agit pas
d'interpréter, mais bien d'appliquer un acte administratif ;

« Or, considérant que les termes du devis de l'adjudication du sieur Blanchet sont clairs et précis et ne
laissent aucun doute sur le lieu où devaient être pris les
matériaux à employer par l'entrepreneur ; qu'il suffit
de le lire pour reconnaître que Blanchet a agi en dehors
de ce devis, en prenant des terres et des sables sur l'île
des intimés ;

« Considérant, en effet, que, d'après son devis, les
remblais que le sieur Blanchet avait entrepris devaient
être faits au moyen des sables dragués dans le lit mineur
de la Loire, aux abords de Chouzé, entre le pont et la
digue submersible longitudinale de la Loire qui se trouve
vis-à-vis ; que le devis lui défendait expressément de
prendre des sables en dehors et près des digues submersibles construites dernièrement dans cette partie du
fleuve qui se trouve au nord de la digue et non au midi
de cette digue ;

« Considérant que l'île des intimés dans laquelle le
sieur Blanchet a pris des terres et des sables se trouve
en dehors du lit mineur de la Loire et de la digue longitudinale dont vient d'être parlé ; qu'en effet, elle
se trouve au midi de cette digue, ainsi que le sieur
Blanchet le reconnaît lui-même dans son acte d'appel ;
qu'ainsi, en prenant des terres et des sables dans cette
île, le sieur Blanchet a agi en dehors de son devis : d'où
il suit que M. le juge de paix du canton de Bourgueil
a été compétemment saisi de la demande des intimés,
et que le déclinatoire proposé tant par le sieur Blanchet que par M. le préfet ne peut être accueilli... »

Mais, sur le conflit, le Conseil d'État annula ce jugement par le motif que : « soit la question de savoir si « l'entrepreneur est sorti des limites à lui tracées par « le devis des travaux, soit le règlement de l'indemnité « due aux propriétaires pour les fouilles exécutées dans « les limites et les formes prescrites par le devis, sont « de la compétence administrative... » (Voy. 22 avril 1842, *Tevena*, 221.)

« Considérant, porte un arrêt plus récent (18 nov. 1853), *Guizard*, 961), que l'action dirigée par le sieur Guizard contre le sieur Dussol, entrepreneur des travaux du chemin de grande communication n° 2 a pour objet la réparation du dommage que lui auraient causé l'extraction et le cassage des pierres destinées à la confection dudit chemin ; qu'à l'appui de cette action, le sieur Guizard prétend que le devis de l'adjudication du sieur Dussol a fixé à 100 mètres la limite du terrain dans lequel les extractions pourraient être faites et soutient que l'entrepreneur a fait des fouilles au delà de cette limite ; que le préfet de l'Hérault, dans le déclinatoire susvisé, soutient, au contraire, que la distance de cent mètres indiquée au devis n'a pour but que de servir à la détermination du prix des transports à payer à l'entrepreneur, et non de circonscrire son droit et de l'empêcher d'extraire des matériaux au delà de cette limite ; considérant que de ce débat naît la nécessité d'interpréter un acte administratif, et qu'aux termes des lois susvisées c'est à l'autorité administrative qu'il appartient de donner l'interprétation d'un acte de cette nature... » (Voy. enc. 4 avril 1837, *Devars*, 95; 2 août 1838, *Laurent*, 478; 9 déc. 1843, *Régnier*, 587; 7 déc. 1844, *Jouan et cons.*, 627 ; id. *Mesnard de la Tascherie*, 630 ; 4 juillet 1845, *Giraud*, 380 ; 27 fév. 1849, *Delorme*, 125 ; 15 mars 1849, *Bideault*, 151.)

470. — Le même débat s'élève préjudiciellement

lorsque l'entrepreneur qui prétend avoir agi en exécution et dans les limites de son devis, est néanmoins poursuivi devant les tribunaux de police correctionnelle. L'existence de la contravention qui lui est imputée est subordonnée aux dispositions et à l'interprétation des actes administratifs, qui ont réglé dans quelles conditions l'extraction ou le ramassage des matériaux peuvent avoir lieu. Or, l'examen et l'interprétation de ces actes appartiennent nécessairement à l'autorité administrative, et la solution qu'elle donne au débat détermine définitivement la compétence, soit au point de vue de l'action publique, soit au point de vue de l'action en dommages-intérêts des parties civiles.

Il a été jugé en ce sens : 1° que lorsque sur une poursuite correctionnelle dirigée contre un agent voyer chargé de la direction des travaux de redressement d'un chemin vicinal et contre les voituriers, employés par lui comme prestataires, pour contravention aux dispositions de l'art. 147 du C. forestier, s'élève la question préjudicielle de savoir si les inculpés ont agi en vertu d'ordres administratifs, il y a lieu, par l'autorité judiciaire, de surseoir au jugement du délit jusqu'à ce qu'il ait été statué, par l'autorité administrative, sur l'existence et la portée des ordres allégués (Voy. 18 mai 1846, *Muller et cons.*, 322.) ; 2° que lorsque sur l'action correctionnelle et en payement de dommages-intérêts dirigée par un propriétaire contre les agents de l'administration, à raison des atteintes qui auraient été indûment portées à son droit de propriété, il est allégué par ces derniers et confirmé par l'administration qu'ils ont agi en qualité d'agents de l'administration et en vertu d'ordres émanés d'elle, c'est à l'autorité administrative seule qu'il appartient de statuer sur cette question préjudicielle et de reconnaître préalablement, au jugement

du fond, l'existence et la portée des ordres administratifs allégués (31 mars 1847, *Puech*, 173 ; 29 janv. 1848,
Farnaux, 29 ; 11 déc. 1848, *Girard de Châteauvieux*,
676) ; 3° que si, sur les poursuites correctionnelles
dirigées contre un entrepreneur de travaux publics et
son préposé, à raison de ce que ce dernier aurait tra-
versé des propriétés ensemencées avec un tombereau
chargé de matériaux, il est prétendu par l'entrepreneur et affirmé par l'administration qu'il a agi d'a-
près les indications de son devis et les dispositions
des arrêtés préfectoraux relatifs au ramassage et à
l'extraction des matériaux nécessaires aux travaux de
grande voirie, l'interprétation des actes invoqués constitue, dans ce cas, une question préjudicielle de la
compétence de l'autorité administrative et que le
préfet est fondé à revendiquer préalablement au profit
de ladite autorité (8 mai 1850, *Poulain et Leflon*, 436 ;
id. *Leleu, Tartare et Leflon*, 438) ; 4° que, si l'entrepreneur des travaux d'une route royale, traduit en police correctionnelle sous la prévention d'avoir extrait des
matériaux d'un bois, en contravention aux art. 144, 147
et 206 du C. forestier, soutient qu'il a agi d'après les
indications du devis de son marché et d'après les ordres
conformes des agents de l'administration, il s'élève une
question préjudicielle au jugement du délit dont la
connaissance appartient exclusivement à l'autorité administrative et en présence de laquelle le tribunal correctionnel doit surseoir à statuer jusqu'à ce qu'il ait été
prononcé par celle-ci. (24 juillet 1845, *Cayla et Saliége*,
403 ; 31 août 1847, *administ. des forêts*, 627. — Voy. enc.
Cass. 16 avril 1836, *Guy*, D. P., 36, 1, 338 ; 21 oct.
1841, *Pecollet*, D. P. 42, 1, 101 ; Paris, 9 mars 1853,
Gatellier, D. P. 53, 3, 458.)

471. — C'est donc à l'autorité administrative qu'il

appartient exclusivement de déterminer le sens et l'é-
tendue de l'autorisation, et de reconnaître si les carrières où les extractions ont eu lieu ont été effectivement
désignées à l'adjudicataire pour l'exécution des travaux
dont il est chargé. — De plus, c'est encore elle qui est
compétente pour décider si les désignations faites
(quand leur applicabilité aux terrains fouillés n'est pas
contestée) l'ont été régulièrement et doivent avoir pour
effet de soumettre le propriétaire à l'obligation établie
par les anciens arrêts du Conseil et la loi du 16 septembre 1807. — Ainsi, le propriétaire veut-il échapper aux conséquences de la désignation en soutenant
qu'elle n'a pas eu lieu suivant les formes prescrites,
l'autorité judiciaire est incompétente pour statuer sur
le débat : car il comporte nécessairement l'appréciation de la validité et de la régularité d'actes qui,
par leur nature, échappent à son contrôle. (Voy. 6
avril 1854, *Com. de Portel*, 290.) Il en est de même dans
le cas où le propriétaire soutient que sa propriété est,
à raison de son état de clôture, dans l'un des cas
d'exemption prévus par les arrêts du Conseil qui ont
créé la servitude d'extraction. (Voy. 2 juill. 1859, *Chemin de fer des Ardennes*, 462, et *suprà* n°s 125 et suiv.)

472. — Le motif principal qui a fait attribuer le
jugement des contestations en matière de fouilles et
extractions aux Conseils de préfecture, disparaît complétement lorsqu'elles ont lieu, non en vertu d'une désignation administrative, mais en vertu d'un contrat privé
intervenu entre le propriétaire ou le locataire de la carrière et l'entrepreneur. Vainement objecterait-on qu'il
s'agit encore de faits qui se rattachent à l'exécution de
travaux publics : car il n'y a plus ici d'actes administratifs dont le sens, la portée et la légalité puissent
être contestés et rendent une interprétation nécessaire;

on se trouve, au contraire, en présence d'une convention intervenue librement et spontanément entre deux
particuliers et dont le caractère essentiellement privé
ne permet pas d'en soumettre les conséquences au jugement des tribunaux exceptionnels établis pour vider
les causes où l'intérêt public est engagé. (Voy. 4 juin
1823, *Milon*, 398; 8 août 1827, *Mullon*, 432; 28 août
1827, *Prévost*, 472; 30 janv. 1828, *Best*, 128; 15 juin
1847, *Rigault*, 396; 29 juin 1847, *Dupoux*, 418; 10
mai 1860, *Comp. du chem. de fer d'Orléans*, 403 ;
M. M. Serrigny, *Compét.*, t. 1, n° 612; Husson, *Trav.
pub.*, p. 317; Dufour, *Dr. adm.*, t. 7, n° 308.)

473. — L'autorité judiciaire est même encore compétente pour connaître des difficultés qui s'élèvent entre
l'administration et le propriétaire, lorsque l'occupation,
bien qu'autorisée régulièrement par un arrêté préfectoral, ne s'est cependant effectuée, en fait, qu'après une
convention particulière qui en a réglé les bases et fixé
l'étendue.

« Considérant, porte un arrêt du 3 janvier 1860
(*Canterranne*, 11), que si par l'arrêté susvisé du 3 oct.
1854, le préfet avait autorisé la Compagnie des chemins de fer du Midi à occuper temporairement pour les
travaux de son entreprise la propriété du sieur Canterranne, il résulte de l'instruction que cette occupation a
eu lieu en vertu d'un traité passé le 2 décembre 1854,
entre la Compagnie et le sieur Canterranne ; que ce
traité a tous les caractères d'une convention particulière, librement consentie en dehors des prévisions de
l'autorité administrative ; qu'il s'applique même à des
parcelles non comprises dans cette autorisation ; qu'il
fixe les conditions des extractions de matériaux, leur
prix et le mode de payement de ce prix.....; que dans
ces circonstances, il n'appartenait qu'à l'autorité judi-

ciaire de statuer sur les contestations existant entre les parties sur le sens et la portée de ce traité, notamment sur l'étendue des obligations qu'il a imposées à la Compagnie en ce qui touche les conditions des extractions et le mode de payement de leur prix ; que, dès lors, le Conseil de préfecture était incompétent pour connaître de la demande du sieur Canterranne..... » (Voy. enc. 20 nov. 1815, *Rémond;* 8 mai 1861, *Leclère de Pulligny,* 354.)

474. — Il est expressément interdit aux entrepreneurs de faire des extractions au delà des besoins prévus par leurs devis et de vendre à des tiers l'excédant des produits de la carrière qu'ils n'emploient pas dans l'entreprise dont ils sont chargés. Cette défense, qui trouve sa sanction dans certaines clauses du cahier des charges, soumet encore l'entrepreneur, lorsqu'elle est enfreinte, à la compétence de l'autorité judiciaire à raison des débats qui s'élèvent entre lui et le propriétaire relativement à l'indemnité due à ce dernier. Tant que l'entrepreneur «s'est renfermé dans les « termes et les limites de son devis, il a droit à n'être « jugé que par le Conseil de préfecture. Mais du mo-« ment où il a extrait des pierres au delà des exigences « de son marché, et où il les a vendues à son profit, « il n'a plus fait acte d'entrepreneur : il s'est dé-« pouillé volontairement de cette qualité dans laquelle « seulement la juridiction du Conseil de préfecture lui « était acquise. » (Voy. 11 août 1849, *Quesnel,* 500, et les observat. ministér.; et *suprà,* nos 107 et suiv.)

475. — Les débats qui s'élèvent devant le Conseil de préfecture entre les divers intéressés qui se disputent l'indemnité doivent être renvoyés par lui devant l'autorité judiciaire. C'est à elle seule qu'il appartient de résoudre la question de savoir à qui elle doit être

attribuée; le Conseil de préfecture est tenu, avant de prononcer sur le fond, de surseoir jusqu'à ce qu'il ait été statué sur les droits que les réclamants peuvent avoir respectivement sur l'immeuble dans lequel l'administration a fait exécuter les fouilles et extractions. (6 janv. 1853, *Balleton*, 49.)

476. — Quant aux demandes en dommages-intérêts ou en cessation du trouble apporté par les propriétaires ou locataires des carrières à l'exploitation de l'entrepreneur, elles n'ont été attribuées par aucune loi à l'autorité administrative, et cela suffit pour qu'elles soient nécessairement portées devant les tribunaux ordinaires. (Voy. 30 mai 1844, *Ruet*, 308; 10 déc. 1846, *Bodin*, 540.)

TITRE V

DE LA COMPÉTENCE EN MATIÈRE DE TORTS ET DOMMAGES.

477. — L'article 5 de la loi des 7-11 septembre 1790, relative à la forme de procéder devant les autorités administratives et judiciaires en matière de contributions, de travaux publics et de commerce, avait attribué les réclamations à raison des torts et dommages procédant du fait personnel des entrepreneurs, et non du fait de l'administration, à la municipalité du lieu où les dommages avaient été causés, et ensuite au directoire de district, lorsque l'administration n'avait pu concilier l'affaire. (Voy. *suprà*, n° 403.)

La loi du 28 pluviôse an VIII a donné les mêmes attributions aux Conseils de préfecture. L'article 4, § 3 de cette loi veut que ces tribunaux prononcent :

« Sur les réclamations des particuliers qui se plain-
« dront des torts et dommages procédant du fait person-

« nel des entrepreneurs, et non du fait de l'administra-
« tion. »

478. — Les lois postérieures, et notamment celles
relatives à l'expropriation pour cause d'utilité publique, n'ont pas abrogé ces dispositions. Ainsi la loi du
16 septembre 1807, en attribuant aux Conseils de préfecture la connaissance des demandes d'indemnités,
pour expropriation totale ou partielle, leur a conservé la
connaissance des actions relatives aux dommages causés par les travaux. — De même, la loi du 8 mars 1810,
applicable seulement, ainsi que cela résulte des articles 3, 6, 9, 16 et 25, aux biens immobiliers proprement dits, a renvoyé à l'autorité judiciaire les questions
d'expropriation, mais n'a pas modifié les dispositions
de la loi du 16 septembre 1807, en ce qui concerne
les questions de dommages dont les Conseils de préfecture ont dû continuer à connaître. Enfin, les lois
des 7 juillet 1833 et 3 mai 1841, en changeant les conditions et la forme de l'expropriation pour cause d'utilité publique, n'ont point étendu les limites de la
compétence des tribunaux, ni enlevé aux Conseils de
préfecture la connaissance des difficultés sur lesquelles
ils prononçaient sous l'empire de la législation antérieure. Il est donc certain qu'il leur appartient encore
aujourd'hui de régler les indemnités dues pour dommages causés par l'exécution des travaux publics, en
dehors de toute expropriation totale ou partielle.
(17 déc. 1847, H^{iers} Pinon, 689.)

479. — L'attribution au Conseil de préfecture des
contestations qui s'élèvent en matière de dommages est
d'ordre public, et l'on ne doit pas avoir égard aux
conventions privées, intervenues à l'occasion des travaux et dans lesquelles on rencontrerait une dérogation expresse à la loi du 28 pluviôse an VIII. (Voy.

20 juillet 1836, *H^iers Klein*, 365 ; et *suprà*, n°s 457 et
suiv.) A plus forte raison, cette attribution ne saurait-elle
être modifiée par des stipulations ayant seulement pour
objet de constater le droit à l'indemnité, et de déterminer
à l'avance les travaux à effectuer pour réparer les suites
de l'exécution des travaux, ou pour en conjurer les
conséquences prévues. On objecterait vainement que de
pareilles conventions, étant étrangères à l'exécution des
travaux eux-mêmes, et n'ayant pour but que de régler
les rapports des entrepreneurs ou concessionnaires
avec les tiers lésés par ces travaux, ont un caractère
essentiellement privé, et que les tribunaux sont dès
lors compétents pour connaître des difficultés qui peuvent naître à leur occasion ; ce serait leur faire produire un résultat contraire à la loi, l'ordre des juridictions ne pouvant être changé sous aucun prétexte.
— Tout au plus de pareilles conventions pourraient-
elles donner naissance à des questions préjudicielles
dont la solution appartiendrait aux tribunaux ordinaires. Mais, en dehors de ces questions, le règlement
de l'indemnité, quelles que soient, du reste, les conventions intervenues, appartient toujours aux Conseils
de préfecture.

Le sieur de Lagoy avait assigné devant le tribunal
civil de Tarascon la Compagnie concessionnaire de la
partie septentrionale du canal des Alpines, afin d'obtenir une indemnité pour dommages causés à sa propriété par suite d'inondations. — Il invoquait un acte
notarié du 29 juillet 1846, aux termes duquel la
Compagnie, en lui achetant des terrains pour la construction du canal, s'était spécialement engagée à
assurer le libre écoulement des eaux provenant des
parties supérieures de son domaine, et à faire tous
les travaux nécessaires à cet effet, sous la responsa-

bilité des dommages que les eaux du canal pourraient occasionner.

La Compagnie déclina la compétence du tribunal qui retint l'affaire. — Sur l'appel, la cour d'Aix se déclara également compétente. Les parties revinrent devant le tribunal de Tarascon afin de fixer l'indemnité. Mais, le conflit ayant été élevé, le Conseil d'État décida que, l'action du sieur de Lagoy n'ayant pour objet que de faire condamner la Compagnie à lui payer des dommages-intérêts, à raison du préjudice que lui aurait causé la rupture des berges du canal des Alpines, les conventions intervenues entre le propriétaire et la Compagnie ne pouvaient avoir pour effet de changer l'ordre des juridictions. (1er août 1848, *De Lagoy*, 481.)

480. — La disposition générale de l'article 4 de la loi du 28 pluviôse an VIII, qui attribue aux Conseils de préfecture la connaissance des réclamations des particuliers à raison des torts et dommages résultant de l'exécution de travaux publics, ne s'entend-elle que des torts et dommages purement civils, ou doit-elle s'appliquer à ceux qui seraient la conséquence d'un crime ou d'un délit dont l'entrepreneur ou ses préposés se rendraient coupables dans le cours des travaux ?

D'après l'article 3 du Code d'instruction criminelle, « l'action civile peut être poursuivie *en même temps* « *et devant les mêmes juges* que l'action publique, et « elle peut l'être aussi séparément. »

Mais la juridiction répressive n'est que par exception compétente pour statuer sur l'action en réparation civile, qui naît d'une infraction punissable. Constituée pour appliquer les peines, elle ne connaît que par une sorte de dérogation à sa loi organique des intérêts civils qui naissent des délits. De plus, la juridiction répressive n'a que la compétence qui, en thèse ordinaire, et, cessant l'action pénale, appartiendrait à la juridiction civile.

Si, abstraction faite de l'action pénale, la question de réparation du dommage causé appartient à l'autorité administrative, à l'exclusion de la juridiction ordinaire, il semble que la juridiction correctionnelle ne doit pas se saisir d'une action dont les tribunaux ordinaires ne peuvent connaître lorsqu'elle leur est soumise directement.

Les tribunaux civils étant en cette matière incompétents *ratione materiæ*, l'incompétence du tribunal correctionnel est de même nature et exige nécessairement le renvoi de la cause devant le Conseil de préfecture pour l'appréciation de l'indemnité ; la solution contraire aurait pour effet inévitable de porter atteinte au principe constitutionnel de la séparation des pouvoirs judiciaires et administratifs. (Lois des 16-24 août 1790 et 16 fructidor an III.)

C'est au nom de ce principe supérieur qu'il a été décidé maintes fois (alors même qu'il s'agit des conditions de l'infraction et de l'application de la pénalité) que le juge répressif est obligé de surseoir jusqu'à l'interprétation de l'acte administratif ou jusqu'au rapport de la solution administrative. (Voy. Cass., 20 nov. 1842; Pal., 1843, 2, 529. Cass., 24 sept. 1846; S.-V., 46, 1, 657; M. Bertauld, *Quest. sur la loi abolitive de la mort civile*, p. 65 et 66.)

Si le principe de la séparation des pouvoirs est tellement prédominant qu'il ne permet pas à la juridiction répressive d'empiéter, en pareil cas, sur les attributions de l'autorité administrative, comment pourrait-elle connaître de l'action en indemnité qui ne concerne que des intérêts privés? Les raisons qui interdisent à l'autorité judiciaire civile d'apprécier ces sortes de réclamations, interdisent nécessairement à toute autre branche de cette autorité de se livrer à cette appréciation.

L'article 2 de l'ordonnance du 1er juin 1828 dispose, il est vrai, qu'il ne peut être élevé de conflit en matière de police correctionnelle que, 1° lorsque la répression du délit est attribuée par une disposition législative à l'autorité administrative ; 2° lorsque le jugement à rendre par le tribunal dépend d'une question préjudicielle dont la connaissance appartiendrait à l'autorité administrative en vertu d'une disposition législative. Cet article ajoute enfin que, dans ce dernier cas, le conflit ne pourra être élevé que sur la question préjudicielle. Mais il est évident que l'ordonnance de 1828 n'a voulu parler que de l'action correctionnelle elle-même, et non de l'action civile.

C'est ce qu'a jugé récemment le Conseil d'État, par les motifs suivants :

« Considérant que l'article 2 de l'ordonnance du « 1er juin 1828 ne s'applique qu'aux matières correc- « tionnelles, et que l'action introduite contre la ville « de Marseille est une action purement civile ; que si « les dispositions générales du Code d'instruction cri- « minelle autorisent la partie lésée à exercer à son « gré l'action civile séparément de l'action publique « ou conjointement avec cette dernière, cette faculté « est subordonnée à l'existence de la compétence de « l'autorité judiciaire, et ne saurait déroger aux lois spé- « ciales qui attribuent, par des considérations d'ordre « public, la connaissance de l'action à l'autorité ad- « ministrative. » (17 avril 1851, *Rougier*, 286; Consult. 23 mars 1848, *H*ⁱᵉʳˢ *Boyer*, 425; Cass. crim., 23 juin 1859, *Comp. d'assur. C. Brassey et comp.*, S.

V., 59, 1, 465 ; Caen, 14 mai 1855, *Brassey* C., *Mau-geant,* jurisp. de Caen, t. 19 p. 273; Dall., v° Trav. publ., n° 1152.)

481. — Il semble résulter de ces mots qui se trouvent dans la loi de l'an VIII, *torts et dommages procédant du fait personnel des entrepreneurs et non du fait de l'administration*, qu'il y a lieu de faire une distinction, au point de vue de la compétence, entre les dommages causés par l'administration et les dommages causés par les entrepreneurs. Cette distinction paraît surtout fondée lorsque l'on compare la loi du 28 pluviôse avec les articles 4 et 5 de la loi de 1790, que nous avons rapportés ci-dessus. (Voy. n° 403.) On voit effectivement que sous l'empire de cette dernière loi on avait eu soin d'attribuer au directoire de district, et, en dernier ressort, au directoire de département, les réclamations dirigées contre l'administration par les particuliers, tandis que les demandes formées contre les entrepreneurs devaient être portées d'abord devant la municipalité du lieu où les travaux s'exécutaient, et ensuite devant le directoire du district. La loi du 28 pluviôse an VIII, bien que changeant les juridictions, n'a-t-elle pas voulu maintenir cette distinction, et ne doit-on pas en conclure que l'appréciation des dommages résultant du fait de l'administration appartient à une autorité autre que le Conseil de préfecture, par exemple, en premier ressort, au préfet et ensuite au ministre, auquel appartient le droit de déclarer et de reconnaître les dettes de l'État?

L'affirmative a été soutenue par d'éminents jurisconsultes, et notamment par M. de Cormenin. (T. 1er, p. 544, note 5.) Mais leur opinion, combattue par d'autres auteurs (M. Dufour, t. 7, n° 332 ; M. Husson, *Trav. publ.,* p. 387 ; M. Cabantous, *Répét. écrit.,* n° 386 ; M. Co-

telle, t. 3, n⁰ˢ 30 et suiv.), a été condamnée définitivement par la jurisprudence du Conseil d'État.

« Vainement objecterait-on, dit M. Serrigny, qu'il
« s'agit de constituer l'État débiteur en mettant une
« dette à sa charge ; qu'il n'appartient qu'aux ministres,
« dans les limites des crédits alloués à chacun d'eux
« par les lois de leurs budgets, de reconnaître ou cons-
« tater les dettes de l'État ; qu'à cet effet les Conseils
« de préfecture sont tout aussi incompétents que les
« tribunaux ordinaires. Cette objection me touche peu.
« En effet, je remarque que le § 2, article 4 de la loi du
« 28 pluviôse, permet au Conseil de préfecture de dé-
« clarer les obligations qui résultent, contre l'État, des
« contrats qu'il a formés avec les entrepreneurs. Les
« obligations de l'État, comme celles des particuliers,
« ne dérivent pas seulement des contrats ; ses engage-
« ments se forment aussi par des faits personnels à ses
« agents. (Art. 1370, 1382, 1383, et 1384 C. Nap.)
« Le § 4, article 4, loi de l'an VIII, fournit un exemple
« d'engagement de cette nature, au sujet des *terrains*
« *pris et fouillés* pour la confection des travaux pu-
« blics. Il n'est pas douteux que, dans ce cas, le Conseil
« de préfecture ne soit compétent ; puisque le § 4 n'ap-
« porte aucune espèce de distinction entre les actions
« dirigées contre l'administration ou contre les entre-
« preneurs, donc il doit en être de même pour les dom-
« mages prévus dans le § 3, et l'action fondée sur
« le § 4 est de même nature que celle tirée du § 3. Il
« s'agit, dans les deux paragraphes, de faits domma-
« geables de l'administration ou de ses agents. L'action
« naît d'un quasi-contrat, ou si l'on veut d'un quasi-
« délit ; pourquoi, dès lors, le Conseil de préfecture
« serait-il compétent dans un cas et incompétent dans
« l'autre ? » (*De l'organis. et de la compét. administr.,*

t. 1, p. 585.) C'est aussi en ce sens que la jurisprudence s'est depuis longtemps prononcée. (Voy. 12 avril 1832, *Massip*, 178; 16 nov. 1832, *Préfet du Doubs*, 639; 27 août 1833, *Questel*, 518; 14 nov. 1833, *Danglemont*, 625; 3 février 1835, *Berthier*, 80; 22 févr. 1836, *Bachelé*, 124; 27 mai 1839, *Mériet*, 306; 19 déc. 1839, *Lœmlé*, 593; 10 déc. 1840, *Jacques*, 421; 6 sept. 1843, *veuve de Lamothe*, 509; 19 avril 1844, *Henry*, 240.) Enfin un décret du 19 juin 1856 (*Tonnelier*, 434) est venu consacrer définitivement cette jurisprudence; il est ainsi conçu : « Considérant... que l'autorité admi- « nistrative, seule compétente, aux termes de l'ar- « ticle 4 de la loi du 28 pluviôse an VIII, pour sta- « tuer sur les réclamations des particuliers qui se « plaignent de torts et dommages procédant du fait « personnel des entrepreneurs, est, à plus forte raison, « compétente pour connaître des réclamations aux- « quelles le fait même des administrations donnerait « naissance. » (Voy. encore Cass., 20 août 1834, *Mériet*, S.-V., 34. 1. 529.)

482. — Cette règle essentielle, dont nous venons de déduire les deux dernières solutions, savoir que l'attribution de compétence résultant de l'article 4, § 4, de la loi du 28 pluviôse an VIII est générale, a reçu dans ces dernières années une solennelle consécration. Il s'agissait de savoir si les demandes relatives aux dommages permanents ne doivent pas être renvoyées devant les tribunaux ordinaires, et si les Conseils de préfecture ne doivent pas connaître seulement des réclamations relatives aux dommages temporaires.

Le Conseil d'État avait d'abord jugé que le règlement des indemnités dues pour dommages permanents, notamment la demande formée par un particulier, à raison du préjudice résultant de l'exhaussement du sol

d'une rue (1ᵉʳ sept. 1819, *Deschampsneufs*), ou de l'éta-
-blissement à perpétuité d'un service foncier sur un
fonds inférieur (6 mars 1828, *Vigne*), était de la compétence de l'autorité judiciaire. — Mais bientôt il re-
vint sur cette jurisprudence, et proclama en principe
la compétence de la juridiction administrative, sans
distinction entre les dommages temporaires et les dommages permanents. (26 déc. 1827, *Laget-Levieux*, 626;
17 janv. 1838, *Rodet*, 36; 14 avril 1839, *Magnien*, 225;
6 nov. 1839, *Perperat*, 292; 2 mai 1845, *Lecq*, 42;
12 janv. 1844, *Landfried*, 17; *id. Daube*, 23.)

La Cour de cassation décidait, au contraire, que les
dommages permanents constituant en quelque sorte une
expropriation, l'autorité judiciaire était seule compétente pour les apprécier. (Cass., 30 avril 1838, *Com. des
Moulins*, S. V., 38, 1, 456, et *suprà*, n° 183.)

Cette divergence entre le Conseil d'État et la Cour
de cassation subsista jusqu'à la création du tribunal des conflits. Cette haute juridiction composée,
ainsi qu'on le sait, de membres appartenant aux deux
Cours souveraines, effaça toute distinction entre les
dommages temporaires et les dommages permanents.
Plusieurs arrêts rendus dans des espèces diverses proclamèrent définitivement la compétence de l'autorité
administrative. — Suivant le tribunal des conflits, les
lois des 28 pluviôse an VIII et 16 septembre 1807 ont
chargé l'autorité administrative de prononcer sur les
réclamations des particuliers pour tous les torts et dommages résultant de l'exécution de travaux publics, jusques et y compris l'expropriation des immeubles; les
lois des 8 mars 1810, 7 juillet 1833 et 3 mai 1841,
n'ont enlevé à cette autorité que la connaissance des
actions en indemnité pour expropriation totale ou partielle. (Voy. 8 mai 1850, *Gautier*, 434; 3 juill. 1850,

de Roussel, 646 ; *id.*, *Manuel*, 644 ; 17 juill. 1850, *Buisson*, 687 ; 18 nov. 1850, *Papillon*, 839 ; et les autres arrêts cités *suprà*, n° 183.)

La Cour de cassation s'est enfin ralliée à cette jurisprudence. Par arrêt du 29 mars 1852, S. V., 52, 1, 410, elle a décidé que l'attribution de compétence qui résulte de la loi du 28 pluviôse an VIII en faveur de l'administration relativement aux réclamations des particuliers pour les torts et dommages provenant de l'exécution de travaux publics s'applique, hors les cas d'expropriation, à toute espèce de dommages résultant, soit du fait personnel des entrepreneurs, soit du fait ou de la faute de l'administration elle-même, sans qu'il y ait lieu de distinguer entre les dommages purement temporaires et les dommages permanents ; que les lois des 8 mars 1810, 7 juillet 1833 et 3 mai 1841, n'ont enlevé, en effet, au contentieux administratif, pour l'attribuer à l'autorité judiciaire, que la connaissance des actions en indemnité pour expropriation totale ou partielle... (Voy. aussi Cass., 14 août 1854, S. V., 55, 1, 142 ; MM. Serrigny, t. 1, p. 588 et suiv. ; Dufour, t. 5, p. 307 et suiv. ; Jousselin, t. 1, p. 71 et suiv. ; Cotelle, t. 2, p. 503 et suiv. ; Trolley, t. 5, n° 2608 ; Demolombe, t. 9, p. 511.

483. — Mais la généralité du principe de compétence établi par la loi du 28 pluviôse trouve une limite infranchissable dans la nature même des juridictions administratives, auxquelles il est interdit de connaître des questions de propriété. Si les Conseils de préfecture sont compétents, quelles que soient l'espèce, l'importance et la durée des dommages, ils cessent de l'être, au contraire, lorsqu'il s'agit du règlement des indemnités d'expropriation. Les dommages permanents, si graves qu'ils soient, laissent le propriétaire

maître de sa chose : ils affectent la possession, la jouissance, mais ils ne font pas obstacle au droit de disposition. C'est parce que les dommages même permanents
n'emportent pas une mutation de propriété, que les
Conseils de préfecture peuvent en connaître. Lorsqu'au
lieu d'un simple dommage, l'exécution des travaux a
pour conséquence l'incorporation d'une propriété privée
au domaine public; lorsque l'administration s'empare
illégalement d'un terrain, sans l'accomplissement des
formalités prescrites par la loi du 3 mai 1841, les
tribunaux ordinaires deviennent seuls juges de la réparation due. Cette occupation irrégulière, mais définitive, doit être, quant au règlement de l'indemnité, assimilée à une expropriation dans les formes. Il n'est pas
possible qu'une voie de fait ait pour résultat d'assurer à
son auteur le bénéfice d'une juridiction exceptionnelle,
à laquelle il n'aurait pas eu droit s'il avait procédé conformément à la loi. (Voy. *suprà*, n°⁵ 179 et suiv.)

484. — Aux termes de la loi du 28 pluviôse, le Conseil de préfecture n'est compétent qu'autant que les
dommages résultent de travaux publics. Cette condition
est indispensable, et là où elle ne se rencontre pas, la
compétence administrative fait nécessairement place à
la compétence judiciaire.

Nous avons, dans le titre préliminaire de cet ouvrage,
recherché avec soin les entreprises auxquelles on peut
attribuer le caractère de travaux publics. Nous ne vou-
lons pas refaire ici l'étude à laquelle nous nous sommes
déjà livré. C'est à ce chapitre qu'il faudra se reporter
quand le débat portera sur la nature même des travaux
cause du litige. Nous nous bornerons donc à rappeler
le principe qui nous a dirigé dans notre étude, et à indiquer quelques applications spéciales que la jurisprudence en a faites.

485. — Les travaux publics, avons-nous dit, sont ceux qui sont entrepris dans l'intérêt du domaine public de l'État, des départements et des communes. — A cet égard, il importe avant tout de rechercher, non la qualité de celui qui construit, ou l'origine des fonds employés à la construction, mais le but même et l'objet des travaux exécutés. Nul doute, par exemple, que les travaux ordonnés par l'administration, dans l'intérêt du domaine de l'État ou d'un département, mais pour des biens qui ne servent pas à un usage public, n'ont que le caractère de travaux privés, et que si des dommages sont causés pendant l'exécution de ces travaux, l'autorité judiciaire est seule compétente pour en connaître. (Voy. 21 août 1845, *Lagrange et Vinet*, 427; M. Serrigny, t. 1, n° 563; M. Trolley, n° 2617, et notre t. 1er, nos 3, 9 et suiv.)

486. — Cette même distinction doit être observée avec soin, en ce qui concerne les travaux communaux. — Une lettre écrite en 1821 par M. le garde des sceaux à M. le ministre de l'intérieur la rappelle en termes qu'il est utile de reproduire :

« Il faut remarquer que les communes ont des pro-
« priétés particulières qui doivent être soumises au
« droit commun, mais qu'elles sont en outre chargées
« de fournir aux frais de certains établissements qui,
« par leur nature, appartiennent au service public,
« tels qu'églises, fontaines, chemins, etc. Ces établis-
« sements ne sont pas à la jouissance exclusive des ci-
« toyens de la commune; tout venant y a droit comme
« eux. Si, pour soulager le Trésor public, on a mis la
« dépense de ces établissements à la charge des com-
« munes, cette mesure d'administration ne change rien
« à la nature de l'établissement. Dans le premier cas, il
« s'agit de travaux à entreprendre pour la réparation
« ou l'amélioration des propriétés urbaines ou rurales

« de la commune, *les contestations relatives à ces tra-*
« *vaux doivent être jugées par le droit commun, ainsi que*
« *le prescrit l'ordonnance du 29 août* 1821 [1]. Dans le se-
« cond, il s'agit de travaux destinés à l'usage public, et
« les contestations qui s'élèvent à cet égard doivent être
« jugées comme toutes celles relatives aux travaux pu-
« blics. » (Voy. M. Féraud-Giraud, *Des domm.*, p. 274.)

487. — Les travaux relatifs aux desséchements de
marais, et la plupart de ceux entrepris par des associations syndicales, ont été rangés toutefois parmi les
travaux publics. (Voy. t. 1er, nos 9 et suiv., 14 et suiv.)

Il en est de même des travaux de recherche de mines.
Ces travaux, bien qu'exécutés par des particuliers
dans un intérêt privé, ont été assimilés aux travaux publics, à cause de leur importance et de leur influence
sur le régime économique du pays, et les dommages qui
en proviennent doivent, en principe, être appréciés par
le Conseil de préfecture. — C'est la disposition expresse
de l'article 46 de la loi du 21 avril 1810 ainsi conçu :
« Toutes les questions d'indemnité à payer par les pro-
« priétaires de mines, à raison des recherches ou tra-
« vaux antérieurs à l'acte de concession, seront décidées
« conformément à l'article 4 de la loi du 28 pluviôse
« an VIII. »

488. — Cette attribution semble générale et paraît
s'appliquer sans exception à tous les dommages antérieurs à l'acte de concession. Toutefois, la jurisprudence
a admis deux exceptions. D'après elle, les Conseils de
préfecture, compétents lorsque l'exploration a eu lieu en
vertu d'une permission administrative, cessent de l'être,
lorsque les travaux ont eu lieu avec l'autorisation seule

1. Voy. Cass., rej. 12 déc. 1860, *Syndicat du flot de Wingles*, D. P.,
61, 1, 14.

du propriétaire, ou lorsque l'explorateur s'est introduit sur une propriété privée, pour y faire des reconnaissances et des sondages, sans avoir obtenu soit l'autorisation de l'administration, soit l'agrément du propriétaire. — Dans cette double hypothèse, le Conseil de préfecture cesse de pouvoir connaître des actions en indemnité, parce que les faits qui ont donné lieu aux dommages ne sont plus la conséquence d'un acte administratif, mais bien le résultat d'un accord entre le propriétaire et l'explorateur, ou constituent même une véritable voie de fait commise par celui-ci. (Décis. du min. des trav. publ. du 15 octobre 1838; *id.*, 9 fév. 1839 ; *Annales des mines*, t. 13, p. 517 ; Lyon, 14 janvier 1841, D., v° Mines, n° 545 ; Montpellier, 4 fév. 1841 , *Dominé*, D. P., 41, 2, 139, C. d'État ; 18 fév. 1846, *Ponelle*, 86 ; M. Dufour, *Lois des mines*, n° 33 ; M. Dupont, *Jurisprudence des mines*, t. 1er, p. 84.)

489. — Lorsque les dommages résultent des travaux d'exploitation, la juridiction administrative est incompétente pour faire le règlement de l'indemnité. — Cette solution, longtemps contestée, mais consacrée aujourd'hui par une jurisprudence constante, se fonde sur l'article 46 de la loi de 1810, qui n'attribue aux Conseils de préfecture que le règlement des dommages antérieurs à la concession, et sur l'article 87, d'après lequel « toutes les expertises à faire en exécution de ladite « loi doivent être soumises aux dispositions du titre XIV « du Code de procédure civile. » (Voy. Cass., 21 avril 1823, *d'Osmond*, S. C.-N., 7, 1, 230; *id.*, 8 août 1839, *Dulac*, S. V., 39, 1, 666 ; Cons. d'État, 18 fév. 1846, *Ponelle*, 86 ; 3 déc. 1846, *Fogle*, 522 ; 22 août 1853, *Galland*, 855 ; 12 août 1854, *de Grimaldi*, 778.)

490. — La loi du 27 avril 1838, concernant l'asséchement et l'exploitation des mines, a apporté une ex-

.ception à la compétence de l'autorité judiciaire, pour les dommages résultant de travaux postérieurs à la concession. Aux termes de l'article 5, § 3, les réclamations relatives à l'exécution des travaux d'asséchement sont jugées comme en matière de travaux publics.

491. — Nous venons de voir qu'il n'y a lieu à la compétence de l'autorité administrative qu'autant qu'il s'agit de travaux d'utilité publique. Mais cette condition n'est pas la seule, et lors même que le caractère de l'entreprise n'est pas contesté, il nous paraît que les tribunaux civils ont seuls le droit de connaître des questions de dommages, si ces dommages résultent de travaux exécutés sans autorisation, en dehors de la concession ou du cahier des charges. Lorsque les entrepreneurs, agissant dans les limites de leur concession, exécutent des travaux prévus, conformément aux ordres de l'administration et aux conditions de leurs devis, ils sont alors pleinement substitués aux droits de celle-ci, et la subrogation qu'ils invoquent, à juste titre, les autorise à invoquer le bénéfice de la juridiction exceptionnelle à laquelle sont soumises les contestations de l'administration avec les particuliers. Mais cette subrogation ne peut pas s'étendre au delà des cas et pour des travaux autres que ceux prévus par l'acte de concession. En dehors de ces cas, les entrepreneurs n'ont pas de privilége ; ils sont soumis au droit commun et à la juridiction ordinaire.

« Si le fait dont se plaint un particulier n'a pas été « autorisé par l'administration, l'entrepreneur devient « justiciable des tribunaux ordinaires. » (M. Trolley, n° 2638.)

« L'entrepreneur ne jouit plus de la juridiction ad- « ministrative, dit aussi M. Dufour (*De l'exprop. et des domm.*, etc., p. 290), dès qu'il s'agit d'actes étrangers

« aux travaux définis par le cahier des charges ou aux
« ordres de l'administration. »

492. — La jurisprudence est conforme à la doctrine
des auteurs. Nous avons déjà vu que l'autorité judiciaire
est seule compétente pour apprécier l'indemnité due à
raison des occupations temporaires ou des extractions
de matériaux non autorisées. (Voy. *suprà*, n° 465.) Il
en est absolument de même lorsqu'il s'agit de ces dommages de nature diverse et variable résultant dans
toute autre circonstance de l'exécution des travaux,
et que la jurisprudence considère comme pouvant
former la base d'une demande en indemnité ; elle reconnaît que la seule qualité d'entrepreneur ne donne
pas droit à la juridiction administrative, et que les tribunaux ordinaires sont seuls compétents pour apprécier le préjudice causé lorsqu'il a agi sans ordre ou contrairement aux ordres de l'administration.

Le sieur Galet, entrepreneur de travaux publics, avait,
sans y être autorisé par ses devis ou par un acte spécial
de l'administration, établi des chantiers, des dépôts de
matériaux, et fait passer ses voitures sur des terrains
qui appartenaient à un sieur Augier. Il avait, en outre,
tranché des digues le long de la Lironde pour en enlever les terres. Augier assigna Galet devant le juge de
paix de Montpellier pour se voir condamner à cesser
tous actes et entreprises sur ses propriétés, à remettre
les biens en leur état, et en outre à lui payer la somme
de deux mille francs à titre de dommages-intérêts.

Le tribunal de paix accueillit cette demande et con-
damna l'entrepreneur au payement d'une somme de
400 fr.

Sur l'appel de cette décision, porté devant le tribunal civil de Montpellier par le sieur Galet, le préfet
de l'Hérault présenta un déclinatoire. Il demanda le

renvoi de la cause devant l'autorité administrative, *attendu que c'était en qualité d'entrepreneur de travaux publics et pour l'exécution de l'entreprise dont il était adjudicataire, que le sieur Galet avait agi*, et que, dès lors, aux termes de la loi du 28 pluviôse an VIII, le Conseil de préfecture seul était compétent pour apprécier les dommages soufferts par le sieur Augier.

Le tribunal, ayant retenu la cause sur les conclusions conformes du ministère public, il intervint un arrêté de conflit par suite duquel la question fut soumise au Conseil d'État, qui statua dans les termes suivants :

« Considérant que la demande portée devant l'auto-« rité judiciaire par le sieur Augier tendait à faire « condamner à des dommages-intérêts le sieur Galet, « entrepreneur des travaux de rectification de la route « départementale n° 2, et était fondée sur ce que le « sieur Galet, *sans avoir été autorisé par l'adminis-* « *tration*, aurait fait des emprunts de terre sur la pro-« priété du requérant, y aurait établi des chantiers et « des dépôts de matériaux, et pratiqué un passage « pour les voitures ;

« Considérant que, dans son mémoire en déclina-« toire et dans son arrêté de conflit, *le Préfet n'excipe* « *d'aucune autorisation émanée de l'administration*, et « en vertu de laquelle le sieur Galet ait occupé la pro-« priété du sieur Augier et y ait pratiqué des fouilles ; « que, dans ces circonstances, l'action exercée par le « sieur Augier, pour obtenir la réparation du pré-« judice qui lui aurait été causé, ne rentre pas dans les « demandes dont l'article 4 de la loi du 28 pluviôse « an VIII réserve la connaissance à l'autorité adminis-« trative.

« Art. 1er. L'arrêté de conflit ci-dessus est annulé. » (15 mai 1856, *Galet*, 364.)

« L'arrêt actuel, dit M. Lebon, confirme la juris-
« prudence pour le cas où il s'agit de fouilles et ex-
« traction de matériaux; de plus, il étend cette juris-
« prudence au cas de dommages autres que des fouilles
« et extractions de matériaux, et on doit remarquer
« qu'il statue ainsi dans l'hypothèse la moins favo-
« rable à la compétence judiciaire, dans l'hypothèse
« de travaux autres que des travaux de chemin vicinal.

« Quoiqu'il ne s'agisse pas de chemin vicinal, l'arrêt
« vise la loi du 21 mai 1836 ; le Conseil nous semble
« avoir vu dans cet article non pas seulement une
« règle spéciale à la matière des chemins vicinaux,
« mais l'indication d'une pensée générale admise par
« le législateur, et d'après laquelle tout dommage causé
« aux propriétés par les entrepreneurs, sans autori-
« sation préalable, est une voie de fait regrettable ne
« devant point, par conséquent, jouir du privilége de
« la compétence administrative. »

493. — *Autre espèce.* — Le sieur Pinot, adjudicataire
des travaux de curage du ru de Buzot, s'était permis,
bien qu'il n'y fût pas autorisé régulièrement, d'arracher
des plantations existant sur une propriété privée. Le
propriétaire traduisit le sieur Pinot devant la juridiction
administrative. Mais le Conseil d'État proclama en ces
termes la compétence de l'autorité judiciaire :

« Considérant que, ni l'arrêté du préfet de Seine-et-
« Oise du 4 juin 1852, ni le cahier des charges de son
« adjudication, n'ont autorisé le sieur Pinot à arra-
« cher les arbres plantés en dehors du lit ou des talus
« des berges du cours d'eau ; que, par suite, en prati-
« quant cet arrachage, le sieur Pinot n'a pas agi en
« qualité d'entrepreneur de travaux publics; qu'ainsi
« ce n'est pas devant l'autorité administrative que les
« sieurs Gilbert et Yvoré doivent porter, à raison de ce

« fait, les actions en indemnité qu'ils croiraient devoir
« intenter contre le sieur Pinot, etc. » (22 janv. 1857,
Gilbert, 58. Voy. enc. 6 août 1861, *Pees-Beigregonne*,
696, et *suprà*, n°s 465 et suiv.)

494. — *Autre exemple.* — La Compagnie des chemins de fer de l'Ouest détruisit en 1850, de son autorité
privée et sans y être autorisée par l'administration, le
pont de la rue de Stockholm. Les époux Martell, propriétaires voisins, assignèrent la Compagnie devant le
tribunal civil de la Seine, en payement de l'indemnité qu'ils prétendaient leur être due pour le dommage
résultant de cette suppression. — Le tribunal s'étant
déclaré incompétent, les réclamants s'adressèrent au
Conseil de préfecture de la Seine qui leur accorda une
somme de 24,000 fr. Mais la Compagnie se pourvut à
son tour devant le Conseil d'État, qui annula l'arrêté
pour incompétence, par les motifs ci-après :

« Considérant qu'il résulte de l'instruction que, dès
« le 30 août 1851, la Compagnie du chemin de fer de
« Saint-Germain, aujourd'hui représentée par la Com-
« pagnie des chemins de fer de l'Ouest, a intercepté la
« circulation sur le pont de la rue de Stockholm; qu'elle
« a démoli ce pont, en partie pendant l'année 1852, en
« partie à la fin de l'année 1854, et que, depuis cette
« époque, elle ne l'a point rétabli ;

« Considérant que ce pont faisait partie d'une voie
« publique régulièrement classée, et que, en consé-
« quence, il ne pouvait être supprimé qu'en vertu
« d'une décision de l'autorité administrative qui aurait
« déclassé cette voie publique en totalité ou en partie ;

« Considérant que la Compagnie des chemins de
« fer de l'Ouest ne produit aucune décision qui ait
« prononcé la suppression du pont de la rue de Stoc-
« kholm ; que si, le 30 octobre 1854, et lorsqu'une

« partie du pont était déjà démolie depuis plus de
« deux ans, notre ministre des travaux publics a dé-
« cidé qu'il était nécessaire de démolir la partie de
« cet ouvrage qui subsistait encore, cette décision n'a
« été prise qu'à raison des dangers que ledit ouvrage,
« dégradé par le fait de la Compagnie, présentait pour
« la sécurité de l'exploitation du chemin de fer de
« Rouen, et sous la réserve des droits de la ville de
« Paris et des mesures à prendre par elle dans l'intérêt
« de la voirie ; et que notre ministre déclare devant
« nous que cette décision n'a pas eu pour objet d'au-
« toriser la suppression du pont en tant que voie pu-
« blique ; que dans ces circonstances, la Compagnie
« du chemin de fer de l'Ouest, en supprimant le pont,
« n'a pas agi en qualité d'entrepreneur de travaux pu-
« blics ; que dès lors la demande d'indemnité formée
« par le sieur et la dame Martell à raison du dommage
« que la Compagnie leur aurait causé par la suppres-
« sion irrégulière du pont de la rue de Stockholm, ne
« rentrait pas dans les contestations qui doivent être
« portées devant les Conseils de préfecture en vertu
« de l'article 4 de la loi du 28 pluviôse an VIII ; et que,
« en statuant sur cette demande, le Conseil de préfec-
« ture du département de la Seine a excédé les limites
« de sa compétence.

« Art. 1er. L'arrêté du Conseil de préfecture du dé-
« partement de la Seine, en date du 6 juin 1857, est
« annulé. » (Voy. 17 mars 1859, *Comp. des chem. de
fer de l'Ouest*, 217, et les observat. minist.)

495. — La jurisprudence des tribunaux judiciaires
est conforme sur cette question importante à la jurisprudence administrative. Nous citerons d'abord un
arrêt de la Cour de cassation du 21 octobre 1841 (S. V.,
42, 1, 948), rendu en matière d'extraction de maté-

riaux, mais qui pose des principes applicables dans l'hypothèse dont nous nous occupons en ce moment. — Il résulte de cet arrêt que le cahier des charges auquel est soumis un entrepreneur de travaux publics et les devis qui s'y rattachent font partie du contrat intervenu entre lui et l'administration; que ce contrat est un acte administratif, et que tout ce que fait l'entrepreneur en vertu et pour l'exécution de son contrat ne peut être apprécié que par les tribunaux administratifs; mais qu'au contraire, les actes qu'il se permet sur la propriété d'autrui hors des termes de son contrat et sans une autorisation expresse de l'administration, sont dans les attributions des juges ordinaires, puisque ces actes peuvent être appréciés et réprimés sans porter atteinte à aucun acte administratif. (Voy. aussi Cass., 1er juill. 1843, D. P., 43, 4, 417; Rouen, 12 avril 1845, *De-cambos*, J. du P., 1845, 2, 381.)

Citons enfin un autre arrêt de la Cour de cassation, rendu sur notre plaidoirie, et dont la portée n'échappera à personne.

« Vu l'article 4 de la loi du 28 pluviôse an VIII, et l'article 6 de la loi du 25 mai 1838 sur les justices de paix ; — attendu qu'en appel devant le tribunal civil de Libourne, d'après leurs conclusions retenues au jugement attaqué, la demande de Boscq et consorts tendait uniquement à leur maintenue pour l'irrigation de leurs propriétés inférieures et riveraines, dans l'usage des eaux du ruisseau de la Moulinasse, et à la condamnation de la Compagnie du chemin d'Orléans et du Grand-Central réunies, en des dommages-intérêts, à raison du préjudice qu'elle leur aurait causé en détournant les eaux pour les besoins desdits chemins ; — attendu qu'en l'absence, malgré la demande que la Compagnie en avait faite à l'administration, et que celle-ci n'avait point accordée, d'une autorisation à l'effet d'employer lesdites eaux pour le service desdits chemins, la prise d'eau dont il s'agit ne pouvait être rangée dans la classe des travaux publics, et les réclamations auxquelles cette prise d'eau pouvait donner lieu, dans la catégorie des contestations entre les entrepreneurs de travaux publics et les particuliers, attribuées aux Conseils de préfecture par l'article 4 de la loi du 28 pluviôse an VIII; — qu'en l'absence de cette autorisation, l'usage des eaux dudit ruisseau entre les propriétaires qui le bordent, ou dont il traverse les propriétés, les prises d'eau opérées sur ce ruisseau, et les plaintes et réclamations que ces prises d'eau pouvaient soulever, étaient réglées par les dispositions des articles 644 et 645 du C. Nap., et rentraient, aux termes desdits articles, dans la compétence des tribunaux ordinaires ; — qu'il suit de là que le tribunal de Libourne, en se déclarant incompétent pour prononcer sur la demande qui lui était soumise par les sieurs Boscq et consorts, a faussement appliqué l'article 4 de la loi du 28 pluviôse an VIII, et expressément violé l'article 6 de la loi du 25 mai 1838 sur les justices de paix; casse, etc. (22 août 1860, *Boscq et consorts*, S. V., 60, 1, 856.)

496. — Il est donc aujourd'hui hors de doute que les dommages provenant de travaux non autorisés, bien qu'ayant une destination publique, sont de la compétence des tribunaux ordinaires.

Cette jurisprudence soulève des objections qui ne se présentent pas lorsqu'il s'agit de fouilles et d'extraction de matériaux. On a dit : « Si, en ce qui concerne les fouilles et extractions, l'entrepreneur ne peut réclamer le bénéfice de la juridiction administrative qu'autant qu'il s'est renfermé dans les termes de son cahier des charges ou des arrêtés spéciaux de désignation, c'est qu'il y a à la fois possibilité et devoir pour l'administration de prévoir à l'avance les terrains où les fouilles devront être faites, où les matériaux devront être pris, de désigner ces terrains à l'entrepreneur et de lui donner l'autorisation nécessaire pour y pénétrer; il y a en même temps devoir pour l'entrepreneur de se munir au préalable de ces autorisations et de ne pas les excéder ensuite. — Mais, lorsqu'il s'agit de simples dommages, est-ce que l'administration peut prévoir à l'avance toutes les nécessités que les détails de l'exécution des travaux pourront imposer à l'entrepreneur? Est-ce qu'elle peut déterminer par anticipation la nature et la mesure des dommages qui pourront être causés? Est-ce qu'on a jamais vu, est-ce qu'il est possible de comprendre un cahier des charges ou un arrêté préfectoral autorisant un entrepreneur à commettre tels ou tels dommages? » (Voy. M. Lebon, 1857, p. 852.)

497. — Ces objections reposent sur une confusion qu'il est facile de faire disparaître. Il ne s'agit pas de savoir, en effet, si la compétence doit varier suivant que les dommages sont ou ne sont pas autorisés : il s'agit de savoir si la compétence doit varier suivant que les travaux, cause du dommage, sont ou ne sont pas autorisés.—Peu importe donc qu'il soit difficile de prévoir la nature et l'importance des dommages autres que les fouilles et extractions de matériaux, et qu'il soit par suite impossible, dans la pratique, d'autoriser à l'avance ces atteintes à la propriété. — Cette circonstance est tout à fait indifférente à la solution de la question à résoudre. En admettant que les dommages dont nous parlons ne puissent, en aucun cas, être l'objet des prévisions d'un devis et d'un cahier des charges, ces devis et ces cahiers des charges ne devront pas moins être con-

sultés, et serviront seuls à déterminer la compétence
relativement aux demandes d'indemnité. — Ces documents apprennent en effet quels sont les travaux autorisés et ceux qui ne le sont pas. S'agit-il, par exemple,
de dommages causés par des travaux de chemins de
fer, il est facile de reconnaître si ces travaux ont reçu
l'approbation administrative. « Les cahiers des charges,
« après avoir décrit le tracé du chemin de fer, ex-
« priment que la Compagnie concessionnaire doit sou-
« mettre à l'administration supérieure, de deux mois
« en deux mois, et par section de 20 kilomètres au
« moins, rapportée sur un plan à l'échelle de un à
« cinq milles, le tracé définitif. — La Compagnie in-
« dique sur ce plan la position et le tracé des gares de
« stationnement et d'évitement, ainsi que les lieux de
« chargement et de déchargement; à ce même plan doi-
« vent être joints, un profil en long suivant l'axe du
« chemin de fer, un certain nombre de profils en tra-
« vers, le tableau des rampes et pentes, et un devis ex-
« plicatif comprenant la description des ouvrages.....
« En cours d'exécution, elle (la Compagnie) a la faculté
« de proposer les modifications qu'elle jugerait utile
« d'introduire ; mais ces modifications ne peuvent être
« exécutées que moyennant l'approbation préalable et
« le consentement formel de l'administration supé-
« rieure. » (Voy. M. Husson, *Trav. publ.*, p. 562, et
notre t. 1er, nos 123 et suiv., 674 et suiv.) Il résulte de
là que les travaux non indiqués sur les plans ou les
modifications non autorisées cessent d'avoir, au respect
des tiers lésés par leur exécution, le caractère de travaux publics. Or c'est là, nous le répétons, la seule
chose à voir. — L'autorisation accordée à l'entrepreneur pour les travaux portés au cahier des charges justifie la compétence de l'autorité administrative pour

tout ce qui est la conséquence des travaux autorisés. Mais, pour les autres travaux, l'entrepreneur n'ayant agi qu'à titre exclusivement privé ne saurait évidemment échapper à la juridiction ordinaire. Que les dommages qui sont la suite et l'accessoire nécessaire, bien qu'imprévu, de l'exécution de travaux autorisés soient de la compétence administrative, rien de plus conforme aux principes et à la nature des choses. L'autorisation qui s'applique aux travaux s'applique nécessairement à tout ce qui en est le résultat inévitable. Mais, lorsque les travaux eux-mêmes n'ont pas été autorisés, comment donc les dommages qui sont causés par l'exécution de ces travaux ne seraient-ils pas considérés comme des voies de fait, justiciables des tribunaux ordinaires? L'approbation administrative ne les couvre alors ni explicitement ni implicitement; la cause d'où ils dérivent étant un fait privé, ils sont eux-mêmes des faits privés pour lesquels la juridiction administrative n'a pas été créée.

498. — Il faut donc poser comme règle essentielle que tout dommage résultant d'un travail non autorisé par un acte formel de l'administration tombe sous l'empire des juridictions ordinaires. Et il importerait peu, pour l'application de cette règle, que les travaux non autorisés auxquels le dommage serait attribué ne fussent eux-mêmes qu'une conséquence de travaux autorisés et antérieurement exécutés. (Voy. Cass., 26 janv. 1861, *Thiboust*, J. du P., 1861, 584.) — Une solution contraire aurait en pratique les plus graves inconvénients. S'il suffisait que les travaux, cause du dommage, fussent une dépendance ou un accessoire des travaux généraux dont un entrepreneur ou un concessionnaire est chargé, pour qu'en toute hypothèse, lors même qu'ils ne seraient pas autorisés, la compétence judi-

ciaire fît place à la compétence administrative, qui ne voit que les concessionnaires de travaux publics se passeraient toujours de l'autorisation administrative pour les travaux quelconques qu'il leur plairait de faire, du moment que ces travaux se rattacheraient même indirectement à leur concession ? — Chaque fois qu'ils auraient à redouter le contrôle de l'administration, seule sauvegarde des intérêts des tiers, ils s'empresseraient de commencer les travaux ; en cas de plainte de la part des intéressés, ils feraient statuer le Conseil de préfecture, qui fixerait l'indemnité... Mais la propriété aurait été violée ; la tutelle administrative lui aurait fait défaut dans une circonstance où son action était essentielle pour la protection des intérêts privés. Il ne peut pas en être ainsi. La réparation à laquelle a droit la propriété, à raison des atteintes commises en dehors de l'autorisation administrative, ne peut pas se résoudre uniquement en une indemnité. Il ne peut pas être permis aux concessionnaires d'envahir les propriétés privées, d'y causer des perturbations quelquefois irréparables, sauf à s'acquitter par le payement d'une somme d'argent. — Ici, les tribunaux ont le droit d'intervenir : protecteurs naturels de la propriété, ils ont le droit d'arrêter l'exécution des travaux, jusqu'à ce que pourvu, s'il peut l'obtenir, d'un acte de l'administration, juge de l'utilité publique, le concessionnaire se trouve alors investi du droit de troubler, sauf indemnité, les intérêts privés au profit de l'intérêt général. (Voy. *suprà*, n° 401.)

499. — Il n'est pas besoin de dire que les tribunaux saisis d'une action en indemnité à raison de dommages qu'un particulier prétend résulter de travaux non autorisés ne sont pas compétents pour décider si les actes de trouble et les prétendues voies de fait rentrent dans l'exécution des travaux autorisés.

C'est là une question préjudicielle qui doit être préalablement résolue par l'administration, s'il y a débat entre les parties et si une interprétation d'actes administratifs, et notamment du cahier des charges, est nécessaire. Le juge ne doit pas se dessaisir ; il doit seulement surseoir à statuer jusqu'à ce que la question préjudicielle ait été vidée par qui de droit. (Voy. *suprà*, nos 469 et suiv.)

500. — Nous venons de voir que l'autorité judiciaire est seule compétente pour statuer sur l'indemnité due au propriétaire dont les terrains sont endommagés par suite de l'exécution de travaux non autorisés. Dans ce cas, elle peut prendre toutes les mesures que commande l'intérêt du propriétaire lésé, et ordonner même la destruction des ouvrages ; car elle ne rencontre en face d'elle aucun acte administratif dont le respect lui soit commandé par la loi de son institution.

Mais il en serait tout autrement dans le cas où il s'agirait de travaux même indûment ordonnés sur des terrains non réunis au domaine public par une expropriation régulière. Le principe de la séparation des pouvoirs s'oppose à ce que l'autorité judiciaire ordonne la démolition de travaux dont l'utilité publique a été constatée par l'administration, et qui sont exécutés par ses ordres. (30 déc. 1858, *de Novilars*, 784.) « L'on comprend en effet que si, sous prétexte d'excès de pouvoir commis par l'autorité administrative, l'autorité judiciaire avait le droit de détruire l'effet de ses ordres ou d'en empêcher l'exécution, la seconde aurait, de fait, la main sur la première ; et, comme l'autorité judiciaire est toujours irresponsable, la confusion qui en résulterait serait sans remède. (Voy. M. Jousselin, *Servit. d'util. publ.*, t. 1er, p. 52.) Quant à la remise en possession du propriétaire, les tribunaux n'ont pas non plus qualité pour la prescrire ; car elle aurait inévitablement pour résultat la destruction des travaux par le propriétaire réintégré.

501. — La seule mesure qu'il appartienne aux tribunaux de prendre, en pareil cas, dans l'intérêt du propriétaire des terrains qui ont été indûment envahis, c'est la discontinuation des travaux commencés. — A cet égard, leur droit se fonde sur les textes les plus clairs. Aux termes de la loi du 8 mars 1810 (art. 14), « Si dans les huit jours qui suivront les publications « et affiches faites dans la commune, les propriétaires « ou quelques-uns d'entre eux prétendent que l'utilité « publique n'a pas été constatée, ou que leurs récla- « mations n'ont pas été examinées et décidées, le tout « conformément aux règles ci-dessus, ils pourront pré- « senter requête au tribunal, lequel en ordonnera la « communication aux préfets par la voie du procureur « impérial, *et pourra néanmoins prononcer un sursis à* « *toute exécution*. Dans la quinzaine qui suivra cette « communication, le tribunal jugera à la vue des écrits « respectifs, ou immédiatement après l'expiration de « ce délai, sur les seules pièces produites, si les formes « prescrites par la présente loi ont été ou non obser- « vées. » L'article 15 ajoute : « Si le tribunal prononce « que les formes n'ont pas été remplies, *il sera in-* « *définiment sursis à toute exécution* jusqu'à ce qu'elles « l'aient été, et le procureur impérial, par l'intermé- « diaire du procureur général, en informera le grand « juge, qui fera connaître à l'Empereur l'atteinte portée « à la propriété par l'administration. »

Ces dispositions si précises n'ont pas été reproduites dans la loi du 3 mai 1841 ; mais elles n'ont été abrogées ni expressément ni virtuellement. On a même fait remarquer que, dans le cas de prise de possession pour cause d'urgence, l'article 74 permet au propriétaire de s'opposer à la continuation des travaux, lorsque l'indemnité, définitivement fixée, est supérieure à la somme qui a été déterminée par le tribunal. — « Cette résistance du propriétaire que la loi prévoit et autorise est-elle une résistance matérielle? Évidemment non. — Il faut donc que ce soit un appel à l'autorité judiciaire. La loi entend donc que, nonobstant le principe de la séparation des pouvoirs, l'autorité judiciaire peut être compétente pour ordonner la discontinuation des travaux entrepris par l'administration. — On objecte que cet article ne s'applique point au cas où aucune formalité d'expropriation n'a été remplie. Comment! l'exécution d'une des prescriptions de la loi autoriserait l'intervention de l'autorité judiciaire, et cette intervention deviendrait impossible quand il y aurait eu inexécution de toutes les prescriptions légales! »

C'est ainsi que s'exprimait M. Leviez, commissaire du gouvernement, à l'occasion d'une affaire jugée le 15 décembre 1858. Conformément à ces conclusions, le Conseil d'État rendit l'arrêt suivant :

« Considérant qu'il s'agissait, dans l'espèce, de l'ou-
« verture dans des propriétés privées d'un chemin vi-
« cinal de grande communication; que les travaux
« avaient été commencés sur deux parcelles de terrain
« situées au territoire d'Aubigny-la-Rousse, sans que
« les sieur et dame Bouthier de Rochefort, proprié-
« taires de ces parcelles, aient fait la cession amiable
« et sans que les formalités prescrites par l'article 16
« de la loi du 21 mai 1836 aient été remplies par l'ad-
« ministration; que dans ces circonstances, par le ré-
« féré porté devant le président du tribunal civil de
« Beaune, et en appel devant la Cour impériale de
« Dijon, les sieur et dame Bouthier de Rochefort ont

« demandé la discontinuation des travaux entrepris
« sur leurs propriétés, jusqu'au règlement et au paye-
« ment de l'indemnité à laquelle ils auront droit; con-
« sidérant qu'aux termes de la loi du 21 mai 1836,
« l'administration ne pouvait faire commencer les tra-
« vaux sur les terrains compris dans le tracé du chemin
« dont il s'agit, qu'après une cession amiable, ou après
« l'accomplissement des formalités prescrites en ma-
« tière d'expropriation pour cause d'utilité publique;
« qu'il n'est justifié ni d'une cession de cette nature,
« ni d'une expropriation régulièrement prononcée;
« que, dès lors, l'autorité judiciaire était compétente
« pour connaître de la demande des sieur et dame
« Bouthier de Rochefort. » (15 déc. 1858, *Sellenot*, 712;
voy. enc. 7 juillet 1853, *Robin de la Grimaudière*, 693;
M. Serrigny, t. 1, n° 613.)

502. — Il faut bien se garder de confondre les dommages qui résultent de l'exécution des travaux publics et
particulièrement de la construction des chemins de fer
et des canaux, avec les dommages qui proviennent de
l'exploitation qui suit cette construction. — Les compagnies concessionnaires ont une double qualité. Comme
constructeurs des ouvrages dont elles ont obtenu la concession, elles sont de véritables entrepreneurs de travaux publics, et jouissent à ce titre du bénéfice de la
juridiction administrative; mais sous le rapport de l'exploitation dont les travaux, par elle exécutés, sont susceptibles, elles n'ont qu'un caractère essentiellement
privé, de sorte que tout fait dommageable qui provient
de l'exploitation rentre exclusivement dans les attributions de l'autorité judiciaire.

Ce double caractère a été nettement reconnu aux
Compagnies de chemins de fer dans l'espèce suivante.

La Compagnie du chemin de fer de l'Est avait construit, dans la gare d'Avrincourt, des estacades destinées au chargement et au déchargement de marchandises pulvérulentes. — Ces constructions et l'usage qu'on en faisait journellement ne tardèrent pas à causer un préjudice considérable au sieur Thirion, sur la propriété duquel le vent portait incessamment des matières friables qui détruisirent en peu de temps toute la végétation. — La Compagnie, assignée devant l'autorité judiciaire en réparation du préjudice causé, éleva l'exception de compétence, qui fut repoussée en première instance, et sur l'appel par la Cour impériale de Nancy. L'arrêt fut déféré à la Cour de cassation, mais la distinction judicieuse qu'il avait faite entre les dommages résultant de la construction et les dommages provenant de l'exploitation industrielle des travaux concédés reçut en ces termes la sanction de la Cour suprême :

« Sur les deuxième et troisième moyens fondés sur « la violation des mêmes principes, de ce que l'arrêt « attaqué aurait reconnu l'autorité judiciaire compé- « tente pour déterminer le mode d'usage d'un travail « public et pour apprécier les dommages-intérêts résul- « tant de ce mode d'usage ;

« Attendu que le préjudice dont se plaignait Thi- « rion serait la conséquence, non de l'exploitation du « chemin de fer et du service public auquel il est affecté, « mais du fait particulier de son exploitation indus- « trielle, consistant dans un certain mode de décharge- « ment des marchandises, prétendu par Thirion dom- « mageable à sa propriété ; qu'un pareil litige n'a été « attribué ni par l'article 4 de la loi du 28 pluviôse « an VIII, ni par aucune autre loi, à la juridiction ad- « ministrative ; que le tribunal civil de Sarrebourg « s'est donc avec raison reconnu compétent pour, à « défaut par la Compagnie d'opérer tout changement

« reconnu nécessaire dans le mode de déchargement
« préjudiciable à la propriété de Thirion, accorder à ce-
« lui-ci la réparation pécuniaire à laquelle il pouvait
« avoir droit, d'où il suit qu'en confirmant le jugement
« de ce tribunal la Cour impériale de Nancy n'a violé
« aucune loi. » (Cass., 1er août 1860, *Thirion C. Comp.
de l'Est*, S. V. 60. 1. 853; Consult. C. d'État, 8 déc.
1859, *Comp. du chemin de fer du Midi*, 717; 14 fév.
1861, *Comp. du chemin de fer du Midi*, 111.)

503. — Après avoir étudié dans sa source et ses
conditions le principe de la compétence de l'autorité administrative, il nous reste à examiner les difficultés qui se présentent dans l'application de ce principe aux diverses espèces de dommages. Mais, avant
d'entrer dans les détails, il importe de rappeler cette
règle essentielle, c'est que l'attribution au Conseil de
préfecture des questions de dommages est générale,
et qu'elle ne comporte d'autres exceptions que celles
résultant de textes précis ou de la nature même de la
juridiction administrative.

Ceci posé, pour mettre de l'ordre dans l'exposé des
difficultés que la matière présente à résoudre, nous
allons supposer que des travaux sont exécutés après une
expropriation régulière. — Nous pourrons ainsi passer
successivement en revue les dommages causés avant,
pendant et après l'expropriation. L'examen, à ce triple
point de vue des questions de compétence, ne laissera
à l'écart, nous le croyons, aucune difficulté réellement
sérieuse.

504. — Il est souvent nécessaire, pour préparer
l'exécution des travaux d'utilité publique, par exemple,
pour la confection des plans, d'entrer sur les propriétés
qui doivent être plus tard l'objet d'une expropriation
régulière. — Les dommages qui résultent de ces me-

sures préparatoires en exécution des ordres de l'administration, sont de la compétence de l'autorité administrative. — Le Conseil d'État l'a ainsi jugé le 22 avril 1858. (*Gilet*, 329.) « Considérant que la demande du
« sieur de Chavagnac était dirigée contre les ouvriers
« de l'adjudicataire des travaux du chemin vicinal de
« Houssay à Laval ; qu'elle avait pour objet de les faire
« condamner à des dommages-intérêts à raison de la
« voie de fait qu'ils avaient commise en s'introduisant
« dans le bois d'Origny avant l'accomplissement des
« formalités prescrites par la loi du 3 mai 1841, en y
« abattant du bois et y pratiquant des percées ; — Con-
« sidérant que le projet des travaux du chemin vicinal
« de Houssay à Laval avait été approuvé par un arrêté
« du préfet du 26 mai 1856 ; que si des coupes ont
« été pratiquées dans les bois du sieur de Chavagnac
« avant que les formalités prescrites par la loi du 3 mai
« 1841 aient été remplies, il résulte des lettres ci-des-
« sus visées du sous-préfet de l'arrondissement de
« Château-Gontier et du préfet du département de la
« Mayenne, que ces travaux ont été ordonnés par l'ad-
« ministration en vue de déterminer le tracé du che-
« min dans la traverse des bois et le raccordement de
« cette partie du chemin avec celle qui était en cours
« d'exécution ; que, dans ces circonstances, la demande
« du sieur de Chavagnac avait, en réalité, pour objet
« de faire apprécier, par l'autorité judiciaire, les me-
« sures ordonnées par l'administration, pour préparer
« l'exécution d'un travail public et le préjudice résultant
« pour lui de l'occupation temporaire de son terrain ;
« qu'aux termes des lois ci-dessus visées, il ne peut
« appartenir à l'autorité judiciaire d'en connaître. »

505. — Dans l'espèce de cet arrêt, le propriétaire avait formé sa réclamation avant la réunion du jury

d'expropriation. — Mais sa réclamation n'aurait-elle pas pu être portée devant lui ? —Cela arrive souvent dans la pratique et le jury se refuse rarement à apprécier l'indemnité due au propriétaire à raison des dommages antérieurs à sa convocation. — Mais cet usage est essentiellement contraire à la loi, qui, en attribuant au jury le règlement de l'indemnité d'expropriation, lui a interdit l'appréciation des dommages antérieurs ou postérieurs à l'expropriation. Lorsque, avant l'accomplissement des formalités prescrites par la loi du 3 mai 1841, l'administration fait exécuter sur une propriété privée des travaux préparatoires, les dommages qui en résultent sont complétement en dehors de l'expropriation, ce n'est pas l'expropriation qui leur donne naissance ; ils sont dus à des ordres spéciaux de l'administration. Le Conseil de préfecture, saisi de l'appréciation de ces dommages, avant la constitution du jury spécial, est, sans contredit, compétent pour en connaître parce qu'il est le juge ordinaire des contestations relatives aux dommages en matière de travaux publics. Or, la constitution ultérieure du jury ne modifie pas la compétence ; il aurait fallu, pour cela, une dérogation expresse aux principes généraux, dérogation qui n'est pas dans la loi.

506. — Quant aux dommages prévus au moment de l'expropriation, mais non encore existants et qui doivent résulter de l'exécution des travaux après la prise de possession, ils rentrent de même dans l'attribution générale de compétence édictée par la loi du 28 pluviôse an VIII. — « Ces dommages, ayant pour « cause non l'expropriation, mais les changements « qu'aura produits l'exécution d'un travail public, « devront être appréciés, non par le jury spécial dont « la compétence exceptionnelle est limitée aux indem-

« nités dues par suite d'expropriation, mais par le Con-
« seil de préfecture qui est chargé, par la loi du 28 plu-
« viôse an VIII, de statuer sur les dommages en matière
« de travaux publics. » (M. Delalleau, n° 303. Voy.
aussi Cass., 24 juin 1862, *Préfet de la Corse*, le Droit
du 25 juin.)

507. — Au contraire, le jury est compétent pour
apprécier les dommages qui sont la conséquence de
l'expropriation. Par exemple, si l'expropriation d'une
portion de propriété a pour résultat d'enclaver le reste
de cette propriété ou d'en rendre l'accès plus difficile, le
jury puise dans la loi de son institution le droit de fixer
l'indemnité de dommages comme l'indemnité d'expropriation. — « Il y a, dit M. Delalleau, un grand nombre
« de dommages qui peuvent être causés aux portions
« de l'immeuble laissées aux propriétaires ; dommages
« qui résultent directement de l'expropriation de par-
« tie de l'immeuble, et qui, dès lors, constituent des
« indemnités *par suite d'expropriation* et rentrent, à ce
« titre, dans la compétence du jury spécial. Ainsi le
« *morcellement* est une *suite* de l'expropriation, parce
« qu'il résulte de l'expropriation elle-même ; en effet,
« aussitôt que le tribunal a prononcé la formule d'ex-
« propriation (art. 14), par cela même la division de la
« propriété a lieu, le morcellement est opéré, et la
« propriété restante est dépréciée ; en un mot le dom-
« mage existe... La déclôture aussi est une suite de
« l'expropriation elle-même, puisque c'est l'expropria-
« tion qui introduit, au milieu du terrain clos, un
« autre propriétaire. Voilà des indemnités accessoires
« auxquelles s'appliquera justement la qualification
« d'indemnités dues par suite d'expropriation, et qui,
« comme telles, tomberont dans la compétence du jury
« spécial. » (*Tr. de l'exprop.*, n° 302.)

508. — Par la même raison, bien que la suppression des droits réels qui existent sur l'immeuble exproprié ne constitue réellement qu'un dommage et non pas une expropriation véritable, cependant, comme ces dommages sont la suite de l'expropriation de l'immeuble, le jury est seul compétent pour fixer l'indemnité due aux ayants droit. La loi a dû faire céder les principes généraux devant des considérations pratiques. Il a paru naturel, en effet, que le jury, saisi de la question d'expropriation, fut constitué juge de tout ce qui s'y rattache d'une manière intime et par conséquent des dommages qui résultent de l'expropriation même. Aussi les articles 21 et 29 de la loi du 7 juillet 1833, les articles 21, 22 et suivants, et l'art. 39 de la loi du 3 mai 1841 déterminent expressément le mode de procéder à l'égard des particuliers qui peuvent exercer des droits immobiliers sur les terrains dont l'expropriation est poursuivie. Le règlement de l'indemnité à laquelle ils ont droit a lieu alors accessoirement et comme conséquence nécessaire de l'acquisition du domaine plein et absolu tel que l'exige l'utilité publique. C'est donc le jury qui en fixe le montant en même temps qu'il détermine le chiffre de celle qui est due au propriétaire. (17 déc. 1847, *hérit. Pinon,* 689.)

509. — Mais à quelle juridiction les intéressés doivent-ils s'adresser lorsque l'administration ou le concessionnaire étaient, antérieurement à leur dépossession, propriétaires du terrain sur lequel ils possèdent des droits réels? — Devant quel tribunal l'usager, le locataire, les créanciers de servitude, en un mot les divers intéressés mentionnés dans les art. 21 et 22 de la loi du 3 mai 1841 devront-ils porter leurs réclamations?

Lorsque l'administration ou le concessionnaire sont propriétaires du terrain, il ne peut pas être question

d'expropriation. L'administration n'a pas besoin d'accomplir les formalités prescrites par la loi du 3 mai 1841. Or, s'il est certain, ainsi que nous l'avons dit, que le règlement de l'indemnité due aux possesseurs de droits réels n'a lieu devant le jury qu'accessoirement au règlement de l'indemnité d'expropriation, il faut en conclure que, le jury ne pouvant être saisi de celle-ci, les autres questions doivent être portées devant le Conseil de préfecture. — « Dans tous ces cas et autres ana-
« logues (c'est-à-dire lorsqu'il s'agit soit de servitudes
« créées, aggravées ou supprimées, soit de locations
« forcées ou supprimées), les réclamants ne transmet-
« tent aucune propriété immobilière : leur demande ne
« serait susceptible d'être portée devant le jury que si
« elle pouvait se joindre à une indemnité principale
« d'expropriation : toutes les fois que cette connexité
« manque, et que les réclamants ayant seulement des
« droits sur l'immeuble, et non le droit de propriété,
« se présentent seuls et directement, leur demande est
« renvoyée devant le Conseil de préfecture, comme dé-
« pourvue du caractère propre ou accessoire d'indem-
« nité «due par suite d'expropriation. » (M. Delalleau,
n° 382; 27 octobre 1819, *Parent*; 22 janv. 1823, *de Gourgues*, 20; 23 oct. 1835, *Nicol*, 595; 2 janvier 1838, *Lerebours*, 8; 21 août 1840, *Com. de Cany*, 327; 25 août 1841, *de Brigode*, 473; 15 juin 1842, *Phalipau*, 301; 17 mai 1844, *La Bretonnière*, 276; 16 déc. 1850, *d'Espagnet*, 944; 21 déc. 1850, *Chévallier*, 964; 28 mai 1851, *Verelst*, 395, et *suprà*, t. 2, n°s 187 et suiv.)

540. — La solution serait la même dans le cas où il y aurait occupation avec le consentement du propriétaire des terrains sur lesquels existent des droits réels, de bail, d'usage, etc. — Ici, encore, il n'y a pas lieu à expropriation et conséquemment à la constitution du

jury spécial. — Les intéressés se présentent seuls et en dehors du propriétaire pour faire fixer l'indemnité qui leur est due. — C'est donc à l'autorité administrative qu'il appartient alors de régler cette indemnité. (Voy. 15 sept. 1853, *Gaudin*, 539, et les observations de M. le ministre des Travaux publics à l'occasion de cette affaire.)

511. — Enfin, lorsqu'il y a eu cession amiable des terrains, le règlement de l'indemnité due aux locataires ou autres intéressés mentionnés dans l'art. 21 de la loi du 3 mai 1841, peut-il être fait par le Conseil de préfecture?

La jurisprudence n'est pas encore, nous le croyons, définitivement fixée sur cette question importante. — Le tribunal des conflits a jugé qu'après la décision préjudicielle à rendre par les tribunaux civils sur le point de savoir si le réclamant n'avait pas encouru la déchéance de son droit par application des dispositions de l'art. 21 de la loi du 3 mai 1841, le règlement de l'indemnité devait être fait par le Conseil de préfecture. Et il s'est fondé sur ce motif : « que la loi du 3 mai 1841, « n'a organisé l'expropriation pour cause d'utilité pu- « blique, des servitudes actives, qu'accessoirement à « l'expropriation de l'immeuble, qui doit être livré à « l'administration, pour l'exécution des travaux pu- « blics, purgé de tous droits immobiliers ; » d'où la conséquence que, si l'administration est devenue propriétaire de l'immeuble, en dehors de toute expropriation, les réclamations des divers possesseurs de droits réels doivent être appréciées, en ce qui touche l'indemnité, par l'autorité administrative. (16 déc. 1850, *d'Espagnet*, 945.)

La section du contentieux s'est prononcée, au contraire, pour la compétence du jury d'expropriation.

Une ordonnance royale du 16 juillet 1845 avait déclaré d'utilité publique, pour l'exécution de travaux de fortification, l'acquisition de terrains appartenant aux sieurs Poulet et consorts, et sur lesquels existait une servitude de passage au profit de la propriété de la dame veuve Nouvellet. — Par acte de cession amiable, postérieur à cette ordonnance, l'administration de la guerre acheta ces terrains, puis elle commença les travaux. L'établissement des fortifications ayant fait cesser l'exercice de la servitude, la dame Nouvellet saisit le Conseil de préfecture du Rhône d'une demande tendante à faire déterminer l'indemnité qui lui était due à raison de cette suppression. — Le Conseil de préfecture se déclara incompétent, et le Conseil d'État jugea de même, que la cession amiable, intervenue entre le propriétaire et l'État, n'avait pu le dispenser de remplir les formalités de la loi d'expropriation, à l'égard des parties auxquelles appartenaient, sur l'immeuble vendu, quelques-uns des droits prévus par les articles 21 et 30 de la loi de 1841, et qui n'avaient pas consenti à l'abandon volontaire de ces droits. (Voy. 18 août 1849, *Mouth et Mévolhon*, 528; 13 janv. 1859, *Comp. du chem. de fer de l'Est*, 29.)

512. — Laquelle de ces solutions est préférable? Nous n'hésitons pas à croire que la première est seule véritablement conforme aux principes de la matière.

Nous avons établi ci-dessus (n°s 487 et suiv.) que la perte du droit qui appartient au créancier d'une servitude, à l'usager, au locataire, etc., ne peut jamais être assimilée à la dépossession des immeubles. Aussi, lorsque les réclamations de ces divers possesseurs de droits réels se présentent seules, en dehors de l'expropriation de l'immeuble sur lequel ils sont assis, le conseil d'État, par une conséquence nécessaire du principe, admet sans

difficulté la compétence de l'autorité administrative.
(17 février 1849, *Buy*, 127 ; 7 février 1856, *Garnier*,
126.) Si le jury en connaît dans le cas d'expropriation,
c'est parce que le législateur a jugé utile de ne pas séparer l'accessoire du principal, le règlement de l'indemnité due au propriétaire, du règlement des indemnités dues à tous ceux qui peuvent faire valoir sur
l'immeuble des droits fonciers. Mais c'est là une exception qui doit être restreinte dans les termes mêmes où
elle a été édictée. Or, lorsque le propriétaire traite directement avec l'administration, arrière de ceux qui
ont droit à des indemnités distinctes, toute connexité
disparaît, et il ne peut plus être question de saisir le
jury dont la compétence exceptionnelle n'a plus de
raison d'être.

Dans une affaire soumise en 1849 au conseil d'État,
M. le ministre des travaux publics s'exprimait ainsi :

« Je ne dirai que peu de mots sur la question de
« savoir si les sieurs Mouth et Mévolhon souffrent un
« simple dommage ou s'ils subissent une expropriation.
« Il me paraît évident qu'on ne peut exproprier que le
« propriétaire, que celui qui a le droit d'aliéner la pro-
« priété. Si les droits d'habitation ou d'usage qu'on
« acquiert par bail étaient assimilés aux droits du pro-
« priétaire, la conséquence forcée serait que le moindre
« dommage, de quelque nature qu'il soit, devrait être
« considéré comme une expropriation, et que toutes
« les indemnités, en matière de dommages, devraient
« être réglées par le jury...

« Le point sérieux du débat consiste donc dans la
« portée attribuée à l'article 39 de la loi du 3 mai 1841.
« Cet article dispose que le jury fixe des indemnités dis-
« tinctes pour les propriétaires, fermiers, locataires, etc.
« Le législateur a-t-il entendu, par cette disposition,

« conférer au jury la mission de régler les indemnités
« dues aux locataires, alors même qu'il n'a pas à sta-
« tuer sur les indemnités dues aux propriétaires ? Je ne
« le pense pas. Si le locataire est appelé devant le jury,
« c'est uniquement parce que les indemnités des loca-
« taires sont connexes avec celles du propriétaire,
« parce que souvent il serait impossible de les régler
« équitablement l'une sans l'autre, et que d'après le
« principe posé dans l'article 171 du Code de procé-
« dure, dès qu'il y a connexité entre les contestations,
« elles doivent être soumises à une seule et même juri-
« diction. Mais quand il ne s'agit que de régler l'indem-
« nité due au locataire, ce motif de connexité n'existe
« plus ; dès lors le locataire ne peut plus réclamer que
« la juridiction compétente à raison du préjudice qu'il
« éprouve personnellement. »

513. — La doctrine que nous combattons est manifestement contraire à l'intérêt public. Si l'on admet
que les intéressés dont parle l'article 21 ont le droit de
saisir le jury après le traité amiable, il faut nécessairement reconnaître que l'indemnité doit être réglée préalablement à la prise de possession. L'exécution des travaux
sera ainsi retardée pour des intérêts souvent très-peu
considérables. Au contraire, les réclamations portées
devant le Conseil de préfecture ne feraient nul obstacle
à la prise de possession. Les travaux pourraient être
poursuivis avec toute la célérité convenable, sans préjudice pour les ayants droit, l'instruction des réclamations de cette nature étant, en général, aussi facile
après qu'avant l'exécution des travaux.

Il est bon de remarquer enfin que la jurisprudence
du Conseil d'État est en désaccord sur ce point avec
les arrêts cités aux numéros précédents. Il est impossible, en effet, de trouver une raison sérieuse de dis-

tinguer entre le cas où il y a cession amiable et celui
où le propriétaire consent, sans aliéner son terrain, à
ce qu'il soit occupé pour l'exécution des travaux. Dans
l'un et l'autre cas, les indemnités des ayants droit sont
appréciées isolément, et cela suffit pour justifier la compétence exclusive du Conseil de préfecture à raison des
indemnités dues aux locataires ou aux possesseurs de
droits réels.

514. — Mais deux questions préjudicielles s'élèvent
ordinairement en pareille circonstance. Le prétendant
droit à une indemnité qui réclame après la cession
amiable du fonds servant, n'a-t-il pas encouru la déchéance? L'acte contenant cette cession n'a-t-il pas
réglé l'indemnité due aux divers intéressés en même
temps que celle revenant au propriétaire? telle est la
double difficulté qui se présente. L'autorité judiciaire
est-elle compétente pour en connaître?

515. — Et d'abord, appartient-il aux tribunaux de
statuer sur la question de savoir si le réclamant a encouru la déchéance?

On sait que l'article 21 de la loi du 3 mai 1841
veut que les divers possesseurs de droits réels existants
sur les terrains expropriés se fassent connaître à l'administration dans un délai qu'il détermine. Il déclare
déchus ceux qui ont laissé expirer ce délai sans faire
valoir leurs droits. Mais cette déchéance doit être prononcée, et elle ne peut l'être évidemment que par les
tribunaux ordinaires chargés de résoudre les difficultés
que présente l'application de la loi d'expropriation.

Les Conseils de préfecture, saisis, après la dépossession du propriétaire, de demandes d'indemnités relatives à la suppression de servitudes ou autres droits réels,
ne peuvent, sous aucun prétexte, prononcer sur la déchéance opposée par l'administration ; ils doivent sur-

seoir à statuer et renvoyer les parties devant l'autorité compétente. (Trib. des conflits, 16 déc. 1850, *d'Espagnet*, 945; C. d'État : 13 janvier 1859, *Comp. des chem. de fer de l'Est*, 29; 18 avril 1861, *Bourquin*, 287.)

516. — La seconde question doit être résolue dans le même sens. Lorsqu'il y a eu cession amiable des terrains sur lesquels existent des droits réels, l'administration soutient souvent que l'indemnité allouée au propriétaire comprend la réparation du dommage souffert par les divers ayants droit. Il y a lieu alors à l'interprétation du contrat intervenu entre les parties. Par qui doit être faite cette interprétation?

Les traités amiables, contenant cession d'immeubles, alors même qu'ils sont passés en la forme administrative, ne peuvent être considérés comme des actes administratifs dont il serait interdit à l'autorité judiciaire de connaître, d'après les lois sur la séparation des pouvoirs; ces conventions sont au contraire des contrats de droit commun dont l'interprétation et l'exécution lui appartiennent exclusivement. (Voy. 15 mars 1850, *Ajasson de Grandsagne*, 239; 8 mai 1850, *Gautier*, 434; 30 nov. 1850, *Laporte*, 895; 22 août 1853, *Duhoux*, 848; 22 fév. 1855, *de Chergé*, 174; 15 mars 1855, *Gay-Dupalland*, 202; 10 mai 1855, *Sœurs de Saint-Alexis*, 344; 19 juil. 1855, *Duc de Brunswick*, 552; 16 août 1860, *Préfet de Tarn et Garonne*, 660.) Ainsi lorsqu'un propriétaire, après avoir cédé amiablement ses terrains pour l'exécution de travaux publics, intente une action en réparation du préjudice qu'il prétend résulter des travaux, si l'administration où le concessionnaire soutient que le dommage a été prévu, lors du règlement à l'amiable de l'indemnité d'expropriation, et que la réparation du dommage a été comprise dans l'indemnité, l'autorité judiciaire est seule compétente pour apprécier le contrat. L'interprétation des actes de cession forme une question préjudicielle qui doit être renvoyée par le Conseil de préfecture à l'autorité judiciaire. (9 déc. 1858, *Halwin de Piennes*, 706; 15 janv. 1859, *Comp. des chem. de fer de l'Est*, 29.) Réciproquement, si les tribunaux avaient été saisis de la demande, ils devraient se borner à interpréter la cession, à en déterminer la portée, et renvoyer les parties devant le Conseil de préfecture, s'il y avait lieu, pour la fixation de l'indemnité. (Voy. 26 nov. 1857, *Comp. des chem. de fer du Midi*, 745; 9 déc. 1858, *Guillemin*, 704.)

517. — Occupons-nous maintenant des dommages postérieurs à l'expropriation ou résultant, en dehors de toute expropriation, de l'exécution des travaux. — Pour ces sortes de dommages, la généralité du principe posé par la loi du 28 pluviôse an VIII ne comporte, sauf l'effet des lois spéciales que nous ferons connaître, aucune limitation. — Quelle que soit l'importance de ces dommages, l'évaluation de l'indemnité ne peut être faite que par l'autorité administrative.

Mais ici encore, et toujours à l'occasion des servitudes, quelques difficultés peuvent s'élever. — L'autorité administrative est compétente, ainsi que nous l'avons dit plusieurs fois, pour connaître des dommages résultant de l'établissement ou de la suppression des servitudes. Mais il peut arriver, soit que l'administration conteste l'existence de la servitude, soit que le propriétaire soutienne que sa propriété est libre de toute charge de ce genre. Dans cette double hypothèse, une question préjudicielle s'élève, dont la connaissance appartient à l'autorité judiciaire. Il faut éclaircir ceci par des exemples.

518. — Supposons d'abord que, par suite de l'exécution de travaux d'utilité publique, une propriété se

trouve grevée d'une servitude, et que l'administration ou le concessionnaire se refusent au payement de l'indemnité, par le motif que le fonds assujetti était antérieurement débiteur de la servitude. Ici s'élève une question de droit civil, de la compétence des tribunaux ordinaires. Ce sont eux qui doivent décider, par appréciation des titres, et conformément aux dispositions du Code Napoléon, de l'existence ou de la non-existence du droit invoqué. (Cons. 7 nov. 1851, *Médard-Presson*, 678.)

519. — Le tribunal saisi de cette question préjudicielle doit se borner, du reste, à la résoudre ; et il ne pourrait, sans excéder sa compétence, soit fixer le chiffre de l'indemnité, soit ordonner la destruction des travaux, qui, à cause de leur nature, ne peuvent être modifiés que par l'autorité administrative.

Le sieur Charoy avait fait assigner la commune de Nant-le-Petit devant le tribunal civil de Bar-le-Duc, pour s'entendre condamner : 1° à supprimer des tuyaux destinés à l'alimentation de fontaines publiques et qu'on venait d'établir sous sa maison ; 2° à lui payer en outre une indemnité de 300 francs, à raison du dommage que l'exécution des travaux lui avait fait éprouver.

Le préfet de la Meuse proposa un déclinatoire fondé sur ce que, les travaux ayant le caractère de travaux publics, l'autorité administrative était seule compétente, soit pour en ordonner la suppression, soit pour fixer l'indemnité qui pouvait être due au sieur Charoy.

Mais le tribunal de Bar-le-Duc rejeta ce déclinatoire, par le motif que l'établissement d'une servitude sur un terrain privé constituait une expropriation partielle dont la connaissance appartenait à l'autorité judiciaire.

Les véritables principes étaient également méconnus par le tribunal et par le déclinatoire. — Sans doute c'était avec raison que le préfet revendiquait pour l'autorité administrative la question relative à la suppression de la conduite d'eau, ouvrage d'utilité publique, et la question de l'indemnité due au propriétaire. Mais il ne tenait à tort aucun compte de la prétention du sieur Charoy, qui soutenait que sa propriété était libre de toute servitude au profit de la commune. — Quant au tribunal qui voulait maintenir la connaissance du procès tout entier à l'autorité judiciaire, sous le prétexte que l'établissement d'une servitude constitue une expropriation partielle, il oubliait que la création d'une charge de cette nature ne constitue qu'un dommage ; et il se réservait à tort conséquemment d'apprécier l'indemnité due au réclamant. Il devait se borner à rechercher dans les titres produits si la propriété était tenue ou non de supporter la servitude et renvoyer à l'autorité administrative la demande à fin de suppression et d'appréciation du dommage. — C'est ce que décida le tribunal des conflits, auquel la question fut soumise ; il jugea que l'arrêté de conflit devait être confirmé en tant qu'il avait pour but de revendiquer pour l'autorité administrative le droit exclusif d'ordonner la suppression des travaux et la connaissance de la demande d'indemnité formée par le sieur Charoy ; et qu'il devait être annulé en ce qu'il revendiquait à tort pour l'autorité administrative le droit de connaître de la question de savoir si la propriété du sieur Charoy était tenue de supporter la servitude (19 nov. 1851, *Charoy*, 680).

Ainsi, il est essentiel de le remarquer, la solution de la question préjudicielle qui s'élève ici est sans influence sur le maintien ou la suppression de la servitude que l'administration active peut seule conserver ou supprimer ; mais elle est fort importante pour l'appréciation du chiffre de l'indemnité ; car cette indemnité est plus ou moins considérable, et elle peut même n'être pas due, suivant que l'existence de la servitude est ou n'est pas constatée par les tribunaux judiciaires.

520. — Des difficultés analogues se présentent lorsqu'il s'agit du règlement de l'indemnité de suppression d'une servitude active. — La suppression d'un droit foncier, comme la création d'un droit de cette nature, ne pouvant être assimilée à une expropriation, les Conseils de préfecture sont seuls compétents pour fixer l'indemnité. Mais, lorsque le droit à la servitude supprimée est contesté par l'administration, le Conseil de préfecture, saisi de la demande formée par le propriétaire, doit surseoir à statuer sur le règlement de l'indemnité jusqu'à ce que la question ait été examinée et résolue par les tribunaux. En sens inverse, si le réclamant avait saisi d'abord le tribunal civil, il n'y aurait pas lieu, dans le cas où l'administration contesterait le droit à la servitude, à une déclaration absolue d'incompétence. Sans doute, le tribunal ne pourrait, sous aucun prétexte, évaluer l'indemnité et en fixer le chiffre ; mais il devrait faire l'examen des titres, et s'il reconnaissait que la servitude est due, renvoyer les parties devant le Conseil de préfecture pour l'appréciation du montant de l'indemnité.

521. — Une décision du tribunal des conflits, en date du 12 juin 1850, a consacré formellement ces principes. Elle est ainsi conçue : « Considérant que l'action « de Guillot tend à obtenir de l'État le rétablissement « d'une prise d'eau et d'un aqueduc supprimés par « suite des travaux de rectification de la route natio- « nale n° 75, et qu'à défaut de ce rétablissement, « il réclame une indemnité pour le préjudice qu'il dit « avoir souffert par ladite suppression ; considérant que « Guillot fonde sa réclamation sur cette circonstance

« que le droit de prise d'eau et la construction de
« l'aqueduc dont il s'agit seraient antérieurs à l'exis-
« tence même de la route et qu'il offre d'en faire la
« preuve en invoquant des titres privés ; considérant
« que s'il appartient exclusivement à l'autorité admi-
« nistrative de statuer sur les torts et dommages prove-
« nant de travaux publics, et sur les indemnités qui
« peuvent être dues par suite de ces travaux, elle n'est
« pas compétente pour apprécier des titres privés, ten-
« dant à établir qu'un droit de prise d'eau et l'existence
« d'un aqueduc seraient antérieurs à l'établissement de
« la route qui donne lieu à la réclamation, et que, sous
« ce rapport, la prétention de Guillot forme une ques-
« tion préjudicielle qui doit être laissée à l'appréciation
« de l'autorité judiciaire....... » (Voy. 12 juin 1850,
Guillot, 572 ; 28 juillet 1859, *Émery*, 543).

522. — Le décret du 25 mars 1852 sur la décentralisation administrative, en donnant aux préfets le droit
de statuer sur « les cours d'eau non navigables ni flottables en tout ce qui concerne *leur élargissement* et leur
curage, » n'a pas entendu abroger les lois antérieures et
n'a permis aux préfets d'ordonner l'élargissement des
cours d'eau que dans les cas où cette mesure n'entraîne
pas l'expropriation des propriétés riveraines. Lorsqu'il y
a nécessité d'augmenter la largeur de l'ancien lit au dépens de ces propriétés, il faut recourir à la voie de l'expropriation pour cause d'utilité publique. (15 mars 1855,
Amiot-Robillard, 197, et *suprà* nos 85 et suiv.) Il suit de
là que le jury est compétent pour apprécier l'indemnité
d'élargissement, à l'exclusion du Conseil de préfecture.
(30 mars 1853, *Laurent*, 412 ; 15 déc. 1853, *Mignerot*,
1073 ; 16 fév. 1854, *Burgade*, 112.)

M. Serrigny (quest. de dr. adm., p. 498) se prononce
en sens contraire. Suivant lui, la compétence du Conseil

de préfecture est justifiée à la fois par les principes généraux et par les textes spéciaux de la matière, notamment par l'art. 4 de la loi du 24 floréal an XI, qui donne aux Conseils de préfecture la connaissance *des contestations relatives à la confection des travaux.* « Ces expressions, dit M. Serrigny, sont aussi larges que possible et comprennent même les réclamations pour élargissement du lit par suite de travaux faits à la rivière, du moins en l'absence de texte attribuant cette juridiction à une autre autorité. »

Les principes généraux invoqués par M. Serrigny sont en opposition manifeste avec la doctrine qu'il professe. Nous avons vu maintes fois que dès qu'il y a occupation permanente de la propriété privée par transmission immédiate ou successive, le règlement de l'indemnité cesse d'appartenir à l'autorité administrative. En supposant donc, ce qui nous paraît essentiellement contraire au vœu de la loi, que le préfet eût le droit d'ordonner l'élargissement au dépens des propriétés riveraines, les principes généraux voudraient, même dans ce cas, que l'indemnité fût évaluée par le jury. Quant à la règle établie par la loi du 14 floréal an XI, il est évident qu'elle comporte les exceptions commandées par les principes supérieurs qui régissent la propriété. Il n'est pas nécessaire, quoi qu'en dise M. Serrigny, qu'un texte spécial ait, en matière d'élargissement, restreint le principe de compétence établi par cette loi. Pour que le Conseil de préfecture, incompétent *ratione materiæ* pour statuer sur les indemnités de dépossession, pût en connaître ici, il aurait fallu, au contraire, qu'un texte formel les lui eût expressément réservées. Cette attribution ne résulte pas des termes employés par la loi, « contestations relatives à la confection des travaux. » Les lois qui, en matière d'expropriation pour cause d'utilité publique,

ont consacré la compétence du jury spécial pour les
indemnités de cession de terrain, auraient d'ailleurs
dérogé aux dispositions de la loi de l'an XI.

523. — A plus forte raison, lorsqu'il s'agit du redressement des cours d'eau, le Conseil de préfecture
est-il incompétent pour connaître des indemnités dues
aux riverains. Le redressement est, en effet, chose beaucoup plus grave qu'un simple élargissement. Il suppose
que l'ancien lit tout entier est abandonné, et qu'il y a
lieu d'en creuser un nouveau sur les propriétés voisines
du cours d'eau. On doit procéder alors à l'accomplissement des formalités prescrites par la loi du 3 mai 1841 ;
lors même qu'on ne le ferait pas, le jury spécial est seul
compétent pour fixer l'indemnité. (Voy. 16 mars 1848,
Lemintier de Léuélec, 128 ; M. Serrigny, quest. de dr.,
p. 498 ; art. 16 de la loi du 21 mai 1836 sur les chem.
vicinaux.)

524. — L'entrepreneur est responsable du fait des
personnes qu'il emploie (art. 1384 C. Nap.) Mais pour
déterminer le tribunal qui doit connaître des demandes
dirigées contre lui à raison du fait de ses agents, il faut
rechercher si le dommage est la conséquence des travaux, ou si, au contraire, il provient d'une cause étrangère. Les tribunaux administratifs sont compétents dans
la première hypothèse ; si, au contraire, le dommage
résulte du fait personnel des agents de l'entrepreneur,
en dehors de l'exécution des travaux, les tribunaux civils
doivent en connaître. Ainsi, il a été jugé qu'un Conseil
de préfecture avait statué à juste titre sur la réclamation
d'un propriétaire dont les récoltes avaient été foulées par
le passage d'ouvriers se rendant aux travaux (13 décembre 1855, *Comp. du Chemin de fer de Lyon*, 726);
et qu'au contraire, l'appréciation du dommage résultant de dégâts commis par des ouvriers, sans aucune cor-

rélation avec l'exécution des travaux, par exemple, la dévastation d'un vignoble, appartient à la juridiction ordinaire. (29 déc. 1858, *Lacroix*, 772.)

525. — La demande dirigée par un ouvrier contre un entrepreneur de travaux publics à raison de blessures reçues pendant l'exécution de ces travaux est de la compétence judiciaire. Il s'agit alors, en effet, d'apprécier s'il y a eu inexécution des obligations de l'entrepreneur envers un tiers, lié avec lui par un contrat privé.

Le sieur Maugeant avait actionné les sieurs Peto et Brassey devant le Conseil de préfecture du Calvados, afin de les faire condamner à des dommages-intérêts, à raison des blessures qu'il avait reçues par suite d'un accident survenu pendant qu'il travaillait, comme un de leurs ouvriers, au creusement d'un puits près du tunnel *de la Mothe.*

Le Conseil de préfecture et la Cour de Caen, saisis successivement de cette demande, se déclarèrent incompétents, et le préfet prit un arrêté de conflit.

Devant le Conseil d'État le ministre des travaux publics conclut en faveur de la compétence administrative.

« En se référant à la loi du 28 pluviôse an VIII, dit-il,
« il est facile de se convaincre que le législateur n'a
« nullement entendu ne réserver aux Conseils de pré-
« fecture que la connaissance de celles des actions diri-
« gées contre les entrepreneurs de travaux publics, en
« réparation de dommages qui pourraient réagir sur
« l'administration.

« En effet, l'art. 4 de la loi susdatée porte que le
« Conseil de préfecture prononcera sur les réclama-
« tions des particuliers qui se plaindront de torts et
« dommages *procédant du fait personnel des entrepre-*
« *neurs, et non du fait de l'administration* : ce qui veut
« dire incontestablement que le Conseil de préfecture,

« compétent pour connaître des contestations prove-
« nant du fait de l'administration, le sera également
« par exception, pour statuer sur les réclamations diri-
« gées contre les entrepreneurs pour des faits qui, bien
« que se rapportant à l'exécution de travaux publics,
« leur seraient exclusivement imputables et n'engage-
« raient en rien la responsabilité de l'administration.
« Ainsi, d'après la loi elle-même, c'est à l'autorité ad-
« ministrative qu'est réservée, dans tous les cas, la
« connaissance de l'action civile qu'un particulier au-
« rait à diriger contre un entrepreneur de travaux
« publics pour obtenir la réparation de torts et dom-
« mages causés par ce dernier dans l'exécution de son
« entreprise.

« Ce n'est pas d'ailleurs sans motifs que le législa-
« teur a établi cette compétence exceptionnelle; il a
« voulu que le particulier lésé, dans sa personne et
« dans ses intérêts, par suite de l'exécution de travaux
« publics, pût se faire rendre justice promptement et
« économiquement... »

Le ministre invoquait un arrêt rendu le 17 avril 1851
par le tribunal des conflits; néanmoins le Conseil d'État
rendit un décret contraire à ces conclusions.

« Considérant, dit-il, qu'il s'agit d'apprécier quelles
« sont les obligations des entrepreneurs de travaux pu-
« blics vis-à-vis de leurs ouvriers, et que cette appré-
« ciation ne rentre pas dans les attributions conférées à
« l'autorité administrative par l'article 4 de la loi du
« 28 pluviôse an VIII; que la contestation soulevée par
« le sieur Maugeant doit être jugée par l'application des
« règles du droit commun ; que, dès lors, le Conseil de
« préfecture n'était pas compétent pour statuer sur cette
« contestation, et que, par suite, c'est à tort que la Cour
« impériale de Caen en a renvoyé la connaissance à l'ad-

« ministration et s'est déclarée incompétente en se fon-
« dant sur l'article précité de la loi du 28 pluv. an VIII. »
« (4 février 1858, *Maugeant*, 121 ; voy. enc. 11 déc.
1856, *Matheret*, 713 ; 16 août 1860, *Passemar*, 663.)

526. — La décision du 17 avril 1851, du tribunal
des conflits, invoquée par le ministre, a été rendue
dans une autre hypothèse. — Le réclamant avait été
blessé dans l'exécution de travaux exécutés directement par l'État. Or, dans ce cas, la compétence des
tribunaux administratifs ne saurait être douteuse. Le
ministre des travaux publics a quelquefois, il est vrai,
revendiqué pour lui-même la connaissance de ces dommages. Il a invoqué les principes en vertu desquels
il appartient aux ministres seuls de constater et de
déclarer les dettes de l'État, sauf recours au Conseil.
— Mais il a été décidé avec raison que la loi de pluviôse avait créé une exception à ces principes pour le
règlement des dommages causés par l'exécution des travaux publics, et que, par suite, les Conseils de préfecture étaient seuls compétents pour apprécier les réclamations des ouvriers de l'administration blessés dans
l'exécution de travaux dirigés et exécutés par elle et
pour son compte. (Voy. 19 juin 1856, *Tonnellier*, 434 ;
9 déc. 1858, *Breuil*, 702.)

527. — Lorsque l'entrepreneur est contraint de se retirer devant l'opposition du propriétaire et qu'il éprouve
un dommage par suite du déplacement de ses ateliers,
l'action qui en résulte est de la compétence judiciaire.
Aucune loi ne donne aux tribunaux administratifs le
droit de connaître des demandes en dommages-intérêts
formées par les entrepreneurs à raison du trouble
apporté par des tiers à leurs travaux. — Voici une
espèce dans laquelle le principe a été appliqué d'une
manière formelle.—Il est inutile de faire remarquer que

la doctrine de cette décision, bien qu'elle ait été rendue à l'occasion d'une extraction de matériaux, s'appliquerait à tout autre cas d'exécution de travaux publics.

Le sieur Bodin avait fait procéder au ramassage de pierres dans la commune de Saint-Martin-le-Beau, qui avait été désignée à cet effet par son devis. Le maire de la commune ayant fait dresser un procès-verbal à raison de ces faits contre l'entrepreneur, celui-ci dirigea aussitôt contre le maire une action en dommages-intérêts devant le Conseil de préfecture d'Indre-et-Loire.

Cette demande fut accueillie par le Conseil de préfecture; mais, sur le pourvoi du maire, le Conseil d'État, considérant que l'action intentée par le sieur Bodin avait uniquement pour but d'obtenir une indemnité à raison du dommage qu'il prétendait lui avoir été causé, que c'était là une action purement civile qui ne rentre pas dans les cas prévus par la loi du 28 pluviôse an VIII, annula pour incompétence et excès de pouvoir l'arrêté qui lui était déféré. (10 déc. 1846, *Brion*, 540; Voy. aussi 30 mai 1844, *Ruet*, 308.)

N'oublions pas toutefois que les Conseils de préfecture sont compétents pour statuer entre le propriétaire et l'entrepreneur sur le droit que celui-ci réclame et qu'il tient soit du devis, soit de l'arrêté spécial de désignation, de faire des fouilles ou d'extraire des matériaux dans une propriété privée. Cette question est tout à fait distincte de la question d'indemnité pour le dommage résultant de l'opposition du propriétaire.

528. — Quelques lois spéciales attribuent exceptionnellement à l'autorité judiciaire la connaissance d'un certain nombre des dommages, comme s'ils constituaient de véritables expropriations.

Ainsi : 1° aux termes de l'article 3 de la loi du 15 avril 1829, sur la pêche, « dans le cas où des cours

« d'eau seraient rendus ou déclarés navigables ou
« flottables, les propriétaires qui seront privés du droit
« de pêche ont droit à une indemnité préalable qui
« sera réglée dans les formes prescrites par les arti-
« cles 16, 17 et 18 de la loi du 8 mars 1810. »

2° Aux termes de l'article 76 de la loi du 3 mai 1841
et de la loi du 30 mars 1831, les indemnités dues pour
occupation temporaire, en cas d'urgence, des propriétés
privées qui sont jugées nécessaires pour des travaux de
fortifications, sont réglées par les tribunaux civils.

3° L'article 10 de la loi du 15 juillet 1845, sur la police des chemins de fer, attribue au jury la connaissance
des indemnités pour suppression de constructions sans
transmission de la propriété du sol.

4° L'article 21 de la loi du 16 juin 1851, sur la constitution de la propriété en Algérie, attribue à l'autorité
judiciaire le règlement des indemnités dues pour occupation temporaire.

5° Enfin, la loi du 22 juin 1854 (art. 3) veut qu'il
soit procédé à l'expropriation conformément à la loi du
3 mai 1841, lorsqu'il y a lieu à la suppression, dans
le voisinage des magasins à poudre de la guerre et de
la marine, de constructions ou établissements dont le
sol reste au propriétaire.

La plupart des dommages prévus par ces lois spéciales ont une importance qu'on ne saurait méconnaître. Toutefois, il est regrettable que le législateur ait
cru devoir déroger, en ce qui les concerne, aux principes de la loi du 28 pluviôse an VIII. Ces dérogations
sont de nature, ainsi qu'on l'a fait justement remarquer,
à diminuer l'autorité de la règle, et à entretenir une
confusion fâcheuse, au point de vue de la compétence,
entre l'expropriation et les dommages simples.

TITRE VI

DE LA PROCÉDURE.

---

529. — Objet de ce titre.

529. — Nous réunissons sous ce titre quelques indications sur les formes de procéder en matière de travaux publics devant le Conseil de préfecture et devant le Conseil d'État. On ne doit pas s'attendre à trouver ici un exposé complet de la procédure devant ces deux juridictions. Ce sujet a été très-complétement traité par d'autres auteurs (Voy. M. Chauveau Adolphe, *les Lois de la procéd. administ.*) Nous nous bornerons à faire connaître quelques difficultés spéciales à la matière des travaux publics.

CHAPITRE PREMIER

DE LA PROCÉDURE EN MATIÈRE DE MARCHÉS.

530. — La procédure devant le Conseil de préfecture commence par le dépôt au secrétariat d'une requête énonçant les divers griefs contre le décompte. Cette requête, signée de l'entrepreneur ou du concessionnaire, doit être écrite sur papier timbré, et il est utile qu'elle soit datée afin de fixer l'époque à compter de laquelle courent les intérêts. Communication en est donnée à la partie adverse par la voie des bureaux, et des rapports sont demandés soit aux ingénieurs, soit aux architectes qui ont dirigé les travaux. Le Conseil de préfecture statue ensuite sur ces rapports ainsi que sur les mémoires des parties, à moins qu'il ne juge l'expertise nécessaire. C'est ce qui arrive le plus souvent.

531. — On s'est demandé à une certaine époque si, dans les contestations relatives aux marchés de travaux publics, les conseils de préfecture avaient le droit d'ordonner des expertises pour la vérification des faits sur lesquels l'entrepreneur et l'administration ne sont pas d'accord. Le directeur général des ponts et chaussées consulté en 1830, à l'occasion d'un pourvoi dirigé par le ministre des affaires ecclésiastiques contre un arrêté du Conseil de préfecture de Rodez, qui avait, par un arrêté interlocutoire, ordonné une expertise, émit l'avis que les conseils de préfecture sont, dans les affaires de leur compétence, de véritables juges dont les actes doivent produire les mêmes effets que ceux des tribunaux ordinaires. — « Il est tout naturel d'en conclure, disait-il, qu'ils ont la faculté de s'éclairer par les moyens d'instruction qui sont autorisés par le Code de procédure. Or, au nombre de ces moyens, se trouve l'expertise contradictoire. Les contestations qui s'élèvent touchant l'exécution des travaux des ponts et chaussées sont ordinairement jugées sur le vu des réclamations des entrepreneurs et du rapport de l'ingénieur en chef; cependant, lorsqu'un conseil de préfecture désire faire constater les faits par des experts, l'administration ne s'y oppose jamais, et il y a plusieurs exemples de procès qui ont été terminés de cette manière. » Le Conseil

d'État fit droit à ces observations (3 fév. 1830, *Minist. des aff. ecclésiast.*, 62), et je ne crois pas que depuis cette époque on ait fait difficulté de reconnaître aux conseils de préfecture le droit de s'éclairer au moyen l'expertises.

532. — Mais il est certain que ce mode d'instruction ne constitue pas une formalité indispensable. (Voy. 22 déc. 1859, *Com. de Vézac*, 767.) Son omission n'entraîne pas la nullité de l'arrêté comme en matière de dommages. Lorsque, par exemple, le laps de temps écoulé depuis l'exécution des travaux ne permet plus de faire sur les lieux une vérification utile, la demande d'expertise est à bon droit rejetée. (Voy. 15 déc. 1846, *Pluvinet*, 554.)

533. — Si le conseil de préfecture juge à propos d'ordonner l'expertise, dans quelles formes doit-il être procédé? Les articles 303, 304, 305 et 318 du Code de procédure civile doivent-ils être observés à peine de nullité? Doit-il être procédé à la nomination de trois experts? ou bien les parties peuvent-elles convenir qu'il sera procédé par un seul? Si elles ne s'entendent pas, le Conseil de préfecture a-t-il le droit de les désigner? Les experts doivent-ils prêter serment, et enfin ont-ils la faculté de ne dresser qu'un seul rapport?

Sur ces questions la jurisprudence du Conseil d'État présente la confusion la plus complète. De nombreux arrêts ont décidé que, dans les contestations qui s'élèvent entre l'administration et les entrepreneurs, si l'expertise est jugée nécessaire, on doit procéder suivant les prescriptions légales. Cette formule d'un laconisme exagéré trouvait toutefois une sorte de commentaire dans les visa qui précèdent les motifs des arrêts, et où se voit mentionné l'article 305 du Code de proc. civ. On avait conclu de là avec raison que les formes prescrites par l'article 56 de la loi du 16 septembre 1807 étaient inapplicables, et qu'on devait procéder comme en matière civile. D'autres arrêts plus explicites d'ailleurs avaient nettement expliqué la pensée du Conseil d'État, et décidé en termes formels que le Conseil de préfecture était tenu, en ordonnant une expertise, « de suivre les règles établies pour la nomination des experts par les articles 303, 304 et 305 du C. de procédure civile.» Le Conseil déclarait en conséquence nulles et irrégulières les expertises faites par des experts choisis directement par le Conseil de préfecture sans que les parties eussent été mises en demeure de les nommer, celles qui étaient faites par un seul expert, celles qui n'avaient pas été précédées de la formalité du serment, etc. (Voy. 8 août 1847, *Sauton*, 24 ; 18 déc. 1848, *Oudet*, 678 ; 25 août 1849, *Topin*, 558 ; 26 mars 1850, *Duvoir*, 304 ; 9 déc. 1852, *Legrand*, 580 ; 28 déc. 1854, *Ville de Périgueux*, 1029.) Tous les auteurs s'accordent pour approuver ces arrêts : ils font observer avec raison qu'en l'absence de lois spéciales dérogeant au droit commun, il y a lieu d'observer les formes ordinaires. (Voyez M. Chauveau, *C. d'inst. adm.*, nos 377 et suiv. ; M. Dufour, *Dr. adm.*, t. 2, nos 44 et suiv. ; Chevalier, *Jurisprud. administ.*, t. 2, p. 368.)

Malheureusement cette jurisprudence ne s'est pas maintenue. Des arrêts récents semblent avoir pris à tâche de jeter le désordre sur un point où la divergence d'opinion ne semblait plus possible.

Une première décision en date du 10 avril 1860 porte qu'en cas de contestations entre les communes et les entrepreneurs de travaux publics, l'expertise n'est qu'un acte d'instruction auquel les dispositions spéciales de l'article 56 de la loi du 16 septembre 1807 ne sont pas applicables, et il ajoute d'autre part qu'aucune disposition législative ne prescrit aux Conseils de préfecture l'observation des formalités indiquées par les articles 303 et 318 du Code de procéd. civile. (Voy. 10 avril 1860, *Pilot,* 293). Mais si la loi de 1807 n'est pas applicable, et si d'un autre côté, on ne doit pas nécessairement recourir au Code de procéd. pour combler les lacunes des lois spéciales, à quelles dispositions législatives faudra-t-il emprunter les formalités à suivre ?

Les arrêts ultérieurs du Conseil d'État n'ont pas éclairci cette énigme. Un décret du 13 juin 1860 (*Ville d'Auxonne,* 469) est venu en effet déclarer de nouveau qu'aucune loi ne prescrit aux Conseils de préfecture de faire procéder à l'expertise par trois experts nommés conformément aux articles 303 et suiv. du C. de procéd. civile. Mais un troisième décret, visant cette fois l'article 305 de ce code, déclare que dans les contestations où une expertise est reconnue nécessaire, bien qu'aucune loi ne la rende obligatoire, les conseils de préfecture ne peuvent s'affranchir des prescriptions légales pour la nomination des experts. (5 déc. 1860, *François,* 717.) Or c'est là précisément la formule qu'employait le Conseil d'État à l'époque où il déclarait obligatoires les formalités de C. de procédure. Il semble donc naturel d'en conclure que le Conseil d'État a voulu revenir à son ancienne jurisprudence un instant abandonnée. Mais les autres considérants du décret ne permettent pas de penser que telle ait été réellement son intention. On y lit qu'il « résulte de l'instruction que l'expert Lauvernay a été nommé directement et d'office par le Conseil de préfecture, et que la commune d'Imphy n'a pas été mise en demeure de choisir elle-même son expert, que de plus, quoique les deux experts fussent en désaccord, il n'a pas été procédé à une tierce

expertise. » Or, ces formes dont le Conseil d'État signale
l'inobservation sont non pas celles établies par le Code
de procédure qui exige, comme on sait, la nomination
d'un ou de trois experts choisis soit par les parties, soit
par le tribunal, mais bien les formes prescrites par
l'article 56 de la loi du 16 septembre 1807. Lui
seul, en effet, prescrit la nomination d'un expert par
chacune des parties, et, en cas de désaccord, la désignation d'un tiers expert. (Voy. enc. 18 avril 1861,
Mingret, 286.)

« En présence de ces divergences, a dit fort justement
« M. Reverchon, grand doit être l'embarras des Con-
« seils de préfecture et de leurs justiciables. — Un jour
« on leur dit qu'il leur est interdit de s'affranchir des
« prescriptions du C. de procédure. Le lendemain, on
« leur enseigne qu'aucune loi ne les oblige à se confor-
« former à ces mêmes prescriptions, et l'on revient le
« surlendemain à la première proposition. — Une autre
« fois on leur dit que l'art. 56 de la loi du 16 sept.
« 1807 n'est pas applicable en dehors du cas spécial
« qu'il prévoit, et lorsque, partant de là, ils se dis-
« pensent d'ordonner une tierce expertise dans les cas
« non soumis à cette loi, on leur apprend (arrêt du
« 5 déc. 1860) que leur décision est irrégulière et
« nulle, faute d'avoir ordonné la tierce expertise. Ainsi,
« de quelque façon qu'ils procèdent, ils courent au
« même degré la chance de voir annuler ou de voir
« maintenir leurs opérations. » (Voy. *le Droit*, des 3
et 4 juin 1861.)

534. — Quel que soit le parti définitif auquel doive
s'arrêter la jurisprudence, il paraît certain que la prestation du serment sera toujours considérée comme essentielle à la validité des opérations. Il s'agit là, en effet,
d'une garantie dont la nécessité est indépendante de la

forme de l'expertise. (Voy. 31 août 1849, *Com. de Vicq*, 594; 7 déc. 1850, *Soullié*, 921; 2 juin 1853, *Benoist*, 593.)

Le Conseil d'État ne paraît pas non plus vouloir abandonner à l'administration le droit de choisir les experts. —Il décide constamment que c'est aux parties que ce droit appartient, et qu'à défaut par elles de l'exercer, le Conseil de préfecture seul peut procéder à leur nomination. (8 janv. 1847, *Sauton*, 24; 19 avril 1859, *Bodeau-Mâchefert*, 309.)

535. — Les tribunaux administratifs ne sont pas liés par les résultats de l'expertise; ils conservent leur liberté d'appréciation pleine et entière, et peuvent adopter des solutions diamétralement contraires à celles qui sont proposées par les experts. (Voy. 19 mars 1849, *Daussier*, 169; 4 juillet 1845, *Decaix*, 378.)

536. — Les arrêtés des Conseils de préfecture doivent être motivés sur chacun des chefs de réclamation. (7 fév. 1856, *Audouard*, 125; 6 juillet 1858, *Lavagne*, 498.) Ils emportent hypothèque et exécution forcée; ils sont sujets à appel devant le Conseil d'État. Est nulle la clause d'un cahier des charges portant que les contestations qui pourraient s'élever entre la commune et l'entrepreneur seront jugées en dernier ressort par le Conseil de préfecture. (23 juin 1853, *Nougaret*, 627; 21 juillet 1853, *Com. de Gesté*, 749.) Le recours au Conseil est soumis aux formes usitées en matière administrative. Il doit avoir lieu dans les trois mois de la signification ou de la connaissance acquise de la décision attaquée. Le ministère d'un avocat au Conseil est obligatoire pour les entrepreneurs, les communes et les départements. Nous n'avons pas ici à nous étendre sur les formes du recours au Conseil d'État : on trouve à cet égard des indications dans tous

les traités généraux de droit administratif, et nous entrerons nous-même dans quelques détails dans le chapitre suivant.

CHAPITRE II

DE LA PROCÉDURE EN MATIÈRE DE DOMMAGES.

SECTION PREMIÈRE.

Procédure devant le Conseil de préfecture.

537. — L'action en indemnité pour dommages résultant de l'exécution de travaux publics se poursuit devant le Conseil de préfecture, suivant les formes prescrites en matière administrative. — Le réclamant présente, soit au préfet, soit aux membres du Conseil, une requête dans laquelle il indique le préjudice souffert, sa cause, sa nature, son importance, et fixe l'indemnité qu'il prétend lui être due. — Cette requête, écrite sur papier timbré (loi du 13 brum. an XII, n° 1), est communiquée à la partie adverse par la voie des bureaux : on y joint les pièces produites.

538. — Le réclamant peut aussi assigner directement l'administration ou l'entrepreneur devant le Conseil de préfecture. Mais il doit produire au Conseil l'original de l'ajournement avec un mémoire à l'appui. — La rédaction de la requête introductive d'instance est

d'une très-grande importance : on doit y formuler avec soin tous les chefs de réclamation, car aucune demande nouvelle n'est recevable devant le Conseil d'État, tribunal d'appel. (Art. 464, C. procéd. civ.; 28 juin 1851, *Pouplin*, 478 ; 3 déc. 1857, *Caussade*, 753.) La requête peut être présentée par un mandataire spécial du réclamant ; il n'est pas nécessaire qu'elle le soit par la partie elle-même (23 juin 1848, *Devienne*, 423.)

539. — Le défendeur répond par un mémoire dans lequel il invoque toutes les fins de non-recevoir opposables à la demande. Il nie, le plus souvent, qu'un dommage ait été causé, ou bien il en conteste le caractère et soutient que ce dommage n'est pas de nature à donner droit à une indemnité. En présence des allégations contradictoires qui se produisent devant lui, le Conseil de préfecture est tenu, aux termes de l'art. 56 de la loi du 16 septembre 1807, et avant même de décider en principe qu'une indemnité est due, d'ordonner l'expertise. (Voy. 27 déc. 1860, *Syndicat de la Saune*, 827.) Ce n'est pas, disons-nous, une faculté, c'est une obligation rigoureuse. L'expertise est la seule garantie que la loi donne à la propriété privée, et elle est indispensable toutes les fois que les parties sont contraires en fait, soit quant à l'existence, soit quant à la nature, soit quant à l'étendue du dommage. Il est vrai que l'art. 56 ne prescrit l'expertise que pour l'évaluation des indemnités relatives à une occupation de terrain, et de ces expressions qui, au premier abord, semblent limitatives, quelques auteurs ont conclu que l'expertise n'est nécessaire que dans le cas spécial prévu par cette disposition. Le Conseil d'État a même jugé que dans toute autre circonstance la loi ne trace pas aux Conseils de préfecture de marche à suivre pour s'éclairer sur le mérite des réclamations, et que, par exemple, on doit

considérer comme régulier au arrêté rendu dans une contestation en matière de dommages, sur le rapport des ingénieurs et sans autre instruction. (Voy. 17 janvier 1838, *Rodet*, 35.) Mais il est bientôt revenu sur cette interprétation restrictive de l'art. 56. De l'ensemble des dispositions du titre XI, dans lequel est placé cet article, il résulte en effet qu'il a pour but de déterminer les formes d'instruction applicables dans tous les cas d'estimation de dommages. Si l'art. 56 parle seulement de l'évaluation des indemnités relatives aux occupations de terrains, cette énonciation, qui se réfère à l'un des cas les plus ordinaires, a eu pour but de donner un exemple, non de restreindre à ce cas l'obligation du Conseil de préfecture de ne statuer qu'après une expertise préalable. L'expertise est nécessaire au même degré dans toutes les demandes d'indemnité ; quelle que soit la cause du dommage, que ce dommage provienne d'une occupation temporaire ou de toute autre atteinte à la propriété privée, ce mode d'instruction est également indispensable et doit être ordonné.

540. — En conséquence, il a été jugé qu'un Conseil de préfecture ne peut rejeter la demande *de plano*, sous le prétexte que les dommages allégués lui paraissent indirects, s'il est nécessaire, pour en fixer le caractère, de faire des vérifications matérielles qui ne sont pas dans ses attributions (4 mai 1854, *Ramspacher*, 399) ; ni sous le prétexte que l'expertise est inutile en présence des faits acquis aux débats (25 mars 1854, *Piatier*, 225) ; ni sous le prétexte que les travaux, provoqués par le demandeur lui-même, loin de déprécier sa propriété, l'ont augmentée de valeur (9 août 1855, *Mouret*, 600) ; ni sous le prétexte que le Conseil de préfecture a lui-même visité les lieux, et que, s'il y avait préjudice, les avantages résultant des travaux compen-

seraient largement ce préjudice (30 juin 1859, *Philippe*, 464) [1] ; ni sous le prétexte que le propriétaire aurait pris l'engagement de tolérer les travaux sans indemnité, s'il soutient que les limites de l'autorisation par lui donnée ont été dépassées par l'administration. (19 avril 1859, *Rieux*, 308.) — Le Conseil de préfecture ne pourrait même pas surseoir à ordonner l'expertise jusqu'à ce qu'il eût été constaté que les parties ne peuvent se mettre d'accord. (29 juillet 1858, *Palous*, 556; Consult.; 8 déc. 1853, *Dumont*, 1042; 29 déc. 1853, *Rivière*, 1127; 31 mai 1855, *Martin*, 387; 8 janv. 1857, *Deleveau*, 35; 12 fév. 1857, *Bullot*, 135; 19 fév. 1857, *Bionneau*, 151; 20 nov. 1857, *Gérard*, 747; 17 déc. 1857, *Morin*, 835; 11 fév. 1858, *Chemin de fer de Lyon*, 144; 21 juil. 1858, *Bompois*, 536; 5 janv. 1860, *Turban*, 15; 15 juin 1861, *Gouley*, 531.)

Pour que l'expertise cesse d'être obligatoire, il faut qu'aucun doute ne puisse s'élever sur le caractère des dommages, d'après les indications du demandeur lui-même, et qu'il soit absolument certain que ce dommage n'est ni direct ni matériel. (5 mai 1859, *Hubie*, 354.)

544. — Des objections particulières ont été présentées en matière de dommages causés aux usines. L'article 48 de la loi du 16 septembre 1807, en consacrant le droit des usiniers à une indemnité, lorsque l'établissement de l'usine est légal et que le titre ne contient pas la

---

1. Cette décision est conforme au principe admis en matière civile. — On n'admet pas que la connaissance acquise par le juge, en dehors du procès, de faits contestés entre les parties, ait pour résultat de le dispenser de l'obligation d'en ordonner la vérification au moyen des voies légales, et par suite de lui permettre d'opposer son propre témoignage aux assertions du demandeur. (Montpellier, 23 nov. 1852, *Rive-Male*, D. P., 53. 2, 232; Bastia, 7 fév. 1855, *Santucci*, D. P., 55, 2, 188.)

clause de non-indemnité, veut que les ingénieurs cons-tatent la nécessité de la suppression ou de la modification projetée ; mais il n'impose pas au Conseil de préfecture, d'une manière expresse, l'obligation de faire procéder, pour l'évaluation du dommage, à une expertise préalable. — « La loi, dit M. Dufour, n'a dit nulle part que « pour l'évaluation des indemnités, le Conseil de pré-« fecture devait nécessairement faire procéder à une « expertise ; nous sommes dès lors disposés à croire « qu'elle a entendu ne pas déroger en ce point aux « règles générales, et laisser au juge le choix des moyens « de s'éclairer. » (*Droit admin.*, t. IV, n° 523.) On peut citer à l'appui de cette opinion un décret du 29 nov. 1851 (*Comp. de la navig. du Drot*, 709.) Mais depuis, le Conseil d'État s'est prononcé en sens contraire. (Voy. 12 fév. 1857, *Bullot*, 134 : 1er sept. 1858, *David*, 631 ; 24 fév. 1859, *Ledoux* et *Dubrulle*, 148 ; 22 mars 1860, *Réthoré*, 247 ; 4 avril 1861, *Douliez*, 246), et cette jurisprudence concilie, suivant nous, le respect de la loi avec le respect dû à la propriété privée. Ici, plus qu'en aucun autre cas, l'expertise était nécessaire : car l'appréciation des dommages causés aux usines demande des connaissances spéciales que ne peuvent pas posséder les Conseils de préfecture.

D'un autre côté, si l'article 48 n'exige point expressément, pour le cas de dommage aux usines, qu'il soit procédé à une expertise, il parle du *prix de l'estimation*, et il est naturel de penser que la loi, en ne traçant pas de règles spéciales, a voulu laisser ce cas particulier sous l'empire des dispositions générales édictées par l'article 56.

542. — Le mode de nomination des experts varie suivant qu'il s'agit de travaux de grande voirie, de travaux concédés ou de travaux communaux.

Pour les travaux de grande voirie, l'un des experts est nommé par le propriétaire et l'autre par le préfet.

Lorsqu'il s'agit de travaux exécutés par un concessionnaire, un expert est nommé par le propriétaire et l'autre par le concessionnaire.

Quant aux travaux des villes [1], un expert est nommé par le propriétaire et l'autre par le maire de la ville, ou de l'arrondissement pour Paris. (Art. 56, 1. du 16 sept. 1807.)

543. — Telles sont les règles à suivre pour la nomination des experts, et ces règles sont tellement rigoureuses que leur inobservation entraîne la nullité de la procédure.

544. — Nous avons vu, par exemple, que, pour les travaux communaux, un expert doit être nommé par le propriétaire, un par le maire de la ville, et le tiers expert par le préfet. — Le Conseil d'État a annulé un arrêté rendu sur le rapport de trois experts choisis par la ville et le propriétaire. (15 mai 1856, *Ville d'Amiens*, 366.)

L'expertise prescrite par l'art. 56 de la loi de 1807 ne peut pas même être suppléée par une expertise ordonnée par le tribunal civil ou par le président du tribunal, statuant en référé. (22 janv. 1850, *Chemin de fer de Strasbourg à Bâle* 611 ; 23 mars 1854, *Piatier*, 225 ;

---

1. M. Cotelle (t. 2, p. 106) dit que « lorsque des travaux sont exécutés pour le compte d'une commune, la loi ne rend pas l'expertise obligatoire comme pour ceux de l'État. » C'est là une erreur maninifeste et qu'il est difficile de s'expliquer en présence du texte si précis de la loi de 1807. — Quant à l'ordonnance du 23 août 1845 (*Pourchot,* 437), citée par M. Cotelle à l'appui de sa proposition, il est à remarquer qu'elle a statué, non pas sur une réclamation pour dommages, mais sur un procès entre une commune et un entrepreneur, à raison de l'exécution de son marché, cas dans lequel, en effet, l'expertise n'est pas obligatoire. (Voy. *suprà*, n° 532.)

22 juillet 1855, *Bourdet*, 520 ; 21 juillet 1858, *Bompois*, 536.)

545. — Mais la comparution des parties à l'expertise couvre la nullité résultant de ce que les experts ont été nommés par l'administration ou par le Conseil de préfecture. L'absence de protestations et de réserves contre cette désignation fait présumer l'acquiescement. Les dispositions de l'art. 56, qui donnent aux parties le droit de choisir leurs experts, et dans certains cas aux préfets le droit de désigner le tiers expert, n'ayant pas un caractère d'ordre public, le silence de la partie intéressée à se prévaloir de leur inobservation a pour effet de faire disparaître le vice de l'arrêté qui procède à cette désignation contrairement au vœu de la loi. (Voy. 28 juillet 1852, *Com. de Maule*, 328.)

A plus forte raison, si les parties consentent formellement devant le Conseil de préfecture à ce qu'il soit procédé aux opérations par un seul expert, et si elles comparaissent devant lui, devrait-on les considérer comme mal fondées dans leurs réclamations ultérieures contre la violation des formes légales. (Voy. 10 déc. 1857, *Comp. du chemin de fer de Lyon*, 804.)

546. — Il y a, d'après la jurisprudence, un cas où la rigueur des formes prescrites pour les expertises en matière de dommages doit céder devant des considérations pratiques qui n'en permettent pas alors l'emploi. Cette exception concerne les réclamations formées à raison de torts causés aux personnes, par exemple, à raison de blessures reçues dans l'exécution des travaux, de maladies occasionnées par la stagnation d'eaux putrides, etc. Dans ces circonstances, la vérification ordonnée par le Conseil de préfecture, à l'effet de constater l'état des victimes, n'est pas assujettie aux formalités ordinaires.

Le Conseil de préfecture peut directement choisir les médecins chargés de faire les constatations, sans mettre préalablement les parties en demeure de faire cette désignation. (Voy. 11 mai 1854, *Rougier*, 424.)

547. — La loi du 21 mai 1836 sur les chemins vicinaux contient des dispositions particulières qui s'écartent des règles établies par l'art. 56 de la loi de 1807. Aux termes de l'art. 17, l'indemnité pour extraction de matériaux ou pour dépôts et enlèvement de terre est réglée sur le rapport de deux experts, nommés l'un par le propriétaire, l'autre par le sous-préfet, sans distinction entre les travaux exécutés par les entrepreneurs et ceux qui sont dirigés par l'administration. (8 déc. 1839, *Loyer*, 583.)

548. — L'article 17 ne parle que des extractions de matériaux ou de l'occupation temporaire. S'il s'agissait de dommages d'une autre nature, ne devrait-on pas suivre, pour la nomination des experts, les formes déterminées par la loi de 1807 ? Par exemple, dans le cas où les dommages résulteraient de travaux exécutés par un entrepreneur, cet entrepreneur n'aurait-il pas le droit de désigner son expert ?

Pour l'affirmative, on peut dire que la loi du 16 sept. 1807 est la loi générale de la matière, qu'elle a, dans son article 56, fixé le mode de procéder en matière d'expertise tendant à l'évaluation des dommages, et que l'art. 17 de la loi du 21 mai 1836 n'a, par suite, que la force et la valeur d'une disposition exceptionnelle devant, à ce titre, être renfermée strictement dans ses termes ? Cette interprétation est rigoureuse, sans doute, mais elle se justifie par cette considération qu'il s'agit ici de formes de procédure où tout est de droit étroit et où l'on doit repousser toute solution qui se fonde uniquement sur l'analogie. Or, le texte de l'art. 17 est clair et précis : le mode de nomination des experts qu'il adopte, il l'établit seulement en vue de l'extraction des matériaux et de l'occupation temporaire. Il faut donc, en ce qui concerne les autres dommages, suivre les prescriptions de la loi du 16 sept. 1807.

Cette argumentation n'est pas absolument concluante. Il est bien vrai que l'art. 17 ne s'est préoccupé que de deux sortes de dommages. Mais il faut voir là seulement une indication, et non pas une disposition ayant un caractère limitatif. C'est ainsi que la jurisprudence a appliqué et interprété l'art. 56 de la loi de 1807, qui, lui aussi, ne règle expressément les formes de l'expertise que pour « l'évaluation des indemnités relatives à une occupation de terrain. » Malgré ces termes restrictifs, on n'a jamais fait difficulté d'en étendre la portée à tous les dommages résultant de l'exécution des travaux publics. (Voy. 19 janv. 1850, *Lheurin*, 84.) La loi de 1836 doit être interprétée de la même manière, et bien qu'elle n'ait statué expressément que pour l'extraction des matériaux et l'occupation temporaire, on doit entendre ses dispositions dans un sens large et général. Pourquoi, en effet, en limiterait-on l'application? Par quel motif particulier justifierait-on une interprétation restrictive? Si, en 1836, les dispositions antérieures pour l'évaluation des indemnités d'occupation de terrains en matière de chemins vicinaux n'ont pas paru bonnes à conserver, pourquoi aurait-on fait une exception en ce qui concerne les autres dommages? Il est impossible de répondre à cette question d'une manière satisfaisante. Concluons de là que l'article 17 n'a procédé que par voie d'énumération et qu'on en méconnaîtrait l'esprit en restreignant son application à l'extraction des matériaux et à l'occupation temporaire.

549. — Chacune des parties intéressées nomme son

expert ; il y a par suite autant d'experts que d'intérêts distincts. Ainsi, lorsque les travaux ont été exécutés pour partie par un entrepreneur et pour partie en régie, au compte de l'État, d'un département ou d'une commune, l'entrepreneur et l'État, le département ou la commune étant responsables, dans une proportion à déterminer, des dommages causés, peuvent désigner chacun leur expert. (Voy. 29 juillet 1858, *Paillot*, 553.)

550. — Mais comment faut-il procéder, si l'une des parties intéressées refuse de procéder à cette désignation ?

La réponse à cette question nous est donnée par la jurisprudence. C'est, disent les arrêts, à l'autorité qui a ordonné l'expertise, et qui doit statuer sur ses résultats, qu'il appartient, à défaut de nomination des experts par l'une ou l'autre des parties, de les désigner et de recevoir leur serment. Ainsi, lorsque le préfet a choisi un expert pour procéder, dans l'intérêt de l'État, et contradictoirement avec l'expert du réclamant, si ce dernier, après notification de l'arrêté, ne désigne pas d'expert, le Conseil de préfecture doit, avant de statuer, le mettre en demeure de faire cette désignation, et faute par lui de le faire, nommer un expert d'office. L'arrêté rendu sur une expertise faite par le seul expert de l'administration est entaché de nullité. (10 nov. 1853, *Gorsas*, 947.)

Le Conseil de préfecture ne peut pas davantage, en cas de refus de l'une des parties, déléguer au préfet le droit de nommer l'expert de cette partie. (8 janv. 1847, *Pourchot*, 26.)

551. — La loi du 16 septembre 1807 ne s'est point expliquée sur le droit qui, en matière civile, appartient, dans certains cas déterminés, aux parties intéressées, de récuser les experts. Mais on ne saurait induire du silence de la loi spéciale que le droit de récusation

n'existe point en matière de travaux publics. Il s'agit ici, en effet, d'un droit naturel, supérieur, dont l'exercice est indispensable devant toute juridiction régulièrement organisée. L'expertise cesserait de présenter les garanties que la justice et les justiciables doivent y trouver, si le choix des experts échappait dans tous les cas au contrôle de la partie intéressée à le critiquer. Quelle influence utile l'instruction peut-elle avoir sur la décision qu'elle est destinée à préparer, si elle est faite par des personnes prévenues et dont le témoignage est naturellement suspect ? Il nous paraît donc qu'on peut invoquer dans notre matière toutes les causes de récusation qui ont été indiquées par l'article 283 du C. de procéd. civ. applicable aux expertises, aux termes de l'article 310 du même Code. Le Conseil d'État a jugé en ce sens qu'on peut récuser l'expert qui a bu et mangé avec la partie et à ses frais, depuis l'arrêté qui a ordonné l'expertise (15 juin 1818, *Lassis*). De même la récusation devrait être admise contre les parents ou alliés de l'une ou de l'autre des parties jusqu'au degré de cousin issu de germain inclusivement, contre l'héritier présomptif, les serviteurs ou domestiques, contre l'expert en état d'accusation, etc , etc., en un mot dans tous les cas prévus par l'article 283 du C. de procéd. civile.

Dans ces derniers temps, le Conseil d'État nous semble s'être écarté de ces principes en donnant à l'administration, dans le choix de son expert, une liberté illimitée. Il a décidé, par exemple, qu'elle peut désigner celui de ses agents qui a été chargé de diriger les travaux auxquels le dommage est attribué. (21 juillet 1853, *Deprats*, 774 ; 11 août 1859, *Izernes*, 576.) Cette tendance est regrettable; si l'on abandonne la désignation des experts, sans règles et sans conditions, à la convenance et à l'intérêt des parties, les Conseils de préfecture n'auront plus, pour former leur jugement, que des appréciations exagérées et contradictoires, où des deux côtés la mesure et l'impartialité feront également défaut. Les rapports, au lieu de contenir l'expression d'une conviction réfléchie, dégénéreront en plaidoyers où le langage de la passion ou de l'intérêt prendra la place des appréciations froides, mesurées et consciencieuses. Il serait digne du Conseil d'État, dont la haute sagesse sait si bien concilier d'ordinaire les droits de l'administration avec la satisfaction légitime des intérêts privés, de revenir à une application plus sévère des principes.

552. — Les experts doivent être avertis de leur nomination, et mis en demeure par la partie la plus diligente, d'avoir à accomplir leur mission. Si cette formalité est omise, l'opération à laquelle il est procédé en arrière de l'un des experts, est nulle. Ainsi, lorsque le propriétaire a satisfait aux prescriptions de l'arrêté en désignant son expert, on ne peut lui en nommer d'office un autre avant que celui qu'il a indiqué ait été mis en demeure de se trouver aux jour et lieu fixés pour l'expertise, et ait fait défaut. (18 mai 1837, *H*ers *Pelletier*, 201.)

553. — Le décès d'un expert nommé d'office par le Conseil de préfecture pour une partie fait rentrer cette partie dans la plénitude de son droit de désignation. En conséquence, c'est à défaut seulement par elle d'exercer ce droit, qu'il peut y avoir lieu à une désignation d'office. (6 juillet 1854, *Spineux*, 631.)

554. — Les experts, avant de procéder à leurs opérations, doivent prêter serment, soit devant le Conseil de préfecture, soit devant un magistrat de l'ordre judiciaire ou administratif délégué à cet effet. L'observation de cette formalité est essentielle à la validité des opérations. Une jurisprudence invariable applique ici l'article 305

du C. de procéd. civile. (Voy. 31 août 1849, *Com. de
Vicq*, 594; 1ᵉʳ déc. 1852, *Debrousse*, 569; 9 déc. 1852,
Fougère, 589; 26 juin 1856, *Anssart*, 444; 2 avril 1857,
Garnier, 241; 17 fév. 1859, *Mancel et Vieules*, 141;
10 mai 1860, *Gaëtan-Ricca*, 390; 10 janv. 1861, *Des-
jobert*, 22.) — Mais si les experts ont procédé successivement à deux expertises, le serment prêté lors de
la première expertise les dispense d'une nouvelle prestation lors de la seconde. (13 juin 1860, *Libéron*, 472.)

Devrait-on annuler l'expertise, si le serment des
experts avait été prêté entre les mains du chef ou de
l'un des agents de l'administration qui est en cause,
par exemple entre les mains du préfet, s'il s'agit de
dommages résultant de travaux de l'État, ou du maire
de la commune, s'il s'agit de dommages résultant de
travaux communaux? Je ne le pense pas. Ce qui importe
aux parties, c'est que le serment soit prêté; il faut que
les experts se pénètrent par là de l'importance de leur
mission et des devoirs qu'elle leur impose. Or, par
exemple, l'intérêt que le maire peut avoir, comme habitant, à une solution favorable à la commune, n'altère
pas son caractère public, et n'a aucune influence sur
l'engagement solennel que prennent les experts de
remplir loyalement leur mandat. Cette obligation est
pour eux aussi sacrée; les garanties que la loi a voulu
donner aux intéressés ne sont pas diminuées : le serment lie les experts de la même manière que s'il avait
été reçu par tout autre fonctionnaire. Ajoutons que si
la délégation n'est pas contestée dans le cours des opérations de l'expertise, ni pendant l'instance devant le
Conseil de préfecture, la partie intéressée n'est plus
recevable à présenter le moyen de nullité devant le
Conseil d'État. (Voy. 7 avril 1859, *Nazart*, 275;
17 janv. 1861, *Boissey*, 41.)

555. — La nullité résultant du défaut de prestation de serment n'est pas absolue. On voit tous les jours les tribunaux dispenser les experts du serment, lorsque les parties y consentent, afin de diminuer les frais. Mais devra-t-on conclure du seul fait, que les parties ont assisté aux opérations des experts sans réclamer l'accomplissement de cette formalité, qu'elles ont entendu renoncer à exciper de la nullité de l'expertise? Cela nous paraît difficile. Lorsque les experts prêtent serment devant le Conseil de préfecture, ou, sur sa délégation, devant un magistrat de l'ordre judiciaire ou administratif, les parties ne sont pas appelées ; elles peuvent donc ignorer, au moment où les opérations ont lieu, que la formalité n'a pas été accomplie, et par conséquent il est impossible de conclure de leur assistance sans protestation à l'expertise qu'elles ont entendu dispenser les experts du serment.

556. — Lorsque les experts ne s'accordent pas, il y a lieu nécessairement, et à peine de nullité, à la désignation d'un tiers expert. (27 mars 1856, *Guion*, 237.)

Le tiers expert est désigné par le préfet, lorsqu'il s'agit de travaux exécutés par un concessionnaire ou de travaux communaux (Art. 56, L. 16 sept. 1807. — Le préfet jouit, pour cette désignation, d'une latitude entière ; il a le droit de nommer toute personne qu'il juge convenable. (Voy. 25 mars 1846, *Breton*, 185 ; 1er juin 1850, *Lefranc de Pompignan*, 531.)

557. — Quand il s'agit de travaux de grande voirie, l'ingénieur en chef est tiers expert de droit, à peine de nullité de l'arrêté. (Voy. 21 juill. 1839, *Culmet*, 397 ; 19 janv. 1850, *David et V⁰ Marion*, 87; 8 juin 1850, *Bergère*, 557; 8 déc. 1853, *Mascaras*, 1043 ; 27 mars 1856, *Guion*, 237 ; 23 fév. 1861, *Friquet*, 138.) A Paris, l'ingénieur en chef, directeur du pavé, remplit les

fonctions de tiers expert. (14 déc. 1850, *Briquet*, 932.)

La désignation de l'ingénieur en chef ne peut être suppléée par la délégation d'un des membres du Conseil de préfecture chargé d'aller visiter les lieux (30 juill. 1847, *de Sérent*, 536), et il faut prendre son avis dans le cas même où il aurait antérieurement émis une opinion contraire à la réclamation. (Voy. 11 août 1859, *Izernes*, 576.)

En matière de chemins vicinaux, le tiers expert est nommé par le Conseil de préfecture. (Art. 17, l. du 21 mai 1836.)

Les ingénieurs, spécialement attachés à des ouvrages d'utilité publique, remplissent, en ce qui les concerne, les fonctions attribuées par les lois et règlements aux ingénieurs du service ordinaire des arrondissements et des départements. C'est donc à ces ingénieurs qu'il appartient de procéder, comme tiers experts, au règlement des indemnités réclamées à raison de dommages résultant des travaux qu'ils dirigent. (19 janvier 1850, *Lheurin*, 84.)

558. — En général, la formalité du serment est obligatoire pour le tiers expert comme pour les experts. Toutefois, l'ingénieur en chef procédant en cette qualité, accomplit un acte de ses fonctions et n'y est pas assujetti. (Voy. 19 janv. 1850, *Lheurin*, 84; 21 juin 1854, *Le Dingon*, 574.) Le Conseil d'État a même décidé que l'ingénieur en chef est dispensé du serment, lorsque, la réclamation étant dirigée contre un concessionnaire, il procède à la tierce expertise, non comme tiers expert de droit, en vertu de la délégation de la loi, mais par suite de la désignation du préfet. (29 nov. 1851, *Bourdin*, 721 ; 11 août 1849, *Quesnel*, 500.) Mais on a fait justement remarquer que, dans ce cas, le préfet ayant le droit de désigner toute autre personne que l'ingénieur

en chef, ne le choisit pas en sa qualité de fonctionnaire; l'ingénieur en chef ne remplit pas un acte de ses fonctions et l'exception à la règle ne se justifie plus. (M. Lebon, sur l'arrêt du 29 nov. 1851.)

559. — Le tiers expert (que ce soit l'ingénieur en chef ou qu'il ait été désigné par le préfet) n'est pas obligé de se transporter sur les lieux (1er déc. 1853, *de Chevreuse*, 990; 31 mai 1855, *d'Andigné*, 388), ni d'appeler devant lui les experts, ni d'adopter l'une ou l'autre des opinions exprimées. (Voy. 17 avril 1856, *Demeure*, 313 et les déc. préc.)

560. — Parfois, le Conseil de préfecture ne trouvant pas dans l'expertise des éléments de solution suffisants, est obligé d'en ordonner une seconde. L'expertise complémentaire est soumise aux mêmes formes que la première. Ainsi, l'arrêté qui désigne trois nouveaux experts est nul. (6 juin 1856, *Mettiez*, 403; voy. aussi 7 déc. 1850, *Labille*, 918.) Cependant des arrêts postérieurs en date des 10 mars 1859 (*Chem. de fer du Midi*, 193, et 14 fév. 1861, *Id.*, 113) semblent admettre que le Conseil de préfecture, après une première expertise, peut, au lieu d'en ordonner une seconde, se borner à charger un homme de l'art de vérifier un des points en litige, pourvu que cette vérification ne soit que partielle. Mais cette exception, si elle devait prévaloir dans la pratique, affaiblirait l'autorité de la règle, et elle est absolument contraire à l'esprit de la loi et à l'ensemble de la jurisprudence.

561. — Rien ne s'oppose, lorsqu'une expertise a été annulée pour vice de forme, à ce que les mêmes experts soient désignés pour procéder à une nouvelle expertise, (7 avril 1859, *Nazart*, 275.) Mais il en serait autrement si l'expertise était annulée après examen du fond; les mêmes experts ne pourraient pas être désignés; outre que la nouvelle opération, faite par les mêmes per-

sonnes, serait, en fait, le plus souvent inutile, en ce qu'elle n'apporterait pas de nouveaux éléments de solution, elle ne présenterait pas les garanties que la loi exige. Les experts seraient pour ainsi dire liés par leur premier travail, et on ne pourrait pas attendre d'eux la liberté d'appréciation et l'impartialité indispensable à l'accomplissement de leur tâche. (Voy. 17 nov. 1819, *Hardy*.)

562. — L'avis de tous les experts doit, à peine de nullité de l'arrêté, être remis et communiqué au Conseil de préfecture. (24 juillet 1847, *Métral*, 492.)

563. — L'article 57 de la loi du 16 septembre 1807, exige l'avis du contrôleur et du directeur des contributions directes ; mais l'omission de l'un ou de l'autre de ces deux avis n'entraîne pas la nullité de l'arrêté. (29 nov. 1851, *Bourdin*, 721 ; 6 août 1855, *Mackensie*, 578.) En matière de chemins vicinaux le contrôleur et le directeur des contributions directes ne sont pas même consultés. L'art. 17 de la loi du 21 mai 1836 n'a pas reproduit à cet égard les exigences de la loi du 16 sept. 1807.

564. — Les arrêtés des Conseils de préfecture, comme ceux de tous les autres tribunaux sont motivés. Les motifs doivent porter non-seulement sur tous les chefs de demande, mais sur tous les moyens et exceptions présentés par les parties. Le Conseil d'État a annulé pour défaut de motifs un arrêté qui se bornait à adopter les conclusions du rapport de l'ingénieur délégué à l'effet de vérifier les lieux et les travaux litigieux, et qui, en se référant purement et simplement à ce document, n'indiquait ni les questions soulevées dans le débat, ni les motifs principaux de décision. (24 mai 1854, *Fougeron*, 494.)

SECTION II

Procédure devant le Conseil d'État.

565. — Le recours au Conseil d'État est ouvert contre les arrêtés contradictoires des Conseils de préfecture pour vices de forme, violation de la loi ou mal jugé au fond.

566. — Mais à quels caractères reconnaît-on les arrêtés contradictoires?

D'après la jurisprudence constante du Conseil d'État, il suffit qu'une partie ait désigné son expert, ou assisté aux opérations de l'expertise, ou ait pris des conclusions devant le Conseil de préfecture pour que la décision rendue soit à son égard considérée comme rendue contradictoirement. — Il n'est pas nécessaire qu'elle ait pris de nouvelles conclusions ou présenté des observations sur le rapport des experts.

Les sieur et dame Pouplin avaient adressé au Conseil de préfecture de la Sarthe un mémoire tendant à ce qu'il fût procédé par experts à l'estimation des dommages qui leur avaient été causés par l'extraction de matériaux sur leur propriété. — L'expertise fut ordonnée : ils y assistèrent, et de plus, une tierce expertise ayant eu lieu, il leur fut donné communication du rapport du tiers expert. Puis, un arrêté du Conseil de préfecture fixa le chiffre de l'indemnité. — Les époux Pouplin firent opposition à l'arrêté et soutinrent que n'ayant présenté aucune observation ni pris aucunes conclusions au fond, ils devaient être considérés comme ayant fait défaut. — Mais leur opposition fut déclarée non recevable par le Conseil de préfecture dont l'arrêté fut confirmé par le Conseil d'État. (20 juillet 1854, *Pouplin*, 681.) C'est donc par la voie du pourvoi et non par celle de l'opposition que de semblables arrêtés doivent être attaqués. (Voy. 1er juin 1849, *Bordes*, 297 ; 5 avril 1851, *Husson*, 248; 16 août 1860, *chemin de fer du midi*, 654.)

567. — Le délai du recours est de trois mois à partir de la signification de l'arrêté quand il s'agit d'arrêtés définitifs ou interlocutoires. — Quant aux arrêtés simplement préparatoires, le délai ne commence à courir qu'après l'arrêté définitif et le pourvoi doit être formé

conjointement avec le recours dirigé contre cet arrêté. (Art. 451 du C. de procéd. civ.)

568. — L'arrêté qui ordonne l'expertise est quelquefois préparatoire, quelquefois interlocutoire. — Il est préparatoire lorsqu'il charge les experts de constater l'existence du dommage et sa nature ; il est interlocutoire, au contraire, lorsque, reconnaissant en principe le droit du réclamant à une indemnité, il donne aux experts l'unique mission de vérifier l'importance du dommage et d'apprécier le montant de l'indemnité.

Si le dispositif de l'arrêté est conçu en termes laconiques, il est nécessaire de se reporter aux motifs pour en déterminer le caractère : les motifs éclairent le dispositif et lui donnent sa véritable portée. Ils n'en peuvent être séparés sans rendre impossible l'examen du point de savoir si l'arrêté est interlocutoire ou simplement préparatoire. On doit, par la même raison, consulter les conclusions prises par les parties. Ce sont ces conclusions et ces motifs qui déterminent le point que l'arrêté a entendu trancher, *rem judicatam*. Prendre le dispositif seul, l'interpréter abstraction faite de ces éléments, ce serait le plus sûr moyen de méconnaître le sens de la décision. Le dispositif, considéré isolément, n'apprend qu'une chose, le mode d'instruction qui a été prescrit ; mais il ne dit pas et il ne peut pas dire dans quel but le juge a ordonné l'expertise, et si en l'ordonnant il voulait et entendait juger définitivement la question du droit à l'indemnité.

Rappelons à ce sujet quelques décisions.

569. — Le Conseil de préfecture de la Marne avait, par un premier arrêté, prescrit une expertise à l'effet d'évaluer l'indemnité due au sieur Barillau, pour les chômages subis par ses moulins de 1847 à 1850. — Il

était dit dans cet arrêté que l'indemnité serait déterminée en raison de la quantité de force motrice qui était
utilisée en 1791, au moment de la vente nationale consentie par l'État au sieur Barillau, et de l'effet utile que
celui-ci pouvait obtenir aujourd'hui de cette même
quantité de force motrice. L'expertise eut lieu sur ces
bases, et un arrêté définitif fixa l'indemnité. — Le ministre des travaux publics se pourvut contre ce dernier
arrêté ; il soutint que l'indemnité n'aurait dû être fixée
qu'eu égard à l'état des usines au moment de la vente
nationale, et qu'on n'aurait pas dû tenir compte de l'emploi plus utile qui pouvait avoir été fait ultérieurement
de la force motrice existant en 1791. Mais ce recours
fut repoussé, et c'était justice ; car il remettait en question la chose définitivement jugée par l'arrêté fixant les
bases de l'expertise, arrêté qui n'avait pas été attaqué
dans les délais. (29 mars 1853, *Barillau*, 403.)

570. — Ce que nous disons de l'arrêté qui détermine
les bases de l'indemnité est applicable à celui qui détermine la nature des dommages. — Si, pour ordonner
l'expertise, le Conseil de préfecture se fonde sur ce que
les dommages sont directs et matériels, il n'est plus
temps, après l'arrêté définitif, de se pourvoir contre
l'arrêté qui a ordonné l'expertise. Une décision qui
n'ordonne l'expertise qu'après avoir constaté que les
dommages sont de nature à donner droit à une indemnité, et qui confie aux experts l'unique mission d'évaluer le préjudice causé, consacre évidemment le droit à
l'indemnité ; c'est une décision interlocutoire. — Ainsi
il a été décidé qu'il aurait fallu attaquer dans le délai
de trois mois, et non pas seulement en même temps que
l'arrêté définitif, l'arrêté qui, pour ordonner l'expertise,
déclarait dans ses motifs qu'il était mis en fait par le réclamant « que, par suite de la suppression d'un bras de

« rivière navigable, sa propriété était ouverte au pu-
« blic;... que les prairies qui en dépendent, privées de
« la fraîcheur que leur assuraient les eaux courantes de
« ce bras de rivière, avaient perdu de leur valeur, et
« que, s'il en était ainsi, la Compagnie concessionnaire
« lui avait causé un préjudice *direct et matériel* qu'elle
« était tenue de réparer. » (2 déc. 1858, *Comp. des chem.
de fer du Midi*, 691 ; voy. enc. 7 mars 1849, *Denny*,
143 ; 23 nov. 1849, *Delmas et Buis*, 639; 16 nov. 1850,
Bourlon de Rouvre, 827.)

571. — L'arrêté qui ordonne l'expertise est, au contraire, purement préparatoire lorsque, sans s'expliquer
sur le caractère des dommages allégués, il donne mission aux experts d'en constater l'existence et la nature.

Saisi par le sieur Marion d'une demande en indemnité, le Conseil de préfecture de la Côte-d'Or avait ordonné qu'il serait procédé à une expertise ayant pour
objet de constater : 1° *en quoi consistaient* les dommages
dont se plaignait le sieur Marion; 2° quelle était l'importance de ce dommage.

Le ministre des travaux publics se pourvut contre
cet arrêté, dont les considérants lui paraissaient méconnaître la distinction proclamée par la jurisprudence
du Conseil d'État touchant les dommages directs et les
dommages indirects.

Mais ce pourvoi fut rejeté par le motif que la décision
attaquée ne faisait pas obstacle à ce qu'il fût ultérieurement, à raison de la nature du dommage, examiné s'il
y avait ou non lieu à indemnité. (29 juin 1850, *Marion*, 633.)

Et, en effet, la nature des dommages avait été si peu
précisée, que le Conseil ordonnait une expertise pour
savoir *en quoi ils consistaient;* il n'avait donc pas jugé

expressément que tels ou tels dommages étaient directs
et matériels. Il n'y avait pas eu de débat entre les parties
sur ce point. On avait plaidé non sur la nature, mais
sur l'existence même du dommage, et par suite le caractère purement préparatoire de l'arrêté était certain.
(Voy. enc. 17 janvier 1853, *Wenger*, 161; 27 août
1854, *Osterrich*, 818; 18 août 1856, *Min. de la guerre*,
552; 22 janv. 1857, *Gilbert*, 58.)

572. — L'acquiescement du réclamant élève contre
le pourvoi une fin de non-recevoir insurmontable.

L'acquiescement est exprès ou tacite. Le Conseil d'État
a considéré autrefois comme emportant acquiescement
la signification de l'arrêté faite sans réserve par le demandeur. (Voy. 16 juillet 1847, *Montagnon*.) Mais depuis il s'est montré moins rigoureux, et il décide seulement que la signification fait courir le délai du pourvoi
contre l'auteur de la signification lui-même; d'où il
suit qu'on doit déclarer non recevable le recours formé
par lui plus de trois mois après cette notification. (Voy.
15 juillet 1842, *de la Fresnaye*, 375, 1er fév. 1855,
Itam et Mennechet, 106.)

573. — La désignation d'un expert par une partie,
et l'assistance de celle-ci aux opérations de l'expertise,
la rendent également non recevable dans son pourvoi
contre l'arrêt qui a ordonné l'expertise.

« Considérant que, par son arrêté interlocutoire du
« 18 août 1854, le Conseil de préfecture du Tarn ne
« s'est pas borné à ordonner une expertise, mais a dé-
« cidé que la plus-value opposée au sieur Fournier de-
« vait être appréciée, non en raison de l'ensemble des
« travaux exécutés par la ville d'Alby, en 1851 et 1852,
« mais exclusivement en raison des travaux de déblais
« effectués en 1854 dans la rue de Verdusse, au droit
« de la maison dudit sieur Fournier, pour opérer le ni-

« vellement de ladite rue ; que le maire de ladite ville,
« en nommant son expert, par arrêté du 25 août 1854,
« et en assistant aux opérations de l'expertise, a exécuté
« ledit arrêté ; que dès lors le pourvoi formé par le
« maire, au nom de la ville d'Alby, est non recevable..... (4 déc. 1856, *Ville d'Alby*, 685.)

574. — Le seul fait d'avoir acquitté sans réserve le
montant des condamnations prononcées ne peut être
considéré comme un acte d'exécution volontaire emportant acquiescement à la décision, attendu qu'aux termes
de l'article 3 du règlement du 21 juillet 1806, le recours au Conseil d'État n'est pas suspensif.

575. — Une autre fin de non-recevoir se tire de l'expiration du délai de trois mois, à partir de la signification de l'arrêté à personne ou à domicile.

La signification faite au mandataire régulièrement
constitué qui a représenté les parties devant le Conseil de préfecture, fait courir le délai comme celle
qui serait faite au mandant lui-même. (Voy. 23 déc.
1852, *Hubert et Davin*, 654.) Ainsi, le directeur d'une
compagnie, ou l'associé solidaire, ayant qualité pour
agir, on doit déclarer non recevable le pourvoi formé
plus de trois mois après la notification qui leur a été
adressée. (Voy. 30 nov. 1850, *Chovelon*, 893 ; 27 fév.
1852, *Comp. de Saint-Étienne à Lyon*, 17 ; 6 janv. 1853,
Didion, 42 ; 31 mai 1855, *Monestier et cons.*, 377.)

Mais la signification faite au mari d'une femme séparée de biens ne fait pas, à elle seule, courir contre
cette femme les délais du pourvoi. (Voy. 3 déc. 1857,
Donard, 755.)

576. — Pour faire courir les délais, la notification
doit être faite par le ministère d'un huissier, quand
elle a lieu à la requête d'un particulier.

En ce qui concerne les départements et les communes,

la notification administrative est suffisante. (26 déc.
1839, *Clisson.*)

Il a été jugé que la signification d'un arrêté rendu
au profit d'une commune faite par le sous-préfet
(14 juin 1851, *Grandidier*, 449) ou par le maire de
la commune (15 juil. 1852, *Duplessis*, 301), ou par
le garde champêtre (17 fév. 1853, *Blasion*, 247), suffit
pour-faire courir le délai du pourvoi.

Réciproquement, on a déclaré non recevable le pourvoi formé par une commune plus de trois mois après le
jour où le maire a reçu du sous-préfet notification de
l'arrêté attaqué. (14 mai 1851, *Com. de Chigny*, 392 ;
12 mai 1853, *Com. de Wazemmes*, 527.)

577. — Le Conseil d'État a même longtemps décidé
que la connaissance acquise de l'arrêté supplée à une
notification par voie extrajudiciaire ou administrative,
et fait courir comme celle-ci le délai du pourvoi.

Ainsi, il a déclaré non-recevables : 1° le pourvoi
formé par une commune plus de trois mois après
la signification à elle faite d'un jugement rendu en
exécution de l'arrêté attaqué et contenant l'indication
de la date et des dispositions de cet arrêté (voy. 23 nov.
1854, *Com. de Woustwiller*, 882) ; 2° le pourvoi formé
par une Compagnie contre un arrêté mentionné dans un
procès-verbal, dressé par un juge de paix, connu d'elle,
et contenant l'énonciation, la date et l'objet de l'arrêté
du Conseil de préfecture (Voy. 22 nov. 1855, *Canal de
Beaucaire*, 658); 3° le pourvoi formé par un particulier
plus de trois mois après le jour où il avait eu connaissance de l'arrêté attaqué, bien que le pourvoi eût été introduit dans les trois mois de la notification qui lui en
avait été faite. (Voy. 13 août 1851, *Bermond de Vaux*,
641.)

Mais cette jurisprudence, dont nous pourrions citer

une foule d'autres monuments, avait contre elle le texte
du décret du 22 juillet 1806. L'art. 11 porte, en effet :
« Le recours ne sera pas recevable après trois mois, du
« jour où la décision aura été *notifiée.* » Il est impossible
d'être plus clair et plus explicite. Substituer la connaissance acquise à la notification prescrite, c'était se
jeter, malgré la lettre expresse de la loi, dans des difficultés inextricables. De quelles circonstances fera-
t-on, en effet, résulter la connaissance de la décision attaquée ? Par qui devra-t-elle être acquise ? Suf-
fira-t-il d'une connaissance indirecte, ou faudra-t-il
une communication officielle ? Telles étaient les questions
qui se posaient à chaque instant, et que la jurisprudence, privée de guide, tranchait suivant des inspirations dont l'arbitraire était le moindre défaut. En 1852,
le Conseil d'État, saisi de la question de savoir si on
devait considérer comme équivalant à notification une
communication faite par le maire au conseil municipal
d'une commune, fut frappé de ces inconvénients et repoussa la fin de non-recevoir, opposée au pourvoi de la
commune. (Voy. 1er déc. 1852, *Ville de Mulhouse*, 558.)

On peut considérer cet arrêt comme le point de départ, non pas d'un revirement absolu de la jurisprudence, mais de ses tendances actuelles à un retour aux
véritables principes. (Voy. table de M. Lebon, v° Procéd., p. 512 et suiv.)

578.—Le recours est signé par un avocat au Conseil.
La requête sommaire doit être accompagnée de l'expé-
dition ¹ de l'arrêté attaqué ou de la copie signifiée.
(Voy. 24 mai 1851, *Dadant*, 393 ; 14 juin 1852, *Hureau*,

---

1. En pratique on reçoit au greffe de la section du contentieux
les recours accompagnés de copies sans caractère authentique, sauf
à l'avocat, qui en atteste la fidélité, à produire ultérieurement une
copie régulière.

438; 9 fév. 1854, *Comp. de l'écl. de Nevers*, 438), et elle est suivie d'un mémoire ampliatif développant les faits et les moyens du recours et dans lequel sont reprises les conclusions de la requête sommaire. Le requérant peut même réclamer pour la première fois, dans ce mémoire, la réformation de chefs qui n'ont pas été spécialement mentionnés dans la première requête. (Voy. 23 nov. 1850, *Sauzéas*, 867.) Si la requête sommaire contient un exposé suffisant des faits et moyens, le mémoire ampliatif cesse d'être nécessaire, aucun texte de loi n'en imposant expressément la production au demandeur. (22 juin 1854, *Min. de l'intérieur*, 606.)

579. — Sur ces requêtes, une ordonnance de soit communiqué est rendue et signifiée au défendeur dans le délai de trois mois, avec ajournement à comparaître devant le Conseil d'État. Le défendeur signifie, à son tour, un mémoire en défense et produit les pièces à l'appui.

580. — Au lieu de se borner à défendre au pourvoi, le défendeur peut, de son côté, attaquer la décision. Le recours incident est recevable en tout état de cause. (9 févr. 1850, *Carnot*, 138; 10 avril 1851, *Brouillet*, 281.) L'acquiescement antérieur du défendeur à l'arrêté attaqué n'y fait même pas obstacle. Eût-il reçu sans réserve le montant des condamnations prononcées, le recours principal remet tout en question et au profit de toutes les parties. De même le désistement pur et simple du pourvoi formé par le demandeur, s'il n'a pas été accepté par le défendeur, n'empêche pas qu'il soit donné suite au recours incident formé par ce dernier (12 mai 1853, *Saudino*, 529; 12 janv. 1854, *Lacombe*, 24), même dans le cas où le recours incident a été formé après le désistement du demandeur, si le Conseil n'a pas encore statué sur ce désistement. (16 mars 1850, *Trouin*, 258.)

581. — La partie qui succombe doit être condamnée aux dépens. (Art. 130 du C. de pr. civ.) Mais la partie qui obtient gain de cause n'est-elle pas fondée à réclamer, en sus des dépens, une indemnité pour les faux frais et les dépenses extraordinaires qui lui ont été occasionnées par le procès ?

L'article 42 du décret du 22 février 1806 porte qu'il ne sera employé dans la liquidation des dépens aucuns frais de voyage, séjour et retour des parties.

Par application de cette disposition de loi, le Conseil d'État a décidé que les dépens auxquels une Compagnie a été condamnée envers un particulier dans les procès administratifs qu'il a dû soutenir contre cette Compagnie, constituent la seule indemnité à laquelle il peut prétendre. (Voy. 22 nov. 1851, *Comp. du canal de la Sambre à l'Oise ;* 13 juin 1860, *Ville d'Auxonne,* 469.)

582. — Une jurisprudence constante décide que la loi du 3 mars 1849, qui rendait applicable à la section du contentieux du Conseil d'État l'art. 130 du Code de proc. civ. relatif aux dépens, a été abrogée par le décret du 25 janvier 1852, et qu'aucune autre disposition de loi ou de règlement n'autorise à prononcer les dépens *à la charge ou au profit* des administrations publiques dans les affaires portées devant le Conseil d'État. (25 janv. 1855, *Ville d'Amiens,* 70 ; 25 janv. 1855, *Lorry,* 66 ; 31 mai 1855, *Loustalot,* 380 ; 20 déc. 1855, *Min. de la guerre,* 772.)

Cette jurisprudence, contre laquelle se sont élevées les voix les plus autorisées (voy. M. Reverchon, *le Droit* des 14 et 15 mai 1860, et ses conclusions, 17 fév. 1852, *Nicocel,* 12), ne s'applique pas aux départements, aux communes, aux établissements publics et aux concessionnaires, lors même qu'ils sont, par une disposition

spéciale du cahier des charges, substitués aux droits de
l'État.

583. — Elle ne s'applique pas non plus aux frais de
l'expertise. Le Conseil a décidé plusieurs fois qu'en
condamnant l'État à supporter les frais de l'expertise
nécessitée par le refus de l'administration d'allouer
une indemnité, les Conseils de préfecture ne violent
aucune loi (3 janv. 1848, *Min. des trav. pub.*, 16 ;
5 janv. 1850, *Huguet*, 39 ; 23 mars 1850, *Min. des
trav. pub.*, 294 ; 21 janv. 1853, *Deprats*, 771), même
lorsque l'administration ou ses ayants cause ont offert
une indemnité, si cette indemnité était inférieure à
celle qui a été accordée au réclamant. (11 déc. 1856,
Léclanché, 716 ; 27 juillet 1853, *De Chatellus*, 796 ;
13 avril 1850, *Thiry*, 363 ; 24 nov. 1859, *Bourges*, 575 ;
26 janv. 1860, *Com. d'Arpajon*, 68.)

584. — Les frais faits devant une autorité incompétente restent, quel que soit le résultat du litige, à la
charge de la partie qui les a faits. (16 avril 1851, *Mazier*, 283.)

CONCLUSION

DE QUELQUES AMÉLIORATIONS A INTRODUIRE DANS LA LÉGISLATION DES TRAVAUX PUBLICS.

———

Depuis le commencement du siècle une impulsion immense a été donnée sur tous les points du territoire aux travaux destinés à l'utilité ou à l'embellissement du pays. Les chemins de fer, les canaux, les routes impériales et départementales, les chemins vicinaux, les larges voies ouvertes dans l'intérieur des villes, les monuments civils et militaires, les édifices religieux sont devenus l'objet de la sollicitude incessante du pouvoir. L'aspect du pays s'est complétement modifié. Grâce à l'énorme accroissement des voies de communication et à la facilité des transports, le commerce a pris un essor prodigieux, l'agriculture a fait des progrès considérables, et de toutes parts une prospérité jusqu'ici sans exemple a récompensé des efforts habilement dirigés.

Si l'on ne considérait que les résultats obtenus, on serait tenté de croire que la législation des travaux publics est la plus parfaite de celles qui nous régissent, et il pourrait paraître téméraire de proposer des réformes et des améliorations. — Cependant, lorsqu'on examine de près les nombreux monuments qui la composent, on s'aperçoit aisément qu'elle est pleine d'imperfections et qu'il s'y rencontre de regrettables lacunes. Si elle donne au gouvernement toutes les facilités désirables pour assurer le succès de ses entreprises, elle ne ménage pas assez des intérêts respectables. Le bien réalisé se trouve par suite acheté au prix d'un certain nombre de mécomptes et de dommages particuliers. Ces dommages, il est vrai, ne sont pas assez fréquents pour que l'opinion s'émeuve et pour que chacun songe à se défendre en défendant son voisin. Mais des abus existent ; ils présentent une gravité réelle, et il est temps d'y mettre un terme.

L'ancien régime nous a légué l'organisation actuelle des travaux publics. — Comme aujourd'hui, « tous les « travaux publics, même ceux qui avaient la destination « la plus particulière, étaient décidés et conduits par les « seuls agents du pouvoir central.

« Il existait bien encore des autorités locales et indé- « pendantes qui, comme *le seigneur, les bureaux de fi- « nances, les grands voyers*, pouvaient concourir à cette « partie de l'administration publique. Presque partout « ces vieux pouvoirs agissaient peu ou n'agissaient plus « du tout : le plus léger examen des pièces administra- « tives du temps le démontre. Toutes les grandes routes « et même les chemins qui conduisaient d'une ville à « une autre, étaient ouverts et entretenus sur le produit « des contributions générales. C'était le conseil qui ar- « rêtait le plan et fixait l'administration. L'intendant « dirigeait les travaux des ingénieurs, le subdélégué « réunissait la corvée qui devait les exécuter. On n'a- « bandonnait aux anciens pouvoirs locaux que le soin « des chemins vicinaux, qui demeuraient dès lors im- « praticables.

« Le grand agent du gouvernement central en ma- « tière de travaux publics était, comme de nos jours,

« le corps des ponts et chaussées. Ici tout se ressemble
« d'une manière singulière, malgré la différence du
« temps. L'administration des ponts et chaussées a un
« conseil et une école : des inspecteurs qui parcourent
« annuellement toute la France ; des ingénieurs qui ré-
« sident sur les lieux et sont chargés, sous les ordres de
« l'intendant, d'y diriger tous les travaux. Les institu-
« tions, de l'ancien régime qui, en bien plus grand nom-
« bre qu'on ne le suppose, ont été transportées dans la
« société nouvelle, ont perdu d'ordinaire dans le pas-
« sage leurs noms, alors même qu'elles conservaient
« leurs formes : mais celle-ci a gardé l'un et l'autre :
« fait rare [1]. »

Mais si l'administration même des travaux publics n'a
guère été modifiée depuis la révolution, les principes
qui la dirigent ont heureusement changé. — L'exécution des travaux publics avait donné lieu sous l'ancien
régime aux plus criants abus. Les propriétaires déposs-
sédés ne touchaient presque jamais le prix de leurs terrains. Un arrêt du conseil du 16 mai 1705 avait imaginé
un moyen ingénieux, dont l'État ne profita que trop
souvent, de les indemniser sans bourse délier. Quant il
s'agissait de travaux de voirie, on leur abandonnait le
chemin remplacé par la nouvelle voie, et ils avaient le
droit de le réunir à leur propriété. Mais souvent le
nouveau tracé s'écartait considérablement de l'ancien,
et le chemin abandonné n'était pas contigu aux propriétés sur lesquelles il avait été nécessaire de faire
des emprunts. On obligeait alors les riverains de l'ancienne route à payer le prix des terrains traversés par
la nouvelle, jusqu'à concurrence de deux cents livres.
Le surplus se soldait (quand cela était possible) par

1. M. de Tocqueville, l'*Ancien Régime et la Révolution*, p. 82 et 83.

voie d'échange. De cette façon le gouvernement n'avançait pas une obole, et toute la charge retombait sur la propriété. Dans certaines provinces, par exemple en Normandie, il était passé en force de loi qu'il n'était dû aucune indemnité pour les terres arables. On n'en accordait que pour les bois et les prés, sur le prix desquels on défalquait encore la valeur d'une égale quantité de terre labourable [1]. Montesquieu éleva en vain la voix pour proclamer les principes si étrangement méconnus par l'administration [2]. Les abus continuèrent pendant tout le cours du dix-huitième siècle et devinrent insupportables lors de la création des grandes routes entreprises à la fin du règne de Louis XV. Les indemnités dues s'élevaient à un chiffre énorme au moment de la réunion des assemblées provinciales. « J'avoue, « disait un intendant, qu'à mon arrivée dans cette pro- « vince, je n'ai pu n'être pas affecté du sacrifice qu'on « exigeait d'un malheureux propriétaire dont les pos- « sessions se trouvaient souvent coupées par la moitié, « et dont la propriété peu considérable était envahie « tout entière par la route. J'ai donc cru ne devoir ad- « mettre d'autre distinction, pour le payement des in- « demnités, que celle de la valeur du terrain sur lequel « passait la route. J'ai fait en conséquence mes repré- « sentations au Conseil, qui en a senti la justice et m'a « procuré les moyens d'acquitter une dette aussi légi- « time. Il est vrai qu'ils ont été si faibles, surtout dans « le commencement, que j'ai été obligé de différer le « payement de beaucoup de propriétaires qui souf- « fraient peut-être de ce retard : cependant, sur de nou- « velles représentations que j'ai faites en leur faveur,

---

1. Proc.-verb. de l'Assemblée provinciale de la généralité d'A-lençon, p. 22.
2. *Esprit des lois*, liv. 26, chap. 15.

« j'ai obtenu de faire rembourser tous ceux dont l'esti-
« mation des terrains m'a été remise. Ce qui peut être
« dû encore, et dont les rapports vous seront donnés
« par l'ingénieur, ne doit pas être considérable en com-
« paraison de ce qui restait à acquitter [1]. » Or, cet ar-
riéré, peu considérable d'après l'intendant, s'élevait
pour la seule généralité d'Alençon à 450,000 livres [2].
Somme énorme pour le temps et qui était loin de représenter la valeur des terrains expropriés : car l'estimation
était faite par les agents de l'administration, sans contrôle et sans garantie sérieuse.

On s'étonne de voir le législateur si peu préoccupé
des intérêts de la propriété à une époque où elle était,
pour ainsi dire, la base de l'organisation politique et la
source des priviléges. — Cependant, il serait injuste
de ne pas signaler deux mesures qui eurent pour effet
d'alléger un peu les charges qui pesaient sur elle.
— Plusieurs arrêts du Conseil d'État, d'où rayonnait
alors toute l'action administrative, avaient pris soin
de régulariser les fouilles et extractions des matériaux destinés à l'entretien des routes et du pavé de
Paris. — On exempta de la servitude les lieux attenant
aux habitations et entourés de murs ou autres clôtures
équivalentes : on décida aussi que les propriétaires sur
lesquels avaient lieu les fouilles seraient entièrement
dédommagés du préjudice dont ils auraient à souffrir [3].
Ces dispositions protectrices sont encore en vigueur.

Les droits des créanciers ayant hypothèque sur les
terrains servant à l'exécution des travaux publics furent
aussi l'objet de quelques prescriptions utiles. Un édit

---

1. Proc.-verb., loc. cit.
2. M. de Tocqueville, l'Ancien Régime et la Révolution.
3. Arrêts du Conseil des 14 mars 1741, 7 septembre 1755, 20 mars
1780, etc. (Voy. suprá, t. 2, nos 99 et suiv.)

du mois de juillet 1693, rendu applicable aux terrains achetés pour le compte de la couronne par une déclaration du 27 mai 1770 et aux terrains nécessaires aux travaux des fortifications par une autre déclaration du 12 juin 1781, créa un ensemble de formalités destinées à prévenir les créanciers hypothécaires de la mutation accomplie et à assurer leur payement sur le prix dû par l'État. On sait comment les lois nouvelles sur l'expropriation ont amélioré et développé les dispositions de ces ordonnances.

Quant aux rapports de l'administration avec les entrepreneurs, on chercherait en vain leur réglementation dans l'ancienne législation. — Plusieurs déclarations du roi[1] avaient, il est vrai, posé quelques règles concernant l'adjudication et le payement de travaux. Mais ces prescriptions étaient rapidement tombées en désuétude, et l'arbitraire des agents s'était substitué à leur autorité. Le pouvoir central, qui ne s'était pas opposé aux abus dont il souffrait, avait encore moins songé à protéger les entrepreneurs contre les prétentions de ses agents. La juridiction de l'intendant, compétente comme aujourd'hui les Conseils de préfecture pour statuer sur les contestations, prononçait sans contrôle. C'était le temps du bon plaisir.

Les concessionnaires jouissaient de droits mieux garantis. Les actes de concession émanaient de l'autorité royale. Préparés par le Conseil d'État, ils assuraient aux concessionnaires l'exercice de leurs priviléges, ne fût-ce que par leur constatation dans un acte signé de la main du roi. C'est dans ces chartes qu'il faut chercher la véritable législation des travaux publics sous l'ancien régime. Les concessions étaient fréquentes et s'appli-

1. Voy. décl. des 21 février 1608, 13 février 1668 et 7 juin 1708.

quaient aux travaux les plus divers, desséchements de marais [1], contruction de canaux [2], travaux nécessaires à la navigation des rivières [3], aqueducs destinés à pourvoir les villes des eaux nécessaires à leur consommation [4]; un édit du 28 août 1786 étendit même ce mode d'exécution à la restauration des arènes de Nîmes. Or chaque concession stipulait les conditions du contrat, les dispositions à prendre à l'égard des propriétés dont l'expropriation était nécessaire ou qui devaient souffrir des dommages par suite de l'exécution des travaux. Mais, on le comprend, ces règles n'avaient ni la force ni l'autorité de la loi, et on ne pouvait les étendre, lorsque le titre était muet, d'une entreprise à une autre.

Le législateur moderne se trouvait donc en face, non pas d'une législation complète et qu'il aurait fallu seulement approprier aux besoins nouveaux de la société. Il avait tout à faire, et s'il est juste de dire qu'il a comblé la majeure partie des lacunes, proclamé des principes essentiels et même fait d'excellentes lois, il ne sera pas cependant difficile de prouver que sa tâche est loin d'être accomplie.

Il y a longtemps que l'on fait en France des travaux publics, et cependant personne ne sait au juste ce qu'il faut entendre par là. Pendant que nos ingénieurs sillonnent de voies rapides les diverses parties du territoire, que des ports se creusent, que les fleuves contenus dans leur lit roulent leurs eaux calmées sans dommage pour les riverains, que les villes assainies

1. Édits de 1599 et janv. 1607, 30 octobre 1782. Desséchement des marais de Rochefort.
2. Canaux de Briare (sept. 1638), de Beaucaire à Agde (mars 1674), du Midi (oct. 1666), d'Orléans (mars 1679), du Loing (nov. 1719), etc.
3. Navigation de l'Eure (oct. 1704), de la Dordogne (31 août 1728), de la Loire (23 juill. 1783).
4. Canal de l'Yvette et de la Bièvre (3 nov. 1787).

s'embellissent de monuments somptueux, les jurisconsultes se demandent encore si le législateur a mis
sur la même ligne les travaux qui intéressent l'État
et les départements, et ceux non moins nombreux et
non moins utiles qui sont exécutés pour le compte des
communes. La jurisprudence, longtemps incertaine, a
d'abord déclaré que les travaux communaux n'ont pas
le caractère de travaux publics ; puis elle le leur a
reconnu lorsque certaines formalités administratives
avaient été remplies ; aujourd'hui elle paraît fixée
en ce sens qu'ils doivent être assimilés aux travaux
publics lorsqu'ils ont pour objet le domaine public de
la commune, quelles que soient d'ailleurs les formes
de l'adjudication. Mais cette lente élaboration de la
jurisprudence a demandé des années, occasionné des
procès multipliés, et peut se voir renversée tout à coup
par un de ces revirements soudains auxquels on doit
s'attendre, lorsque la jurisprudence repose beaucoup
moins sur un texte précis que sur des considérations
dont la valeur est plus ou moins bien appréciée suivant
les époques. D'un autre côté, à côté des communes,
se forment, de jour en jour plus nombreuses, des associations composées de propriétaires qui s'unissent pour
l'exécution de certains travaux. L'irrigation des propriétés, la préservation des campagnes contre les inondations, le drainage, les desséchements, donnent naissance à ces associations administrées par des syndicats.
Elles sont autorisées par des actes de l'administration et
constituent des personnes morales représentant des intérêts collectifs et ayant une certaine analogie avec les
communes. On s'est demandé, par suite, si, lorsqu'elles
exécutent les travaux qui font l'objet même de la société,
elles représentent la puissance publique, et si elles jouissent des immunités et des privilèges qui environnent les

travaux exécutés par l'administration ; à cet égard la loi est fort obscure, et, au grand détriment des justiciables, l'absence de textes précis rend incertaine la marche de la jurisprudence. Il est urgent que le législateur prenne la parole si l'on veut que la création de ces associations si utiles prenne un essor puissant et continu. S'exposera-t-on à voir renaître ces luttes ardentes et sans fin qui, pendant un si grand nombre d'années, ont entravé l'exécution des travaux communaux en décourageant les entrepreneurs, en éloignant les capitaux et en donnant à l'esprit de chicane un aliment sans cesse renouvelé?

Les principes de l'expropriation sont aujourd'hui fixés. C'est de ce côté que le législateur a le plus souvent tourné ses regards : c'est là qu'il a concentré le plus d'efforts, là aussi qu'il a le moins de réformes à faire. — A part les critiques, tant de fois et si justement adressées, aux décrets des 26 mars 1852 et 27 déc. 1858, les lois sur l'expropriation présentent un ensemble complet et en général satisfaisant. Il ne s'agirait plus guère que de refondre leurs dispositions en y ajoutant les améliorations dont la pratique a démontré la nécessité. Mais l'expropriation n'est pas la seule atteinte à la propriété que l'exécution des travaux publics rende nécessaire. La propriété, sans changer de main, sans tomber dans le domaine public, peut éprouver des altérations plus ou moins graves. Ces altérations, auxquelles on a donné le nom générique de dommages, sont ou permanentes ou purement temporaires. Elles affectent quelquefois la propriété dans son essence même, et constituent souvent, par exemple lorsqu'il s'agit des usines, des servitudes tellement onéreuses que le propriétaire auquel elles sont imposées leur préférerait l'expropriation. Or, excepté la loi du 16 septembre 1807, qui détermine seulement les formes à suivre pour l'évaluation des indem-

nités, et la loi du 28 pluviôse an VIII qui, dans un paragraphe unique de son article 4, fixe la compétence,
on ne trouve dans la législation aucune règle et aucun
principe. Il est arrivé de là que le Conseil d'État, juge en
dernier ressort des difficultés que ces questions de jour
en jour plus nombreuses ont fait naître, a dû suppléer
au silence des textes. — La jurisprudence privée de
guide marche à tâtons dans le dédale infini des espèces.
Elle s'en tire, nous nous plaisons à le reconnaître, avec
une habileté remarquable. — Le Conseil d'État montre,
là comme ailleurs, les plus louables intentions et dé-
ploie les qualités insignes qui rendent son institution
précieuse. Mais cette jurisprudence, connue d'un petit
nombre de personnes, reste enfermée dans un recueil
spécial, malheureusement peu répandu, et ne profite
qu'aux plaideurs assez entreprenants pour tenter un recours suprême. Si le législateur, profitant des enseigne-
ments qu'on trouve dans cette mine précieuse, classait
et ordonnait l'œuvre de la jurisprudence, il rendrait à la
propriété privée un immense bienfait.

On comprendra aisément que ce n'est pas ici qu'il
est possible d'entrer dans les détails. Cependant nous
ne pouvons résister au désir de signaler deux points où
l'intervention législative paraît surtout désirable.

Les articles 1382 et 1383 du C. Nap. ont introduit
dans la loi civile ce grand principe que l'auteur d'un
dommage est tenu de le réparer. Ce principe, emprunté
au droit naturel, est applicable à l'administration comme
aux individus. Mais dans quelle mesure et dans quelles
limites? L'administration est-elle vis-à-vis des particuliers dans la même situation qu'un particulier vis-
à-vis de son voisin? Chargée de pourvoir aux intérêts
généraux, armée, pour remplir cette haute mission,
des pouvoirs les plus étendus, elle ne peut pas et ne doit

pas s'arrêter devant le droit individuel. — Mais pour elle aussi ce droit est respectable : car, ainsi qu'on l'a dit tant de fois, la fortune publique ne se compose que de l'ensemble des fortunes particulières, et l'administration qui sacrifie celles-ci pour augmenter celle-là s'expose à manquer à ses devoirs de prévoyance et de protection. Cette limite si difficile à saisir, le législateur a abandonné le soin de la fixer à la jurisprudence. Le Conseil d'État décide que l'administration ne doit réparer que les dommages directs et matériels. Il essaye, à l'aide de cette formule stéréotypée dans des monuments innombrables, de concilier l'antagonisme du droit social avec l'intérêt privé. — Qu'il y réussisse parfois, c'est ce que nous ne mettons pas en doute, mais il arrive aussi que la formule se heurte contre l'infinie variété des espèces et qu'elle cesse d'être pour lui-même un guide sûr et une règle certaine. De là une incertitude qui ressemble à de l'arbitraire et qui ne laisse que trop souvent dans l'esprit des justiciables des préventions mal fondées, mais regrettables, contre la plus parfaite peut-être de nos institutions [1] !

Puis, en face du droit à l'indemnité, la jurisprudence est venue placer le principe de la compensation de la plus-value [2]. Fondée sur de simples motifs d'équité et non pas sur des textes précis, l'application de ce principe est faite par les arrêts suivant le hasard des espèces, et donne lieu aux plaintes les plus amères. Croit-on que si le législateur avait parlé, s'il avait fixé les limites que cherche la jurisprudence et qu'elle est impuissante à tracer, de pareils écueils fussent encore à redouter?

Le justiciable qui, dans l'état actuel des choses, ne

---

1. Voy. *suprà*, t. 2, n°s 194 et suiv.
2. *Ibid.*, n°s 382 et suiv.

peut guère savoir s'il a droit à une indemnité quand
l'exécution des travaux publics atteint sa propriété, ne
sait guère mieux à qui il faut s'adresser pour obtenir
réparation. Ici, cependant, le législateur a posé le principe. Il est écrit dans la loi du 28 pluviôse an VIII, et
dans nos lois sur la séparation des pouvoirs administratif et judiciaire. Mais je n'hésite pas à dire qu'il
faut une connaissance profonde non pas seulement de
ces textes, mais des arrêts innombrables du Conseil
d'État pour trouver sûrement la voie où il convient de
s'engager. — L'administration elle-même s'y trompe
souvent, et ce n'est qu'après des débats coûteux et sans
fin que le procès est renvoyé définitivement devant les
juges auxquels la connaissance en a été attribuée. N'est-
il pas temps de mettre un terme à ce spectacle affli-
geant des juridictions en conflit [1] ?

Les rapports de l'administration avec les entrepreneurs ne sont pas mieux définis. Les lacunes sont aussi
complètes. L'objet et les caractères particuliers du
contrat d'adjudication n'ont été déterminés nulle part.
Dans chaque entreprise, la loi des parties contrac-
tantes varie : car elle est tout entière dans les conventions qui interviennent entre elles, c'est-à-dire dans
le devis et le cahier des charges. L'administration a
cherché, il est vrai, à uniformiser ces règles, et chaque
ministère a fait sa loi spéciale. Pour le ministère des
travaux publics, c'est le cahier des charges, clauses et
conditions générales ; pour le ministère de la guerre,
c'est le devis-modèle des travaux du génie ; pour le
ministère d'État, c'est le cahier des palais impériaux.

---

1. « ..... Intolerabile malum et à regibus, aut senatu aut politia
plane vindicandum. Pessimi enim exempli res est ut curiæ quæ pacem subditis præstant, inter se duella exerceant. » (Bacon, apho-
risme XLVI.)

Mais si l'on compare ces cahiers des charges, on s'aperçoit promptement qu'ils diffèrent sur les points les plus
essentiels, et sont inspirés par les considérations les plus
différentes. Pourquoi ces divergences? Pourquoi les
règles admises au ministère d'État ne le sont-elles pas
au ministère des travaux publics? Ces anomalies sont
choquantes. D'un autre côté, la lecture de ces cahiers
révèle trop clairement l'absence du contrôle législatif.
Rédigés par l'administration elle-même, ils contiennent les dispositions les plus exorbitantes et les plus
contraires à la justice et à l'équité. Le bon plaisir y
règne en souverain, et la situation de l'entrepreneur
est telle dans certains cas, que s'il a à lutter contre la
malveillance des agents administratifs, sa ruine est certaine et inévitable. Ceci n'est pas une exagération. Les
cahiers, par exemple, autorisent l'administration à prononcer la résiliation des travaux, quand cela lui convient. Elle n'a de compte à rendre à personne sous ce
rapport. Seulement l'entrepreneur a la faculté de réclamer une indemnité. Mais comme on ne s'entend
jamais sur le chiffre de cette indemnité, un procès est
inévitable; il faut nommer des experts pour fixer la valeur des matériaux et celle du matériel rendus inutiles
par la résiliation. Des mois, des années même s'é-
coulent. Pendant ces discussions, l'entrepreneur (et
trop souvent il a besoin de tous ses capitaux) ne touche
pas le prix de ses travaux. Fatigué d'attendre, et
pour éviter la ruine qui le menace, il consent à
une transaction presque aussi fâcheuse pour ses intérêts. S'il aime mieux plaider et s'il gagne son procès (chose rare, car il a contre lui l'administration tout
entière, à tous les degrés de la hiérarchie), il obtient, conformément aux stipulations du marché, la
reprise de son matériel et une indemnité fixe qui ne

peut pas dépasser le quarantième du prix des ouvrages restant à faire au moment où la résiliation est intervenue. Voilà tout ce à quoi il a droit, alors même qu'il est constant que la résiliation a été prononcée hors des cas spécialement prévus par le cahier des charges, et quel que soit, en réalité, le préjudice qui lui a été causé par l'interruption des travaux et la désorganisation de ses chantiers. De pareils abus cesseront le jour où la loi aura réglé d'une manière plus conforme à la justice le pouvoir despotique que l'administration s'arroge.

Maintenant cette intervention du législateur dans le règlement des conditions des marchés relatifs aux travaux publics est-elle possible? Les conditions variant nécessairement avec chaque entreprise, peut-on arrêter d'une manière générale les stipulations qui doivent les régir? A notre estime, il n'est pas de travail plus aisé. Chaque entreprise, sans doute, a ses nécessités particulières, et des dispositions variables sont la conséquence forcée de la diversité des travaux. Ces dispositions spéciales doivent être naturellement abandonnées au règlement des parties intéressées, et elles feraient l'objet, comme aujourd'hui, du devis particulier de chaque entreprise. Mais rien n'empêche de poser les règles fondamentales du contrat, et ce que chacun des ministres a fait dans les Clauses et conditions générales, le législateur peut et doit être appelé à le faire lui-même. Il est temps que l'arbitraire administratif fasse place ici à la justice et à l'équité. Les procès sans nombre que cet arbitraire fait naître disparaîtraient promptement, si la cause même à laquelle ils sont dus était radicalement supprimée. Or, cette cause est bien celle que nous venons de signaler. Les entrepreneurs de travaux publics voient dans l'administration une ennemie : ils n'attendent d'elle (à tort, sans doute) aucune bienveillance et aucun intérêt. Le succès de leurs spéculations (tant est grande la latitude d'interprétation que l'administration s'est réservée) dépend le plus souvent du caractère personnel des ingénieurs beaucoup plus que des conditions même du marché. Cette latitude autorisant tous les abus, un sentiment de défiance réciproque anime les contractants. L'entrepreneur s'attend à voir repousser les réclamations les plus légitimes; il cherche par tous les moyens en son pouvoir à tromper la vigilance des ingénieurs et à regagner d'un côté ce qu'il doit perdre de l'autre. De là un antagonisme continuel, des difficultés, des lenteurs dans l'exécution, qui rendent nécessaire l'application de mesures coercitives, telles que les retenues, la mise en régie, etc., enfin une irritation toujours croissante des deux côtés, qui amène nécessairement la résiliation du marché, et se donne satisfaction par un procès. Tels sont, dans une multitude de circonstances, les tristes résultats de l'insuffisance des dispositions législatives en cette matière.

Les stipulations qui régissent le contrat de concession sont plus incomplètes encore. L'administration procède, suivant ses convenances ou le caprice du moment, par voie de traité de gré à gré ou par voie d'adjudication. Les grandes compagnies en possession des anciens réseaux écartent les spéculateurs de moindre volée qui sont assez osés pour lutter contre elles. L'esprit d'entreprise et d'initiative privée se décourage et ne tente même pas une lutte inutile. Des monopoles dont la puissance de rayonnement s'accroît sans cesse, se constituent et rendent toute concurrence impossible. Tout le monde en souffre : le trésor auquel ils imposent de lourds sacrifices ; le public qui a tant d'intérêt à l'abaissement des tarifs.

Le contrat, abandonné à la volonté souvent mobile des parties, est à chaque instant remanié, en vue de concessions nouvelles à obtenir : on le défait et on le refait sans cesse. Tantôt l'administration subit, tantôt elle impose des conditions nouvelles. On verra tous les inconvénients de ces modifications incessantes quand arrivera le moment où les concessions feront retour au domaine public.

Si des grands intérêts que ces questions soulèvent on jette les yeux sur des détails d'une importance moins capitale, on trouve la même absence de réglementation, la même incurie, le même arbitraire. Les preuves abondent : quelques-unes suffiront.

Le privilège créé par le décret du 26 pluviôse an II, en faveur des ouvriers et fournisseurs de l'entreprise, est une institution excellente, due à une pensée sage et généreuse. Assurer à tous ceux qui participent à l'exécution des travaux le payement de leurs salaires ou des matériaux fournis, c'était, de la part du législateur, remplir un devoir de prévoyance, et, en fortifiant le crédit de l'entrepreneur, faciliter la prompte exécution des ouvrages. Mais l'insuffisance des prescriptions du décret du 26 pluviôse an II et leur contradiction avec d'autres mesures législatives inspirées par les mêmes considérations sont véritablement choquantes. — Ainsi, le privilège est accordé aux fournisseurs et ouvriers, et on le refuse (le texte ne permet pas une autre solution) aux sous-traitants auxquels deux décrets des 13 juin et 6 décembre 1806, spécialement relatifs aux travaux de la guerre, se montrent plus favorables ! — Pourquoi cette différence entre les travaux de ce ministère et ceux qui sont exécutés par les autres administrations? — D'un autre côté, le privilége créé par le décret de pluviôse s'exerce sur le prix de l'adjudication, mais il n'atteint pas le cautionnement de l'entrepreneur! Il appartient aux ouvriers employés aux travaux de l'État; mais il n'en saurait être question lorsqu'il s'agit de travaux communaux et même départementaux ! Il semble, en un mot, qu'après l'avoir établi, le législateur ait pris à tâche d'en empêcher l'application.

Qu'une réforme soit ici nécessaire, cela ne peut être l'objet d'un doute. Il faut développer le germe contenu dans le décret du 26 pluviôse, étendre le privilége, en faciliter l'exercice, assurer, en un mot, à tous ceux qui de près ou de loin, par leur travail personnel ou par des fournitures, concourent à l'exécution des travaux, le payement de ce qui leur est dû. Or, on ne peut arriver à ce résultat si essentiel qu'en refaisant la loi.

Plusieurs cahiers des charges contiennent, il est vrai, à cet égard, quelques dispositions excellentes. On trouve, par exemple, dans les *Conditions générales imposées aux entrepreneurs des travaux hydrauliques et bâtiments civils dans les établissements de la marine* un article 48, d'après lequel l'entrepreneur est tenu de payer ses ouvriers chaque mois, ou plus souvent, s'il y a lieu, en présence du conducteur et d'un délégué du commissaire des travaux. L'article ajoute même qu'en cas de retard régulièrement constaté, l'administration se réserve la faculté de faire payer d'office les salaires arriérés sur les sommes dues à l'entrepreneur. Cette sollicitude pour les ouvriers de l'entreprise est louable. Mais l'article 48 n'est qu'une règle de service dont l'observation est subordonnée au zèle des agents chargés de l'appliquer.

D'autres imperfections doivent encore être signalées.

Presque toujours, les procès relatifs au règlement des comptes de l'entreprise nécessitent la nomination d'experts chargés de faire un rapport sur les divers éléments du débat. Or, l'expertise, en pareil cas, est abandonnée, quant à ses formes, au pouvoir discrétionnaire des tribunaux administratifs. — L'art. 56 de la loi du 16 septembre 1807, dont nous dirons quelques mots dans un instant, règle seulement, en effet, les formes à suivre lorsqu'il s'agit de dommages causés par suite de l'exécution de travaux publics à la propriété privée. Quant aux dispositions du C. de procédure, aucune loi ne les a déclarées applicables aux difficultés résultant de l'exécution des marchés. — Dans le silence de la loi, le Conseil d'État a cherché inutilement sa voie ; privée de guide et de boussole, sa jurisprudence hésite et vacille à ce point qu'il est aujourd'hui impossible de savoir comment il faut procéder en pareille matière. — Notre ancien confrère, M. Reverchon, qui pendant plusieurs années a occupé, en qualité de maître des requêtes, le siége du commissaire du gouvernement au Conseil d'État, et dont l'expérience est aussi irrécusable que le talent, a fait, il y a peu de temps, l'historique curieux et instructif des variations de la jurisprudence administrative sur ce point, et il en conclut avec une grande justesse que, « pour acquérir quelque « fixité, la jurisprudence a besoin de trouver une base « dans la loi, et que là où elle est amenée à faire elle-« même la loi, elle ajoute au mal de cette usurpation « le fléau de ses variations et de ses obscurités [1]. »

Quand il s'agit des réclamations formées par les particuliers à raison des dommages causés à leurs propriétés, on ne trouve pas dans la loi les mêmes lacunes ;

---

1. Voy. le journal *le Droit* des 3 et 4 juin 1861, et*suprà*, t. 2, n° 533.

mais il vaudrait mieux, dans l'intérêt de la propriété, qu'elle eût gardé le silence. Il est difficile de trouver en effet des dispositions plus exorbitantes que les règles de procédure tracées par la loi du 16 septembre 1807. — D'après l'art. 56 de cette loi, les experts pour l'évaluation des indemnités relatives à une occupation de terrain sont nommés, l'un par le propriétaire, l'autre par le préfet. Jusqu'ici rien de plus juste : il faut bien que chacune des parties soit représentée à l'expertise ; il n'en est pas autrement en matière civile. Mais ce qui choque toutes les idées reçues, c'est de voir, pour le cas où il s'agit de travaux de grande voirie, l'art. 56 déclarer qu'en cas de désaccord (et c'est ce qui arrive toujours) l'ingénieur en chef du département est tiers expert de droit. A coup sûr il n'entre pas dans notre pensée de mettre en doute l'honorabilité, et nous dirons même l'indépendance du corps des Ponts et Chaussées ; mais comment, au point de vue de l'équité, je dirai presque des plus simples convenances, justifier une loi qui, dans un procès contre l'administration, assure à celle-ci le choix, pour ne pas dire l'appui, de deux experts sur trois ? Tout semble combiné pour lui donner l'avantage. C'est devant le Conseil de préfecture qu'on plaide, c'est-à-dire devant un corps administratif, disposé par sa composition même et ses habitudes à étendre les prérogatives du pouvoir auquel il appartient. Et comme si cela n'était pas assez, on veut que les renseignements sur lesquels il doit asseoir son jugement émanent au moins, en majeure partie, d'hommes qui ont la confiance de l'administration, et dont l'un appartient à un corps puissant par son savoir et sa situation dans la hiérarchie. En face de ce fonctionnaire élevé qui vient prêter à l'administration le secours de son expérience et de ses lumières, l'expert du propriétaire joue un rôle

infime. Il n'a ni l'autorité qui s'attache à une haute
position, ni l'habitude des affaires administratives, ni
même les connaissances spéciales indispensables à la
solution des questions qui lui sont posées. — J'aime à
croire que l'ingénieur en chef, tiers expert de droit,
oublie pour la mission que la loi lui confie, les habitudes de toute sa vie, tout ce qui, dans l'exercice ordinaire de ses fonctions, constitue un devoir essentiel; qu'il
ne voie dans l'administration qu'une partie dont il ne doit
épouser ni les préventions ni les intérêts; dans le procès,
qu'un débat entre personnes dont il n'a à redouter ni l'influence ni le ressentiment. Mais cette foi robuste, je ne
dis pas dans l'honnêteté de ce haut fonctionnaire, mais
dans la puissance de la volonté humaine, le justiciable
ne l'a pas : il ne peut pas l'avoir. L'administration est
son adversaire : tout ce qui tient à elle est suspect à ses
yeux. Cette seule considération est un argument sans
réplique contre l'art. 56. La justice administrative, cela
est triste à dire, ne jouit pas en France du respect qui
certainement lui est dû; elle ne méritera son nom, aux
yeux du public, que lorsqu'on aura repoussé ce luxe de
protection qui couvre l'administration contre les attaques
des particuliers et qui lui donne l'apparence d'une partie
jugeant dans sa propre cause.

Deux mots maintenant sur la codification des lois
relatives aux travaux publics.

Lorsqu'on commence l'étude de cette importante matière, on est frappé de l'incohérence des dispositions qui
la régissent. C'est un amalgame confus de décrets, de
lois, d'ordonnances, émanés de tous les régimes qui se
sont succédé en France depuis le siècle dernier. L'ancienne Monarchie, la Convention, le Directoire, l'Empire, la Restauration, le Gouvernement de Juillet, etc.,
ont tour à tour apporté une pierre à l'édifice, si l'on

peut appeler de ce nom l'ensemble confus de cette législation. On comprend sans peine tous les désavan-
tages d'un semblable fractionnement. Pourquoi ne
réunirait-on pas ces matériaux épars, et n'en ferait-on
pas l'objet d'une codification systématique?

On s'est préoccupé souvent de la codification de la
législation administrative. Certaines personnes croient à
la possibilité de rassembler dans un seul et unique travail toutes les dispositions éparses dans l'arsenal immense
du *Bulletin des lois*. Un pareil plan n'est pas réalisable.
La réunion de toutes les matières administratives, leur
coordination dans une œuvre homogène sont imprati-
cables dans l'état actuel de la science et présenteraient
peut-être plus d'inconvénients que d'avantages. Ce travail sera l'œuvre de la génération future; il faut que
l'expérience et la pratique fassent connaître, dans leurs
combinaisons variées, le sens et la portée des principes
nouveaux inaugurés par notre grande révolution. — La
centralisation définitivement accomplie et organisée depuis cette époque montre peu à peu, dans le lent travail des années, sa puissance et aussi ses défauts. La
sphère d'action des pouvoirs publics se définit et se
circonscrit, à mesure que l'on avance, d'une façon plus
nette et plus précise; la jurisprudence du Conseil d'État
vient ajouter ses lumières aux études, chaque jour plus
nombreuses et plus savantes, des rouages et de l'action
administrative. — Bientôt, peut-être, un esprit puissant
condensera dans une vaste synthèse la législation tout
entière, et posant à jamais les fondements essentiels
du droit public moderne, fera sortir de ces assises iné-
branlables les nombreuses colonnes de l'édifice. La
diversité même des sujets se rattachant à ce centre
commun, l'œil pourra alors saisir l'ensemble imposant des principes, et de même que, dans notre

Code Napoléon, l'exposé général des obligations domine et précède l'exposé des règles applicables à chacun des contrats en particulier, on pourra, dans le Code
administratif, des hauteurs aujourd'hui inaccessibles où
seront formulées les règles fondamentales, descendre
aux applications spéciales à chaque matière.

En attendant cette œuvre immense, qui fera l'éternel honneur de ceux qui pourront la mettre à exécution, ne serait-il pas possible, dès aujourd'hui, de la
préparer et de la faciliter? Le travail de l'avenir, nous
l'avons dit, est un travail de synthèse. A la génération
actuelle il appartient de faire un travail d'analyse. La
science n'est pas encore arrivée à ce point d'où l'on
pourra embrasser d'un seul coup d'œil tout son domaine.
Mais on peut en apercevoir nettement certaines parties.
Pourquoi, sur les points où la lumière est faite, n'essaye-
rait-on pas de réunir et de grouper en faisceau les textes
épars, d'en retrancher les dispositions surannées, d'y
ajouter celles dont la jurisprudence, la doctrine et la
pratique ont démontré la nécessité?

Envisagée à ce point de vue restreint, la codification
de la législation administrative trouve encore des adversaires. On a soutenu qu'il est impossible de codifier
des lois dont l'essence est de suivre les transformations
mêmes des pouvoirs sociaux, qui n'ayant pour objet que
de régler leur action, varient nécessairement avec tous
les changements (et ils sont nombreux) qui atteignent ces
pouvoirs. C'est, dit-on, vouloir construire sur le sable.
Une pareille œuvre ne durera qu'un jour, et avant même
qu'elle soit achevée il faudra la refaire et la reconstruire. Ne vaut-il pas mieux pourvoir aux besoins qui
se font sentir par des lois spéciales et au jour le jour,
que de chercher à régler définitivement une matière
aussi mobile et sujette à tant de bouleversements?

Cette objection qui séduit tout d'abord l'esprit, n'est cependant que spécieuse [1]

Il faut distinguer avec soin dans la législation administrative les règles relatives à la hiérarchie, à l'organisation des juridictions, à la distribution entre les divers agents des pouvoirs confiés à l'administration, et les règles qui ont trait à ce pouvoir lui-même, qui le constituent et l'organisent, qui tracent sa sphère d'action, son étendue et ses limites.

Les premières, sans nul doute, sont mobiles et variables. Elles ont subi depuis soixante-dix ans le contrecoup de toutes nos révolutions, et il serait téméraire de prétendre qu'elles ont trouvé dans l'état actuel des choses leur assiette définitive. Suivant les oscillations mêmes du pouvoir central, la hiérarchie administrative varie avec les changements de sa constitution. Bien plus, comme il semble posé en principe, dans notre pays, que « juger c'est encore administrer, » les modifications qui atteignent ce pouvoir exercent une influence marquée sur l'organisation des tribunaux chargés de distri-

---

1. « Le grand argument qu'on emploie, a dit M. Batbie, c'est que la législation administrative est naturellement mobile et que sa nature variable répugne au moule d'une codification ; je réponds : 1º qu'il n'y aurait aucun mal à fixer la législation et à prévenir des modifications trop fréquentes ; 2º qu'on a révisé le Code pénal et que les changements n'ont pas rendu la codification inutile ; 3º que, en matière de procédure, les titres des saisies et de l'ordre ont été remaniés sans que jamais on ait été arrêté par la crainte de déranger une codification ; 4º qu'on a fait de même au Code de commerce pour les titres des faillites et des Sociétés ; 5º qu'il est bien préférable pour ceux qui étudient les lois d'avoir sous la main les Codes, même remaniés, que des lois se terminant par la disposition ténébreuse : « Les lois de ..... sont abrogées en tout ce qui est con-« traire à la présente loi. » Nous espérons qu'un jour cette entreprise tentera quelque esprit élevé, qui à l'intelligence joindra le pouvoir. » (*Gazette des tribunaux* du 5 juillet 1861.)

buer la justice dans les affaires où il est intéressé. Cela
est surtout vrai dans les hautes régions. Combien de fois
n'avons-nous pas vu modifier les attributions du Conseil
d'État, dans ce qu'elles ont de plus essentiel? C'est ainsi,
pour n'en citer qu'un exemple récent, que l'institution
du tribunal des conflits, création de la révolution du
24 février, vint enlever au Conseil d'État ses attributions
les plus élevées, en faisant de ce tribunal le juge souverain et sans appel des questions qui mettent en présence l'autorité judiciaire et l'administration.

Sous ce rapport, les adversaires de la codification des
lois administratives ont parfaitement raison lorsqu'ils
argumentent, à l'appui de leur opinion, de la mobilité
incessante de la législation.

Nous serions donc de leur avis, si l'organisation des
pouvoirs chargés de distribuer et de répandre sur toutes
les parties du pays l'action de la puissance publique,
constituait, à elle seule, le droit administratif. Mais,
comme nous l'avons dit, en dehors des dispositions relatives à la hiérarchie et à la juridiction, il y en a
d'autres qui déterminent les attributions, la sphère
d'action de ces pouvoirs, et fixent les principes auxquels ils doivent obéir. — Or, ces principes ne sont
pas si variables qu'on veut bien le dire. Ils ont au
contraire une fixité et une permanence dignes de remarque. Quelle que soit la forme du pouvoir central,
qu'il soit fortement organisé ou au contraire livré
à des tiraillements, que son action soit plus ou moins
subordonnée à celle du pouvoir législatif, ils restent
invariablement les mêmes. Produit du temps et de l'expérience, ils survivent aux accidents de la politique,
parce qu'ils sont l'expression de besoins permanents.
Je ne dis pas qu'ils ne soient susceptibles d'être modifiés, d'être améliorés ou même de disparaître. Rien

n'est éternel ici-bas. Mais comme ils sont nés du lent travail des années, beaucoup plus que de l'effort brusque des révolutions, ils survivent à celles-ci et doivent durer autant que notre constitution sociale, aux nécessités de laquelle ils ont pour objet essentiel de pourvoir et de répondre.

Il semble, à entendre nos contradicteurs, que ce soit d'hier seulement qu'il y a en France des administrateurs et des administrés. Si la révolution de 1789, bouleversant les anciennes institutions, a créé à leur place d'autres agents et d'autres fonctions, il n'en reste pas moins vrai que ces agents sont, sous beaucoup de rapports, chargés de faire ce que faisaient ceux auxquels ils ont succédé. Il faut, comme avant 1789, que l'administration garde et protége le domaine public, qu'elle pourvoie aux dépenses et aux recettes, qu'elle fasse exécuter les grands travaux qui font circuler dans le pays la richesse nationale : il faut qu'elle creuse des ports, qu'elle créé des voies de communication. — Or, tout cela se faisait avant 1789 et s'est fait depuis, sinon de la même manière, au moins en suivant des principes et des règles que le temps a épurés et qu'il est possible aujourd'hui de formuler et de réunir, parce que les changements mêmes dont ils ont été l'objet à diverses époques, et l'expérience acquise, permettent d'en apprécier définitivement la valeur.

Mais, en admettant que ce travail ne fût pas possible pour toutes les parties du droit administratif, rien n'empêche de le faire pour la matière des travaux publics. Ici, les principes sont désormais fixés, et ils ont si peu varié que, depuis l'organisation moderne des pouvoirs, il n'a pas été nécessaire, sur certains points, de les modifier. Un code de cette législation est d'une exécution urgente et aisément réalisable. Elle

est urgente : car les dispositions législatives qui régissent les travaux publics sont éparses dans un grand
nombre de lois, publiées au moment où le besoin
s'en faisait sentir, sans lien entre elles et sans cette
vue d'ensemble qui seule peut féconder l'œuvre du
législateur. Elle est facile : car la jurisprudence et
la doctrine ont jeté sur ce sujet si important des
lumières éclatantes, et l'œuvre du législateur se bornerait aujourd'hui à classer et à coordonner les documents nombreux fournis par la théorie et la pratique.
Enfin, la codification ne présente pas ici d'inconvénients : car on n'a pas à craindre que des systèmes
nouveaux se produisent tout à coup et que, par des
additions que le cours des temps et la marche ordinaire
des choses rendraient nécessaires, il devienne indispensable de remanier à chaque instant le travail à peine
achevé.

Nous n'espérons pas que nos vœux soient promptement exaucés, bien que l'œuvre soit grande et qu'elle
soit de nature à satisfaire de nombreux intérêts. Nous
avons cru cependant qu'il était de notre devoir d'en
signaler l'utilité. Amené par une longue méditation
du même sujet à en connaître tous les détails, à apprécier la valeur pratique des lois qui régissent une matière de plus en plus importante, il nous a paru convenable d'exprimer franchement et nettement notre
pensée. Notre témérité trouvera une excuse auprès de
tous ceux qui aiment le progrès et qui ne croient pas
que l'unique mission du juriste soit de colliger des
espèces et d'en chercher la solution.

FIN DU TOME SECOND ET DERNIER.

TABLE DES MATIÈRES

QUATRIÈME PARTIE

DES TORTS ET DOMMAGES CAUSÉS A LA PROPRIÉTÉ
PRIVÉE PAR SUITE DE L'EXÉCUTION DES TRAVAUX
PUBLICS.

TITRE PREMIER

TITRE II

TITRE III

TITRE IV

TITRE V

TITRE VI

TITRE VII

TITRE VIII

CINQUIÈME PARTIE

TITRE PREMIER

FIN DE LA TABLE DU TOME SECOND.

TABLE

ALPHABÉTIQUE ET ANALYTIQUE

DU PREMIER ET DU SECOND VOLUME.

(Les chiffres romains indiquent le tome; les chiffres arabes indiquent le numéro.)

FIN DE LA TABLE ALPHABÉTIQUE ET ANALYTIQUE.

Paris. — Typ. de P.-A. BOURDIER et Cie, rue Mazarine, 30.

www.ingramcontent.com/pod-product-compliance
Lightning Source LLC
Chambersburg PA
CBHW071140270326
41929CB00012B/1815